심규선 기자가 전하는

조선통신사, 한국 속 오늘

심규선 기자가 전하는

조선통신사, 한국 속 오늘

도서출판 월인

清道

清道
清道
清道
清道

真文役
松浦儀右衛門

표지에 쓰인 조선통신사 행렬은 앞 쪽에 실린 원본 사진을 디자인한 것이다. 이 책에도 여러 번 등장하지만 '에도시대의 조선통신사'라는 영화를 만들어 일본에서 조선통신사를 재인식하게 만든 재일동포 1세대 조선통신사 연구가 신기수 씨(2002년 작고, 향년 71세)가 생전에 수집한 것이다. 실물은 현재 일본 오사카역사박물관이 '신기수 컬렉션'으로 관리하고 있다. 이 작품의 이름은 '정덕도조선통신사행렬도권(正德度朝鮮通信使行列図巻)'. '정덕(正德)'은 일본의 연호로 이 연호를 쓰는 동안에 에도(도쿄)를 방문한 조선통신사는 1711년(숙종37) 한번 뿐이다. '도권(図巻)'은 두루마리 그림. 그러니 '1711년의 조선통신사 행렬을 그린 두루마리 그림'이라는 뜻인데, 이번에 유네스코 세계기록유산에 등재됐다. 이 작품은 도쿠가와 막부의 로주(老中·정승급) 쓰치야 마사나오(土屋政直)가 쓰시마번에게 지시해서 그린 것이다. 쓰시마번은 막부가 쓰는 어용화가를 부르면 돈과 시간이 많이 들어갈 것 같아 급하게 에도의 동네 화가 40여명을 불러 모아 이 그림을 그렸다. 이 때문에 그림이 격식에 얽매이지 않고 인물들이 오히려 생생하게 살아있다는 평가를 받고 있다. 위의 그림은 43m나 되는 원본의 일부분이다. 이 때의 통신사를 그린 다른 행렬도도 있으나 앞의 그림이 막부에 올린 공식화이다. 이 그림을 비롯해 '조선통신사소동도(朝鮮通信使小童図)' '조선통신사어루선도병풍(朝鮮通信使御樓船図屛風)' 등 신기수 컬렉션 중 11건 14점이 이번에 세계기록유산에 등재됐다. 그 중 가장 잘 알려진 세 개의 그림을 이 책에 쓰도록 배려해준 신기수 선생의 차녀 이화 씨에게 감사드린다.

프롤로그

2017년 10월의 마지막 날은 어제의 조선통신사를 오늘에 되살리려 애써온 사람들에게는 잊을 수 없는 날이 됐다. 한일 민간단체가 공동으로 신청한 조선통신사 관련 기록이 이날 유네스코 세계기록유산에 등재됐기 때문이다.

등재된 것은 눈에 보이는 자료지만 실제로 등재된 것은 선린우호의 정신, 그 자체라고 나는 생각한다. 조선통신사 관련 책을 쓰는 사람으로서 그동안 등재를 위해 애써온 분들에게 감사와 축하의 박수를 보낸다.

1998년부터 2002년까지 4년 반 동안 일본 도쿄에서 살았다. 1년은 게이오대 방문연구원이었고, 3년 반은 동아일보 도쿄특파원이었다. 특파원이라는 게 다방면의 기사를 써야 하는 자리이긴 하지만, 역시 정치 사회 문제가 대부분이다. 가끔 지방도 가보고 싶은 마음이 있지만, 도쿄를 떠나기가 그리 쉽지 않다.

4년 반 전 서울에서, 1979년 일본에서 '에도시대의 조선통신사'라는 영화를 개봉해 조선통신사를 알리는 데 크게 기여한 재일동포 고 신기수 선생의 차녀 이화 씨를 만났다(신기수 선생의 자세한 공적은 본문에 양보하기로 한다). 나는 생전의 신기수 선생을 만난 적은 없으나 내 칼럼에서 신기수 씨를 언급한 것을 이화 씨가 읽고 만나길 희망했기 때문이다. 이화 씨를 만나고 나서 비로소 말로만 듣던 조선통신사의 세계가 넓고 깊은 줄 알았다. 그러나 그 뿐이었다. 일본에서 4년 반을 살면서 지방에 가서 조선통신사의 흔적에 접해 본 적도 없고, 조선통신사와 관련된 기사도 써 본 적이 없는 나로서는 당연한 반응이었는지 모른다.

그러나 근년에 들어 조금 변화가 생겼다. 영화 '에도시대의 조선통신사'의 한글자막 작업을 거들고, 일본 기자가 쓴 신기수 선생의 평전 '신기수와 조선통신사의 시대'를 번역 출판하는 데 감수를 맡으면서다. 일본의 조선통신사 연구나 이해는 상당히 진척돼 있다는 느낌을 받았다. 동시에 소박한 의문이 들었다. 한국에서의 조선통신사는 어떻게 되어 있지?

이 책은 그 의문에 대한 답을 고민하다가 쓰게 된 책이다. 그렇다고 건방지게 답을 찾았다는 뜻은 아니다. 나는 학자도 전문가도 아니다. 한국 속의, 그것도 지금의 조선통신사를 평범한 독자에게 보여주기 위한 것이 이 책을 쓰는 목적이다. 그렇다면 어떻게 하는 것이 가장 효율적일까. 고민이 많았다. 내가 내린 결론은 조선통신사와 관련이 있는 다양한 분야의 움직임을 보여주자는 것이었다.

그래도 단시간에 취재할 수 없는 분야는 전문가에게 부탁할 수밖에 없었다. 국내의 연구동향은 하우봉 전북대 교수께, 서울에서 부산까지의 노정은 한태문 부산대 교수께 부탁했다. 흔쾌히 수락을 해주셔서 책의 앞부분을 장식하게 됐다. 깊이 감사를 드린다. 또 평소 잘 알고 지내는 정재정 서울시립대 명예교수에게 조선통신사가 오늘에 주는 교훈을 부탁해 에필로그로 삼았다. 역시 감사드린다.

이 책은 8장으로 되어 있다. 1장과 2장은 이미 밝혔듯 하우봉, 한태문 교수의 글이다. 나머지는 필자가 집필했다. 3장은 조선왕조실록 속의 조선통신사, 4장은 조선통신사를 문화콘텐츠로 활용하고 있는 지자체들, 5장은 조선통신사의 관련 단체들, 6장은 한일 민간단체가 조선통신사를 유네스코에 공동등재하게 된 경위, 7장은 언론이 보도한 조선통신사, 마지막 8장은 조선통신사를 알리는 데 노력하고 있는 3명의 인터뷰로 구성했다.

취재 영역과 책의 체재는 필자가 결정한 것이다. 학술적인 글과 대중적인 글이 혼재돼 있고, 체제도 일관성이 없다는 지적이 있을 수 있다. 충분히 수긍한다. 다만, 나는 앞서 말했듯 다각적인 방향에서 조선통신사를 조망하면 조선통신사를 이해하는 데 도움을 줄 것으로 판단했다. 나는 이 책이 그저 조선통신사 입문서로서의 역할을 해주길 바랄 뿐이다.

또 하나 언급하고 싶은 것은 부록에 대한 것이다. 조선왕조실록에서 조선통신사가 언급된 기사를 모두 읽었다. A4용지로 1000쪽이 조금 넘는다. 그런데 본문에는 조선통신사의 언급이 들어 있지만, 제목에는 조선통신사가 보이지 않는 것도 많았다. 제목이 모든 내용을 반영할 수 없기 때문에 빚어지는 당연한 결과다. 그렇지만 조선통신사에 관심을 갖고 있는 나로서는 제목을 바꿔보고 싶은 욕심이 들었다. 하나 둘 그렇게 하다가 609건 중에서 꽤 많은 기사의 제목을 바꿨는데, 아예 부록으로 싣기로 했다.

조선통신사 명단도 그렇다. 조선통신사현창회의 신경식 총무가 '조선시대 대일외교 용어사전'(연구책임자 구사회 선문대 교수)에서 통신사 사행인원만을 가려서 만든 명단을 보내줬는데 양이 너무 많아 일별하기가 힘들었다. 그래서 이름, 본관, 사행연도, 직책만을 뽑아 정리하면 좋겠다는 생각을 했고, 정리를 해 가면서 다른 자료에서 새로 발견한 명단도 추가했다. 앞으로 새로운 인물이 나오면 이 명단에 끼워 넣으면 편리할 듯하다.

두 개의 표를 만드는데 상당히 많은 시간이 들어갔다. 조선통신사에 관심을 갖는 초보자들에게 도움을 줬으면 좋겠다. 조선왕조실록 속에 나타난 조선통신사 관련 기사들의 제목만 읽어도 조선통신사를 둘러싸고 일어나고 벌어진 일들의 윤곽을 파악할 수 있다.

가나다순으로 정리한 명단은 양반부터 평민까지, 정사부터 노비에 이르기까지 다양한 인물군을 보여준다. 조상 중에 조선통신사에 참가했던 분이 계신지 등도 쉽게 확인할 수 있다.

취재를 하며 세 가지 문제에 관심을 갖게 됐다.

첫째는 '조선통신사'라는 용어에 관한 것이다. 일부에서는 '조선통신사'는 일본의 학자가 자국 중심으로 붙인 것이니, '일본통신사'로 부르거나 그냥 '통신사'로 해야 한다는 주장을 한다. 그런 원칙과 소신에 따라 글을 쓰는 학자도 있다. 그러나 지금도 사절을 보내는 나라의 이름을 사절 앞에 붙이는 게 관행인데 뭐가 문제냐는 반론도 있다. 일본에 보낸 대사는 '한국대사'이지, '일본대사'가 아니라는 것이다. 이 논쟁은 이 책에도 언급되어 있다.

둘째는 조선통신사의 범위에 관한 것이다. 일반적으로 조선통신사라 하면 임진왜란이 끝나고 1607년(선조40년)부터 1811년(순조11년)까지 조선 후기에 보낸 12차례의 통신사만을 언급하는 경우가 많다. 이런 시각에 이의를 제기하는 학자들도 있다. 조선 전기에 일본에 갔다 온 외교사절의 후손들도 부당성을 지적한다. 일리 있는 주장이다. 그러나 이 문제도 강제로 견해를 바꿀 수는 없고, 관련 단체나 학자 등이 시간을 갖고 꾸준히 시각교정을 해나가는 수밖에 없을 듯하다.

셋째는 조선통신사와 연고가 있는 지역의 협의체를 구성하는 문제다. 이는 일본이 1995년에 일찌감치 조선통신사와 연고가 있는 지역을 묶어 조선통신사연지연락협의회를 만든 것에 자극을 받은 것이다. 우리도 그런 단체가 필요하지 않느냐는 지적이다. 물론 그런 조직이 있었으면 좋겠다. 다만 취재과정에서 느낀 것은 정말로 득이 된다는 판단이 들지 않으면 지자체는 움직이지 않는다는 것이다. 예산을 따내는 일은 더더욱 어렵다. 그러니 이 또한 누가 앞장서서 단체를 만든다고 해도 잘 굴러가리라는 보장이 없다. 필요하다고 생각하는, 그리고 이미 관련 콘텐츠를 개발하고 있는 지자체끼리라도 느슨한 형태로 모여 정보와 노하우를 공유하고, 공동 홍보 등을 하는 게 좋을 것 같다.

책을 쓰기로 한 것이 조선통신사를 유네스코에 공동등재하려는 움직임과 관련이 있느냐, 책을 내는 시기를 등재여부가 결정되는 시점과 맞춘 것이냐는 질문이 있을 수 있다. 솔직히 말해 그런 것과 관계없이 책을 쓰기 시작했던 것인데, 출간 시기와 등재 결정이 묘하게 겹치면서 결과적으로는 의식하게 됐다. 책의 곳곳에 등재에 대한 얘기가 들어 있는데, 책이 나오기 전에 등재여부가 결정되면 수정을 해야 했기 때문이다.

관심은 인연을 만든다. 얼마 전 은사인 김은전 서울대 국어교육과 명예교수를 뵙게 됐다. 선생님께서 어떤 논문의 복사본을 갖고 계셨는데 언뜻 봤더니 일본어로 되어 있었다. 도쿄대 대학원에 외국인 연구생으로 계실 때 도쿄대 비교문학회의 기관지 '비교문학연구'에 당신께서 기고했던 논문의 복사본이었다. 가장 앞에 실린 논문이라고 하셨다. 그런데 제목을 보니 〈김인겸의 '일동장유가'에 대하여〉였다. 김인겸, 그는 1763년(영조 39) 종사관 김상익의 서기로 일본에 다녀온 인물이다. '일동장유가日東壯遊歌'는 그가 사행과정에서 보고 듣고 느낀 것을 7158행 3500여 구에 담은 장편 기행가사. 당연히 일본의 풍정과 일본과 일본인에 대한 그의 시각도 많이 들어 있다. 은사는 김인겸의 작품 속에 들어 있는 일본관, 일본인관을 분석해서 논문에 담았다고 한다. 그런데 잡지의 발행일을 보니 1971년 9월호였다. 물론 당시에도 조선통신사에서 탄생한 문학작품에는 관심을 가질 때였다. 그렇기는 해도 조선통신사에 관한 책을 쓰고 있던 나에게는 아주 오래 전에 일본의 대학 전문지에 실린 이 논문은 달리 보일 수밖에 없었다. 만약 내가 조선통신사에 관심이 없었다면 은사의 설명을 한 귀로 듣고 한 귀로 흘려버렸을지 모른다.

신문기자를 하면서 깨달은 것이지만, 관심만 있으면 세상에는 취재할 거리가 참 많고, 취재하려고만 하면 어디서인가 반드시 참고할 만한 자료나 인물이 나온다는 것이다.

이 책을 쓰는 데도 여러 분의 도움을 많이 받았다. 세 분 교수 외에 기사를 직접 써서 보내준 조봉권 국제신문 문화부장, 소중한 자료를 제공하고 초고도 보내준 조선통신사현창회 신경식 총무, 충숙공이예선생기념사업회 이명훈 이사, 율정기념사업회 박병훈 이사장, 선상규 한국체육진흥회 회장, 이원조 영천시 중앙동장, 그리고 비서 심송미 씨에게 감사드린다. 물론 선뜻 출판을 맡아준 '월인'의 박성복 사장을 비롯한 관계자 여러 분에게도.

2017년 10월

심 규 선

차례

1 장

한국의 통신사 연구 어디까지 왔나*

하우봉(전북대학교 사학과 교수)**

* 하우봉(河宇鳳) 교수가 붙인 제목은 '한국에서의 통신사 연구의 현황과 과제'였으나 교양서의 성격을 강조하기 위해 수정했다.

** 서울대 국사학과를 졸업하고 서강대 대학원에서 문학박사 학위를 받았다. 일본 도쿄대와 규슈대, 영국 옥스퍼드대, 캐나다 브리티시 콜럼비아대 객원연구원을 지냈다. 한일관계사학회, 한국일본사상사학회, 전북사학회의 회장, 국사편찬위원회 위원, 전북대 인문대 학장과 박물관장으로도 일했다. 현재 전북대 사학과 교수로 재직 중이며, 한국실학학회 회장을 맡고 있다. 저서로 『조선후기 실학자의 일본관 연구』 『한국과 일본』 『조선시대 한국인의 일본인식』 『조선시대 해양국가와의 교류사』 『조선시대 바다를 통한 교류』 등 80여 권의 저서, 역서와 130여 편의 논문이 있다.

1. 조선시대 교린외교의 상징, 통신사

통신사란 조선시대 일본에 대한 교린정책을 실현하기 위해 일본의 막부 장군에게 파견한 조선의 국왕사절단을 가리킨다.

조선왕조를 건국한 태조 이성계李成桂는 8세기 후반부터 600여 년간 단절됐던 일본과의 국교를 무로마치 막부室町幕府와 재개했다. 1401년에는 조선이, 1403년에는 일본이 명의 책봉을 받았는데, 1404년 3대 장군將軍 아시카가 요시미쓰足利義滿가 '일본국왕사'를 조선에 파견함으로써 정식으로 국교를 열었다. 그 후 양국은 활발하게 사절을 교환했다. 조선에서 일본 막부에 보낸 사절을 '통신사通信使'라고, 일본의 막부에서 조선으로 보낸 사절을 '일본국왕사日本國王使'라고 불렀다. 통신通信이라는 말은 '신의로써 통호通好한다'는 뜻이며, 통신사는 외교의례상 대등한 국가 간에 파견하는 사절을 의미한다.

1) 조선 전기의 통신사

조선 전기에 일본 무로마치막부 장군 앞으로 파견한 사절의 명칭은 통신사 외에도 통신관通信官·회례사回禮使·회례관回禮官·보빙사報聘使·회

조선통신사 관련 기록물이 유네스코 세계기록유산에 등재된 10월 31일 오후, 이 사업을 추진해온 부산문화재단의 유정목 대표가 부산시청에서 기자회견을 열고 있다. 단상의 유 대표 왼쪽에 앉아있는 사람이 강남주 학술위원장과 한태문 부산대 교수. 부산시청 제공

10월 31일 조선통신사 관련 기록물이 유네스코 세계기록유산(일본명, 세계의 기억유산)에 등재됐다는 소식을 듣고 쓰시마 시청에서 기쁨을 나누는 마쓰바라 가즈유키(松原一征) 조선통신사연지연락협의회 이사장(왼쪽)과 히다카쓰 나오키(比田勝尚喜) 쓰시마 시장. 아사히신문 제공

답사回答使 등으로 다양했으며, 모두 18회에 이른다. 그 가운데 조선 전기에 통신사라는 이름으로 일본에 파견한 사절은 모두 6회였다. 그러나 교토京都까지 가서 외교사절로서의 사명을 완수한 것은 1429년세종 11년의 박서생朴瑞生 일행, 1439년세종 21년의 고득종高得宗 일행, 1443년세종 25년의 변효문卞孝文 일행 등 세종대의 세 차례뿐이었다. 그 밖에는 임진전쟁(임진왜란) 직전인 선조 23년1590년에 황윤길黃允吉을 정사로 한 통신사와 전란 중인 선조 29년1596년 황신黃愼을 정사로 한 강화사講和使 등 두 차례를 더 보냈을 뿐이다. 이처럼 조선 전기의 통신사는 교류 기간도 짧았고, 사행의 형태도 일정하지 않았다.

2) 임진전쟁 후 국교 재개와 회답사 파견

임진전쟁을 치르며 일본을 불구대천不俱戴天의 원수로 생각했던 조선이 전쟁이 끝난 지 9년 만에 일본과 국교를 재개한 이유는 무엇인가. 또 양국 모두 막대한 비용과 시간을 들이면서까지 통신사를 파견하고 접대한 이유는 무엇일까.

기본적인 이유는 조선과 일본 양국의 지배 권력 확립과 새롭게 전개됐던 국제정세를 들 수 있다.

먼저 조선의 입장에서 보면, 국민감정이나 명분상으로는 일본과의 강화는 생각할 수조차 없었다. 그러나 현실적으로는 전후 복구와 새로이 부상한 후금後金의 위협 때문에 일본과의 평화가 필요했다. 또 새롭게 등장한 일본의 신정권이 어떤 성격인지도 파악해야 했다. 그리고 왕도정치王道政治의 명분상 전란 중에 끌려간 피로인被虜人을 쇄환刷還해 오는 것도 중요한 과제였다. 이것이 1607년 제1차 회답겸쇄환사回答兼刷還使를 일본에 파견하면서 국교를 재개한 실질적인 동기였다.

일본의 입장에서 보면, 1603년 개창한 도쿠가와 막부德川幕府는 내치에 주력하기 위해 대외관계를 정상화하는 게 시급했다. 또 조선국왕 사절인 통신사의 내빙來聘을 통해 국내의 다이묘大名들에게 장군의 위엄을 과시하고 정치적 우위를 확인함으로써 중국을 비롯한 동아시아 세계와 유대를 강화하고자 했다. 그래서 도쿠가와 막부는 조선과의 국교정상화를 위해 적극적으로 노력했다.

3) 조선 후기의 통신사

통신사행이 정례화, 체계화한 것은 조선 후기부터이다. 임진전쟁 직후에 보낸 첫 3차례의 사절단은 통신사가 아니라 회답겸쇄환사回答兼刷還使였다. 전후 처리를 위한 과도기적인 성격을 띠고 있었다. 통신사란 이름으로 파견한 사절은 4번째인 1636년부터 12번째인 1811년까지 9차례였다. 1636년 조선 조정은 새롭게 재편된 동아시아의 국제질서에 대처하기 위해 일본에 통신사를 파견했다. 회답겸쇄환사와 통신사는 모두 국서를 지참한 국왕사절단이었고, 사절단의 구성과 사행노정 등도 비슷하기 때문에 12차례를 모두 통신사로 인정하고 있다.

4) 통신사의 파견 목적과 절차

통신사행의 일차적인 임무는 도쿠가와 막부 장군의 습직襲職·직을 물려받음을 축하하는 국서를 전하고 이에 대한 답서를 받아오는 것이었다. 조선 조정은 외교란 상대국의 경조사에 대해 예의를 다하는 의례로 인식했기 때문이다.

그러나 내면적으로는 회답겸쇄환사와 마찬가지로 정치적인 목적도 있었다. 혹시 있을지도 모를 재침에 대비하기 위해 일본의 국정을 탐색하고, 외교적 현안을 조정하거나 해결하는 것이었다. 예를 들면 1636년의 병자통신사는 청淸의 압력에 대한 견제와 일본 국정 탐색이, 1643년의 계미통신사는 겸대제도兼帶制度 실시와 시마바라島源의 난에 대한 정보 수집이 목적이었다. 또 1655년의 을미통신사는 일본의 '가도조선假道朝鮮 정보'의 확인이, 1682년의 임술통신사는 대마도와의 무역통제를 위한 7개조의 조시약정朝市約定이 현안이었다.

18세기에는 외교적 현안이 줄어들면서 통신사는 의례적인 행사로 바뀌었지만 일본에 대한 정보수집과 국정 탐색은 기본적으로 유지됐다. 조선 조정은 통신사를 보내 일본과 일본인을 문화적으로 교화함으로써 일본의 침략근성을 순화한다는 내부적인 목적도 갖고 있었다.

파견 절차를 보면, 일본 막부의 새 장군이 즉위하면 막부는 대마도주를 통해 조선 조정에 알리면서 통신사를 파견해달라고 요청한다. 조정에서 통신사 파견을 결정하면 대마도주에게 통보한다. 동래부에서는 역관과 외교실무자들을 왜관倭館으로 보내 일본 측과 협의하고, 통신사행에 관한 제반사항을 규정하는 '통신사행강정절목通信使行講定節目'을 정한다. 이후 조선에서는 통신사 일행의 구성과 예단 준비에 들어간다. 일본 막부에서는 정승급 관리인 로주老中를 통신사 영접의 총책임자로 하는 기구를 설치하고, 통신사행이 통과하는 연로沿路의 각 번藩에서는 접대를 위한 준비에 착수했다.

5) 통신사행의 구성과 노정

조선 후기의 통신사는 450~500여 명이었는데, 당시 중국에 파견한 부경사赴京使가 평균 250명 내외였다는 점과 비교하면 대규모사절단이었다.

통신사행의 인원이 많았던 이유는 ① 해로海路로 가는 데 필요한 사공과 격군 290여 명 ② 악대와 의장대 100명 ③ 역관 20명, 군관 17명, 노자奴子 50명 ④ 문화교류 담당 인원 10여 명 등을 넣었기 때문이다. 특히 문화교류를 담당하는 인원이 많은 것은 당시의 어떤 사행에서도 찾아볼 수 없는 특징으로, 문화사절단으로서의 면모를 잘 보여주고 있다.

통신사행의 노정은 왕복으로 치면 1만 1500여 리에 달했으며, 서울을 출발해서 귀국해 임금에게 복명復命하기까지는 대개 10개월이 걸리는 대장정이었다(구체적인 노정은 다음 장으로 미룬다).

6) 일본의 접대

통신사 일행이 에도江戶에 도착하면 막부 측에서는 로주가 통신사의 숙소까지 찾아와 영접했고, 다시 도쿠가와 막부의 유력친족有力親族 세력인 고산케御三家·세 집안을 높여 부르는 말가 환영연회를 베풀었다. 국서 전달이 끝난 후의 연회에서는 장군이 직접 삼사三使, 정사·부사·종사관에게 술을 권하는 등 극진하게 대접했다.

쇄국체제를 유지하던 일본에게 유일하게 국교를 맺고 있는 조선국왕사절단의 내빙은 큰 의미를 지니고 있었다. 그야말로 '장군 일대一代의 성사盛事·장군 임기 중에 한 번 있는 가장 크고 성대한 행사'였던 만큼 막부는 통신사

에도의 인기화가 하나부사 잇쵸(英一蝶)가 그린 '조선통신사소동도(朝鮮通信使小童圖)', 일명 '마상휘호도(馬上揮毫圖)'로 잘 알려진 그림이다. 1711년(숙종37년) 에도에 들어선 조선통신사 일행. 갑자기 뛰쳐나온 일본인이 통신사 소동에게 붓과 벼루를 주고 종이까지 받쳐 들고서 작품을 청한다. 소동은 어쩔 수 없이 붓을 들고, 반쯤 보이는 일본인의 얼굴에는 기쁨이 역력하다. 벼루를 들고 있는 마부는 속으로는 좋으면서 짐짓 근엄한 척 하는 것 같기도 하고. 이 그림은 조선통신사의 높은 인기를 보여주는 상징적인 순간을 절묘하게 포착했다는 평가를 받고 있다. 이 그림은 이번에 유네스코 세계기록유산에 등재됐다. 오사카역사박물관 소장 '신기수 컬렉션'

를 국빈으로 환영했다. 한 차례의 통신사행을 접대하는 데 100만 냥이라는 막대한 금액이 들어갔고, 동원한 인원만도 연 33만 명에 달했다고 한다. 1711년 신묘통신사행의 접대를 관장했던 아라이 하쿠세키新井白石의 계산에 의하면 1709년 당시 막부의 1년 세입총액이 77만 냥이었다고 하니 접대비가 얼마나 많이 들었는지 짐작할 수 있다. 일부 번에서는 통신사행을 접대하기 위해 6개월 전부터 일회용 객관을 신축하기도 했다.

그러니 통신사의 접대는 막부의 재정을 압박하는 요인이 됐다. 통신사의 정치적 의미가 줄어들면서 경비 절감을 위해 국서교환을 오사카나 대마도에서 마치자는 개혁안도 나왔다. 결국 1811년 서세동점西勢東漸의 물결 속에서 대마도에서 빙례를 끝내는 이른바 역지통신易地通信을 마지막으로 통신사는 종언을 고했다.

2. 통신사행과 문화 교류

17세기 중반 이후 중국 대륙에서는 청淸이 정치적 안정을 되찾고, 조선과 일본 사이에도 평화가 정착하자 통신사행의 정치적 의미가 줄어들었다. 이에 따라 통신사행이 의례적인 행사가 되면서, 대신 문화교류라는 부수적인 기능이 부상했다.

문화교류는 1682년 임술통신사행부터 특히 활발해졌다. 조선 조정은 처음부터 '교화를 통한 평화 유지'라는 명분을 내세우며 통신사에 대해 문화사절단으로서의 의미를 강조했다. 이에 따라 통신사행에는 제술관·서기·의원·화원·사자관寫字官·악대 등 문화교류를 담당하는 인원을 많이 편성하기 시작했다.

쇄국체제를 택하고 있던 일본에서는 통신사의 내빙에 대한 기대가 매우 컸고, 일본의 문화인들은 적극적으로 교류했다. 통신사행의 연로에 있지 않은 번에서는 유학자들과 문인을 파견하면서까지 문화를 흡수하려고 했다. 통신사행을 통한 문화교류는 한문학, 유학뿐만 아니라 그림·글씨·의학 분야에 이르기까지 근세 일본의 문화 발전에 상당한 영향을 줬다.

통신사행의 왕래에는 일본의 지배권력이나 상류층뿐만 아니라 민중들도 참여했다. 각종 통신사행렬도通信使行列圖는 당시 일본의 서민들이 통신사의 행렬을 보기 위해 연도에 몰려나와 구경하는 모습을 생생하게 묘사하고 있다. 또 지금도 연도지역에는 통신사와 관련한 문화행사나 무용 등이 남아 있고, 지자체들은 이들을 복원해 마쓰리(축제) 등에서 선을 보이고 있다.

통신사의 주요한 문화교류 활동을 살펴보면 다음과 같다.

1) 문화교류 활동

① 4문사四文士**의 필담창화**筆談唱和

4문사란 제술관과 서기 3인을 묶어서 부르는 말이다. 이들과 일본의 유학자나 문인들 사이에서 이뤄지는 필담과 한시의 창화唱和·주고받음는 통신사행의 문화교류 활동 중에서도 꽃이라고 할 수 있다. 필담창화에 대한 일본인들의 호응도 커서 4문사들은 사행 중 각자 천 수 이상의 시를 지어야 했다.

일본의 문사들은 통신사행원과의 필담창화를 자신의 문재文才를 과시하는 기회로 삼았다. 조선의 문사들이 중국의 사신으로 갈 때 중국의 유명한 문사들에게 자신의 시문집에 서문이나 발문 받기를 원했다. 그런데 일본에서는 반대의 현상이 벌어졌다. 일본의 문사들은 삼사를 비롯한 통신사행원들에게 서문과 발문을 요청했고, 통신사행원과의 시문창화를 통해 이름이 알려지는 걸 원했다.

대표적인 사례가 하야시 라잔林羅山과 앞에 언급한 아라이 하쿠세키新井白石이다. 특히 하쿠세키는 무명시절이던 1682년 임술통신사행의 제술관 성완成琬에게 자신의 시집인 '도정집陶情集'의 서문을 받았고, 그와 창화하면서 이름을 알렸다. 이를 계기로 하쿠세키는 기노시타 준안木下順庵의 문하에 들어가 공부하며, 이후 스승의 추천을 받아 막부의 시강侍講

으로 등용됐다. 일본의 문사들은 통신사행원과 창화하면 그 시문집을 바로 간행했다. 에도로 갈 때 했던 필담창화를 곧바로 책으로 출간해 귀로에 전달하는 바람에 사행원들이 깜짝 놀라는 일도 많았다.

② 화원畫員의 활동

화원이 수행하는 활동은 ① 일본지도의 모사模寫 ② 수차水車와 주교舟橋 등 기계와 기술 묘사 ③ 주요지역과 사행로의 명승지 묘사 ④ 일본화가와의 교류 등이다. 1748년 무진통신사행을 보면, 오사카에서 수행화원과 일본화가 사이에 화회畫會가 열리고, 교토에서는 숙소인 혼고쿠지本國寺에서 지역문인들과의 필담창화가 있었다. 또 에도에서는 화원들이 막부장군 앞에서 휘호하고, 막부의 어용화가그룹인 가노파狩野派의 일급화가들과 교류했다. 화회는 그림의 실질적인 교류와 발전을 가져올 수 있는 의미 있는 행사였다. 1748년 사행 때의 이성린李聖麟과 오사카의 오오카 슌보쿠大岡春卜 등과의 교류는 유명한 사례이다. 17세기 중반 이후부터 18세기말까지, 통신사 수행화원들의 활동은 한일회화교류사에서 중요한 비중을 차지하고 있다.

③ 의원醫員의 활동

임진전쟁 이후 일본에서는 '동의보감東醫寶鑑' '의방유취醫方類聚'를 비롯한 조선의 의학서를 구해 간행했으며 수십 종에 달하는 약종藥種·약재의 종자도 요청했다. 8대 장군 도쿠가와 요시무네德川吉宗는 1724년 '관각정정동의보감官刻訂正東醫寶鑑'을 간행하기도 했다. 18세기 중반 네덜란드 의학이 전해지기 전까지 조선의학은 일본의 의학 발전에 크게 기여했다.

의원의 역할은 ① 통신사행원의 치료 ② 일본인 치료 ③ 일본인 의사들과의 의학문답醫學問答 등이다. 특히 의학문답이 중요한데, 통신사행의 의학교류에 관한 필담집은 현재 21종 43책이 남아 있다.

2) 일본문물의 전래

조선 후기 통신사를 통한 문화교류는 조선에서 일본에게 일방적으로 전하기만 한 것은 아니었다. 정도의 차이는 있었으나 쌍방향이었다. 통신사행은 일본문화가 조선으로 들어오는 통로가 되기도 했으며, 이를 통해 들어온 일본문물과 문화는 조선문화의 발전에 일정한 자극을 줬다.

통신사행원들은 일본에 다녀와서 사행 중의 체험과 견문을 적은 일본사행록을 저술했다. 기록으로는 60여 종이 확인되는데 이중 40여 종이 전해지고 있다. 이것들은 문화견문록으로서 당시 일본의 사회상과 문화를 조선에 알리는 데 중요한 역할을 했다.

통신사행을 통해 전래된 물품으로 가장 가치가 높은 것은 일본의 서적이다. 조선에 들어온 일본서적은 유학서·시문집·지리서·사서史書·유서類書 지금의 백과사전 등 다양하며 30여 종이 확인된다.

통신사행원들이 가져온 일본 물품과 견문록은 일부 실학자들에게 학문적 호기심의 대상이 되었다. 일본 연구는 이익李瀷을 중심으로 한 남인계 실학파가 주도했는데, 이들은 일본에 대한 재인식을 주창했다. 특히 정약용丁若鏞은 일본 고학파古學派 유학자의 논어 주석을 자신의 '논어고금주論語古今注'에 인용하면서 본격적으로 연구했다. 18세기 후반의 북학파 실학자들과 19세기 초반 김정희金正喜도 일본을 새롭게 인식하자는 주장에 동조했다. 그들은 1763년 계미통신사행의 서기로 수행한 원중거元重擧와 성대중成大中을 통해 일본의 경제적 발전상과 시문의 발전을 알게 되었으며, 일본에 대해 깊은 관심을 가지게 된다.

3) 통신사행의 문화사적 의의

조선시대 통신사는 조선과 일본의 선린우호善隣友好를 상징하는 중앙 정부의 공식사절단이었다. 평균 470명에 달하는 사행원들이 8개월에 걸쳐 일본의 각지를 관통하면서 연로의 객관에서는 학술·의학·예술 등 다양한 문화교류가 이뤄졌다. 그리고 그것은 근세 일본 사회에 의미 있는 영향을 끼쳤다는 평가를 받고 있다. 동시에 통신사행을 통해 일본의 문물이 전해져 일본을 재인식하는 계기도 됐다. 이것은 양국의 역사뿐 아니라 동아시아사적 관점에서 볼 때도 매우 중요한 의미를 지닌다. 조선시대 일본을 왕래한 통신사와 중국을 왕래한 부경사赴京使는 동아시아를 연결하는 정보통로이자 문화교류의 고속도로였다고 할 수 있다.

통신사행을 통한 양국 학자들과 민중들의 문화교류는 순수했다. 통신사행렬도에 묘사되어 있는 일본민중들의 다양하고 순수한 표정이 그걸 증명한다. 이러한 모습은 메이지유신明治維新 이후에 형성된 일본의 한국관과는 아주 대조적이다.

1811년 대마도 역지통신을 마지막으로 통신사행이 폐지된 이후 정보의 불통에 따른 오해와 상호인식의 갭이 커지면서 일본은 결국 갈등과 침략의 길로 걸어갔다. 이 점은 조선 전기의 경우도 마찬가지여서 양국의 교류단절은 결국 임진전쟁으로 이어졌고, 근대 이후 한일 양국의 관계는 침략과 저항이라는 불행한 역사로 점철됐다. 그 여파는 오늘날까지도 양 국민의 의식 속에 깊숙이 자리 잡고 있다. 한일 양국이 통신사행을 통한 장기간의 평화선린 외교와 문화교류를 바람직한 한일관계의 모델로서 재조명하고 적극적으로 평가해야 할 이유이다.

통신사와 부경사를 통한 문화와 학술교류, 정보교환은 근세 동아시아의 문화교류사에서도 매우 중요한 의의를 지닌다. 당시 동아시아 지식인들이 공유하였던 '동문同文의 세계'라는 인식과, 같은 시대를 살아간다는 '병세의식並世意識'은 오늘날 추구하고자 하는 동아시아문화공동체의 선행모델로서 연구할 가치가 충분하다.

3. 한국에서의 통신사 연구

통신사의 왕래는 양국의 중앙정부 사이에 있었던 직접적인 교류였기 때문에 그것이 가지는 의의는 양국의 정치·경제·문화 및 상호인식 등 전반적인 분야에 걸쳐 있다. 조선후기 통신사행은 조선과 일본의 지식인들이 접촉할 수 있는 공식적이면서도 유일한 통로였다. 당시 일본인은 동래의 왜관倭館까지밖에 올 수 없었고, 조선이 대마도주에게 보낸 문위행問慰行은 54회로 통신사에 비해 횟수는 훨씬 많았지만 당상역관이 중심이 되어 실무적 현안을 해결하는 사행이었다.

조선인으로서 일본의 수도인 에도까지 왕래하며 일본의 지식인들과 광범위하게 교류하는 일은 통신사행원만 가능했다. 따라서 조선 후기 양국 교류의 거의 전부가 통신사행을 통해 이뤄졌다고 해도 과언이 아니다. 조선에서 일본에 관한 정보를 입수하는 것도 통신사행을 통해서였다. 이러한 점에서 통신사에 의한 양국의 교류는 조선시대의 한일관계를 이해하는 데 중요한 주제 가운데 하나이다.

그럼에도 불구하고 국내에서의 통신사에 대한 연구는 일본과 비교해서 20세기까지는 질적인 면은 제쳐놓고 양적인 면에서도 미미한 수준이었다. 1980년을 기준으로 보면 일본의 연구가 국내의 그것에 비해 10배 이상 된다는 조사도 있다(손승철, '조선시대 통신사 연구의 회고와 전망', 한일

관계사연구 16, 2002). 이러한 양적 차이는 일본 중심의 시각을 일반화하게 만드는 문제점을 안고 있었다. 2000년대 들어서는 한국에서도 연구가 활성화하면서 양상이 달라지긴 했지만 연구수준까지 고려하면 아직도 충분하다고 말하기는 어려운 실정이다. 한국에서의 연구 성과를 시기별로 살펴보면 다음과 같다.

1) 1960년대 이전

한국에서 통신사 연구에 대한 논문이 나오기 시작한 것은 1960년대 이후로 일본에 비하면 역사가 매우 짧다. 1945년 해방 전까지는 일본인 연구자들만 연구했다. 통신사에 대해 일본이 본격적으로 학술적 연구를 시작한 것은 1910년대부터이고, 일제강점기에도 꾸준히 계속했다. 이와가타 히사히코의 조사보고(조선통신사 연구에 대한 비판적 검토와 제안, 지역과 역사 38, 2016)에 의하면 1910년 이래 현재까지 일본에서 통신사와 관련해 발표한 연구논문은 400여 편이다.

해방 이전에 한국 쪽은 통신사에 관해 전혀 연구를 하지 않았다고해도 과언이 아니다. 내가 아는 바로는 1931년 김태준金台俊이 '한국한문학사'를 쓰며 1719년 기해통신사행의 제술관 신유한申維翰의 '해유록海遊錄'을 소개하면서 박지원의 '열하일기烈河日記'와 쌍벽을 이루는 기행문학이라고 한 논평이 있을 뿐이다. 그러나 이는 본격적인 연구논문이라기보다는 한문학사라는 개설서에 간략하게 소개하는 수준이다. 그런데 이것이 그 후 국내에서 통신사 연구가 기행문학과 문화교류 분야에 집중하도록 만든 계기가 된 게 아닌가 하는 느낌도 든다. 한국에서의 통신사 연구를 보면 처음에는 국문학자들이 중심이었다. 일본 현지에서 통신사행원들이 일본 측과 주고받은 시문교류와 필담을 문학이나 문화교류 측면에서 접근하는 연구가 많았다.

해방 이후에도 1960년대까지는 통신사를 비롯해 한일관계나 교류사의 연구는 거의 없었다. 이는 일제시대에 대한 강한 반감뿐만 아니라 일본과 국교가 단절된 상태에서 반일정책이 이어졌기 때문이었다. 한국에서 통신사와 관련해 역사적으로 접근한 최초의 논문은 1964년에 이현종이 발표한 '조선 전기 대외사절 파견의 종별과 의의'(사학연구 17)이다. 그런데 이 논문도 조선 전기에 일본에 파견된 사절까지를 모두 다루면서 통신사를 부분적으로 서술한 것이다.

2) 1970년대

1970년대 들어서면서 통신사 연구에서 주목할 만한 변화가 일어났다. 그 변화는 국내가 아니라 이진희李進熙, 강재언姜在彦, 신기수辛基秀, 이원식李元植 등 재일 한국인 연구자들이 몰고 왔다. 광개토왕비문 연구로 유명한 이진희는 1976년 '이조의 통신사: 에도시대의 일본과 조선', 1979년에는 '에도시대의 통신사'를 간행했다. 그는 이들 저서에서 당시까지 일본 사회에서 외면하거나 왜곡했던 통신사행의 문화교류의 실상을 밝힘으로써 큰 관심과 호응을 받았다.

이후 신기수가 통신사와 관련한 유묵遺墨과 그림 등 각종 자료를 모아 '삼천리三千里'란 잡지에 지속적으로 소개하면서 1979년에는 50분짜리 '에도시대의 조선통신사'라는 영화를 만들어 대중들에게 큰 반향을 불러일으켰다. 이원식 또한 통신사행원들이 일본에 남긴 유묵을 직접 수집하고 분석해 문화교류의 실상을 밝히는 연구결과를 집중적으로 발표했다.

이들은 통신사를 조공사로 인식했던 당시 일본의 왜곡된 인식을 비판하면서 통신사는 선린우호의 문화사절이었다고 강조했다. 이러한 노력에 힘입어 일본사회에서도 통신사에 관한 관심이 높아졌다. 재일 한국인 연구자들의 저술과 일본에서의 '통신사붐'이 한국에 소개되면서 국내의 연구자들의 연구도 활기를 띠기 시작했다. 그런데 이 시기 한국에서의 연구경향도 일본 연구의 영향을 받아 통신사행의 문화교류사 연구가 주류였다.

3) 1980년대

국내에서 통신사 연구가 본격적으로 이뤄지기 시작한 것은 1980년대부터이다. 1982년의 '역사교과서 파동'으로 일본역사와 한일관계사에 대한 일반인의 관심이 높아진 것도 영향을 줬을 것이다.

학술적으로 의미가 있는 것은 이 시기에 통신사에 관한 일본의 연구서가 국내에 소개됐다는 점이다. 나카무라 히데타카中村榮孝 등 일본연구자들의 저서인 '조선통신사'가 1982년 '조선통신사:일본은 우리가 키웠다'라는 제목으로 번역 출간됐다. 이 책의 부제는 통신사행의 문화교류 를 아전인수식으로 해석한 한국의 인식을 잘 보여준다. 1985년에는 김의환金義煥이 '조선통신사의 발자취'라는 단행본도 내놨다. 이 책은 연구서라기보다는 1763년 계미통신사행의 정사 조엄趙曮의 '해사일기海槎日記'를 해설한 수준이다.

연구의 주제를 보면 이 시기부터 통신사사행록을 대상으로 기행문학 차원에서 접근한 논문들이 많이 나왔다. 김태준·소재영 편저의 '여행과 체험의 문학(일본편)'(1985)에 이어 1990년대에는 그동안의 연구 성과를 묶은 이원식의 '조선통신사'(1991), 이혜순의 '조선통신사의 문학'(1996) 등

수준 높은 연구가 뒤를 이었다. 하우봉의 '조선후기 실학자의 일본관 연구'(1989)도 내용상으로는 통신사와 관련이 있는 성과물이다. 이후 국내에서 통신사는 "조선문화를 일본에 전파한 문화사절단"이란 인식이 보편화하면서 역사교과서에도 그런 개념으로 정착됐다.

이 시기에는 통신사를 역사적 측면에서 접근한 연구도 나오기 시작했다. 이들 논문은 당시의 외교상황과 관련해 통신사의 과정과 의미를 해석한 성과라고 할 수 있다. 또 통신사의 복식에 관한 논문들도 발표되는 등 다양한 분야에서 관심을 보이기 시작했다.

4) 1990년대

통신사에 관한 연구는 1990년대에 비로소 본궤도에 올랐다고 할 수 있다. 이 시기는 다양한 분야에서 통신사를 연구했고, 양적으로도 괄목할 만큼 성장했다. 그 이유는 사회 전반적으로 반일反日 분위기가 누그러진 데다, 1986년 아시안게임과 1988년 서울올림픽 개최 등을 치르며 양국관계가 우호적으로 바뀌고 일본에 대한 관심도 높아진 때문으로 볼 수 있다.

이 시기에는 통신사에 대한 연구저서가 나왔다. 손승철의 '조선시대 한일관계사 연구'(1994)와 홍성덕의 '17세기 한일외교사행 연구'(1998, 전북대 박사학위논문) 등이 대표적인 성과다. 일본 연구서의 번역본도 나왔다. 일본의 대표적인 통신사 연구자인 미야케 히데토시三宅榮利의 저서들이 이 시기에 국내에 소개됐다. '역사적으로 본 일본인의 한국관'(하우봉 역, 1990), '근세한일관계사연구'(손승철 역, 1991), '근세일본과 조선통신사'(조학윤 역, 1994), '조선통신사와 일본'(김세민 외 역, 1996) 등이다.

또 하나 주목할 만한 현상은 일본사와 한일관계사를 연구하는 전문적 학술단체가 등장한 것이다. 1992년 신진연구자들을 중심으로 한일관계사학회가 결성됐고, 1994년에는 일본역사학회, 1997년에는 한국일본사상사학회, 2005년에는 조선통신사학회가 창립됐다. 이들 학회를 통해 전문연구자들이 공동연구와 정보교환을 통해 좀더 조직적이고 체계적인 연구기반을 갖게 됐다는 점은 매우 중요하다. 이들 학회들은 각기 '한일관계사연구', '일본사학연구', '일본사상', '조선통신사연구'라는 학술지를 정기적으로 간행함으로써 수준 높은 학술논문을 발표할 공간을 제공하고 있다. 이 시기에는 이들 학회가 허브 역할을 하면서 역사분야에 대한 해명과 연구성과를 충실하게 발표할 수 있는 기회를 마련한 것이 큰 특징이다.

장순순의 조사보고(조선시대 통신사 연구의 현황과 과제: 한국측 연구성과를 중심으로, '통신사·왜관과 한일관계', 2005, 경인문화사)는 기존의 연구를 연대별, 주제별로 잘 분석해 보여주고 있다. 1960년부터 2002년까지 발표된 조선시대 통신사 관련 논저는 127편에 이르는데, 1990년대 들어서 연구논문의 수가 비약적으로 증가하였음을 알 수 있다. 또 연구주제도 문학과 문화교류에 치우치지 않고, 외교체제, 제도, 기록물, 상호인식 등 다양하게 이뤄지고 있음을 확인할 수 있다(아래 표 참고).

한국에서의 통신사연구 현황

연대/주제	외교체제	상호인식	제도	기록	문학	문화교류	무역	왜관	복식	선박	음식	회화	계
1960			1		2								3
1970	2		2		1							1	6
1980		2	6	2	4	4			2				20
1990	6	17	13	5	12	10	1	2		1	1	3	71
2000	1	8	8	1	2	2			2		1	2	26
계	9	26	30	8	20	16	1	2	4	1	2	6	127

5) 2000년대 이후

21세기에 들어서면서 가장 주목할만한 변화는 한일 간에 연구의 역전 현상이 일어난 것이다. 변화는 1990년대부터 한일관계사학회를 비롯한 전문학회의 출범과 그것을 기반으로 한 활발한 학술활동이 주도했다. 이와카타의 조사에 의하면, 2002년부터 2015년 사이에 발표된 박사학위 논문은 한국에서 18편(사행록 10, 문학·문화교류 4, 미술·복식 2, 정치외교·의례 2), 일본에서 12편이었다. 일본의 12편 가운데 저자 8인이 한국인이다. 주제별로 보면, 한국에서는 일본사행록과 문화교류에 관한 것이 77%를 차지했고, 일본에서는 상호인식과 문화교류가 50%였다. 양국 모두 문화교류에 관한 연구가 대부분을 차지한다는 게 공통점이다. 통신사행을 문화교류사절로 보는 기존의 관심과 시각을 반영한 것이다.

일반논문의 발표수도 역전됐다. 2000년에서 2010년 사이에 통신사와 일본문사와의 필담창화를 연구해 발표한 논문이나 저서가 300편이라는 조사보고도 있다(허경진·박혜민, 이덕무의 필담창화집 문학 연구, '통신사 필담창화집 문학 연구', 2010, 보고사). 다시 이와카타의 연구를 인용하면, 2002년에서 2015년 사이에 학술지에 발표된 통신사 관련 연구논문은 347편이었다. 이에 비해 일본의 연구성과는 2002년까지 381편(제1기 '일한역사공동연구보고서', 2005)가 발표돼 많다고도 할 수 있으나 2002년에서 2015년까지는 70여 편으로 크게 줄어들었다. 이 70여 편도 연구자의 절반 정도는 한국인이었다.

2000년대 연구를 주제 측면에서 본 특징 중의 하나는 매우 다양한 분야에서 접근하고 있다는 것이다. 예컨대 일본사행록과 필담창화집에 관한 연구, 통신사의 기행문학을 전반적으로 검토한 연구, 문화교류와 일본인식 등에 대한 연구가 깊어졌다. 문화교류 활동도 4문사의 필담창화, 의원의 의학문답, 화원들 간의 화사문답, 회화교류 외에도 음식, 복식, 음악, 선박 등 실로 다양한 분야에서 연구를 했다. 외교체제와 사행에 대한 비교 고찰도 하고, 통신사행의 구성과 성격을 연구하며 53개 직책의 통신사행 역원을 전수 분석한다든지, 제술관과 서기, 역관, 화원, 의원 등을 더 깊이 파고드는 연구성과물이 나오고 있다. 매우 바람직한 현상이다.

그 중에서도 특히 눈에 띄는 것이 문학 분야이다. 문화교류를 중시하는 것은 한국의 경우 처음부터 기행문학적 관심에서 출발한 때문이고, 1970년 재일사학자들이 통신사를 선린우호의 문화사절로 본 시각을 그대로 반영한 것이다.

특히 연세대 허경진 교수팀의 필담창화집 역주 간행은 통신사행 문화교류 연구에 결정적으로 기여했다. 통신사 연구자료로는 '조선왕조실록朝鮮王朝實錄', '증정교린지增正交隣志', '통문관지通文館志'와 같은 외교자료집 외에 '통신사등록通信使謄錄', '일본사행록日本使行錄', 일본의 필담창화집, '통항일람通航一覽', '종가문서宗家文書' 등이 가장 중요한데, 이 가운데 문화교류의 실상을 분석하는 데에는 필담창화집이 가장 상세하고 일차적인 자료이기 때문이다. 일본인이 편집, 간행한 180여 종의 필담창화집을 한국에서 역주했다는 것은 연구사의 한일 역전을 상징하는 것이다.

이 연구팀은 국내와 일본, 미국, 러시아 등지에 산재한 통신사 필담창화집 180여 종을 수집해서 '조선후기 통신사 필담창화집 번역총서'(총 50권)로 발간한다. 현재 30권을 간행했는데, 곧 완간할 예정이고 번역한 내용을 데이터베이스화해 접근성을 높일 것이라고 한다. 통신사 관련기록물이 한국과 일본의 공동 신청에 의해 올 10월에 유네스코 세계기록유산으로 등재된 것은 매우 뿌듯한 성과이다.

통신사 연구의 문제점을 지적한다면, 주제의 편향성이다. 한국에서 하는 연구는 너무 문화교류에 치중돼 있다. 역사나 정치외교사적 연구가 부족하다. 일본에서는 초기부터 통신사를 도쿠가와 막부의 외교정책의 일환으로 접근했기 때문에 상대적으로 정치적 측면을 중시해서 연구했다. 이에 비해 한국에서는 통신사를 맞이하는 일본의 접대와 환영, 문화전수의 이미지를 너무 강조하고 있다. 조선이 통신사를 파견한 의도, 국내에서의 준비, 행사와 의례, 통신사제 개혁, 귀국 후의 영향 등에 대해서는 관심과 연구가 상대적으로 부족하다. 앞으로 반드시 보완해야 할 부분이다.

다음으로 통신사행을 통해 일본에서 조선으로 전해진 문물과 영향에 관한 연구도 필요하다. 이에 관해서는 하우봉이 일본에서 전래한 서적 등 문물과 고학古學의 영향 등에 관해 연구한 바가 있으나 더욱 깊게 연구할 필요가 있다. 최근 통신사와 부경사赴京使를 연결해 '동아시아문예공화국'이 형성됐고, 동북아시아 삼국의 문화교류의 허브가 한양이었으며, 통신사와 부경사가 통로 역할을 했다는 견해도 많이 나오고 있다. 문화교류에 대한 연구도 이런 폭넓은 시각과 새로운 연구방법으로 접근하면 매우 의미 있는 성과를 낼 수 있을 것이다.

4. 몇 가지 문제들

1) 통신사의 명칭 문제

현재 통용되고 있는 '조선통신사'란 명칭이 잘못된 것이라는 주장을 1992년에 처음으로 필자가 제기했다(동아일보 1992년 5월 22일자 15면, '나의 의견' 코너). 그 근거로 '조선왕조실록'이나 '통신사등록' 등 조선시대의 사료에는 '통신사通信使'나 '신사信使' 혹은 '일본통신사'로 되어 있고, '조선통신사'란 명칭은 전혀 나오지 않는다는 점을 들었다(265, 266쪽 참조). 조선은 일본에 보내는 통신사이므로 '일본통신사'라고 불렀던 것이다.

그러면 통신사 또는 일본통신사가 왜 조선통신사로 불리게 되었는가. 한일관계사에 관한 연구를 일본인 학자들이 먼저 시작했는데, 그들이 쓰는 명칭이나 용어를 무비판적으로 수용한 결과이다. '조선통신사'는 '조선에서 온 통신사'란 뜻으로 일본에서 불렀던 명칭이다. 실은 일본 사료에도 '조선의 통신사', '조선국의 통신사', '조선으로부터의 통신사' 등으로 기술되어 있다. '조선통신사'는 후대의 학자들이 명명한 것인데, 최초로 사용한 사람은 1930년 일본에서 통신사 연구를 시작한 마쓰다 고松田甲로 알려져 있다.

역사적 사건이나 사항에 대한 명칭을 사료에 있는 용어를 그대로 사용할 것인가, 아니면 후대의 연구가 규정한 성격을 바탕으로 명명할 것인가. 간단한 문제가 아니다. 역사철학적인 논쟁도 될 수 있다. 역사적 해석보다 문헌실증을 중시하는 측에서는 전자를, 해석을 중시하는 측은 후자를 선호한다. 예를 들어 전자는 사료에 나오는 '동학란'이 옳다고 생각하고, 후자는 '동학농민전쟁'이나 '동학농민혁명'으로 부르는 것이 타당하다고 주장한다.

'통신사'에 대한 명칭은 이러한 논쟁과도 다르다. 필자가 문제를 제기한 이후 학계에서는 대체로 수긍할 만하다는 반응이 많았다. 그럼에도 불구하고 일본은 물론 한국에서도 '조선통신사'라는 용어를 그대로 쓰자는 주장도 있다. 지금까지 사용해 왔고 일반인들도 익숙한 만큼 편의와 관례에 따라 '그냥 그대로' 조선통신사로 쓰자는 것이다. 한국과 일본 양국이 같은 용어를 사용하는 것이 좋지 않겠느냐, 그러니 현재 양국에서 '정착되어 있는' 조선통신사를 그대로 사용하자는 것이다. 이런 경향은 언론계에서 특히 강하다. 2005년 간행한 한일공통역사교재의 제목을 '조선통신사'(한길사)로 했고, 같은 해 부산에서 결성한 '조선통신사학회'에서는 아예 학회이름으로 조선통신사를 사용하고 있다. 대세가 기울어간다는 느낌이다.

한편 서양권 학자에게 문의해 보니, 외교사절단의 이름을 붙일 때 파견대상국보다는 주체를 기준으로 하는 것이 일반적이라고 한다. 따라서 조선인이 주체로 된 사절단이므로 '조선통신사'라고 하는 것이 일반적이라고 하였다. 'Korean Delegation to Japan' 혹은 'Korean Embassy to Japan' 등으로 하는 것이 영어식 표현으로 자연스럽다는 것이다.

이 문제를 처음 제기한 본인도 요즘 당혹스럽다. 더 다양하게 사례 조사를 하고, 학제적學祭的 입장에서 검토할 필요가 있다고 본다. 명칭을 부여하는 원칙이나 관례를 놓고, 역사학·국제법·외교사 등을 연구하는 학자들이 함께 논의해서 합의한 후 학계와 대중매체에 알려 공인된 용어를 사용하도록 해야 한다고, 나는 생각한다.

2) 통신사의 성격 문제

통신사의 성격을 놓고 몇 가지 논쟁이 있다.

첫째, 통신사는 정치사절인가, 아니면 문화사절인가. 통신사에 대한 양국의 인식은 당시에도 사뭇 달랐다. 일본에서는 통신사를 기본적으로 정치사절로서 이해한 반면, 조선 조정은 '교화를 통한 평화 유지'를 명분으로 내세우면서 문화사절단으로서의 의미를 부여했다. 문화사절로 보는 인식은 문화적 우월감에 바탕을 둔 것이다. 조선시대 대일외교자료집인 '중정교린지'에는 통신사 파견을 외이기미책外夷羈縻策·바깥 오랑캐를 붙잡아 두는 정책의 일환으로 파악했다. 결론적으로 말하면 통신사는 정치사절이다. 다만, 동북아시아의 국제정세가 안정되어가는 17세기 후반부터 정치적 현안이 없어지면서 문화사절의 성격이 강해졌다고 할 수 있다. 그 결과 18세기 이후에는 부수적인 목적이던 문화교류가 통신사의 주된 역할이 됐다.

둘째, 조공사절관朝貢使節觀의 문제이다.

도쿠가와 막부에서는 통신사의 내빙을 정치적 이벤트로 활용했다. 국내의 영주들에게 장군 권력의 국제적 위용을 과시하기 위해 통신사를 조공사절인 것처럼 설명했고 그렇게 연출하려고 했다. 물론 이런 인식은 주류는 아니었지만 막부의 일부 관리들은 그렇게 생각했다. 18세기 후반의 일본 국학자國學者들은 전통적인 조선번국관朝鮮蕃國觀·조선을 일본의 한 藩처럼 생각하는 시각에 입각해 통신사를 조공사절로 간주하려고 했으며, 메이지

하네가와 도에이(羽川藤永)가 에도시대 중기에 그린 조선통신사래조도(朝鮮通信使來朝圖). 조선통신사 일행에게 시민들이 큰 관심을 보이는 가운데 긴 줄을 지어 에도의 번화가를 지나가는 모습을 잘 포착했다. 이 그림은 개인이 소장하고 있다. 2001년 일본 교토에서 열린 '마음의 교류전-조선통신사'전에 출품돼 도록의 표지를 장식했다. 사진은 도록에 실린 그림을 촬영한 것이다.

유신 이래 한국을 침략하려는 의도와 겹치면서 이 관념은 강화됐다. 제2차 세계대전 이후 이러한 논의는 모습을 감추었는데, 최근 일부 연구자가 다시 제기하고 있다.

이 주장의 논거로 조선에서만 사절을 보냈다는 '일방성'을 주장하는데 이는 사실을 왜곡하는 것이다. 그들은 조선 전기의 사절 왕래는 완전히 도외시하고, 또 일본국왕사의 상경이 왜 금지되었는지에 대한 설명도 의도적으로 하지 않고 있다. 조선 전기에 조선국왕사의 일본 막부 파견은 10회 정도에 불과했지만, 일본국왕사의 조선 방문은 61회나 됐으며, 일반호족들이 조선에 보낸 사절을 합하면 5000여 회나 된다. 조선 후기에 와서 일본국왕사가 오지 않은 것은 조선이 접대를 거부했기 때문이다. 그 이유는 조선 전기에 일본사절이 이용한 상경로를 임진전쟁 때 침공로로 이용했기 때문이며, 상경 거부는 전쟁도발에 대한 응징 중 하나였다.

또 다른 주장은 통신사가 도쿠가와 막부 장군의 즉위를 축하하기 위해 파견했다는 표면적인 임무에 집착한 '입공성入貢性'이다. 앞서 지적했듯 조선에서는 통신사를 이웃나라와 교린의 이념을 실천하기 위해 경조사에 예의를 표시하는 외교사절로 이해하고 있었다. 매우 전통적이고 이념적인 해석으로 맹자의 이상주의를 계승한 것이다.

조선 후기의 통신사가 조공사절이 아님은 두말할 필요가 없다. 일본의 통신사 조공사절관은 사실과 너무 동떨어져 있다. 파견형식과 일본의 접대방식, 외교의례 등 어느 면으로 보든 통신사를 조공사로 이해할 만한 요소는 찾아볼 수 없다. 통신사에 대한 의례는 항상 일본의 지나친 접대와 공경이 문제가 됐다. 외교의례상 일본의 격이 낮았던 것이다. 이 때문에 통신사에 대한 개혁운동이 몇 차례 일어나는데 모두 재정 부담을 줄이고, 외교의례의 불평등을 대등하게 바꾸자는 내용이었다. 도쿠가와 막부 초기 6차례의 통신사를 영접했던 하야시 라잔도 통신사를 조공사절인 것처럼 인식하기도 했으나 어디까지나 국내용일 뿐이었다. 통신사행을 만나서는 그런 인식을 절대 드러내지 않았다.

통신사에 대한 상이한 인식의 근본적인 요인은 자민족중심주의적 사고방식이다. 17세기 중반 중국에서 명과 청이 교체되면서 동아시아의 전통적인 화이관華夷觀과 국제질서가 무너진다. 각 나라마다 자국을 중화中華로 자처하는 화이변태華夷變態 현상이 나타났다. 그것을 일본에서는 일본형 화이의식日本型華夷意識이라 하고 한국에서는 조선중화주의사상朝鮮中華主義思想이라고 한다. 조선과 통신사를 낮추어보는 인식은 일본형 화이의식에 바탕을 둔 것이다. 일본에서는 '일본서기日本書紀'에 나오는 신

공왕후神功皇后의 삼한정벌三韓征伐 설화에 바탕을 둔 조선번국관朝鮮蕃國觀이 있다. 고대로부터 삼국이 일본에 조공을 바쳤다는 가공의 이 설화는 일본인에게는 한국관의 원형으로서 중세, 근세를 거쳐 끊임없이 재생됐다. 한국에서는 화이관에 입각해 일본을 오랑캐라고 보는 일본이적관日本夷狄觀이 있었다. 문화적으로 교화의 대상으로 낮추어 보는 것이다.

일본의 '습직 축하사절관', 조선의 '우월한 문화사절관'은 모두 자민족중심주의의 산물로서 지양해야 한다. 자민족중심주의적 의식은 대내용 자존의식 내지는 상대에 대한 경계심과 열등의식의 다른 표현에 지나지 않는다. 이러한 퇴행적 의식을 극복하고자 양국 정부가 노력한 외교행사가 바로 통신사이며, 거기에 참여한 통신사행원과 일본 문사들 간의 교류야말로 미래지향적인 모습이라고 할 것이다.

한일 간에는 예나 지금이나 역사적 사건을 두고 인식상의 격차가 크다. 통신사에 대한 당시 막부의 일부 관료와 지식인들의 인식을 일반화하거나 그것을 바탕으로 통신사행의 성격을 규정하는 것은 의도여하를 막론하고 잘못된 것이다. 일본의 일부 학자들은 이런 관념의 허구성과 한계를 비판하지 않고 단순히 인용해서 재생하려는 태도를 보여준다. 잘못된 논리에 대한 엄격한 비판이 있어야 극복 또한 가능하다.

3) 단절과 연속의 문제

통신사를 일본에 파견한 시기는 조선시대 전全 시기에 해당되며, 일본에서는 무로마치室町시대 초기부터 에도江戶시대까지다. 그 성격이나 형태는 양국의 독자적인 정치상황과 넓게는 동아시아의 국제적 양태를 반영하고 있고, 또한 매우 다양하기 때문에 획일적으로 유형화하는 것은 곤란하다. 이 점 조선후기의 한일관계를 보는 기본적인 관점에서 한일 간에 큰 차이가 있다. 물론 전기와 후기는 단절성을 지니고 있지만 연결성을 무시해서도 안 된다.

우선 조선 전기와 후기의 관련 문제이다. 조선은 전기와 후기의 조일관계와 외교체제를 일관성 있게 파악하고 있었다. 같은 왕조 하에서 사대교린事大交隣이라는 외교정책의 근본을 유지했다. 통교체제와 대일인식상에서는 임진전쟁을 계기로 상당한 변화가 있었지만 기본적으로는 같은 입장이었다. 조선 후기로 들어와 일본의 교섭주체가 전기와 같은 다원성에서 벗어나 도쿠가와 막부와 쓰시아번으로 일원화한 것은 달라진 모습이지만, 실제로 그것은 세종대世宗代 이래 조선 정부가 원했던 체제이다. 사절왕래의 형태도 조선에서는 전기와 후기를 같은 논리로 이해하고 있었다.

이에 비해 일본은 조선의 전기에 해당하는 무로마치 막부 시대를 중세로, 조선의 후기에 해당하는 에도 막부 시대를 근세로 구분하고 있다. 그런 만큼 대내적인 체제에서 이질성을 강조하고 있으며 외교체제도 큰 차이가 있다. 지금까지 일본의 연구경향이나 교과서를 보면 에도시대의 조일관계만 강조하고 무로마치시대의 그것은 소홀히 다뤄왔다. 통신사 문제만 하더라도 일본에서는 에도시대에 일본을 방문한 12차례의 사절만을 통신사라고 설명해 왔다. 일본에서 '조선만 일본에 일방적으로 통신사를 파견했다'고 부각시키는 것도 이런 시각에서 나온 것이다. 통신사를 비롯한 사절 전체를 전기와 후기의 연속선상에서 파악하지 않으면 사실과 전혀 다른 오류를 범할 수 있다.

다음으로 근대와의 연결성 문제이다. 조선 후기 한일관계사 연구가 통신사행에 치중돼왔기 때문이어서 그렇지만 17·18세기와 19세기 전반기, 개항을 전후한 19세기 후반기의 조일관계를 일관된 논리로 설명하지 못하고 있다. 즉, 지금까지의 이해를 보면 18세기까지는 통신사를 중심으로 선린우호와 문화교류가 강조되다가 19세기에 들어 갑자기 침략과 저항이라는 갈등구조로 바뀌어 버린다. 그 급작스런 변화의 원인과 과정에 대한 이해가 아주 부족한 실정이다. 물론 조선 후기의 한일관계는 260여 년간 평화스러웠던 드문 시기였지만, 선린우호라는 시각만으로 보는 것은 너무 피상적이다. 따라서 '교린'의 실상을 좀더 다각도로 분석할 필요가 있다. 선린우호의 기치 뒤에 있었던 상호인식상의 불일치, 교역의 실상, 양국 내정의 변화와 정치적 갈등, 서양제국주의 세력의 진출 등 국제적인 변수 등을 종합적으로 검토해야 할 것이다. 특히 통신사행 폐절 이후부터 개항 이전까지의 19세기의 조일관계에 대한 구체적인 해명이 절실하다.

5. 앞으로의 과제

마지막으로 연구사적인 차원에서 몇 가지 과제를 제시함으로써 글을 맺고자 한다.

첫째, 비교사적 연구가 필요하다. 통신사행에 대한 기존의 연구에서는 전반적으로 비교사적 접근이 부족하다. 통신사행을 비롯해 양국의 문화교류사를 연구하는 기본적인 방법으로는 '교류와 비교'가 중요한 두 가지 포인트라고 할 수 있다. 지금까지는 교류사 부분에 치중해 왔고 일정한 성과도 올렸다. 이제부터는 교류사적 성과를 바탕으로 비교사적인 접근이 필요하다.

우선적으로 부경사赴京使·일명 연행사燕行使와 비교해야 한다. 같은 시기 유구琉球의 청에 대한 진공사進貢使와 일본 도쿠가와 막부에 대한 경하사慶賀使, 베트남과 태국의 청에 대한 조공사, 청에서 조선·유구·베트남에 파견한 사절과의 비교도 필요하다.

둘째, 동아시아적 시각에서 보다 구조적으로 접근하는 자세가 필요하다.

지금까지는 통신사를 한국과 일본의 양자 구도 속에서만 파악했고, 그것도 과잉된 민족주의의 대립적인 시각에서 보아온 느낌이 크다. 그러나 무엇보다 중요한 것은 통신사가 조선과 일본 양국이 연출한 국제적 행위였던 만큼, 통신사의 연구도 자국 중심에서 벗어나 객관적이고 사실적으로, 그리고 상호보완적으로 다뤄야 할 것이다.

통신사를 통한 문화교류를 일방적 전수라는 시각에서 해석하는 것은 바람직하지 않다. 정도의 차이와 시간적 변화는 있지만 기본적으로 쌍방간에 주고받은 교류로 이해하려는 자세가 중요하다. 우리는 대외관계에서 불가피하게 드러나는 당파적 해석을 최대한 지양해야 한다. 조선시대 한국과 일본은 상호멸시관을 지니고 있었고, 역사적 사실과 현상도 그런 시각에서 기술했다. 연구자들은 당파성과 자민족중심주의에서 벗어나, 바람직한 미래상이나 시대정신과 연관해 연구방향을 정립해야 한다. 사료에만 매몰돼서는 안 된다. 그러기 위해서는 상호멸시관이나 자민족중심주의에 대해서는 단호하게 비판하는 자세가 필요하다. 그래야 과거를 연구하는 역사학이 바람직한 미래상을 제시하는 데 기여할 수 있는 미래학이 될 수 있을 것이다.

그런 점에서 통신사에 대한 인식도 시야를 넓혀 동아시아적인 구조 속에서 파악하려는 시도가 절실하다. 사대와 교린도 분절된 시각으로 볼 것이 아니라 하나의 묶음으로 파악해야 한다. 넓게, 그리고 연결해서 본다는 두 가지 조건을 충족시켜야 통신사행이 지니는 여러 요소를 상대화할 수 있고, 그래야 객관적인 위상과 특성을 찾아낼 수 있을 것이다.

근세에는 조선·중국·일본 모두 해금체제海禁體制·해양봉쇄체제하에서 '쇄국정책'을 취하고 있었기 때문에 그 이전보다 폐쇄적이었다. 정부 간 공식 사절단의 왕래를 제외하고는 민간 교류는 철저히 금지됐다. 이러한 상황 하에서 조선의 통신사와 부경사는 동아시아를 관통하는 거의 '유일한' 정보통로이자 문화교류의 파이프였다고 해도 과언이 아니다.

요즘 동북아시아 공동체와 동북아시아 삼국의 문화교류와 관련해 베세토(Beseto:베이징-서울-도쿄)란 용어가 유행하고 있다. 조선시대 통신사와 부경사야말로 서울을 중심으로 하면서 베이징과 도쿄를 연결하는 문화의 고속도로였다. 이런 점에서 통신사와 부경사를 매개로 한 조선·중국·일본의 문화와 학술 교류 양상을 연구해 볼 수 있을 것이다. 나아가 통신사와 부경사가 얻어온 외국의 지식, 정보, 학술, 문화가 서울에서 어떻게 수용되고 상호 교차하였는지를 밝히는 것도 중요한 연구 과제가 될 수 있을 것이다.

그렇게 넓은 시각에서 통신사를 재조명하면 새롭고 미래지향적인 가치를 발견할 수 있을 것이다. 18세기 후반 한·중·일 삼국의 지식인들이 공유했던 동문의식同文意識과 병세의식並世意識을 재음미하면서 공유하고 확산하는 것이야말로 통신사를 통한 문화교류의 현재적 의미라고 생각된다.

셋째, 자료에 관한 문제이다. 다양한 사료의 발굴과 충실한 사료의 이용이 필요하다. 각종 일본사행록과 규장각 소장의 대일관계 등록류謄錄類 등 여러 사료들이 있음에도 불구하고 한국의 통신사 관련 사료는 충분히 이용되지 못하고 있다. 국사편찬위원회가 소장한 대마도종가문서對馬島宗家文書도 마찬가지이다. 이들 사료에 대한 면밀한 분석과 검토를 바탕으로 우리의 입장을 체계적으로 정리한 연구를 본격화해야 할 것이다.

통신사 연구의 국내 자료로서는 '조선왕조실록' '비변사등록備邊司謄錄'과 같은 연대기 사료, '통문관지' '변례집요變例集要' '춘관지春官志' '고사촬요攷事撮要' '증정교린지' '교린지' 등과 같은 외교자료집, '통신사등록', 일본사행록, 필담창화집 등이 있다. 이 가운데서도 문화교류 활동에 관해서는 통신사행원들이 남긴 43종의 일본사행록과 180여 종에 달하는 필담창화집이 가장 상세하며 중요한 일차사료이다. 전자는 한국인이 저술하였던 만큼 주된 자료로 이용해 왔다. 그런데 후자는 주로 일본인들이 편찬했고 대부분 일본에서 간행됐다. 자료의 열람과 해독상의 어려움도 있고 해서 지금까지 국내의 연구에서는 별로 이용하지 못했다.

그런데 일본에서는 이를 이용한 연구를 꾸준히 진행해 왔다. 따라서 앞으로의 연구에서는 필담창화집을 일본사행록과 비교검토하면서 활용하지 않으면 안 될 것이다. 최근 국내의 연구진이 필담창화집에 대한 자료정리와 역주 간행작업을 마무리했다. 매우 고무적인 일이며 통신사행 문화교류의 실상을 밝히는 데 획기적인 전기를 마련했다고 평가한다.

넷째, 주제의 편식성을 벗어나야 하며, 이를 위해서는 학제적이고 종합적인 접근이 필요하다.

통신사행원들의 필담 주제와 문화교류 내용을 보면 문학·유학·역사·불교·의학·지리·그림·서예·음악·건축·음식·무용·복식 등 매우 다양한 분야에 걸쳐 있다. 당연히 연구도 다양한 학문의 도움을 받아야 한다. 그림이나 글씨, 음식 등 분야에 따라서는 문헌자료에 나오지 않는 부분도 많다. 이러한 분야에 대해서는 현지조사를 비롯해 학제적 접근을 해야만 실상을 복원할 수 있을 것이다.

지금까지 국내의 연구동향을 보면 기행문학과 문화교류, 상호인식 등에 몰려 있다. 정치·외교, 경제적 요소, 역사적 측면의 연구가 부족해 통신사의 전체상을 이해하는 데는 미치지 못한다. 통신사가 지닌 여러 측면과 의의를 생각해볼 때 보다 깊이 있고 종합적인 연구가 필요하다.

예컨대 통신사의 시행과정에서 교섭에 참여하였던 구성원들에 대한 연구를 해야 한다. 그 가운데 역관譯官은 통신사행 파견에 관련한 사전 업무협의를 주도했고, 사행 때에는 삼사의 일정과 업무협의를 위한 통역이나 실무조정을 담당했다. 따라서 사행을 통한 양국의 외교적 현안을 다루는 과정에서 역관의 기능과 역할은 무엇이었는지도 밝혀야 할 것이다. 다음으로 통신사의 파견 준비와 실무 교섭의 공간인 왜관倭館에 대한 고찰도 중요하다.

이밖에 통신사행원들이 귀국한 후에 일본에서의 견문과 체험이 조선의 대일인식과 정책에 어떤 영향을 미쳤는지와, 통신사행이 양국의 문화발전이나 화이관 등의 사상적 변화에 끼친 영향 등도 함께 연구해야 할 것이다. 기존의 필담창화를 통한 문화교류뿐만 아니라 종교·음악·미술·무용·생활습속·과학기술 분야 등에서 이뤄진 문화교류의 양상에 대한 고찰도 필요하다. 통신사행에 필요한 경비의 조달과 경제적인 측면의 연구도 해야 한다. 국내정세와 통신사 파견의 관계, 지배세력과의 연관성, 대중국외교와의 관련성 등에 대한 검토도 필요하다.

참고논문

이훈, 「한국에 있어서의 한일교류사 연구와 과제」, 『일본학』 20, 2001

손승철, 「조선시대 통신사 연구의 회고와 전망」, 『한일관계사연구』 16, 2002

조광, 「통신사에 관한 한국학계의 연구성과와 쟁점사항」, 『통신사·왜관과 한일관계』, 2005, 경인문화사

장순순, 「조선시대 통신사 연구의 현황과 과제 : 한국측 연구성과를 중심으로」, 『통신사·왜관과 한일관계』, 2005, 경인문화사

심민정, 「조선후기 대외관계사 연구의 회고와 전망 : 국내 대일관계 연구를 중심으로」, 『항도부산』 23, 2007

이와가타 히사히코, 「조선통신사 연구에 대한 비판적 검토와 제안」, 『지역과 역사』 38, 2016

2장

서울에서 부산까지

-조선통신사가 남긴 숨결*

한태문(부산대학교 국어국문학과 교수)**

* 한태문(韓泰文) 교수가 붙인 제목은 '조선통신사의 노정에서 오늘의 한일관계를 생각하다'였으나 책 전체의 체재를 맞추기 위해 큰 제목과 일부 소제목을 수정했다. 또한 본문의 일부가 앞의 하우봉 전북대 교수의 글과 중복되기도 하지만 각자의 글이 가진 자기완결성을 존중해 그대로 두기로 했다. 장군과 쇼군, 유구와 류큐 등 각기 다른 표기도 그대로 뒀다.

** 1962년 경남 밀양에서 태어나 부산대 국어국문학과를 졸업하고, 1995년 같은 대학 대학원에서 '조선후기 통신사 사행문학 연구'로 문학박사 학위와 제5회 나손학술상을 받았다. 「통신사 왕래를 통한 한일문화교류」「경인통신사의 문화사절로서의 성격」 등의 논문과 『조선통신사의 옛길을 따라서』『조선통신사의 길에서 오늘을 묻다』 등의 저서가 있다. 현재 한국문학회 회장, 조선통신사학회 총무이사, 조선통신사 유네스코 기록유산 등재 한국학술위원 등을 맡고 있으며, 부산대학교 국어국문학과 교수로 일하고 있다.

1. 조선의 왕이 일본에 보낸 외교사절

"멀리 있는 사촌보다 가까운 이웃이 낫다"는 우리 속담이 있다. 이웃은 나와 가장 가까운 곳에 있어 내가 곤란한 상황에 처했을 때 누구보다 나를 잘 도와주고 이해해 줄 수 있는 존재라는 뜻이다.

반면, "이웃집 며느리 흉도 많다"는 속담도 있다. 이웃은 너무 가까이에 있어 사정을 속속들이 잘 알기에 그 결점이 남들에 비해 상대적으로 더 눈에 띄기 쉽다는 뜻을 담고 있다. 이처럼 '이웃'이란 단어는 긍정과 부정의 양면을 다 지니고 있다.

한국과 일본의 관계 역시 이에서 크게 벗어나지 않는다. 한국의 부산과 일본 나가사키현長崎縣의 쓰시마對馬島는 고작 50km의 거리에 있다. 이는 서울에서 오산, 또는 부산에서 울산에 이르는 거리보다 짧다. 그야말로 양국은 거리상 가장 가까운 곳에 있는 이웃나라인 셈이다. 그러다보니 자연스럽게 그 어느 나라보다 일찍부터 상호교류가 이루어졌다. '논어'와 '천자문'을 갖고 일본에 파견된 백제 학자 왕인으로 대표되는 문화교류의 전통은 오늘날까지 끊임없이 이어져 '가까운 이웃'의 본보기가 된다.

하지만 왜구·임진왜란·일제강점기 등으로 대표되는 일본의 한반도 침략사는 이후 양국 관계에서 '일본군 위안부·독도영유권·역사교과서·야스쿠니신사 참배' 등 각종 문제를 일으키는 빌미가 됐다. 그 결과 양국은 한일 국교정상화 50주년이 지난 오늘날까지 대립과 갈등의 역사를 되풀이하고 있다. 오죽했으면 양국의 숙명적인 관계를 '가깝고도 먼 이웃'이라 표현했을까? 그런데 이처럼 뒤틀린 양국 관계를 개선해야 한다는 주장이 나올 때마다 그 해결책이나 본보기로 으레 제시되는 것이 바로 조선통신사이다.

조선통신사는 1428년부터 1811년까지 조선의 왕이 일본의 실질적인 최고 통치자인 막부의 쇼군將軍에게 보낸 외교사절이다. 물론 '서로 신의를 통하는 외교사절'이란 뜻의 통신사는 이미 고려시대에도 있었다. 곧 고려 우왕 1년(1375)에 나흥유를 '통신사'라는 이름으로 파견한 것이다.[1] 사행의 목적은 한반도 연안에 출몰하여 사람을 해치고 약탈을 일삼아 양국 간 외교문제로 부상한 왜구의 단속에 대한 확답을 얻기 위한 것이었다. 나흥유는 고려와 원나라 연합군의 정벌 이후 100여 년간 국교가 단절된 상태에서 파견된 터라 간첩으로 오인되어 구속되기도 했지만 결국 국교를 회복하는 성과를 올렸다.

조선은 고려의 외교체제를 계승해 일본과의 외교관계를 더욱 적극적으로 전개했다. 물론 조선전기 일본으로의 사신행차(이하 '사행'으로 약칭)는 그 명칭이 '통신사·통신관·회례사·회례관·보빙사·호송사·수신사' 등으로 다양한 데서 알 수 있듯 후기와 달리 그 성격이 불분명했던 것이 사실이다. '통신사'란 이름으로 궁궐을 떠난 사행은 총 7차례나 있었다. 그 가운데 실제 일본에 도착하여 임무를 완수한 사행은 무신(1428)·기미(1439)·계해(1443)·경인(1590)통신사 등 4차례뿐이다. 특히 경인통신사는

1 나흥유가 일본에서 지었다는 칠언절구 1수가 '동문선東文選'(권21)에 전한다. "천년의 오랜 나라 삼한의 사신으로 / 만 리 넓은 바다 한 조각 배로 건넜네 / 바다 동쪽에 머물다 세밑이라 놀라니 / 산 위에 솟은 달 쓸쓸한데 물은 다락을 비추네 千年古國三韓使 萬里洪濤一葉舟 留滯海東驚歲暮 寂寥山月水明樓"

한양에서 에도까지 갔다가 다시 돌아오는 조선통신사의 사행은 보통 10개월이 걸리는 대장정이었다. 절대권력인 임금의 명에 따라 조선반도를 종단하고, 일본 열도를 횡단하는 이 길고 긴 사행이 나중에 어떤 평가를 받게 될지 그들은 알았을까(조선의 여정은 하행만 표시했다).

도요토미 히데요시豊臣秀吉의 국내 통일을 축하하고 일본을 탐색할 목적으로 파견되었지만, 정작 당파적 이해관계에 얽매인 정사와 부사의 상반된 보고로 임진왜란의 빌미를 제공한 것으로 유명하다.

조선통신사와 일본국왕사가 서로 오가던 '선린평화의 길'이 임진왜란 때 '침략의 길'로 바뀌자 국교는 단절되고 만다. 하지만 이내 양국의 현실적 필요성에 의해 국교 회복의 조짐이 보이기 시작한다. 조선은 전쟁 피해를 복구할 시간적 여유와 함께 중국의 정세 변동으로 적어도 남쪽 일본과의 관계를 안정시킬 필요가 있었다. 1603년 도쿠가와德川 막부가 들어선 일본 역시 원활한 통치를 위해 국제적 승인과 함께 국내 민심의 자연스런 복종을 유도할 필요가 있었다. 게다가 조선과의 무역에 절대적으로 의존하고 있던 쓰시마는 국서를 고치면서까지 적극적으로 나섰다.

이에 조선은 1604년 7월 일본의 강화 요청에 대한 진의를 파악할 목적으로 사명대사 유정惟政을 탐적사探賊使로 일본에 파견한다. 그는 이듬해 2월 교토 후시미 성伏見城에서 도쿠가와 이에야스德川家康를 만나 일본 측의 강화 의지를 확인하고 일본에 사로잡혀 있던 조선인 1390명을 데리고 귀국했다. 사명대사로부터 보고를 받은 조선 조정은 일본 측에 국교회복을 위한 두 가지 전제 조건을 제시한다. 곧 일본 국왕의 이름으로 된 국서를 보내고, 임진왜란 때 성종과 중종의 왕릉을 파헤친 범인을 체포하여 보낼 것을 요구했다. 비록 쓰시마가 중간에서 농간을 부리긴 했지만, 두 가지 요구 조건이 모두 성사되어 마침내 1607년 대일 외교사절단이 파견됨으로써 국교가 재개됐다.

하지만 초기 3차례(1607·1617·1624) 사행의 공식명칭은 '통신사'가 아니라 '회답겸쇄환사回答兼刷還使'였다. '통신'이란 명칭을 회복할 만큼 아직 신뢰관계가 형성된 것도 아니기에 쇼군이 보낸 국서에 '회답'하고 일본 땅에 사로잡혀 있는 조선인들을 '쇄환(외국에 있는 동포들을 데리고 돌아옴)'하는 것이 사행의 주된 목적임을 분명히 밝힌 것이다. 통신사란 명칭을 회복한 것은 병자통신사(1636)부터이며 이후 신미통신사(1811)까지 이어졌다.

하지만 상호 선린우호와 평화의 사절단으로 상징되던 조선통신사는 마지막 사행인 신미통신사가 경비절감을 이유로 기존의 에도江戶(오늘날의 도쿄東京)가 아닌 쓰시마에서 국서를 교환하는 소위 '역지통신易地通信'을 하면서 교린체제의 와해 조짐을 보이기 시작한다. 특히 막부가 붕괴되고 천황복고로 상징되는 메이지정부가 들어서면서 조선통신사를 통한 상호 대등의 교린관계도 종말을 맞이하고 만다.

2. 조선통신사의 구성과 문화교류의 배경

조선통신사는 앞서 보았듯이 15세기부터 19세기까지 조선시대 전반에 걸쳐 파견되었다. 하지만 오늘날 우리는 대체로 임진왜란을 경계로 그 이후인 1607년부터 1811년까지 총 12차례 일본에 파견된 조선후기의 사절단을 지칭하는 것이 일반적이다. 그것은 조선후기 통신사가 임진왜란의 상처를 딛고 이뤄낸 선린 외교사행인 데다, 조선전기 통신사와 비교할 수 없을 정도로 문학·학술·예능·생활문화·기술문화 등 다양한 분야에서 문화교류 활동을 활발히 펼쳤기 때문이다. 곧 조선통신사는 오랜 기간 조일朝日 문화교류의 실질적인 공식 통로 역할을 수행했던 것이다. 이처럼 조선과 일본 양국이 조선통신사를 통해 문화교류를 활발히 펼칠 수 있었던 배경은 무엇일까?

1) 문화사절로서의 긍지와 재능의 과시

조선통신사는 표면적으로는 분명히 조선의 왕이 일본의 막부 쇼군에게 보낸 외교사절이었다. 하지만 그 구성원의 면면을 자세히 살펴보면 단순히 외교사절만이 아니라 문화사절이기도 했다. 이는 다음의 기록에서 확인할 수 있다.

> ㈎ 조정의 문신(文臣) 가운데 3품 이하를 골라 뽑아서 세 사신을 갖추어 보냈다. 그들의 수행원으로 뽑힌 사람들도 모두 대단한 문장 실력과 함께 아는 것도 많았다. 천문·지리에 능한 사람, 산수·점술·의술·관상·힘쓰기에 능한 사람으로부터 퉁소와 거문고를 잘 연주하는 사람, 농담과 우스운 이야기 잘하는 사람, 노래 잘 부르고 술 잘 마시는 사람, 장기·바둑·말타기·활쏘기에 능한 사람들까지 한 가지 기술로 국내에서 이름 날리는 이는 모두 함께 따르게 되었다. – 박지원, 〈우상전(虞裳傳)〉

> ㈏ 5백 명 따르는 이들 가운데 비록 누가 실행(實行)이 있고 누가 기이한 재주가 있는지 자세히 알 수는 없다. 대강 논해 보건대, 글짓기에 능한 사람, 무예에 능한 사람, 의약에 능한 사람, 역학(譯學)에 능한 사람, 글씨와 그림에 능한 사람, 기예에 뛰어나고, 음악에 익숙하며, 말을 잘 다루고, 배 부리는 데 능한 사람, 병법서를 외우고 변방(일본)에 관한 사례를 익힌 사람이 다 왔다. 거기에 노래하는 사람, 춤추는 사람, 장기·바둑·쌍륙을 잘 두는 사람, 뱃사공·악공·점쟁이·관상가·잠수부·배우·바느질꾼·조각가·말총 엮는 사람·목수·대장장이·포수·무당 등 모두가 있다. 사람마다 다 한 가지 능한 것이 있다고 할 만하다. – 조엄, '해사일기', 1763년 11월 22일.

글 (가)는 사행에 참여한 적이 없는 박지원이 계미통신사(1763) 역관 이언진의 전기에 담은 내용이고, 글 (나)는 같은 사행의 정사였던 조엄이 이키노시마壹岐島에서 사행원에게 한 말이다. 글 (가)가 조선통신사에 대해 당시 지식인이 지녔던 일반적인 인식을 반영한 것이라면, 글 (나)는 실제 사행을 책임졌던 총책임자의 인식을 반영한 것이다. 어느 쪽이든 조선통신사가 다양한 분야에서 당대 조선을 대표할 탁월한 재능을 지닌 이들로 선발, 구성한 것으로 파악한 점은 동일하다.

실제로 당시 조선 조정은 일본인과의 문화교류를 염두에 두고 구성원을 선발했다. 곧 학문과 문장에 뛰어났던 고급관료인 세 사신은 물론 일본인과의 시문창화를 주로 담당했던 제술관과 서기 및 의원, 사자관, 화원, 악공, 마상재 등 당시 문학적 재능이나 기예로 이름을 날리던 이들이 대거 사절단에 포함됐다.

특히 제술관과 서기는 대부분 양반이 아닌 서얼과 중인 출신이었고, 역관·군관·의원·화원·악공 등도 대부분 중인 이하의 신분이었다. 이들의 사행 참여는 신분의 제약에서 벗어나 자신의 능력을 마음껏 발휘하고 답답한 가슴을 틀 수 있는 유일한 탈출구였다. 게다가 왕명을 수행하는 자부심과 긍지 또한 높았다. 이는 기해통신사(1719) 제술관 신유한이 "일본인들의 요구에 응해 우리나라의 문화를 선양하는 것을 반드시 제술관에게 책임지게 하니 일이 번잡하고 책임이 크다"며 사행 참여의 소감을 밝히고 있는 데서도 확인된다.

이제 이들 구성원의 면면을 '증정교린지增正交隣志'(1802)에 반영된 내용을 통해 자세히 살펴보고자 한다. 관급, 직책, 인원, 역할 등으로 나누어 살피되, 관급官級은 일본 측이 조선통신사를 접대하기 위해 편의상 8단계로 차등화한 것을 참고했다.

관급	직책	인원	역할
삼사	정사	1	사행의 총책임자(문관 당상관)
	부사	1	정사를 보좌하는 부책임자(문관 당하관 정3품)
	종사관	1	정사·부사 보좌, 일지 기록, 귀국 후 견문 보고
상상관	당상역관	3	당상관인 왜학역관으로 사행 중 최고 지위의 통역관
상판관	상통사	3	3품 이하의 통역관인 통사 가운데 상급의 통사

학사	제술관	1	글재주가 뛰어난 이로 주로 일본인과의 필담창화 담당
상관	양의	1	의원 중 최고책임자로 의학의 교류도 담당
	차상통사	2	약재의 무역에 관한 일을 맡아 보던 통역관
	압물관	4	사행에서 무역 물품을 관리하던 통역관
	사자관	2	글씨를 잘 쓰는 이로 문서의 필사를 맡음
	의원	2	사절단의 주치의
	화원	1	화가로 일본의 풍경이나 지도 등을 그림
	자제군관	5	삼사의 아들이나 친척으로 문화교류에 주력
	군관	12	사행단의 호위와 군사의 지휘
	서기	3	삼사에 소속, 문서와 기록 및 일본인과의 필담창화 담당
	별파진	2	화포를 다루는 병사로 군관이 겸직
차관	마상재	2	말을 타고 기예를 부리는 사람
	전악	2	음악 분야의 최고 관리로 교육과 연습을 맡음
	이마	1	말을 다루거나 돌보는 사람
	반당	3	삼사가 각각 자기 비용으로 데려가는 하인
	선장	3	삼사를 태운 기선 3척의 안전한 항해 담당
중관	복선장	3	삼사의 짐을 실은 복선 3척의 안전한 항해 담당
	배소동	19	심부름을 하는 소년으로 사무 처리와 가무 등을 맡음
	노자	51	잔심부름을 하는 사람
	소통사	10	하급 통역관
	도훈도	3	사행의 군졸 관리와 사무 처리
	예단직	1	각종 예물의 관리
	청직	3	청지기로 삼사와 관련된 잡일이나 시중을 맡음
	반전직	3	삼사의 반전(여행경비) 관리
	사령	18	하급 병사
	취수	18	나팔이나 피리 등을 부는 사람
	절월봉지	4	임금이 주는 절節과 부월斧鉞을 받들고 가는 사람
	포수	6	총포를 가진 군사
	도척	7	음식을 만드는 요리사
	사공	24	선원
	형명수	2	'형명기形名旗'를 들고 가는 사람
	독수	2	소와 꿩의 꼬리로 장식된 깃발인 '독纛'을 들고 가는 사람
	월도수	4	언월도偃月刀를 가지고 가는 사람

	순시기수	6	'순시巡視' 깃발을 들고 가는 사람
	영기수	6	'령令' 깃발을 들고 가는 사람
	청도기수	6	'청도淸道' 깃발을 들고 가는 사람
	삼지창수	6	삼지창三枝槍을 가지고 가는 사람
	마상고수	6	말 위에서 북을 치는 사람
	동고수	6	꽹과리를 치는 사람
	대고수	3	큰 북을 치는 사람
	삼혈총수	3	삼혈총三穴銃을 가진 군사
	세악수	3	장구, 북, 피리, 깡깡이를 연주하는 사람
	쟁수	3	징을 차는 사람
하관	풍악수	18	행렬 때 풍악을 연주하는 사람
	도우장	1	가축을 잡는 사람
	격군	270	노를 젓거나 배의 허드렛일을 맡는 하급 선원

이처럼 각 분야에서 조선을 대표하는 최고의 재능을 가진 400~500명으로 구성된 조선통신사는 사행 참여에 대한 긍지와 함께, 이미 그 자체로 문화교류 역량을 내포하고 있었다.

2) 이국인에 대한 호기심과 선진문화에 대한 동경

도쿠가와 이에야스는 1600년 9월 15일 토요토미 집안을 추종하는 서군西軍과 맞서 싸운 세키가하라關ヶ原전투에서 이겨 패권을 장악했다. 이후 도쿠가와 막부는 초기부터 막부와 번藩의 체제를 강화하는 한편, 자국인이 외국인과 접촉하는 것을 엄격히 금지한 쇄국체제를 유지했다. 그렇다고 외국과의 관계를 완전히 봉쇄한 것은 아니었다. 조선과 류큐琉球(지금의 오키나와)는 외교관계를 유지하는 '통신通信의 나라'로, 중국과 네덜란드는 무역관계를 유지하는 '통상通商의 나라'로 구분했다. 이처럼 비록 제한적이었지만 이국과의 소통로도 확보하고 있었다.

통신의 나라인 조선과 류큐의 사절단, 그리고 통상의 나라인 네덜란드 상관장商館長이 쇼군을 만나기 위해 에도로 향하는 상경 행렬은 당시 일본인의 눈과 귀를 자극하는 특별한 행사였다. 그 중에서도 조선통신사는 50명 정도에 그친 네덜란드 상관장 일행이나 일본풍의 옷을 금지시키고 이국풍을 강요했던 100여 명의 류큐 사절단과 비교가 되지 않을 정도로 주목을 받았다. 그도 그럴 것이 조선통신사는 조선을 대표하는 400~500명의 대규모 인재들이 수개월에 걸쳐 일본의 서쪽 20여 주 50여 개 도시를 왕복한 일대 이벤트였기 때문이다. 우연히 병자통신사(1636)의 행렬을 목격한 네덜란드 상관장은 사절단이 전부 지나가는 데 무려 5시간이나 걸렸다고 자신의 일기에서 기록하고 있다.

자연히 조선통신사에 대한 막부의 대접도 다른 사절단과는 달랐다. 시가현滋賀縣 오미하치만近江八幡에서 히코네彦根에 이르는 길은 세키가하라 전투에서 승리한 도쿠가와 이에야스가 교토의 천황을 만나러 갈 때 이용했던 길이다. 이후 역대의 쇼군만이 천황의 거처가 있는 교토를 방문할 때 이 길을 이용했는데, 예외적으로 조선통신사에게도 이 길을 허용한 것이다. 이후 이 길은 '조선인가도朝鮮人街道'라고 불렸다.

또한 오가키大垣에서 나고야名古屋에 이르는 길에는 서너 개의 강이 있었는데, 조선통신사만 임시로 만든 배다리를 통해 이 강을 건널 수 있었다. 원래 막부는 반란을 염려해 에도로 향하는 강에 다리를 만들지 않고 지방의 영주인 다이묘조차 상경할 때 나룻배를 타고 강을 건너게 했다. 그런 막부가 조선통신사의 통행을 위해 임시로 배다리를 만든 것이다. 이 역시 원래는 막부의 쇼군만이 건널 수 있었던 배다리였다. 특히 기소가와木曾川 강의 배다리는 배 275척을 묶은 뒤 그 위에 3360장의 판자를 깔아 만든 것으로, 총길이 855m, 폭도 2.7m나 되었다. 이처럼 막부는 조선통신사에게만 특혜를 베풀었을 정도로 철저한 준비와 극진한 대접을 했다.

양국의 활발한 문화교류는 조선의 선진문화에 대한 일본인의 동경도 한몫을 했다. 노정에 포함된 각 지역의 영주들은 조선통신사의 방문에 대비하여 필담창화가 가능한 한문 소양을 지닌 인재들을 대거 발탁했다. 심지어 공무로 타지에 파견되었던 관리나 문인들도 일찍부터 부름을 받아 자기의 번으로 돌아와 조선통신사와의 만남을 학수고대하고 있었다.

그 결과 에도·교토·오사카 등 대도시에서는 일본을 대표하는 최고의 학자와 예술가들이 조선통신사와 공식적인 문화교류를 활발하게 전개했다. 또 이들 대도시보다 고급문화를 누리거나 이국 문화를 접할 기회가 상대적으로 적었던 작은 도시의 학자나 예술가들도, 조선통신사와의 교류를 통해 선진문화를 적극 수용하고자 했다. 그들은 조선통신사가 머무는 객관을 찾아 시문을 주고받으며 정감을 나누었고, 필담과 편지로 서로의 관심사를 나누었다. 오늘날 양국에 전하는 다양한 종류의 '필담창화집筆談唱和集'이 그 결과물이다.

문화교류에 있어서 민중도 예외일 수 없었다. 일본 민중들에게 있어 조선통신사의 방문은 분명 자신들에게 각종 규제나 부담을 강요하는 행사였다.[2] 하지만 그들은 오히려 공인된 유락의 하나로 인정하여 이국 문화를 자신들의 삶 속에 적극 반영했다. 오늘날까지 전승되고 있는 오카야마현 우시마도牛窓의 '가라코오도리唐子踊り'나, 기후현 오가키大垣의 '쵸센야마朝鮮軕'등이 그 대표적인 예이다.

'가라코오도리'는 사행이 머물렀던 우시마도 지역의 민중들이 조선통

2 무진통신사(1748)의 방일 때 히로시마번에서는 지역민이 지켜야 할 규칙으로 '물건을 매매하지 말 것, 산에 올라가 구경하지 말 것, 시끄러운 논쟁을 벌이지 말 것, 붓이나 글을 요구하지 말 것, 집을 깨끗이 청소하고 깨끗한 옷을 입을 것' 등을 제시하고 있었다.

신사 소동小童이 춘 춤을 본떠 만든 춤으로 지역의 야쿠신사疫神社 가을축제 때 신에게 바친 것이다. 그리고 '쵸센야마'는 1648년 이래 '오가키마츠리大垣祭り' 때 조선왕의 인형을 앞에 태우고 뒤에는 왕인과 아직기를 수놓은 걸개를 드리운 채 조선식으로 꾸며진 수레를 만들어 메고 거리제를 지내는 민속행사이다. 이밖에 아이들도 색종이로 만든 조선통신사의 '청도淸道' 깃발을 흔들며 다니고, 교토의 완구상에서 산 조선 팽이로 팽이치기를 하는가 하면, 조선통신사가 틈날 때마다 즐겼던 쌍륙놀이가 인기를 누리기도 했다. 이처럼 수십 년 만에 한 번이라는 보기 드문 기회를 절대 놓치지 않으려는 민중의 열망 역시 조선통신사와의 문화교류를 활성화하는 데 기여했을 것으로 보인다.

3. 조선통신사의 노정

조선통신사의 사행길은 국내와 국외로 나누어진다. 국내는 일본으로 떠나기 전 서울에서 부산까지의 하행下行 노정과 일본에서 돌아온 사행이 부산을 출발하여 서울에 이르는 상행上行노정으로 이루어진다. 그리고 국외는 부산을 출발하여 에도에 도착한 뒤 일본의 실질적인 최고 통치자인 쇼군에게 국서를 전달하고, 쇼군의 회답서를 받아 다시 부산으로 돌아오는 노정으로 이루어진다. 이를 시간적 흐름에 따라 국내 하행 노정, 일본 노정, 국내 상행 노정으로 나누어 살피되, 국내 노정을 소개하는 글인 만큼 일본 노정은 간략히 소개하기로 한다.

1) 국내 하행 노정

국내 하행 노정의 출발은 왕명을 받은 세 사신이 사행원을 이끌고 숭례문을 나서는 순간부터 시작된다. 병자통신사(1636)에 부사로 참여한 김세렴金世濂의 '해사록'과 각종 문헌을 통해 출발 당일의 하루 일정을 재구성하면 다음과 같다.

세 명의 사신을 비롯하여 제술관·역관·사자관 등은 새벽 일찍 창경궁의 동쪽 문인 통화문(通化門) 안의 부장청(部將廳)을 비롯한 임시 거처에 머물면서 해가 뜨기를 기다린다. 부장청은 오위(五衛)의 부장들이 군 관련 사무를 보던 곳이다.

이윽고 해가 뜨면 창덕궁의 희정당(熙政堂)으로 가서 임금을 알현하고 작별 인사를 올린다. 이때 임금은 궁중의 음식을 맡던 사옹원에서 직접 빚은 술을 세 사신에게 내린다. 더불어 호랑이 가죽, 기름 먹인 종이묶음, 후추, 부채, 활과 화살, 납약 등을 사신에게 하사하며 무사히 귀환하라고 당부한다.

임금께 하직인사를 올린 정사는 다시 부장청으로 돌아오자마자 곧바로 군관에게 군령을 어긴 자에 대한 생살권(生殺權)을 부여하는 절월(節鉞)을, 서기에게는 마패를 수여하는 의식을 치른다. 이윽고 모든 의식을 끝내고 대열을 정비한 100여 명의 사절단은 궁궐을 나서기 위해 숭례문으로 향한다.

숭례문을 빠져 나온 사행은 이내 두 부류로 나뉜다. 곧 세 사신과 주요 사행원은 곧장 남관왕묘(南關王廟)로 향하고 기타 원역들은 집으로 돌아가 행장을 꾸려 다시 한강에서 만나기로 한다. 관우를 모신 남관왕묘에 들른 사행은 여행하기 편한 옷차림으로 갈아입고 조정의 대신들이 베푼 전별연에 참여한다. 이후 전별연을 마친 사행은 곧장 한강 나루로 가서 전송을 위해 모여 있는 가족, 친지, 벗들과 인사를 나눈 후 배에 올라 양재역(良才驛)에서 첫날 밤을 보낸다.

양재역에서 첫 밤을 보낸 사행은 가족과의 아쉬운 이별을 곱씹을 여유도 없이 본격적인 사행길에 오른다. 그들 앞에는 사행의 국내 종착지인 부산까지 1110리, 무려 440km에 이르는 아득한 사행길이 놓여 있었기 때문이다.

> 경상도는 좌도(左道)·우도(右道)가 있으므로 갈 때에는 경상 좌도를 거쳐서 가고, 돌아올 때에는 경상 우도를 거쳐서 온다. (…) 양재·판교·용인·양지·죽산·무극·숭선·충주·안보·문경·유곡·용궁·예천·풍산·안동·일직·의성·청로·의홍·신녕·영천·모량·경주·구어·울산·용당·동래로 길을 안내한다. 경상 우도에서는 문경에서 함창·상주·오리원·청도·유천·밀양·무흘·양산을 거쳐 동래에 이른다. -'통문관지',「선문식(先文式)」

서울과 부산을 오가는 상·하행 노정이 구체적으로 드러나는 대목이다. 이에 따르면 국내 최종 목적지인 부산까지 가는 하행로는 경상 좌도를 거쳐서 가고, 부산에서 다시 서울로 돌아오는 상행로는 경상 우도를 거쳐서 오는 것으로 되어 있다. 보통 서울과 부산을 오갈 때는 영남대로를 이용하기 마련인데, 하행길은 이와는 다른 노선을 택하고 있는 것이 특징이다. 곧 '상주-대구'의 길이 아니라 우회로라 할 수 있는 '안동-경주'를 거쳐 부산으로 향하고 있다. 한시라도 빨리 부산에 도착하여 도일 준비에 만전을 기해야 할 사행이 지름길을 놔두고 굳이 우회로를 택한 까닭은 무엇일까?

이에 대해 1763년 사행의 부사 서기 원중거는 자신의 사행록인 '승사록'에서 안동과 경주에서 베푸는 사연賜宴, 곧 나라에서 베푸는 전별연 때문이라 보았다. 그리고 을미통신사(1655) 이후 안동과 경주에서 베푸는 전별연은 폐지되었지만 길은 옛 관습을 따라 고치지 않은 까닭이라는 설명을 덧붙인다. 한편 경주(종2품)와 안동(정3품)의 지방도시적 관등과 상

대적으로 오래된 역사 문화적 배경 때문일 것으로 추측하는 견해도 있다.[3]

어느 쪽이든 사행이 국가의 위엄을 바탕으로 이루어지는 외교적 공무인 까닭에 쉽게 고치지 못하고 관례를 중시한 결과라고 볼 수 있다. 실제로 1622년 1월, 일본의 국왕사가 왔을 때 이들을 맞기 위해 파견된 선위사宣慰使 이민구도 부산으로 내려갈 때는 안동을 거쳐 간 것으로 나타난다.[4]

서울에서 출발한 사행은 무려 13일간 800여 리를 행차하여 영천에서 이틀을 머물며 숨 고르기를 한다. 영천은 인근 지역에 거주하는 사행원의 2차 집결지인 데다, 경상도 관찰사가 베푸는 전별연이 예정된 곳이었다. 영천이 2차 집결지가 된 것은 주변 지역과 연계된 십자도로망을 갖춘 데다, 충주와 더불어 서울과 부산을 이어주는 교통의 요충지 역할을 하고 있었기 때문이다.

영천에서 전별연을 받으며 여유를 누린 것도 잠시, 사행은 아침 일찍 인근 장수역長壽驛에서 제공한 새 역말로 갈아타고 부산으로 향한다. 부산까지 사행을 안전하게 인도하는 책임을 맡은 차사원差使員은 영천에서 가까운 곳에 있으면서 인근 14개의 역을 거느린 장수찰방이 맡았다.

마침내 서울에서 출발한 사행은 약 20일 만에 부산에 도착했다. 이후 짧게는 16일(1617년)에서 길게는 51일(1719년)까지 평균 한 달가량을 부산에 머물렀다. 그동안 사행인원, 국서와 예물, 타고 갈 배 등 도일을 앞두고 최종점검을 한다. 또 국가 차원의 전별연과 무사 항해를 기원하는 해신제 등 공식행사도 개최됐다.

3 조선시대는 행정구역의 면적, 호구수, 조세액 등을 참조하여 지방관의 품계를 두었으나 전략적 요지, 명문의 본거지, 충신과 명사의 배출지 등은 호구 및 전결수와 관계없이 행정적으로 우대하였다고 한다. 김성우, 「조선통신사의 한양-부산간 사행경로 및 경과도시」, '조선통신사의 길', 2004; 한국건축역사학회, 조선통신사에 관한 한일학술심포지엄 실행위원회, 2004, 7쪽.

4 『동주집東州集』, 전집前集, 권1, 시, 「선위록宣慰錄」, 〈안동에서 부사와 이별하며安東別府伯〉.

부산에 머문 사행에 대한 접대는 경상도 71개 군현이 돌아가며 맡았다. 체류기간이 길었던 만큼 사행원들은 여가를 이용해 말로만 듣던 부산의 명소를 유람하였는데, 이는 부산 지역민의 부담을 가중시키는 부작용을 낳기도 했다. 하지만 그 덕분에 해운대·태종대·몰운대·충렬사·정묘·왜관·금정산성 등 부산의 대표적인 명소가 그들의 손에 의해 새롭게 태어나기 시작했다. 그 결과 부산은 이전 시대와 비교할 수 없을 정도로 풍부한 문화유산을 향유할 수 있게 되었다.

2) 일본 노정

사행의 일본 노정은 총 4600리(1840km)로 크게 3290리의 수로 노정과 1310리의 육로 노정으로 이루어진다.

수로 노정은 조선통신사를 태운 배가 부산을 출발하는 데서 시작된다. 배는 경상좌수영(부산)과 경상우수영(통영)에서 건조한 사행원이 타는 배(기선) 3척과 짐을 싣는 배(복선) 3척 등 총 6척이다. 부산을 출발한 사행은 일본 내 첫 기착지인 쓰시마에 도착해 또 약 1달 정도를 체류한다. 부산에서의 체류가 사행 전반에 대한 조선측의 총점검을 위한 것이라면, 쓰시마에서의 체류는 조선통신사의 일본 사행길을 제대로 안내하기 위한 쓰시마 측의 총점검 기간이라 할 수 있다.

쓰시마를 출발한 사행은 이후 이키노시마壹岐島·아이노시마藍島·아카마가세키赤間關를 거쳐 사행의 대표적인 바닷길이었던 '세토내해瀨戶內海'로 접어든다. 세토내해는 시코쿠四國 북부와 산요도山陽道를 연결하면서 규슈 동부 바다에 이르는 일본 열도 최대의 내해이다. 동서 약 450km, 남북 15~55km, 평균 수심 37.3m의 이 바닷길은 대양으로 막혀 있는 까

통신사 일행을 태우고 요도가와 강을 거슬러 올라가는 배는 높은 누각이 달린 초호화선이었다. 그 앞뒤는 악공이나 물자를 실은 보조선박들. 배와 깃발에 도쿠가와 가의 문양이 그려져 있어 막부의 쇼군이 직접 제공한 배임을 알수 있다. 배도 호화롭지만, 그림에도 금가루를 뿌려 눈이 부시다. 이 그림은 18세기의 것으로 추정되는데, 18세기에는 네 차례나 통신사가 일본을 방문했다. 朝鮮通信使御樓船圖屛風(조선통신사어루선도병풍)이라는 이름의 이 병풍은 이번에 유네스코 세계기록유산으로 등재됐다. 오사카역사박물관 소장 '신기수 컬렉션'

닭에 풍랑도 적어 항해에 적당한 지리적 조건을 갖추고 있었다. 따라서 규슈·시코쿠·주고쿠中國 지방의 영주인 다이묘大名들이 에도를 오갈 때와 일본 내 물품을 운반할 때 모두 이 바닷길을 이용했다. 그야말로 세토내해는 일본 해운 발전은 물론 정치와 문물교류의 대동맥이라 할 수 있다. 물론 류큐·네덜란드 사절도 이 바닷길을 이용했다.

세토내해에 들어선 사행은 다시 가미노세키上關·가마가리蒲刈·도모노우라鞱浦·우시마도牛窓·무로쓰室津·아카시明石를 거쳐 마침내 바닷길의 종착지 오사카大坂에서 닻을 내린다. 거친 바다에 대규모 인원을 태울 목적으로 건조된 조선통신사의 배는 흘수吃水[5]가 깊어 오사카의 하천을 항해하기 어려웠다. 그래서 사행은 타고 온 배를 수리할 인원 100여 명을 남겨두고 막부와 다이묘들이 마련한 '가와고자부네川御座船'로 갈아탔다. 금박과 은박으로 화려하게 장식된 이 배는 흘수가 얕아 수심이 얕은 하천을 거슬러 올라가기에 적합했다.

오사카의 니시혼간지西本願寺의 쓰무라미도津村御堂 별원에 묵으며 긴 바닷길의 여독을 푼 사행은 다시 배를 타고 요도가와淀川를 거슬러 요도우라淀浦로 이동한 뒤 육로 노정을 시작했다. 그리고 일본 측이 준비한 천여 마리의 말을 타고 교토京都·오쓰大津·오미하치만近江八幡·히코네彦根·이마스今須·오가키大垣·나고야名古屋·오카자키岡崎·아카사카赤坂·요시다吉田·아라이新居·하마마쓰浜松·미쓰케見付·가케가와懸川·가나야金谷·후지에다藤枝·시즈오카靜岡·에지리江尻·요시와라吉原·미시마三島·하코네미네箱根嶺·오다와라小田原·후지사와藤澤·시나가와品川 등을 거쳐 드디어 오늘의 도쿄인 에도江戶에 이르렀다. 무려 일본의 20여 주 50여 개 도시

5 배가 물 위에 떠 있을 때 물에 잠겨 있는 부분의 깊이를 말하는 것으로, 보통 수면에서 배의 맨 아래까지의 수직 거리를 일컫는다.

를 통과하는 노정의 마침표를 찍는 순간이다. 예외적으로 병자(1636)·계미(1643)·을미(1655)통신사 등 3차례의 사행은 일본의 요청으로 에도에서 다시 도쿠가와 이에야스의 무덤이 있는 도쇼궁東照宮 참배를 위해 닛꼬日光까지 다녀오기도 했다.

사행이 에도에 머무는 기간은 보통 20일에서 30일 정도이다. 그 사이 일본 측이 베푸는 도착 환영연인 '하마연下馬宴'과 사행의 공식적인 임무인 국서를 전달하는 '전명식傳命式'이 열렸다. 또한 쓰시마번의 에도 저택에서는 따로 날을 잡아 '별연別宴' 또는 '공연公宴'이라는 이름으로 대규모 공식적인 연회를 베풀었다. 한편, 사행은 쇼군을 비롯한 일본인을 대상으로 마상재馬上才 공연을 펼치기도 했다. 병자통신사(1636)부터 시작된 일본에서의 마상재 공연은 쇼군을 비롯한 일본인에게 '절묘하고 기이한 재주'로 평가되며 최고의 인기를 누렸다. 그 인기는 고스란히 일본의 문학작품이나 회화, 공예품 등에 반영되었고, 에도·교토·오사카 등에서는 곡마曲馬가 흥행하기도 했다.

사행은 막부 쇼군의 회답국서와 예물이 도착하고 환송연인 '상마연上馬宴'까지 치른 후 귀국길에 올랐다. 사행의 귀국 노정 중 육로 노정은 올 때와 다름이 없었으나 오사카 이후의 수로 노정에서는 큰 변화가 있었다. 곧 바닷길에서는 일본 측이 정한 노정 지역에서 머물지 않고 바람을 핑계로 배 위에서 숙박을 하거나 아예 그냥 스쳐 지나는 경우가 많았다. 오랜동안 이국 객지에서 고생한 데다 한시라도 빨리 임금께 회답국서를 전하려는 마음이 앞섰기 때문이다. 그러다보니 특별한 사건이 발생하지 않는 한 일본 내 귀로 노정은 에도로 향하는 상경 노정보다 훨씬 빨랐다.

3) 국내 상행 노정

우여곡절 끝에 배에서 내려 고국 땅을 밟은 사행은 드디어 국내 상행 노정에 오르게 된다. 먼저 세 사신은 사행원 모두에게 노자와 잡물 가운데 공방工房에서 쓰고 남은 것과 세 사신이 인삼을 팔아 장만한 돈을 고루 나누어주었다. 이는 계미통신사(1763) 정사 조엄이 '반 천명의 사람들이 뜰 안에 우글거리다가 모두 돈을 메고 가는데, 즐거운 기색을 감추지 못했다'라고 기록한 데서도 확인된다. 이후 원래 부산에서 최종 합류하였거나 다른 개인적인 사유로 상행길에 동참할 수 없는 이들을 빼고 사행은 귀로에 올랐다.

앞서 사행길을 '갈 때는 경상 좌도를 거쳐서 가고, 돌아올 때는 경상 우도를 거쳐서 온다'고 하였다. 오고 갈 때의 사행 노정이 달라지는 것은 사행 접대에 대한 부담을 덜기 위해서이다. 사행이 서울과 부산을 오르내리거나 부산에 머무는 동안 경기도의 28읍, 충청도의 20읍, 경상도의 71읍 등 모두 119읍이 접대를 담당해야만 했다. 최근 연구에 의하면 상하행 노수비, 부산 체재비, 영천·부산의 전별연·해신제비 등을 합쳐 각 읍의 평균 사행 접대비가 무려 500냥에 이르렀다고 하니,[6] 지역의 경제적 부담이 엄청났을 것으로 보인다.

사행 접대를 위한 각 지역의 부담은 다음의 기록에서도 확인된다.

> 좌의정 김상로가 말하기를, "옛날부터 통신사에 대하여 그 물자를 후하게 하고 그 행차를 사치스럽게 한 것이 연경(燕京)에 가는 사신과 비교하면 대

6 김덕진, 「1763년 통신사 사행비의 규모와 그 의의」, 『전남사학』 25집, 전남사학회, 2005, 124~125쪽.

우를 받음이 특히 다름이 있었습니다. 각도의 감영이나 병영이 있는 고을에서 백성들에게 강제로 재물을 빼앗는 것과 대로를 낀 지방에서 제공하는 비용이 엄청난데, 영남에 이르러서는 통신사의 행차가 한번 지나가면 한 도의 재력이 다 없어진다 합니다. 이는 관청만 폐해를 입는 것이 아니라 그 근본을 따져 보면 모두가 백성들의 피와 땀에서 나온 것이니, 조정에서 불쌍히 여기지 않을 수 없습니다. 한번 바로잡아 고치는 것이 마땅하겠으니, 홍봉한·이성중·한익모·김치인으로 하여금 각도의 사례를 열람하게 하여 상의한 뒤 줄이도록 함이 마땅하겠습니다."하니, 임금이 그대로 따랐다.

– '영조실록', 권83, 영조 31년(1755), 2월 2일.

노정에 포함된 각 지역의 사행 접대에 대한 부담이 '통신사의 행차가 한번 지나가면 한 도의 재력이 다 없어진다'는 조선 최고의 벼슬아치 입을 통해 확인되는 대목이다. 그래서인지 대체로 세 사신이 같이 부산으로 향하던 하행 노정과 달리 상행 노정은 세 사신이 길을 달리하는 경우가 일반적이다.

영남에서 서울로 가는 길인 영남대로는 세 갈래 길로 나누어진다. 부산·밀양·청도·대구·안동·선산·상주·조령·음성·이천·광주를 지나 서울에 이르는 열나흘길인 '중도中道', 부산·울산·경주·영천·의흥·의성·안동·풍기·죽령·단양을 지나 서울에 이르는 열닷새길인 '좌도左道', 그리고 부산·김해·현풍·성주·금천·추풍령·영동·청주·죽산·양재를 지나 서울에 이르는 열엿새길인 '우도右道'가 그것이다.[7]

세 사신의 상행 노정은 영남대로의 세 갈래 길과 부분적으로 차이가

7 신정일, 『영남대로』, 휴머니스트, 2007, 5~6쪽.

나기도 하지만 거의 일치한다. 이는 다음의 기록을 통해 알 수 있다.

> ‘통신사가 돌아올 때는 세 사신이 길을 달리하라.’는 조정의 명령이 있기 때문에 나는 가운데 길을 택하여 대구로 향하고 부사는 오른쪽 길인 경주로 돌고 종사관은 왼쪽 길인 김해를 향하기로 하였다. 부사가 먼저 떠나면서 차례로 접견하며 작별을 고하였다. 육로에서 말을 타는 것이 배를 타는 것과는 실로 그 안전함이 현격히 다른데도 오히려 서글픔을 느꼈다. 만리길을 동행한 뒤라서 인정상 당연하리라. - 조엄, ‘해사일기’, 1764년 6월 24일.

계미통신사(1763)의 정사 조엄이 부사·종사관 일행과 각각 상행길에 오르며 이별의 아쉬움을 토로하고 있는 대목이다. 이에 따르면 정사는 열나흘길인 ‘중도’를, 부사는 열닷새길인 ‘좌도’를, 그리고 종사관은 열엿새길인 ‘우도’를 선택하였음을 알 수 있다. 일찍이 무진통신사(1748)가 일본에서 돌아와 임금께 사행에 대한 결과를 보고하였을 때, 영조가 앞으로 서울-부산을 오갈 때는 모두 같은 길을 이용하라는 하명이 있긴 했다. 하지만 위의 조엄이 쓴 사행록을 보면 무진통신사 이후의 상경길도 여전히 세 갈래였음을 알 수 있다.

세 갈래 길로 상경한 사행은 약 13일 정도 만에 한강을 건넌 뒤 최종 목적지인 대궐을 눈앞에 두고 다시 관왕묘에 집결했다. 관왕묘에는 부산으로 향할 때와 마찬가지로 가족과 친지, 그리고 조정 관리들이 이미 와서 기다리고 있었다. 하지만 다시 만난 기쁨도 잠시, 사행은 복명을 위해 관복으로 갈아입고 곧바로 대궐로 향했다. 사행의 복명 과정은 외교관계를 전반적으로 기술한 ‘통문관지’나 ‘증정교린지’에조차 제대로 기록된 바가 없기에 계미통신사(1763)를 중심으로 재구성하면 다음과 같다.

하산(下山)을 출발하여 송파나루를 건넌 정사 일행과 평구(平丘)와 양재(良才)를 출발한 부사와 종사관 일행은 출발 때의 남관왕묘가 아닌 동관왕묘(東關王廟)에 모두 집결한다. 동관왕묘에서 가족과 친지 및 조정의 관리들을 만나 잠시나마 그동안의 회포를 푼 사행은 임금에게 사행결과를 보고하는 절차인 복명(復命)을 위해 관복을 갈아입고 궁궐로 향한다. 이때 사신을 따라 다니며 일을 돕던 무관인 비장(裨將)이 절월(節鉞)을 든 채 앞에서 인도하고 세 사신이 이끄는 행렬단은 그 뒤를 따른다.

궁궐에 도착하면 줄지어 늘어선 가운데 경희궁의 숭현문(崇賢門) 밖에서 손이 땅에 닿도록 머리 숙여 공손히 절하는 숙배(肅拜)를 올린다. 숭현문은 사행이 일본으로 향할 때 영조가 '잘 다녀와라(好往好來)'는 글씨를 하사하며 격려했던 곳이기도 하다. 의식을 행한 후 잠시 함께 모여 있던 사행은 정오가 되면 경희궁의 사현합(思賢閤)으로 들어오라는 어명을 받는다. 세 사신이 차례로 들어가 제일 먼저 엎드리고, 제술관과 서기가 차례대로 들어가 세 사신의 뒤에 엎드리며, 군관은 그 뒤를 따라 들어서되 계단 아래 나란히 선다.

임금은 먼저 세 사신을 위로하고 사행 전반에 관한 사항을 물은 뒤 제술관을 불러 일본인들의 요구에 응한 내역을 묻는다. 제술관과 서기가 물러나면 군관이 들어가고 군관이 물러나면 역관이 들어가 임금을 알현한다. 세 사신은 임금의 곁에서 이 모든 과정을 지켜본 뒤에 마지막으로 임금께 인사를 올리고 나온다. 이때 임금이 내린 술이 일행 모두에게 주어진다. 이후 궁궐을 빠져 나와 각자의 집으로 향한다.

하지만 이것으로 사행이 마무리된 것은 아니다. 을미통신사(1682)의 기록에 의하면 임금을 알현한 다음날, 사행 모두에게 오늘날 출장보고서와 같은 복명서를 올리라는 명령이 하달되었기 때문이다. 결국 다음날 세 사신을 비롯하여 전악典樂·이마理馬에 이르기까지 복명서를 제출하였고, 이튿날 임금은 승지를 통해 삼사·제술관·사자관 등은 품계를, 군관은 벼슬을 올리며 당상역관에게는 잘 길들여진 말 1필씩을 하사하는 것으로 노고를 치하했다. 결국 전체 사행은 논공행상으로 마무리되었다.

이처럼 서울을 떠나 에도에서 국서를 전달하고 서울로 다시 돌아오는 조선통신사의 노정은 국내와 국외를 합쳐 총 1만1335리, 약 4500km의 대장정이었다.

4. 조선통신사 관련 행사

서울을 출발하여 약 20일 만에 부산에 도착한 사행은 다시 도일 준비를 위해 약 1달간 부산에서 머물렀다. 그 사이 노정지역에선 사행원이 스스로 행하거나 또는 사행원을 위한 행사가 다양하게 펼쳐졌다. 조선통신사와 관련된 행사 중 대표적인 예는 망궐례, 해신제, 전별연 등이 있다.

1) 망궐례望闕禮

사행에 참여한 조선의 문사들은 자신의 사행 체험을 일기·시·견문록 등 다양한 형태로 기록했다. 그 가운데 일기의 경우 1일과 15일자의 기록에 거의 정례적으로 등장하는 단어가 '망궐례'이다. 망궐례는 외직에 근무하는 관리나 사신들이 직접 궁궐에 나아가서 천자나 왕을 배알하지 못할 때 멀리서 궁궐을 바라보고 절을 올리는 의례이다. 원래는 조선에 온 중국 사신이나 조선의 왕이 대궐의 정전正殿에 모신 천자를 상징하는 '궐闕'자를 새긴 나무 위패에 절을 올리던 의식이었다. 곧 망궐례는 책봉과 조공을 바탕으로 한 동아시아의 지배질서를 반영하는 대표적인 의식이었던 셈이다.

조선통신사의 경우도 매달 1일과 15일, 두 차례 망궐례를 행했다.

2월 15일, 맑음. 부산에 머물렀다. 새벽에 일행의 원역 및 수사 이하 지대 수령 등 여러 관원이 망궐례를 행하였다.

조선 후기에 최초로 파견된 정미통신사(1607)의 부사 경섬이 '해사록'에 기록한 망궐례의 내용이다. 대부분의 사행록은 망궐례를 행했다는 사실만 기록할 뿐 구체적인 내용을 기술하고 있지는 않다. 그만큼 망궐례는 관리나 사신들이 궁궐 밖에 나와 외지에 머물 때면 으레 치르는 보편적인 행사였다.

망궐례는 새벽에 행해졌다. 임술통신사(1682)의 역관 홍우재는 '동사록'에 아예 새벽 3시에서 5시 사이를 가리키는 '인시寅時'라고 정확히 적고 있다. 참석 대상은 사행원 전원과 노정 지역을 다스리는 최고 관리, 그리고 사행을 접대하기 위해 노정 지역에 함께 머물고 있던 인근 고을의 수령들이다. 그야말로 조선통신사와 관련된 모든 인원들이 망궐례에 참여했다.

망궐례가 행해진 공간은 노정의 숙박지인 객사나 관사였다. 특히 객사는 지방관아의 중심 건물로 출장 나온 관리를 비롯하여 내외국 사신들이 묵거나 연회를 만끽하던 공간이다. 객사는 중대청이라 불리는 정당正堂을 중심으로 그 좌우에 날개처럼 익사翼舍를 두었다. 한결같이 천자의 상징인 '궐闕'자 위패가 아니라 왕의 상징인 '전殿'자를 아로새긴 위패를 정당에 모신 까닭에 병자통신사(1636)의 부사 김세렴은 '해사록'에서 '망전례望殿禮'라 적었다.

망궐례에 참여하는 세 사신은 관리들이 조정에 나아가 임금을 알현할 때 입던 붉은 색 비단 예복인 조복朝服을 입었다. 그리고 나머지 사람들은 모두 깃을 둥글게 만든 검정 색의 예복인 흑단령黑團領을 입었다. 병풍을 치고 그 앞에 '전패'를 모신 상태에서 향을 피운 뒤 세 사신은 의식의 진행을 맡은 집사자의 소리에 맞추어 임금을 향해 네 번 절을 올렸다.

이밖에 설날·정월 대보름·동지와 같은 명절이나 임금의 생일과 같은 경사스런 날에는 축하의 의미를 담아 '망하례望賀禮'를 펼치기도 했다. 계미통신사(1763)의 정사 조엄은 설날과 정월 대보름을 맞아 망하례를 행한 후 모두에게 떡·탕·과일을 내렸고, 동지에도 망하례를 거행한 뒤 팥죽과 어탕을 내렸다. 그리고 부산의 객관에서도 영조의 70세 생신을 맞아 망하례를 거행하였는데, 참여자들이 모두 '천세千歲'라고 만세를 세 번 부르고 풍악을 베풀어 임금의 복록이 성대하게 일어날 것을 기원하였다고 적고 있다.

망궐례와 망하례는 국내에서 뿐만 아니라 일본에서도 어김없이 치러졌다. 일본 측은 조선통신사가 망궐례를 치를 수 있게 '조선국왕전하 만만세'라는 전패를 마련해 두기까지 했다. 물론 국내와 달리 머무는 객관이 협소하거나 뜰이 없어서, 또는 배 안에 있거나 나라의 기일忌日이 있을 때 및 계미통신사(1763)처럼 사신들이 조정으로부터 징계 처분을 받았을 때는 망궐례나 망하례를 거행하지 못한 것으로 나타난다.

이처럼 망궐례와 망하례는 사행원들로 하여금 신하로서의 임금에 대한 충성과 함께 사신으로서의 사명감과 책임감을 일깨우는 계기가 되었다.[8] 나아가 일본인들에게 조선이 예법을 숭앙하는 문화대국임을 과시함과 동시에 조선 왕권의 강력함을 각인시키는 계기로 작용했다.

8 정은영, 「조선통신사와 망궐례」, 『조선통신사연구』 5호, 조선통신사학회, 2007, 115쪽.

2) 해신제海神祭

근대적 교통문화가 발달하지 않았던 조선시대에 먼 거리 여행은 쉽지가 않았다. 더구나 국내가 아닌 국외의 여행은 더욱 그러하였다. 중국과 일본으로의 사행은 조선시대에 공식적으로 행해진 대표적인 국외 여행이었다. 그 중 중국으로의 사행은 대체로 육로 여행인 데다 오늘날 수학여행처럼 대규모의 인원이 그동안 책에서만 접하던 명소들을 직접 볼 수 있는 절호의 기회였다. 오죽하면 숙종 때 대사성을 지낸 김창협이 연행사燕行使로 떠나는 벗을 송별하며 "진시황의 만리장성을 보지 못했으니 / 사내의 의기 우뚝 솟음을 스스로 저버렸구나未見秦皇萬里城 男兒意氣負崢嶸"라며 참여하지 못한 자신의 신세를 한탄했을까?

하지만 일본으로의 사행은 여러 모로 중국 사행과 달랐다. 통신사는 왜구의 침입에서부터 임진왜란에 이르기까지 그동안 끊임없이 노략질과 침략을 일삼던 야만의 나라이자 원수의 나라로 향하는 사행이었다. 게다가 전체 노정의 절반 이상이 배를 이용한 바닷길이었으니 그 부담과 두려움은 육로 사행에 비할 바가 아니었다.

기해통신사(1719)에 참여한 신유한은 자신이 제술관으로 선발되자 죽을지 살지 모르는 바다를 건너는 행차에 몰아넣으니 이는 귀신이 자신을 따라 다니기 때문이라 누구를 탓하겠냐며 안타까워했다. 또 계미통신사(1763)에 정사로 뽑힌 정상순도 늙으신 어머니를 핑계로 사행을 거부하다 조엄으로 교체되었고, 제술관으로 뽑힌 채희범 역시 사행을 거부하는 바람에 남옥으로 교체되었다. 이처럼 감히 왕명을 거역하는 사태가 발생한 것은 그만큼 자신의 목숨을 걱정할 정도로 바닷길 사행이 두려웠기 때문이다. 따라서 조정에서는 사행원들의 공포와 불안을 해소하기 위한 장치를 마련할 수밖에 없었는데, 그 장치가 바로 바다의 신에 대한 제사, 곧 해신제였다.

사행의 해신제는 임란 이전과 임란 이후로 구분된다. 임란 이전 사행의 해신제는 다음의 기록에 잘 나타난다.

> 기풍제는 울산 2곳, 장기 1곳, 김해 1곳, 웅천 3곳, 거제 1곳에서 전례대로 행한다. - '성종실록' 권75, 성종 8년(1477) 1월 8일.

기해통신사(1479) 파견을 위해 성종 8년(1477) 정월에 마련한 '일본국통신사사목日本國通信使事目'의 내용이다. 이에 따르면 해신제는 당시 '기풍제祈風祭'로 불리었고, 울산·장기·김해·웅천·거제 등 5개 지역 8개 장소에서 베풀어졌으며, '전례대로'라는 문구가 있는 것으로 보아 기풍제의

조선통신사가 가장 두려워했던 것은 역시 검푸른 바닷길이었다. 그래서 부산을 출발하기 전에 반드시 영가대에서 해신제를 올리고 무사항해를 기원했다. 사진은 영가대(2003년 복원)에서 해신제를 드리는 모습. 조선통신사 행렬을 재현한지 얼마 안 됐을 때의 해신제는 상차림 등에 문제가 많았으나 2006년부터는 고증을 거친 방식에 따르고 있다. 한태문 부산대 교수 제공

전통은 오래전부터 이어져 온 것임을 확인할 수 있다.

임란 이후 사행의 해신제는 부산진성의 서쪽에 있었던 영가대永嘉臺에서 올렸다. 영가대는 1614년 경상도순찰사 권반이 전함을 감추기 위해 선착장을 만든 뒤, 그때 파낸 흙이 언덕을 이루자 망루도 겸할 겸 언덕 위에 세운 8칸 누각이다. 처음에는 이름이 없었으나, 1624년 선위사宣慰使 이민구가 권반의 고향인 '안동'의 옛 이름을 따와 '영가대'라고 했다. 그는 일찍이 권반을 따라 항구를 보수한 적이 있었다. 영가대는 이후 일본으로 가는 모든 사행의 무사항해를 빌던 해신제당이자 일본에 표류한 조선인의 귀환지점이 되었다.

사행의 해신제는 '국조오례의'의 '제악해독의祭嶽海瀆儀'에 의거하여 치르되 제물의 준비는 동래부에서, 제문 작성과 제삿날의 선정은 사행의 제술관이 맡았다. 약 5일 전 제삿날이 결정되면 공복을 입은 사람들을 중심으로 역할 분담을 하고 제단의 설치와 제사에 참여하는 사람들의 배치를 정했다. 이후 이틀 동안 행동거지를 조심하고 하루 동안 목욕재계를 하면서 깨끗한 마음으로 해신을 맞을 준비를 한다. 이 사흘간은 음악을 듣거나 술·고기·파·마늘 등을 먹지 않고, 문상과 문병을 금하는 등 금기가 비교적 엄격했다.

해신제는 자시子時 초부터 제물의 진설, 참여자의 자리배치, 각자의 소임 등을 확인하고, 축시丑時 초부터 제사를 올리기 시작했다. 해신제는 '대해신위大海神位'라는 위패를 앞에 모시고 참여자가 모두 북향사배하는 강신降神과 참신參神, 해신에게 향과 폐백을 올리는 전폐례奠幣禮, 술잔을 바치고 축문을 읽는 초헌례初獻禮, 초헌관이 제상의 술을 마시고 철상하는 음복례飮福禮, 축문과 폐백을 땅에 묻는 망예위望瘞位 등으로 이루어진다. 이후 제물을 바닷물에 띄우고 돌아와 네 번 절한 뒤 위패를 불사르는 것으로 해신제는 마무리된다.

특히 주로 제술관이 짓는 제문은 사행원의 간절한 소망을 담아야 하기에 제사에서 가장 중요했다. 제문은 크게 ①제주고신祭主告神 ②송신頌神 ③제의목적 고지와 해신의 가호 기원 ④흠향 및 축원 순으로 구성된다. 먼저 '제주고신'은 제주가 자신의 존재를 신에게 밝힘과 동시에 해신의 존재를 드러내는 과정으로 제주는 세 사신이 된다. '송신'은 해신의 덕을 찬양하는 것이고, '제의목적 고지와 해신의 가호 기원'은 목적지·바다를 건너는 목적, 승선 인원과 배의 수, 바닷길을 가로막는 악한 동물인 고래·악어·이무기 등의 제거를 해신께 부탁하는 것이다. 그리고 '흠향 및 축원'은 해신이 제주의 소원을 들어주는 뜻에서 차려놓은 제사음식을 기쁘게 먹어주기를 바라는 마음을 담고 있다.

이처럼 영가대 해신제는 바닷길 여행에 대한 두려움을 지닌 통신사 사행원들이 용을 해신으로 상정하고 이에 대한 제사를 통해 안전한 항해와 임무의 완수를 축원하였던 의미 있는 행사였다. 동력선을 타고 일본으로 향했던 1차 수신사(1876)와 신사유람단(1881)조차 영가대에서 해신제를 지낸 것으로 보아 해신제는 무엇보다 사행원들의 심리적 안정에 크게 기여했음을 알 수 있다.

하지만 해신제를 지냈다고 바로 사행길에 오른 것은 아니었다. 계미통신사(1763)의 경우 9월 8일에 해신제를 지냈지만 실제 출발은 거의 한 달 뒤인 10월 6일이었다. 비스듬히 부는 순풍인 동북풍을 기다리다 보니 지체될 수밖에 없었다.

3) 전별연餞別宴

조선통신사의 사행길은 최소 6개월 이상이 소요되는 험난한 대장정이었다. 며칠간 떠나는 개인 여행도 가족이나 친지가 이별을 아쉬워하며 조촐한 모임을 가지게 마련인데, 왕명을 받고 떠나면 사행길에 오르는 이들을 위로할 전별연이 빠질 리 없다. 그것도 북경에 가는 사행길과 달라 임금조차 애처롭게 여겼던 일본 사행길이니 말해 무엇하랴.

전별연은 노정 지역에 포함된 각 고을의 수령으로서 베푸는 사연私宴과 나라에서 공식적으로 베푸는 사연賜宴으로 크게 나누어진다. 고을 수령과 세 사신의 친분 여하에 따라 잔치의 규모가 달라지는 전자와 달리, 후자는 나라에서 지정한 군현인 충주·안동·경주·부산 등 4곳에서 베풀어졌다. 하지만 경제적 부담의 증가로 을미통신사(1655) 이후에는 충주·안동·경주 대신 경상관찰사가 주관하는 영천과 경상좌수사가 주관하는 부산에서만 열리게 된다.

먼저 영천의 전별연은 청송부사가 연향관이었던 정미통신사(1607)부터 나타난다. 남천의 절벽 위에 서 있는 누각인 조양각朝陽閣에서 전별연이 베풀어졌다. '명원루' 또는 '서세루'로도 불리는 조양각은 1368년 부사 이용이 이 고장 출신 정몽주, 고을 유림과 함께 힘을 모아 건립한 것이다.

경상관찰사가 베푼 전별연은 세 사신을 비롯한 사행원과 인근 9개 고을의 수령이 참석하였는데, 술잔치상은 개령·안음·칠곡에서 나누어 마련하였다. 그리고 안동·의성·경주·영천의 기생과 악공을 모두 불러 모은 까닭에 조양각의 전별연은 도내 이름난 기생들이 자신의 재예를 뽐내는 경연장이 되었다. 계미통신사(1763)의 정사 조엄이 '영남의 성대한 모임'이라 극찬할 정도였다.

특히 영천의 전별연은 조양각 맞은 편 남천의 강변을 배경으로 마상재가 함께 공연된 것이 특징이다.

누각 앞의 넓은 들에 화살통처럼 길을 닦아 / 볼품 좋게 닫는 말에 마상재를 시험하니 / 그중에 박성적이 좌우칠보(左右七步) 날게 하고 / 송장거리 등리장신(鐙裏藏身) 일등으로 하는구나 / 사방의 관망할 이 양식 싸고 두루 모여 / 좌우에 가득하니 몇 만인 줄 모르겠네 - 김인겸, 〈일동장유가〉

계미통신사(1763)의 서기 김인겸이 영천에서 베풀어진 마상재의 모습을 묘사한 것이다. 박성적이 말 등을 넘나드는 '좌우칠보', 말 옆구리에 매달려 몸을 숨기는 '등리장신' 등의 재주를 부렸는데, 이를 보기 위해 수많은 사람들이 모였다는 것이다.

마상재는 '말 위에서 부리는 재주'를 일컫는 것으로 조선 후기의 무예 훈련 교범인 '무예도보통지武藝圖譜通志'에도 수록된 조선무예 24가지 기예 중 하나이다. 이밖에 '두 마리 말 위에 서서 달리기雙馬立馬上', '말 위에 물구나무 서기馬上倒立', '말 위에 드러눕기縱臥枕馬尾' 등의 재주도 펼쳐졌다. 마상재는 안동, 동래 등에서도 펼쳐졌는데, 그 가운데 가장 빈번히 펼쳐진 곳이 영천이다. 아마도 사행이 부산까지 타고 가는 말을 제공하고, 사행 안내를 책임지는 장수찰방이 있던 곳이 영천이란 점과 무관하지 않은 듯하다.

부산에서 해신제를 치른 사행은 며칠 후 국내에서 치르는 마지막 사연賜宴인 전별연에 참여했다. 경상도관찰사가 주관하되 각 고을이 경비를 준비한 영천과 달리, 부산의 전별연은 오롯이 경상좌수사가 경비를 부담했다. 갑자통신사(1624)의 경우 경상우수영에서 경비를 보조하기도 했다.

경상좌수사가 베푸는 부산의 전별연은 영천보다 더욱 성대하게 개최했다. 그것은 부산이 사행의 국내 노정 최종 종착지이자 일본으로 향하는 바다와 배가 바로 눈앞에 펼쳐진 그야말로 출발지이기도 했기 때문이다. 게다가 안내와 호송을 위해 부산에 와 있거나 왜관에 거주하던 왜인들도 의식하지 않을 수 없었다. 앞으로 접대를 책임져야 하는 그들에게 사절단에 대한 국가의 위엄을 보임과 동시에 일본 역시 최상의 예를 갖추어 사행을 접대해야 한다는 무언의 압력이기도 했다.

전별연은 부산진의 객사에서 베풀어졌는데, 사행에 따라 별차別差들의 집무장소인 초량 빈일헌賓日軒에서 베풀어지기도 했다. 세 사신은 손님의 예로 동쪽에, 좌수사는 주인의 예로 서쪽에 서로 마주 보고 앉고, 나머지 사행원들도 위계에 따라 자리에 앉았으며, 잡희를 담당하는 기생은 가운데, 악공들은 자리 바깥에서 북쪽을 향해 앉았다. 전별연에 참석한 사람들은 잔치자리에 어울리게 한결같이 머리에 모두 꽃을 꽂았다.

이윽고 꽃이 있는 음식 상차림인 '화상대찬花床大饌'이 나오면 무사귀환을 기리며 아홉 잔의 술을 번갈아 마시는 '구잔칠미九盞七味'의 의식을 행하였다. 계미통신사(1763)의 경우처럼 금주령이 내려졌을 때는 차로 술을 대신하기도 했다. 술을 한 차례 행할 때마다 한 가지 음식이 나오고 상마다 새로 수저와 작은 칼 하나씩이 놓였다. 이때 경주와 동래의 악공들이 음악을 연주하는 가운데, 경주·울산·동래·밀양의 기생들이 〈황창무〉·〈처용무〉·〈천도무〉 등을 추어 흥을 돋우었다.

잔치가 끝나면 상을 치우고 다시 평상복으로 갈아입은 뒤 좌수사가 베푸는 사연私宴에도 참여했다. 밤이 되어서야 행사가 모두 끝나는 이 전별연은 구경꾼들이 담과 지붕 심지어 나무 위에까지 올라가 구경할 정도로 이목을 집중시켰다. 오죽했으면 계미통신사(1763) 서기 김인겸이 이 화려한 전별연을 두고 '반도연蟠桃宴'[9]에 빗대었을까.

9 반도연은 옥황상제의 아내 서왕모가 반도蟠桃를 나누어 먹기 위해 베풀었던 잔치이다. 반도는 신선이 사는 곳에 자라며 3000년에 한 번 열매가 열린다는 복숭아이다.

5. 조선통신사,
세계의 유산이 되다

길은 걷는 자의 몫이다. 모두에게 개방된 길이라 해도 걷는 이에 따라 그 느낌은 다를 수밖에 없다. 일본을 향하던 조선통신사도 국내 사행길에서 이전과는 다른 새로운 경험을 했다.

서울에서 부산까지 약 20일에 걸친 사행길은 그동안 무심했던 조국 산하의 참모습을 새로운 눈으로 바라볼 수 있는 계기가 되었다. 물론 사행이 노정 각 지역에서 머무는 기간이 하루나 길어야 이틀 정도밖에 되지 않아 제대로 주변의 경관을 살필 여유는 없었다. 하지만 교통수단이 그리 발달하지 않았던 시대에 서울에서 부산을 오가는 여행은 그리 흔한 기회가 아니었기에 그 감회 또한 예사로울 수 없었다. 그 결과 짧은 기간임에도 불구하고 수많은 지역의 명소가 사행원의 손에 의해 새로운 생명을 얻었다. 그리고 낯설게 다가선 지역의 풍토와 민속 또한 사행원의 일기·시·그림 등에 오롯이 스며들었다.

또한 길이 인연을 연결하는 소통의 마당이듯, 조선통신사의 국내 사행길도 서울과 지방을 연결하는 소통과 교류의 공간이었다. 사행에 포함되어 서울에서부터 내려온 중앙의 문사와 예술가, 그리고 기술자들은 지역의 관련 인물들과 어울려 서로의 재능과 관심사를 나누었다. 특히 사행을 맞아 지역에서 베푸는 환송연회에서는 공연문화의 교류도 자연스럽게 이루어졌다.

이처럼 국내 사행길에서 얻은 소중한 체험은 일본 사행길에서도 그대로 이어졌다. 조선통신사는 수개월에 걸쳐 일본의 서쪽 약 50개 도시를 오가며 일본의 풍경을 접하고 사람들을 만나 교류했다. 양국의 문사들은 시문으로 서로의 정감을 나누고 필담으로 서로의 관심사를 나누며 문학과 학술 교류를 활발하게 했다. 오늘날 전하는 수많은 필담창화집이 그 결과물이다. 그리고 서화·음악·무용·마상재 등 예능의 교류를 비롯하여 의복·음식 등과 같은 생활문화 및 의학·조선과 같은 기술문화에 이르기까지 다양한 분야에서 문화교류 활동을 펼쳐 나갔다. 그 결과 오늘날 조선통신사는 조선에서 일본에 파견한 단순한 외교사절이 아니라 문화사절로서 양국 선린우호의 상징이 되었다.

그런데 이제 조선통신사는 단지 한국과 일본의 선린우호를 상징하는 역사로만 머물지 않게 됐다. 2017년 10월 31일 조선통신사 관련 기록물이 유네스코 세계기록유산에 등재됐기 때문이다. 한일 양국의 민간단체가 2016년 3월 30일, '조선통신사 관련 기록물'을 유네스코 세계기록유산에 등재하기 위한 신청서를 프랑스 파리 유네스코 사무국에 우편으로 발송한지 1년 7개월 만이다.

유네스코는 세계적으로 인류가 보존해야 할 가치가 있는 유산을 세계유산·인류무형문화유산·세계기록유산으로 나누어 등록해서 보존하는 사업을 펼치고 있다. 그 가운데 '세계기록유산'은 세계적 가치가 있는 귀중한 기록유산으로 책·문서·편지 등 동산動産 유산이 이에 해당한다.

〈조선통신사에 관한 기록 – 17세기~19세기 한일 간 평화구축과 문화교류의 역사〉라는 타이틀을 내건 신청서는 한국의 부산문화재단과 일본의 NPO법인 조선통신사연지연락협의회가 작성했다. 이들은 그동안 한일 양국에서 조선통신사 선양 사업을 꾸준히 펼쳐온 대표적인 민간단체다. 2014년 3월 공동등재 추진을 합의한 이래 양국을 오가는 12회의 공동학술회의를 통해 등재 신청 목록을 확정했다. 대상 목록은 유네스코가 제시한 등재기준인 유산의 진정성, 독창적이고 비대체적인 유산, 시간·장소·인물·주제·형태 등에 있어 세계적 가치를 지닌 것 등에 따라 크게 외교기록, 여정의 기록, 문화교류의 기록으로 나누어 선정했다.

'외교기록'은 조선과 일본의 국가기관에서 작성한 공식기록과 외교문서로 '통신사등록'과 조선 국왕의 〈국서〉 등 63건 124점이 포함되었다. '여정의 기록'은 조선통신사가 조선과 일본을 오가는 동안 양측에서 다양한 방식으로 남긴 기록으로, 조선통신사의 사행록과 일본 각 번의 응접기록 등 48건 209점이 포함되었다. 그리고 '문화교류의 기록'은 조선통신사 왕래를 통해 이루어진 조선인과 일본인의 문화교류에 대한 기록으로 '필담창화집'을 비롯해 시문과 서화 등 41건 146점이 포함되었다.

이처럼 총 111건 333점의 조선통신사에 관한 기록들은 조선통신사 왕래를 통해 얻어진 양국 교류의 소중한 공동자산이다. 오늘날 조선통신사와 조선통신사에 관한 기록들이 가지는 의의는 신청서에 기술된 다음의 내용에서 확인할 수 있다.

> 이 기록에는 비참한 전쟁을 경험한 양국이 평화로운 시대를 구축하고 유지해 가는 방법과 지혜가 응축되어 있으며, '성신교린(誠信交隣)'을 교류이념으로 대등한 입장에서 상대를 존중하는 이민족 간의 교류가 구현되어 있다. 그 결과, 양국은 물론 동아시아지역에도 정치적 안정이 이루어졌고, 안정적인 교역루트도 장기간 확보할 수 있었다.
>
> 따라서, 이 기록은 양국의 역사적 경험으로 증명된 평화적·지적 유산으로, 항구적인 평화공존 관계와 이문화 존중을 지향해야 할 인류공통의 과제를 해결하는 데 있어서 보편적 가치를 지닌다.

사람과 사람의 관계에서 가장 기본이 되는 것은 '만남'이다. 만나지 않으면 상대를 알 수 없을 뿐만 아니라 쓸 데 없는 오해가 생기게 되고 편견에 사로잡히게 된다. 그러나 만나게 되면 소통을 통해 상대를 이해할 수 있게 된다. 조선통신사는 이미 오래 전에 험난한 노정을 무릅쓰고 양국을 오가며 이를 실천했다. 곧 조선통신사는 진솔한 마음의 교류를 통해 상대에 대한 무지와 편견을 극복하고 상호이해의 우호관계를 형성한 국제 외교사상 모범적인 문화사행이었다. 오늘날 한일 양국관계는 뒤틀어질 대로 뒤틀어져 있지만 만남을 통해 소통하고 상호이해로 나아갔던 조선통신사의 정신을 이어간다면, 그야말로 '가깝고도 먼 이웃'이 아니라 '가깝기 때문에 더욱 정겨운 이웃'이 될 수 있을 것이라 여겨진다.[10]

10 이 글은 저자의 요청으로 「통신사 왕래를 통한 한일문화교류」(한국문학논총, 한국문학회, 2003), 『조선통신사의 길에서 오늘을 묻다』(경진, 2012) 등 필자가 이미 발표한 논저의 내용을 이 책의 취지에 맞게 수정 보완하여 재수록한 것임을 밝혀 둔다.

3장

조선왕조실록 속의 조선통신사

국사편찬위원회의 홈페이지에서 '통신사'라는 키워드로 조선왕조실록 국역본을 검색하면 488건의 관련 기사가 나온다. 원본은 399건. 그러나 '통신사'라는 단어가 없어도 조선통신사와 관련된 기사는 많다. 조선 초기에는 '통신사'뿐만 아니라 통신관, 회례사, 회례관, 보빙사, 호송사, 수신사 등의 이름으로 일본에 사신을 파견했기 때문이다.

반대로 고종실록과 순종실록에 나오는 '통신사'는 현대적 의미의 뉴스통신사나 전화를 관리하는 기관이나 직책을 지칭하기 때문에 조선통신사와는 전혀 관련이 없는 데도 검색된다.

이 글은 조선통신사와 관련된 조선왕조실록 기사 609건을 분석해서 조선통신사와 그 당시의 특징을 살펴본 것이다(관련 기사를 묶은 자료는 '조선통신사현창회' 신경식 총무가 만든 것을 활용했다. A4용지 1061쪽. 이 자료를 바탕으로 조선왕조실록의 관련 기사 제목을 통신사 중심으로 바꾼 부록 '제목으로 읽는 조선왕조실록 속 통신사 행적'이라는 부록도 만들었다, 397쪽).

통신사에 관한 조선왕조실록의 기록을 읽다보면 머리 속에 관념적으로만 떠오르던 '조선통신사'가 실감나게 다가온다. 통신사를 파견하기까지의 명분 축적과 통신사 선발, 국서와 선물 준비, 돌아와서의 보고와 후속 처리, 통신사의 격려와 징계, 통신사를 둘러싼 각종 사건 사고 등등이 생생하게 기록돼 있기 때문이다. 새삼 기록의 무게를 느끼게 된다.

조선왕조실록은 통신사와 관련된 몇 가지 특징도 반복적으로 보여주고 있다. 이 글은 조선통신사와 관련된 기사를 읽고 임의로 10개의 특징을 찾아내, 거기에 맞는 대표적인 기사를 제시한 것이다(보충 해설까지 곁들이면 더 좋았겠으나 필자의 실력이 거기까지는 미치지 못하기에 아쉽다는 점을 밝힌다).

1. 왜구에 대한 분노와 불신은 깊었다

대마도를 근거로 한 왜구의 노략질은 늘 골칫거리였다. 임진왜란 이후의 통신사는 전후 처리와 화친, 적정 탐색의 성격이 강했으나 그 전의 통신사는 왜구를 진압하기 위한 목적이 대부분이었고, 그래서 사신도 왜구의 본거지인 대마도까지만 보낸 일이 많았다.

회유가 안 되면 무력 사용도 불사했다. 대표적인 예가 세종이 이종무李從茂 장군을 보내 대마도를 정벌한 일이다. 그때 세종이 안팎에 널리 알린 내용을 보면 대마도를 정벌하는 명분과 왜구에 대한 분노를 읽을 수 있다. 잘못까지 눈감아주며 잘 대우해줬는데 노략질을 일삼다니, 도저히 묵과할 수 없다는 것이다.

> "(전략) 대마도는 본래 우리나라 땅인데, 다만 궁벽하게 막혀 있고, 또 좁고 누추하므로, 왜놈이 거류하게 두었더니, 개같이 도적질하고, 쥐같이 훔치는 버릇을 가지고 경인년으로부터 변경에 뛰놀기 시작하여 마음대로 군민을 살해하고, 부형을 잡아가고 그 집에 불을 질러서, 고아와 과부가 바다를 바라보고 우는 일이 해마다 없는 때가 없으니, 뜻있는 선비와 착한 사람들이 팔뚝을 걷어붙이고 탄식하며, 그 고기를 씹고 그 가죽 위에서 자기를 생각함이 여러 해이다.

생각하건대 우리 태조 강헌 대왕이 용이 나는[飛] 천운에 응하여 위덕이 널리 퍼지고 빛나서, 어루만지고 편안하게 해 주시는 덕을 입어 그렇지 않으리라 믿었더니, 그러나 그 음흉하고 탐욕 많은 버릇이 더욱 방자하여 그치지 않고, 병자년에는 동래(東萊) 병선 20여 척을 노략하고 군사를 살해하니, 내가 대통을 이어 즉위한 이후, 병술년에는 전라도에, 무자년에는 충청도에 들어와서, 혹은 운수하는 물품을 빼앗고, 혹은 병선을 불사르며 만호를 죽이기까지 하니, 그 포학함이 심하도다. 두 번째 제주에 들어와 살상함이 많았으니, 대개 사람을 좋아하는 성낸 짐승처럼 간교(姦狡)한 생각을 숨겨 가지고 있는 것은 신과 사람이 한 가지로 분개하는 바이지마는, 내가 도리어 널리 포용하여 더러움을 참고 교통하지 않았노라. 그 배고픈 것도 구제하였고, 그 통상을 허락하기도 하였으며, 온갖 구함과 찾는 것을 수응(酬應)하여 주지 아니한 것이 없고, 다 같이 살기를 기약했더니, 뜻밖에 이제 또 우리나라의 허실을 엿보아 비인포(庇仁浦)에 몰래 들어와서 인민을 죽이고 노략한 것이 거의 3백이 넘고, 배를 불사르며 우리 장사(將士)를 해치고, 황해에 떠서 평안도까지 이르러 우리 백성들을 소란하게 하며, 장차 명나라 지경까지 범하고자 하니, 그 은혜를 잊고 의리를 배반하며, 하늘의 떳떳한 도리를 어지럽게 함이 너무 심하지 아니한가. 내가 삶을 좋아하는 마음으로, 한 사람이라도 살 곳을 잃어버리는 것을 오히려 하늘과 땅에 죄를 얻은 것같이 두려워하거든, 하물며 이제 왜구가 탐독(貪毒)한 행동을 제멋대로 하여, 뭇 백성을 학살하여 천벌을 자청하여도 오히려 용납하고 참아서 토벌하지 못한다면, 어찌 나라에 사람이 있다 하랴. 이제 한창 농사짓는 달을 당하여 장수를 보내 출병하여, 그 죄를 바로잡으려 하는 것은 부득이한 일이다. 아아, 신민들이여, 간흉한 무리를 쓸어버리고 생령을 수화(水火)에서 건지고자 하여, 여기에 이해(利害)를 말하여 나의 뜻을 일반 신민들에게 널리 알리노라"(1419년, 세종 1년 6월 9일, 세종실록 4권).

그렇지만 조선은 대마도를 설득해서 회개시키려는 노력도 많이 한다. 왜구의 약탈에 분노해서 대마도에 보내는 사신을 중지하자는 신하의 건의에 중종은 이렇게 답한다.

"근래에 통신사를 폐지한 지 이미 오래됐고 또 왜노가 이와 같이 흉포하여 복종하지 않기 때문에 사신을 보내어 개유하고자 하는 것이다. 그들에게 일러 주지 않는다면 도주가 어떻게 알 길이 있겠는가? 비록 물품을 허비하는 것이라 할지라도 사신을 보내어 개유한 뒤에야 그 마음을 알 수 있는 것이다. 또 이미 의논하여 정한 것이므로 이제 보내고자 하는 것이다"(1509년, 중종 4년 3월 29일, 중종실록 8권).

2. 왜구에 잡혀간 포로송환은 초미의 관심사였다

"고향 땅을 그리워하는 정은 귀천이 다름이 없다."

태종의 이 한마디는 지금도 울림이 크다.

전 호군(護軍) 이예(李藝)를 유구국(琉球國)으로 보냈다. 임금이 본국 사람으로서 왜(倭)에게 포로가 되었다가 유구국으로 팔려 간 자가 매우 많다는 말을 듣고, 명하여 이예를 보내어 쇄환(刷還)하도록 요청하게 하였다. 호조판서 황희(黃喜)가 아뢰기를,

"유구국은 수로(水路)가 험하고 멀며, 또 이제 사람을 보내면 번거롭고 비용도 대단히 많이 드니, 파견하지 않는 것이 낫겠습니다."

하니, 임금이 말하였다.

"고향 땅을 그리워하는 정은 본래 귀천(貴賤)이 다름이 없다. 가령 귀척(貴戚)의 집에서 이같이 피로(被擄)된 자가 있다면, 어찌 번거롭고 비용 드는 것을 따지겠는가?"(1416년, 태종 16년 1월 27일, 태종실록 31권).

이예는 지금의 오키나와인 유구국으로 갔다가 6개월 후에 조선 백성 44명을 데리고 귀국한다.

역대 임금들은 대마도주나 조선과 교류가 많은 규슈九州 지방의 실력

자에게 선물까지 주어가며 백성들의 송환을 호소하기도 한다.

"우리나라의 인민들이 일찍이 도적들에게 약탈되어, 팔리고 팔려서 구주(九州) 등지에 흩어져 살고 있었는데, 아버지와 아들이 서로 마음에 그리는지가 오래 되었도다. 다만 전하(殿下)에게 계달(啓達)하여 죄다 찾아서 돌려보내기를 바라노라. 토산물은 백세면주·흑세마포 각각 15필, 잡채화석 15장, 표피 2장, 호피 4영을 보내니, 대마도(對馬島)와 일기도(一岐島) 등지에 구류되어 살고 있는 남녀 합계 23명을 놓아 돌려보내기를 바라노라."

(중략) 대마주 태수(對馬州太守) 종정성(宗貞盛)에게 서신을 보내고, 백세면주·저포 각 5필, 잡채화석 10장을 증정하고, 억류된 남녀 합계 6명을 돌려보내기를 요청하였다(1432년, 세종 14년 7월 26일, 세종실록 57권).

3. 대마도인들은 정말로 조선에 오고 싶어 했다

대마도는 찢어지게 가난했다. 대마도주와 그 피붙이들조차 "아침에 저녁을 생각할 수 없다"는 기록도 보인다(1429년, 세종 11년 3월 27일). 그래서 대마도인들은 그나마 먹을 것도 있고 문물도 발달한 조선에 정말로 오고 싶어 했다. 그러다보니 조선이 일본인 무역상인에게 만들어주던 신분증인 도서圖書·동으로 만든 도장를 위조하는 경우도 많았다. 조선에 오기만 하면 대마도로 돌아가는 양식을 주는 것도 그들에게는 큰 매력이었다.

다음은 첨지중추원부사 이예가 대마도의 사신인 진강차랑津江次郞을 만나 주고받은 말을 세종에게 보고한 내용이다(일부 생략). 도서의 위조방지책이 주된 논의 대상이었다.

> "(전략) 신이 진강차랑에게 이르기를, '허위로 도서를 찍은 것을 가진 자는 참인지 거짓인지를 분변하기 어려우니, 도서를 고쳐 만들어서 너의 장수에게 주면 어떠한가.' 하였더니, 대답하기를, '만일 고쳐 만들어서 보내 주면 도주가 매우 기뻐할 것이라.' 하였습니다. 신이 또 말하기를, '객인(客人)들이 각 포(浦)에 이르면 혹은 여러 가지로 청구하고, 혹은 족친(族親)을 만나 보겠다고 칭탁하는 자, 혹은 위조 서계를 가진 자, 혹은 이중으로 서계를 받아서 삼포(三浦)에 체류하며 여러 가지 폐단을 만드는 자를 일체 금하는 것이 어

떠한가.' 하였더니, 대답하기를, '내가 지금 삼포(三浦)를 순행하여 우리 도주의 명령을 전하고 엄하게 검찰(檢察)할 터이니, 귀국에서도 역시 검찰하여 핵실하는 것이 좋다.' 하였습니다. 신은 청하옵건대, 조관(朝官)을 보내어 진강차랑과 함께 의논하여 검찰 수사하여 강제로 그 섬으로 돌려보내고, 인하여 말하기를, '삼가 이런 무리를 보내지 말라. 비록 보낸다 하더라도 받아들이지 말게 하겠다.' 하고, 이것으로 진강차랑에게 효유(曉諭)하여 보내는 것이 어떠합니까"(1439년, 세종 21년 9월 29일, 세종실록 86권).

그래도 대마도에서 오는 사신과 장사치는 끊이지 않았다. 이런저런 핑계로 오는 사람이 1만 명에 가깝다고 했다. 골치를 썩이던 예조가 대마도주에게 불필요한 사신과 장사치는 앞으로 접대하지 않겠다고 서신을 보내고, 조선에 온 대마도인들의 대우 기준과 준수 사항도 상기시켰다(하지만 다음 글에서는 조선이 대마도인들을 얼마나 후대했는지도 엿볼 수 있다).

"족하(足下)의 할아버지와 아버지 때부터 정성된 마음으로 귀순하였으므로, 때에 따라 오는 사자(使者)의 배에게는 식량과 어염(魚鹽)과 잡물을 주었지만, 장사차로 따라온 배에게는 자비(自備)해서 먹고 쓰게 한 것이 예전부터 정한 법례로 되어 있음을 족하(足下)도 잘 알 것이오. 그런데 근년에는 상선(商船)들도 식량을 받으려고 증빙 문서를 받아 가지고 오되, 우파라(右波羅)는 사신 행차[十二之行]의 식량을 청하니, 각 선(船)의 선군(船軍)으로 말하면 많은 것은 7, 80명이나 되는데, 그밖에도 혹 불경[經文]·종(鍾)·경(磬)·돗자리·인삼(人蔘)·목면(木綿)·피물(皮物) 등을 달라고 여러모로 청구하고, 혹은 친족을 만나보겠다든가, 혹은 친족의 분묘에 제사지내겠다는 등 긴급하지 않은 일로써 증빙 문서를 가지고 오는 자도 많아 거의 1만 명(名)에 가깝소. 그들이 여러 달 동안 묵으면서 돌아가지 아니하고 조석으로 먹을 것을 받고서도, 또 돌아가는 길에서 먹을 양식까지 받으매, 그 지공하는 비용과 주는 잡물도 또한 그와 비등하게 되니, 그 공경하여 섬긴다는 뜻에 어떻겠소. 이런 일은 고금 천하에 없는 바이며, 또 족하의 조부(祖父)도 하지 아니하던 것이었소. 또 서류를 위조한 자가 퍽 많았으나, 국가에서 곡진하게 불쌍히 여기고 무휼하노라, 일월(日月)의 오래고 짧은 것도 계산하지 아니하고 넉넉하게 식량을 주었으므로, 일년에 지출해 준 것이 거의 10만 석이나 되었소. 그 때문에 연해변의 국고에 저축한 것이 거의 다하였으니, 비단 족하의 사신을 지대(支待)하기 어려울 뿐 아니라, 귀주(貴州)에 증송(贈送)하는 물건도 계속하기 어려운가 하오. 그러니 금후로는 무릇 인물 내보내는 것을, 일체 전년에 경차관 이예(李藝)와 정한 약조에 의한다면, 사신으로 나오는 것이 족하(足下)의 조부 때와 다름이 없을 것이오. 귀주(貴州)를 연휼(憐恤)하는 뜻도 종시(終始)가 여일한 것이오. 그 행하여야 할 사목을 아래와 같이 갖추어 기록하오.

1. 경중에다 팔아야 할 구리·납·유황·단목 등 잡물을 가지고 온 사람은 전례에 의하여 상경하여서 매매하는 것을 허락하나, 그 외의 진상하는 예물은 빙문에 의할 것이며, 오로지 어·염(魚鹽) 등 해산물을 팔려고 오는 자는 족하가 자세히 분간하여서 서계(書契)를 없애고, 다만 문인(文引)만을 주면 그 나오는 대로 해변에 머무는 것을 허락하여 임의로 매매하게 할 것이나, 그 식량은 경신년 정월부터 족하의 조부 때의 예에 의하여 자비해 억제하고, 또 바다를 건너가는 데에 소용될 식량도 주지 아니한다.

1. 이 앞서에는 잡물을 청구하거나 인구를 돌려보낼 것을 청하는 등, 불긴한 일로 빙문에 의하여 나온 사람도 모두 경중으로 올라오게 하였으므로, 사람 수가 부당하게 많아서 가지고 오는 데 시끄럽고 역참(驛站)이 조잔(凋殘)해지며, 우마가 넘어져 죽는 등 그 폐해가 무궁하였는데, 경신년 정월부터 시작하여 상경하는 것을 허락하지 아니하고, 해변에 머물러 두어 전대로 후대

할 것이오. 가진 바의 서계를 진실한가 거짓인가를 조사해서 올려 보내면 가히 들어줄 일인즉, 전과 같이 들어줄 것이오.

1. 귀주까지 가고 오는데 하룻길에 차지 아니하니, 이 앞서 족하의 조부 때에는 일년에 가고 오는 것이 두서너 차례에 불과하였으므로 노정(路程)을 계산하지 아니하고 다 10일 분의 바다 건너갈 양식을 주어서 우대하는 뜻을 보였던 것인데, 이제는 일년 동안에 나오는 인수가 매우 많아서 연해변 국고의 양미가 부족하여서 실로 계속하기 어려우므로, 경신년 정월부터는 선인(船人)의 바다 건너가는 식량은 반감하여 지급할 것이오.

1. 족하가 세 번 도서를 찍은 서계를 가지고 오는 사람이거나, 귀주에 살면서 일찍이 도서(圖書)를 받은 각 사람이 친히 나오는 자는, 접대하는 거나 주는 식료를 모두 전례와 같이 할 것이오.

1. 종언칠·종무직은 비록 일찍이 도서를 받았지만, 각각 문인(文引)을 준 사신은 족하가 수령이 되어 명령하는 의리에 어긋남이 있으니, 금후로는 만약 족하의 문인이나 서계가 없이 나오면, 접대하는 것을 허락하지 않을 것이오."

하였다(1439년, 세종 21년 10월 21일, 세종실록 87권).

그러나 채찍만 쓰면 쓰시마인들이 분을 품는 경우가 많았다. 그래서 종종 당근도 준비했다. 다음 글을 보면 앞서의 빡빡한 태도가 불과 5개월 후에는 다시 바뀌는 것을 확인할 수 있다. 그로부터 6년 후인 세종 28년에는 상호군 윤인보尹仁甫가 대마도에 은전을 베풀고 일본 국왕과 사신을 주고 받자는 글을 올리기도 한다(1446년, 세종 28년 9월 9일). 조선초기의 외교 방책 중의 하나인 은위병행恩威竝行, 즉 은혜와 무력을 병행하는 정책을 엿볼 수 있다.

첨지중추원사(僉知中樞院事) 이예(李藝)가 아뢰기를,

"종언칠(宗彦七)·종무직(宗茂直)이 보낸 왜인 등이 그 받아들이[接納]지 않는 것을 알고서 마음속으로 분원(憤怨)을 품고 말이 퍽 불손(不遜)하와, 그 마음을 측량하기 어렵습니다. 신의 망령된 생각에는, 만약 욕망을 이루지 못하고 돌아가면 생명을 가벼이 여기고 죽고 사는 것을 돌보지 아니하는 무리들이 여러 도적들과 연결(連結)하여 포학을 자행하여 날뛰오면 작은 연고가 아닐까 하옵니다. 또 통신사(通信使)의 회환(回還)이 이미 가까왔사오니, 청하건대, 종정성·종언칠·종무직 등에게 사신을 보내어 본토 왜인들의 모람(冒濫)한 상황을 일러주고 국가 대의(國家大義)로 타이르며, 인하여 술[酒]을 내려 주고, 또 서여서도(西餘鼠島)에 왕래하며 소원대로 고기를 잡도록 허락하여 그 생업을 유지하게 하오면, 대마도의 왜인들이 마음속으로 기쁘게 성복(誠服)할 것입니다."

하니, 예조에 내리었다(1440년, 세종 22년 3월 22일, 세종실록 88권).

4. 대마도와 본토는 별개의 국가였다

대마도는 일본의 한 섬에 불과하다. 그러나 조선왕조실록을 보면 대마도는 본토에 복속은 하면서도 독립해서 행동하는 때가 많았다. 조선도 대마도의 무도함을 질타하면서도 그런 태도를 어느 정도 묵인했다. 그러다 보니 세 가지 특징이 나타난다.

첫째, 대마도는 조선에 대해 종종 콧대 높은 소리도 했다. 둘째, 조선은 그런 대마도를 대국적인 견지에서 용인했다. 셋째, 조선은 대마도와 본토에 대한 외교 의례를 달리하는 문제로 고민했다.

우선 대마도의 건방진 태도를 보자. 대마도주 종정무宗貞茂가 조선에 귀화한 일본인 평도전平道全에게 이런 편지를 보낸 적이 있다.

> 조선(朝鮮)에서 우리에게 향(向)한 정성(精誠)이 지금 예전만 못하다. 예전에는 쌀 5, 6백 석을 보냈는데, 지금은 보내지 않는다. 너도 휴가(休暇)를 청하여 나오는 것이 가하다"(1410년, 태종 10년 5월 13일, 태종실록 19권).

평도전에게 조선을 위해 일하지 말고 다시 돌아오라고 발칙한 권유를 한 것인데, 조선은 이 사실을 알고 어떻게 했을까. 벌을 주지 않고 오히려 식량을 많이 보내주며 믿음을 얻으려 했다.

"매양 들으니, 수호(修好)에 뜻을 오로지하고 항상 도적을 금하게 한다 하니, 어찌 감히 감사한 것을 알지 못하겠는가? 이에 조미(造米) 1백 50석과 콩[黃豆] 1백 50석을 배를 갖추어 실어 보내, 신(信)을 표(表)하는 바이다"(1410년, 태종 10년 5월 13일, 태종실록 19권).

대마도주는 조선 사신을 이유 없이 한달이나 가둬둔 적도 있다. 사신을 보내려 해도 대마도의 분위기가 심상치 않아 보류한다는 기록도 보인다(1444년, 세종 26년 8월 19일). 대마도주가 조선에서 간 사신을 맞으며 지영례祗迎禮·왕명을 맞이하는 의식을 하지 않으려고 버티는 장면도 나온다(일부 생략).

"듣기로는 도주(島主)가 사는 곳까지 겨우 하룻길이라고 하는데, 저 사람들이 빠른 길을 알까 두려워하여 일부러 둘러 가면서 험하고 먼 것을 보여주며 제7일에 대마도(對馬島)에 들어갔는데, 도주(島主)가 사람을 보내어 신에게 이르기를, '바다길이 험한데 수고롭게 오셨으니, 청컨대 육지에 내려 편히 계시면서 장차 좋은 날을 골라서 사물(賜物)을 받겠습니다.'라고 하기에, 신이 말하기를, '군명(君命)은 머물러둘 수가 없습니다. 바다에 있었다면 혹시 오래 머물 수도 있지만 이제 이미 육지에 내렸으니, 사사로이 군명(君命)을 머물러두는 것은 차마 할 수 없습니다. 만약 좋은 날을 고른다고 하면 내가 마땅히 이 배 위에 있을 것이며 육지에 내리지 아니하겠습니다.'라고 하였습니다. 도주(島主)가 할 수 없어서 이튿날 대청(大廳)에 맞이해 들여 사물(賜物)을 받았습니다. 이때 도주가 지영례(祗迎禮)를 하지 아니하려고 하기에, 신이 말하기를, '사물과 서계(書契)는 모두 왕명이니, 지영례를 하지 아니할 수 없습니다.'라고 하니, 도주가 전례가 없다는 까닭으로써 행하지 아니하려고 하였습니다. 신이 강요한 뒤에 행하는데, 사배(四拜)를 하고 서계(書

契)를 받고는 또 사배례를 행하지 아니하려 하는 것을 신이 통사(通事)로 하여금 가르치게 하여 행하였습니다. 예식을 마치자 신이 선온(宣醞) 한 잔을 받들어 사주례(賜酒禮)를 행하게 하려고 하자, 도주가 또 전례가 없다는 까닭으로써 받으려고 하지 아니하기에, 신이 통사를 시켜 말하기를, '만약 그렇게 하면, 이는 왕명을 저버리는 것이니, 받지 아니할 수 없습니다.'라고 하였습니다. 도주가 곧 꿇어앉아 받아 마시기를 마치고는 신 등을 인도하여 서청(西廳)에 앉게 하였는데, 도주와 그 아들 정수(貞秀)와 대관(代官) 등은 모두 한 줄로 연하여 앉고 유독 신만은 한쪽 벽(壁)에 앉혔습니다. 자리를 정하자 신이 사목(事目) 안의 사연을 들어서 낱낱이 말하였습니다"(1487년, 성종 18년 6월 10일, 성종실록 204권).

그렇지만 조선은 무례한 대마도에 연민을 갖고 있었다. 세종이 이종무에게 대마도 정벌을 명하면서, 동시에 아래와 같은 교지를 내린 것이 대표적이다. 여기서 경은 이종무를, 도도웅와는 대마도주 종정성宗貞盛를 말한다(일부 생략).

"봄에 나게 하고 가을에 죽이는 것은 하늘의 도이다. 왕자(王者)는 하늘의 도를 몸 받아 만민을 사랑하여 기르는지라, 그 도적과 간사한 무리로 패상난기(敗常亂紀·천도를 어기고 인륜을 어지럽게 하는 것)하는 자는 베고 토벌을 하는 것은 마지못하여 하는 일이지마는 삼가며 불쌍히 여기는 뜻도 언제나 떠나지 않는 도다. 근자에 대마도 왜적이 은혜를 배반하고 의를 저버리고 몰래 우리의 땅 경계로 들어와 군사를 노략한 자이면, 잡는 대로 베어서 큰 법을 바르게 하였고, 전일에 의리를 사모하여 전부터 우리나라의 경계에 살던 자와 이제 이익을 찾아 온 자는 모두 여러 고을에 나누어 배치하고 옷과 식량을 주어서 그들의 생활이 되게 한다. 대마도는 토지가 척박해서 심고 거두는 데 적당하지 않아서, 생계가 실로 어려우니, 내 심히 민망히 여기는 것이다. 혹 그 땅의 사람들이 전부 와서 항복한다면, 거처와 의식을 요구하는 대로 할 것이니, 경은 나의 지극한 뜻을 도도웅와와 대소 왜인들에게 깨우쳐 알려 줄 것이니라"(1419년, 세종 1년 6월 29일, 세종실록 4권).

대마도와 본토가 갈등 빚는 틈새에서 고민하는 조선의 모습은 다음 기록에 잘 나타나 있다(일부 생략).

정사를 보았다. (중략) 허조가 아뢰기를,

"상왕께서 수군 절제사를 명하여 거제도에 나누어 정박시키고 그 사자를 구류하고자 하시는 것은, 대마도가 〈우리 나라의〉은혜를 잊어버리고 덕을 배반하여 다시 우리 국경을 침범할까 함이시니, 만약 먼저 일본을 설유(說諭)하면 저들이 또 대마도를 그르다 하여 배척하게 되어, 대마도의 형세가 고립될 것이고, 또 저들이 송희경에게 원망하는 말을 하였다 하더라도, 정말 그들이 배반하고 있는가는 적실히 모르는 것이니, 만일 배반할 마음이 없다면 그 사자를 구류하는 것은 너무 급하고 절박한 것입니다."

라고 하였다. 임금이 말하기를,

"대마도 왜인이 이다지 무례한데, 그 공헌(貢獻)한 물품을 받는 것이 불가하지 않겠는가. 나는 그 공물을 물리치고 그 사자를 박대하고, 한편으로 구주(九州) 절도사의 사자만 후대하여 은혜와 신의를 차별하여 보이고자 한다."

하니, 박은이 아뢰기를,

"상교(上敎)가 지당하오니, 그 사자를 다른 곳으로 사관(舍館)을 옮겨서 식량만 주고 밥을 자신이 지어 먹도록 하고, 또 그들을 불러 대마도의 배은망덕한 사유를 엄중히 계칙하여, 갈 때도 타고 갈 말을 주지 말고 구주 사자(九州使者)만을 후대하여, 저들이 서로 그 이유를 알게 하소서."

하니, 임금이 말하기를,

"경의 말이 옳다. 내가 장차 상왕께 아뢸 것이다."

하였다(1420년, 세종 2년 11월 1일, 세종실록 10권).

5. 일본과 교류할 때 중국을 많이 의식했다

조선은 적극적으로 일본과 교통하거나 이용할 생각이 있었던 것은 아니다. 임진왜란 이전에는 왜구 문제 해결이 일본에 사신을 보낸 가장 큰 목적이었다. 그러나 일본과의 내왕을 중국이 어떻게 볼지에 대해서는 상당히 신경을 썼다. 중국도 왜구 문제로 골머리를 썩이고 있었기 때문에 그런 왜와 교통하는 조선을 부정적으로 볼까 염려한 때문이었다. 그래서 통신사를 일본에 보낼 때는 중국에게 뭐라고 설명할지에 대한 논의도 함께 하거나, 통신사를 보낸다는 사실을 중국에 통보하기로 했다는 기록이 여러 번 나타난다.

다음은 왜와의 소통에 대해 중국이 물으면 뭐라고 대답할지에 대해 논의한 내용들이다(일부 생략).

"1. 전날 민의생(閔義生)이 북경에 갔을 때에 예부에서 부탁하기를, '바람에 불려 떠들어온 왜인을 데리고 가서 저의 본토로 돌려보내 주라.'고 하므로, 의생이 거절하여 말하기를, '우리나라에서는 일본과는 교통하지 아니하였으므로 형편상 돌려보내 주기 어렵다.' 하고 받지 아니하고 왔었다. 그러나 우리나라가 왜국과는 거리가 멀지 아니하며 서로 교통하여 온 것을 중국에서 어찌 모르겠으며, 더욱이 영락 15년부터 정통 3년에 이르기까지 포로되어 갔던 중국 사람을 12번이나 요동으로 돌려보냈는데, 그때마다 자문(咨文)에는 모두 말하기를, '왜국에 갔던 상선이 돌아오는 편에 나왔다.'고 하였은즉, 본국이 일본과 교통한 사실이 이미 현저하였거늘, 일찍이 교통하지 아니하였다고 대답하며 받지 않고 온 것이 어찌 옳다고 하겠느냐. 이번에 북경에 가서 만약 예부에서, '바람에 떠들어온 왜인을 전처럼 돌려보내 주라.'고 부탁하거든, 마땅히 말하기를, '본국의 동남쪽은 바다에 닿았는데 왜국과 멀지 아니하므로, 왜인이 혹은 고기를 잡으려고 혹은 소금을 팔려고 가끔 오는 터이니, 이번에 부탁한 표풍(漂風)해 온 왜인을 데리고 본국으로 갔다가, 왜인이 고기를 잡으려고 오거나, 소금을 팔려고 오는 자가 오기를 기다려서 그편에 돌려보내겠다.'고 하고, 받아서 오는 것이 옳겠다. 예부에서 혹 왜인과 교통한 여부를 묻거든, 대답하기를, '그 사람들이 멀지 않은 땅에 사는 고로 온다면 거절하지 아니하였다.' 하고, 만일 교통한 실정을 자세히 알고서 굳이 묻거든, 사실대로 대답하되, 국경이 멀지 아니하여 흔히 오게 되는데, 저들이 만약 예절을 갖추어 오게 되면 우리도 역시 예절을 갖추어 접대하여 통신사(通信使)가 서로 왕래하여 화친을 강구하며 신의를 지켜 왔을 뿐이라.'고 하라."

하였다(1439년, 세종 21년 10월 7일, 세종실록 87권).

"우의정 신개가 신 등(예조판서 김종서와 우참찬 이숙치)에게 이르기를, '이제 일본의 부고사신(訃告使臣)은 오지 않았는데, 우리나라가 먼저 통신사를 보내는 것은 윗나라인 명나라에 대해서 혐의가 되어 의리에 미안하고, 또 왜인이 자주 명나라에 가는데, 만일 명나라 사람에게 말하기를,「조선통신사가 우리나라에 왔더라.」고 하면, 재미없지 않겠는가. 모름지기 이런 의미를 가지고 위에 아뢰라.'고 하였삽고, 신들도 역시 생각하기를, 모든 왜인들이 우리나라에서 죽음을 당한 일로써 깊이 원한을 품고 있기 때문에, 요전번 박안신의 행차를 중로에서 해치려고 하였으니, 이번에도 이 같은 일이 있지 않을런지 어찌 알겠습니까. 돈사문이 떠나간 뒤에 통신사를 보내는 것이 어떠하오리까"(1443년, 세종 25년 1월 13일, 세종실록 99권).

중국은 조선을 어떻게 생각했을까. 임진왜란이 아직 끝나지 않았을 때, 조선을 도우러온 중국의 군사감독관 소응궁蕭應宮은 이덕형李德馨을 협박한다. 그 내용이 충격적이다. 국력이 없으면 능멸을 당하는 것은 예나 지금이나 마찬가지다.

경리 접반사(經理接伴使) 이덕형(李德馨)이 치계(馳啓)하였다.

"소안찰(蕭按察·소응궁)이 신을 불러 조그마한 종이쪽지를 꺼내 주었는데, 대개 우리나라로 하여금 강화(講和)하도록 위협하는 것이었습니다. 심지어는 '당신 나라는 사세(事勢)를 헤아려 보지도 않고 다만 중국 병사가 와서 싸워주기만을 바라고 있다. 싸워서 이기더라도 곧 3년 안에 반드시 망할 것이며, 이기지 못하면 화(禍)가 눈앞에 닥칠 것이다…….' 하면서 괴롭게 회보(回報)를 재촉하였습니다. 이에 신이 급히 써 주기를 '우리나라가 이미 위태로와 망할 지경에 이르렀는데, 스스로 보전할 계책을 어찌 깊이 생각하지 않겠는가. 지금 왕경(王京)을 통하여 다시 과군(寡君)에게 전달하겠다…….' 하니, 안찰이 이것을 보고는 몹시 성내어 꾸짖기를 '개 같은 놈이 또 결론을 내지 않고 이런 식으로 핑계를 대는구나. 나는 앞으로 다시는 조선(朝鮮)의 일에 관여하지 않겠다…….' 하였습니다.

대개 전년에 심무시(沈懋時)가 통신사(通信使)를 보내도록 요구하는 일로 서울에 왔을 적에, 신이 명을 받들고 찾아와 그와 문답하였는데, 심무시가 신의 마음씀이 형편없다고 여기어 상께 진달하는 게첩에 패악스러운 말이 많았는데 모(某)가 대사를 강력히 저지한다고 말하였습니다. 심 유격(沈遊擊)

일행 및 두 중국 사신도 모두 그렇게 말하였는데 유격 역시 대단히 불평하였습니다. 그런데 그가 지금 평양(平壤)으로 돌아와 안찰(按察)과 밤낮으로 서로 대하여 은밀히 말하면서 매양 이 일로 신에게 협박하니 지극히 통분하고 놀랍습니다"(1597년, 선조 30년 9월 2일, 선조실록 92권).

6. 통신사 외교는 선물 외교였다

조선왕조실록에는 일본에 통신사를 보낼 때 함께 보내는 선물 목록이 많이 나온다. 물론 일본에서 보내온 선물 목록도 기록돼 있다. 조선에서 일본에 보내는 것에는 인삼과 면주, 호피와 표범 가죽이 빠지지 않고, 일본에서 보내는 것에는 대도大刀·큰칼와 부채, 나무밥그릇 등이 꼭 들어 있다. 양국의 대표 상품이라고나 할까.

양국이 보내는 선물 목록을 보자.

조선에서 일본에 보내는 물건은 이렇다.

> 말 안장[鞍子] 1벌, 검은 마포[黑麻布] 20필, 흰 모시[白苧布] 20필, 흰 면주(綿紬) 20필, 남사피(藍斜皮) 5벌, 인삼(人蔘) 1백 근, 표범 가죽 방석[豹皮坐子] 1벌, 표범 가죽 10벌, 범의 가죽 10벌.

구주 지방의 실력자 대내전大內殿의 제사에 조문품으로 보낸 물건은 다음과 같다.

> 흰 면주(綿紬) 10필, 호피 방석 1벌과 홍전모(紅氈毛)·상모(象毛)·옥정자(玉頂子)·도금대옥(鍍金臺玉)·압영아(壓纓兒)·자초영(紫綃纓) 모두 하

나씩과 인삼(人蔘) 50근, 청사피(青斜皮) 3벌, 흑사피(黑斜皮) 3벌, 잡채화석(雜彩花席) 15장, 표범 가죽 3벌, 범의 가죽 4벌, 꿀 10말, 잣 70근(이상 1443년, 세종 25년 2월 21일, 세종실록 99권).

일본에서 조선에 보낸 물건은 이런 것들이다.

1) 일본 국왕→조선 국왕: 채화선(彩畫扇) 1백 개, 금동 장식 대도(金銅粧飾大刀) 10개, 대홍 칠목 차완(大紅漆木車椀) 대소 도합 84개, 대홍 칠천 방분(大紅漆淺方盆) 대소 도합 24개, 홍칠 흑칠 잡색 목통(紅漆黑漆雜色木桶) 21개(1440년, 세종 22년 5월 25일, 세종실록 89권).

2) 4주(州) 통수수리대부(通守修理大夫) 다다량지세(多多良持世)→예조(禮曹): 채사(綵絲)로 짜서 만든 것 3필(匹), 청련초(青練綃) 2필, 화백릉(花白綾) 2필, 습첩선(褶貼扇) 30자루, 우피(牛皮) 10장(1440년, 세종 22년 5월 25일, 세종실록 89권).

3) 4주(州) 통수수리대부(通守修理大夫) 다다량지세(多多良持世)→예조(禮曹): 큰 칼 20자루, 창 10자루, 백련초(白練綃) 15필, 청련초(青練綃) 3필, 황련초(黃練綃) 2필, 접는 부채 2백 자루, 향(香) 10근, 붉은 칠을 한 주발 10벌(1440년, 세종 22년 8월 1일, 세종실록 90권).

7. 일본이 가장 원한 것은 대장경이었다

일본이 가장 원하는 선물은 따로 있었다. 대장경을 비롯한 불경이었다. 조선왕조실록 국역본 데이터베이스에 '일본'과 '대장경' 두 키워드를 집어넣으면 111건의 관련 기사가 뜬다. 통신사 전체의 국역본 관련기사가 488건이라는 것을 생각하면 매우 많은 것이다. 그만큼 일본은 조선에서 대장경 등 불경을 구하기 위해 애를 썼다.

다음 기사는 대장경판을 주지 않으면 일본이 전쟁이라도 벌일 기세였다는 사실과, 일본에서 사신으로 온 자가 대장경을 구하지 못하자 본국에 전쟁을 부추기는 듯한 보고서를 쓰려고 초안草案을 잡은 것을 다른 일행이 몰래 빼내 조선에 전달한 사건을 전하고 있다.

> (전략) 당초에 본국(조선) 사람으로서 피로(被虜)되었던 자가 와서 말하기를,
>
> "대마도에 있을 때에 일본 국왕이 도주(島主)에게 통고하기를, '이제 조선(朝鮮)에 사신을 보내어 대장경판(大藏經板)을 구하려 하나, 만약 허락하지 아니하면 침략(侵掠)하는 방법을 취할 것이니, 너희들도 전함(戰艦)을 수리하여 따라야 한다.'고 하였다." 하였는데,
>
> 지금에 이르러 본조에서 경판(經板)을 허락하지 아니하므로, 규주(圭籌)

와 범령(梵齡) 등이 장차 본국에 통서(通書)하려고 초안을 잡아 쓰기를,

"지금 조선(朝鮮)에 와서 힘써 대장경판을 청구하였으나 얻지 못하였으니, 병선(兵船) 수천 척을 보내어 약탈하여 돌아가는 것이 어떤가."

라고 하였다. 수종(隨從)하여 온 왜승(倭僧) 가하(加賀)가 그 초안을 도적질하여 통사(通事) 이춘발(李春發)에게 주니, 춘발이 이것을 계주(啓奏)하게 된 것이다(1424년, 세종 6년 1월 20일, 세종실록 23권).

불온한 보고서를 쓰려고 했던 규주와 범령 두 사신은 보름 전에는 대장경을 달라며 단식까지 벌인다.

직제학(直提學) 박희중(朴熙中)·호군(護軍) 이예(李藝)·윤인보(尹仁甫) 등을 보내어 규주(圭籌)와 범령(梵齡)에게 음식 먹기를 권하였으나, 역시 먹지 아니하였다(1424년, 세종 6년 1월 5일, 세종실록 23권).

박희중·이예·윤인보 등에게 명하여 규주(圭籌)와 범령(梵齡)에게 말하기를,

"너희들이 경판(經板)을 얻지 못한다 하여 음식을 끊고 먹지 아니하나, 경판을 얻고 얻지 못하는 것이 음식을 먹고 안 먹는 데에 달린 것이 아니요, 너희들이 사신이 되어 한 가지라도 뜻에 맞지 아니하면 경솔하게도 주림을 참으며 트집을 하려 하니, 어찌 사신된 체통이라 하겠는가."

하고, 이어서 먹을 것을 주라고 명하였더니, 규주 등이 그제야 먹었다(1424년, 세종 6년 1월 6일, 세종실록 23권).

일본 사신들의 막무가내는 통했다. 일본 국왕에게 보내는 선물 목록 제일 앞쪽을 불경과 가사袈裟 등이 차지했다.

(전략) 박안신 등이 일본 국왕에게 회답하는 서간을 받들고 떠나갔는데, 그 서간에 말하기를,

"전위(專爲)하여 사신을 보내어, 서간을 받아 체리(體履)가 다복(多福)함을 알게 되었고, 겸하여 좋은 선물까지 받았으며, 또 부로(俘虜)들을 많이 보내 주어 깊이 감사하오. 청하는 바 대장경판은 다만 한 벌뿐으로, 실로 우리 조종(祖宗)으로부터 전래한 물건이어서 청하는 대로 되지 못하였고, 밀교대장(密教大藏) 및 주화엄경판(注華嚴經板)을 신하 판선공감사 박안신과 호익 시위사(虎翼侍衛司) 대호군 이예에게 주어 가지고 가게 하여 사례하는 마음을 표하는 바이오. 온 사신 규주(圭籌)가 돌려보내기를 청한 인구 53명도 이 인편에 같이 보내며, 변변하지 못한 신물(信物)로 금자(金字)《인왕호국반야바라밀경(仁王護國般若波羅密經)》1부와 금자《아미타경(阿彌陀經)》1부, 금자《석가보(釋迦譜)》1부, 청지(靑紙)에 금자로 쓴 단본(單本)《화엄경(華嚴經)》1부,《대장경(大藏經)》1부, 대홍라 가사(大紅羅袈裟)에 초록라(草綠羅)로 장식한 것 한 벌과 자라괘자(紫羅掛子)에 아청라(鴉靑羅)로 장식한 것 한 벌, 남라장삼(藍羅長衫) 한 벌, 흑세마포(黑細麻布) 15필, 홍세저포(紅細苧布) 15필, 백세저포(白細苧布) 15필, 만화석(滿花席) 35장, 잣[松子] 5백 근, 인삼(人蔘) 1백근, 청밀(淸蜜) 20두(斗), 표피(豹皮) 5장, 호피(虎皮) 5장, 각색 사피(各色斜皮) 10장, 검붉은 사피[紫斜皮]로 만든 승혜(僧鞋) 한 켤레를 보내니 그리 아시오."

하였다(1424년, 세종 6년 2월 7일, 세종실록 23권).

8. 통신사는 목숨을 거는 일이었다

일본에 사신으로 간다는 것은 두 가지 목숨을 거는 일이었다. 신체적 목숨과 정치적 생명이다. 험한 뱃길에서 죽거나 병에 걸리는 일도 적지 않았기에 신체적 목숨을 건다는 것은 쉽게 이해가 간다.

정치적 목숨을 걸어야 하는 이유는 일본에서 사신 노릇을 잘못해 징계를 받기도 하고, 시기와 질투를 받아 밉보이는 사례가 적지 않았기 때문이다. 일본에 다녀온 사신들은 품계가 올라가고 푸짐한 부상을 받는 게 관례지만, 거꾸로 고통을 당할 때도 있다.

우선 임금의 권위가 하늘 같던 시절에도 통신사행을 거부한 사례가 있다. 유배를 당해 정치적 생명이 끝나는 데도 바다에서 목숨을 잃고 싶지는 않았던 것이다.

> 통신사(通信使) 정상순(鄭尙淳)을 김해(金海)로 정배(定配)하였다. 정상순이 어머니가 늙었다는 이유로써 먼 길을 떠나는 것을 꺼려하여 누차 계칙(戒飭)해도 명을 받들지 않자 임금이 말하기를,
>
> "명을 받은 사람이 모두 규피(規避)하고 있으니, 정상순을 죄주지 않으면 다른 사람을 면려시킬 수 없다."

하고, 드디어 이런 명이 있게 된 것이다(1763년, 영조 39년 7월 13일, 영조실록 102권).

우려하던 일이 벌어지기도 한다. 뱃길에서 죽는 것이다.

경상도·전라도·강원도·함길도·충청도·황해도·평안도의 관찰사(觀察使)에게 유시(諭示)하기를,

"일본통신사(日本通信使)가 지난 기묘년(1459년 세조 5년) 10월 초8일에 배로 떠났으나 풍랑(風浪)을 만나서 정사(正使) 송처검(宋處儉)이 탄 배는 간 곳을 알지 못하고, 부사(副使) 이종실(李宗實)의 배는 전복(顚覆)하여 패몰(敗沒)하였다. 바닷가에 있는 여러 고을 여러 포구(浦口)로 하여금 후망(候望·바닷가에서 적의 침입을 경계하며 지키는 것)하게 하여, 만약 표류(漂流)하는 사람이 있거든 곡진히 구휼(救恤)을 더하고, 시체를 발견하거든 간수(看守)하고 소홀히 하지 말게 하라."

하였다(1460년, 세조 6년 1월 5일, 세조실록 19권).

세조 5년에 일본으로 떠났던 통신사 일행 100여 명 중 선군船軍 한을韓乙만이 유일하게 생존하고 나머지는 몰사했다. 함께 숨진 부사 이종실은 이예의 아들이었다.

그런가 하면 대마도주 소 요시자네宗義眞의 사망을 위문하기 위해 정사 한천석韓天錫, 부사 박세량朴世亮을 태운 배가 1703년숙종 25년 2월 5일 부산진을 출항했다가 14일째인 2월 19일 배가 깨지며 113명 전원112명, 또는 108명이라는 설도 있음이 사망하기도 했다(그들의 혼백을 위로하기 위해 일본인들이 돈을 모아 1991년 3월 20일 쓰시마 북단 와니우라에 추도비를 세웠다).

힘든 임무를 마치고 귀국했으나 일본에서 얻은 병으로 곧바로 사망하

는 경우도 있었다.

도승지(都承旨) 홍귀달(洪貴達)이 아뢰기를,

"통신사(通信使) 이형원(李亨元)의 조카 감찰(監察) 이복선(李復善)이 신에게 알리기를, '이형원이 거제(巨濟)에 돌아와 닿았는데 죽었다.'고 합니다."

하니, 전교하기를,

"부의(賻儀)를 내리고 등급(等級)을 더하며 관원을 보내어 치제(致祭)하라."

하였다. 승정원(承政院)에서 아뢰기를,

"이형원의 두 아들이 미약하니, 그 조카 이복선으로 하여금 호상(護喪)하고 겸하여 치제를 행하게 하는 것이 어떠하겠습니까? 그러나 이복선은 감찰 직임을 띠고 있으니 호상과 치제하기는 어려울 듯합니다."

하니, 전교하기를,

"바꾸어서 보내라."

하였다(1479년, 성종 10년 9월 12일, 성종실록 108권).

박희중은 일본에서 외국인을 데리고 들어와 종을 삼은 것이 발각돼 문제가 됐다.

좌사간(左司諫) 박관(朴冠) 등이 상소하기를,

"신 등은 그윽이 생각하건대, 무릇 봉사(奉使)하는 자가 청검(淸儉)으로써 자신을 기르고 예의(禮義)로 자신을 지켜야 몸이 불의(不義)에 빠지지 아니하고 군명(君命)을 욕되게 하지 아니할 것이어늘, 지금 직제학(直提學) 박희중(朴熙中)이 일본(日本)에 봉사(奉使)하여 오직 이익만 탐하고 예의(禮義)는 돌보지 아니하여 인구(人口)를 도적질해 가지고 비밀히 거느리고 와서 자기의 종으로 만들어 집에 숨겨 두고 즉시 계문하지 않다가, 19일 만에야 겨우 예조에 알리면서도 오히려 실지대로 하지 아니하였고, 또 윤인시(尹仁始)와 이예(李藝) 등으로 하여금 그들의 욕심대로 할 것을 본받게 하였으니, 이는 비록 시정(市井)의 무리들도 오히려 차마 하지 못할 일이거늘, 하물며 글 읽은 유신(儒臣)으로서 타국에 사신으로 가서 행동이 너무나 염치없었고, 더욱이 도적질까지 하여 자신이 웃음거리가 되고 임금의 명령을 욕되게 하여, 임금을 속이고 나라를 속였으니 어찌 용서할 죄이겠습니까. 엎드려 바라오니, 전하께서는 일체로 헌사(憲司)의 청함에 의하여 미세한 공로를 계교할 것 없이 명백히 그 죄를 처단하여 뒷사람에게 징계가 되게 하시고, 윤인시와 이예의 죄도 역시 율에 의하여 시행하면 공도(公道)에 다행할 일입니다."

하였다. 앞서 헌사(憲司)에서 희중의 죄를 탄핵할 것을 청하였더니, 임금이 절역(絶域)에 봉사(奉使)하였다 하여 특히 용서하였으므로, 간원(諫院)에서 또 죄주기를 청한 것이었다(1424년, 세종 6년 3월 26일, 세종실록 23권).

세종은 첫 상소는 내쳤으나 두 번째 상소에는 버티지 못하고 이튿날 박희중을 파면했다.

정당하지 않은 선물을 받아와 문제가 된 경우도 있었다.

헌부가 아뢰기를,

"신사(信使)가 돌아올 때 왜의 서계 속에 있는 '토산물을 바쳤다[獻土宜]'는 설은 이웃 국가 간의 평등한 관계에 입각한 말이 아닌데도 그 사실을 모르고 받아왔으니, 어찌 사신의 책무를 제대로 했다고 하겠습니까. 이미 나라의 체모와 관계가 있고 또 뒤폐단에도 연관이 되니, 상사 윤순지, 부사 조경, 종사관 신유(申濡)를 모두 나추(拿推)할 것을 명하소서."

하니, 상이 따르지 않았다(1643년, 인조 21년 11월 24일, 인조실록 44권).

다음 사례는 더 심각하다. 일본은 조선의 국서에 일본 국왕의 휘諱인 '光(광)'자가 들어간 것을 문제 삼았는데, 사신들이 이 트집에 굴복해 본국에 부탁해서 국서를 고쳐달라고 했고, 결국 고친 국서를 일본에 전달하는 일이 벌어졌다. 조정 대신들은 사신들이 귀국도 하기 전에 엄벌을 해야 한다고 주장했고, 통신사들은 귀국하자마자 의금부의 감옥으로 들어갔다. 이들은 숙종 1711년숙종37에 떠난 통신사들로 정사 조태억趙泰億, 부사 임수간任守幹, 종사관 이방언李邦彦이었다.

행 판중추부사(行判中樞府事) 김창집(金昌集)이 상차(上箚)하여 통신사(通信使)의 죄를 논하여 말하기를,

"국서(國書)를 고쳐 보냄은 이미 이루어진 일에 속하니, 이제 반드시 추론(追論)할 것 없습니다. 그러나 신자(臣子)된 자가 명을 받들어 지경을 나가서 이미 국서를 전하였으면 설령 참으로 고칠 만한 것이 있다 하더라도 오히려 물리쳐서 돌려주는 것을 받아 본국(本國)에 고침을 청할 수 없거늘, 하물며 오늘의 일은 우리에게 잘못이 없는 데도 저들이 매우 교만하고 망령되었으니, 오직 마땅히 의(義)를 인용(引用)하고 예(禮)에 의거하여 밝게 말하여 잘 깨우쳐서 그 무례(無禮)를 방자하게 함을 얻지 못하게 하여야 하는 데도, 힘써 다투기를 즐겨하지 아니하여 오직 그 말에 따라서 돌아오는 길에 오르기 앞서 그 고쳐 보내기를 청하였습니다. 옛사람은 잡은 바 절(節)에 있어서도 오히려 눕고 일어남을 함께 하였거늘, 하물며 이 어휘(御諱)의 실린 것이겠습니까? 그렇다면 이는 그 죄가 어찌 다만 능히 전대(專對·타국에 사신으로 가서 왕명을 완수함)하지 못한 것뿐이겠습니까? 전후(前後)의 정상(情狀)이 조금도 인책[引咎]의 뜻이 없이 마치 스스로 잘 주선(周旋)한 것 같음이 있어서 오직 고쳐 보냄이 혹시 늦을까 두려워하니, 염려하는 바가 다만 그 몸이 더디 머무는 데에 있어서 군명(君命)의 위임(委任)과 국체(國體)의 손상(損

傷)을 일찍이 근심으로 여기지 않기 때문입니다.

(중략) 오늘을 위한 도모(圖謀)는 마땅히 사선(使船)이 아직 와서 정박하기 전에 이미 의금부[金吾]의 이졸(吏卒)을 지경으로 보내 그 돌아오기를 기다려 즉시 체포(逮捕)하여 와서 나라를 욕되게 한 죄를 바로잡아 저들로 하여금 조금이나마 우리 나라의 예의(禮義)가 아직도 존재함을 알게 한다면 (중략) 이제 이 남사(南使·일본에 보낸 사신)의 나라를 욕되게 한 죄는 진실로 심상(尋常)한 죄과(罪過)가 아니니, 만약 왕법[王章]을 무겁게 시행하여서 신하의 절의(節義)를 면려(勉勵)하지 않는다면, 임금을 높이는 의리가 반드시 갈수록 어두워질 것입니다."

하니, 임금이 사관(史官)을 보내어 우비(優批)를 내려 말하기를,

"경(卿)이 차자(箚子)로 진달한 것은 말이 엄격하고 의리가 바르다. 사신(使臣)이 나라를 욕되게 한 죄는 바로잡지 않을 수 없으니, 나문(拿問)하여 정죄(定罪)하라."

하였다(1712년, 숙종 38년 2월 7일, 숙종실록 51권).

그러나 조태억 등은 1년 10개월 만에 임금의 배려로 살아난다.

통신사(通信使) 조태억(趙泰億) 등 3인에게 비로소 직첩(職牒)을 돌려주라고 명하였다. 조태억 등은 봉사(奉使)하면서 왕명(王命)을 욕되게 하여 거듭 대론(臺論)을 입었다가 이때에 이르러 직첩을 주었는데, 청의(淸議·공정한 언론)가 그래도 불쾌하게 여겼다(1713년, 숙종 39년 12월 1일, 숙종실록 54권).

9. 통신사의 폐해도 심각했다

일본에 통신사를 보내는 문제는 늘 논란의 대상이었다. 일부는 일본의 신뢰를 의심했고(부록에 실은 '대사헌 홍담의 상소문' 참조, 372쪽), 일부는 통신사가 한양과 부산을 오고갈 때 연도에 있는 고을에 끼치는 폐해를 지적했다. 일본의 막부가 지방 다이묘大名들의 힘을 빼기 위해 통신사 접대를 분담시켰다는 말이 나올 정도로 통신사 접대에는 많은 경비가 들어갔는데, 수준은 다르지만 조선에서도 부담이 만만찮았음을 엿볼 수 있다. 이 문제를 지적한 대표적인 기록 세 개를 소개한다.

(전략) 김창집이 또 아뢰기를,

"통신사(通信使)를 지금 차출(差出)하여야 하는데 연로(沿路)에서 접대(接待)하는 것이 다른 사객(使客)에 비하여 지극히 우대하기 때문에 작은 고을에서 들어가는 경비도 수백 냥에 이르니, 마땅히 감생(減省·덜어서 줄임)하는 방도가 있어야 하겠습니다."

하고, 민진후는 아뢰기를,

"통신사(通信使)가 지나가는 곳은 마치 난리를 겪은 것과 같으니, 지금 경비를 감생하더라도 또한 반드시 풍성하고 사치스러워질 것입니다."

하고, 도제조 이이명(李頤命)은 아뢰기를,

"통신사의 노자(奴子)도 삼중(三重)으로 된 자리를 깐다고 하니 그 밖의 것은 미루어 알 수 있습니다."

하니, 임금이 이르기를,

"바다를 건너는 사행(使行)은 실로 사생(死生)과 관계되기 때문에 이처럼 사치스럽게 접대하는 예가 있는 것이다. 신묘년(1711년, 숙종 37년)에도 경비를 억제하여 줄이자는 청이 있었으나 끝내 허락을 받지 못하였던 것은 또한 뜻이 있었기 때문이다. 그러나 대신들의 계달이 이와 같으니, 경비를 감생하도록 분부하되 너무 매몰한 지경에 이르지 말게 하는 것이 마땅하다."

하였다(1718년, 숙종 44년 4월 3일, 숙종실록 61권).

통신 정사(通信正使) 홍치중(洪致中)·부사(副使) 황선(黃璿)·종사관(從事官) 이명언(李明彦) 등이 청대(請對)하자, 세자(世子)가 불러 보았는데, 홍치중이 말하기를,

"옛부터 통신사(通信使)의 행차에는 으레 충주(忠州)·안동(安東)·경주(慶州)에서 잔치를 베푸는 일이 있었는데, 을미년(1655년, 효종 6년)·임술년(1682년, 숙종 8년)·신묘년(1711년, 숙종 37년)의 행차 때에는 모두 흉년이 들어 세 곳에서 모두 잔치를 정지하였으나, 동래(東萊)는 저 사람들에게 보였으므로 유독 잔치를 베풀었다 합니다. 영남(嶺南)은 해마다 잇따라 흉년이 든 나머지 여역(癘疫)이 다시 치성(熾盛)하니, 비용을 허비하여 폐해(弊害)를 끼치는 것을 염려하지 않을 수 없습니다. 동래 외에 세 곳은 모두 정감(停減)하는 것이 마땅합니다."

하니, 세자가 이를 허락하였다. 황선이 말하기를,

"훈련 대장(訓鍊大將) 이홍술(李弘述)이 지난번에 흑각(黑角)을 무역해 오는 일을 진달(陳達)하였습니다. 흑각은 바로 금지하는 물건이므로 사신(使臣)이 돌아올 때 왜인(倭人)들이 으레 수검(搜檢)하는 일이 있다 하는데,

만약 혹시라도 드러난다면 일이 지극히 난처(難處)할 것입니다. 바라건대 무역해 오라는 명령(命令)을 정지하소서."

하니, 세자가 이를 옳게 여겼다. 이명언(李明彦)이 말하기를,

"잠상(潛商)으로 현장에서 붙잡힌 자는 자연히 그 죄(罪)가 있는데, 그 가운데 정범(情犯)이 더욱 무거운 자는 청컨대 곧바로 효시(梟示)하고 추후에 계문(啓聞)하게 하소서."

하니, 세자가 이를 허락하였다(1719년, 숙종 45년 1월 29일, 숙종실록 63권).

통신사(通信使) 홍계희(洪啓禧)·부사(副使) 남태기(南泰耆)·서장관(書狀官) 조명채(曹命采)가 돌아왔다. 홍계희 등이 지난해 겨울 11월에 사폐(辭陛)하고 3월에 배를 타고 출발하였으며 5월에 왜도(倭都)에 도착하여 예폐(禮幣)를 전하였는데, 이때에 이르러 복명(復命)하였다. 통신사의 일행이 모두 5백여 인이었고 대동한 편비(編裨)들은 모두 문벌이 있는 이름난 무관(武官)들을 선발하였으며 기예(技藝)를 지닌 백공(百工)들이 다 따라갔는데, 홍계희가 강력하게 제지하지 않았고 또 만리(萬里) 먼 길을 수행한다 하여 차마 법으로 다스리지 않았기 때문에 무관들이 교만 방자하여 멋대로 행동하였고 또 주장(主將)이 관대하게 대하는 것을 믿고서 도착하는 곳마다 횡포를 부림에 있어 돌아보아 꺼리는 것이 없었다. 홍계희 등이 부산(釜山)에서 4개월 동안 머물고 있었는데, 70고을에서 돌려가며 이들을 지공(支供)하느라 온 도내(道內)가 말할 수 없이 피폐되었고 열읍(列邑)이 거의 몇 해 동안 소복(蘇復)되지 못하였다. 대마도(對馬島)에 이르러 세 사신이 육지에 올랐으나 예폐와 반전(盤纏·노잣돈)은 모두 배에 있었는데, 부선(副船)에서 실화(失火)하여 모두 다 타버렸고 죽은 사람도 3인이나 되었다. 이런 사실이 보고되자 좌의정 조현명(趙顯命)이 건의하여 삼폐(蔘幣)와 희자(餼資)를 다시 준비하여 보냈는데, 이 때문에 국가의 저축이 탕진되었으니, 어떤 사람은

말하기를, '배에서 화재가 발생한 것은 이에 일부러 불을 지른 것인데 조정을 속인 것이다.' 했다.

사신(史臣)은 말한다. 나라에 기강이 없어지고 인심이 옛날과 같지 않다. 이때를 당하여 왕명을 받고 국경을 나감에 있어 수백 인을 대동하고서 교활한 나라로 깊숙이 들어가게 되었으니, 비록 군법(軍法)으로 한결같이 제재하여도 오히려 난잡하게 될까 두려워했어야 할 것인데, 홍계희 등은 태연히 느긋한 마음으로 길에 올라 스스로 '대체로 벌써 조치하였는데 내가 무엇을 말할 것이 있겠는가?'라고 여겼으므로, 유폐(流弊)가 이런 지경에 이르렀어도 어떻게 함이 없었으니 개탄스러움을 이루 다 말할 수 있겠는가?(1748년, 영조 24년 윤7월 30일, 영조실록 68권).

10. 임금 앞에서도 토론은 자유로웠다

임금이 상소를 한 신하에 대해 불쾌해 하는 경우가 조선왕조실록에도 등장한다. 그러나 신하들은 임금에게 직언을 서슴지 않았다. 토론도 자유로웠다. 그리고 임금은 받아들일 만한 것은 받아들이겠다고 약속했다. 그런 모습은 지금과 비교해도 부러운 대목이다.

다음은 임진왜란이 일어난 지 4년 후에 사간원이 선조에게 건의한 내용이다. 어떤 일을 먼저 해야 할지, 즉 우선순위를 제안하고 있다. 내용이 길어 앞과 뒷부분만 소개한다. 임금의 심기를 거스르는 표현도 거침없이 사용하고 있다는 게 눈여겨볼 대목이다.

사간원이 상차(上箚)하기를,

"삼가 생각건대, 지금 강한 적이 국경을 위압하고 있으며 병력도 강성한데, 종묘(宗廟)의 원한 깊은 원수는 갚지 못하고 생령(生靈)의 곤폐는 이미 극에 달하였습니다. 안에는 의지하여 믿을 만한 강직한 신하가 없고 밖에는 왕이 분개하는 적에 대적할 만한 간성(干城)의 장수가 없습니다. 위망의 화가 조석에 박두하였는데도 어물어물 세월만 보내고 앞뒤를 돌아보며 감히 한마디 말을 하여 국가의 위급함을 구제할 자가 없으니 진실로 통곡할 일입니다. 신들은 간하는 것으로 직분을 삼으니 감히 말하지 아니하여 성명(聖明)

을 속일 수 없기에 우선 그 시폐의 큰 것을 들어 말씀드립니다.

(중략) 수길(秀吉)을 어떠한 적이라고 봅니까. 동쪽 한 구석에 앉아서 천하를 흔들고 있습니다. 이것이 어찌 심상한 적이겠습니까. 그의 흉모와 음흉한 계책이 필시 선수를 칠 소지가 있어서 우리가 기미하고자 하자 저들이 도리어 기미하여 군사를 모아 틈을 엿보고 있으니 조만간에 반드시 동병(動兵)할 것입니다. 이로 볼 때 구구한 화호(和好)로 기미할 수 있는 바가 아니며, 한두 사신으로 중지할 수 있는 바가 아닙니다. 대개 2백 년 동안 교린(交隣)한 의리가 두텁지 않은 것이 아닌데, 까닭 없이 군사를 일으켜 바다를 건너 장구(長驅)하여 산야(山野)를 유린하고 종사(宗社)를 복멸하였으니, 이는 그 뜻이 화호에 있는 것이 아닙니다. (중략) 이리하여 천위(天威)가 지척에 있는데도 오히려 죽을 듯이 두려워할 줄 모르고 온갖 방법으로 지연하면서 아직까지 바다를 건너지 않고 있습니다. 또 우리에게 한두 신사(信使)를 요구하면서 한편으로 우리 나라의 사세를 탐지하고 한편으로 훗날 핑계할 소지를 만들고 있으니, 그 뜻이 어찌 신사에 있겠습니까. 설혹 통신사를 보내었을 경우 뒤에 다시 따르기 어려운 요청이 있으면 장차 어떻게 조처할 것인지 알 수 없습니다. 따르자면 그의 욕심에 한정이 없고, 따르지 않으면 그 흉모를 필시 자행할 것이니, 이것이 이른바 전공(前功)을 버리고 후화(後禍)를 받는다는 것입니다. 하나도 이익은 없고 백 가지의 해만 있을 것이 분명하니, 위로 중국에 고하고 아래로 군민(軍民)을 효유해 가지고 정의에 의거하여 군사를 일으켜서 사공(事功)의 회복을 도모하는 것만 못합니다. 전하께서 복수할 뜻을 해와 달처럼 밝게 계시하여 차라리 적을 치다가 죽을지언정 수치를 안고서 살고 싶어하지 아니하신다면, 국시가 일단 정해져서 이의(異議)가 절로 사라질 것이며, 정신의 감동한 바에 용기가 백배나 생겨서 추로(醜虜)를 걱정하지 않아도 될 것입니다. 삼가 바라건대 전하께서는 성념(省念)하소서 (중략)."

하니, 답하기를,

"차자를 살펴보니, 모두가 나라를 위한 충간(忠懇)임을 알겠다. 진술한 것은 진실로 오늘날의 급선무인 것이어서 못내 감격스럽고 두렵기도 하다. 마땅히 묘당(廟堂)과 의논하여 조처하겠다."

하였다(1596년, 선조 29년 3월 22일, 선조실록 73권).

다음은 임진왜란이 일어나기 전에 대신들과 일본의 정국에 대해 논의하는 모습이다. 이 논의는 일본에 다녀온 통신사 정사 황윤길과 부사 김성일이 임금에게 각기 다른 의견을 낸지 2개월 후(1591년, 선조 24년 5월)라는 점과 각자 자신의 의견을 충분히 개진하고 있다는 점에 주목할 필요가 있다. 또한 일본의 불온한 움직임을 중국에 알릴 것이냐 말 것이냐를 놓고 고민하는 모습도 잘 나타나 있다. 중국에게 경고해 줄 필요성은 인정하면서도, 만약 아무 일도 없이 끝나면 망신만 당하는 것은 아닌지를 걱정했다.

상이 주강에 나아갔다. 부제학 김수(金睟)가 나아가 아뢰기를,

"평수길(平秀吉)은 광패(狂悖)한 자로, 그의 말은 겁을 주려고 한 것일 뿐입니다. 이런 실상이 없는 말로 진주(陳奏)하기까지 하는 것이 사리상 어찌 합당하겠습니까."

하니, 상이 황정욱을 돌아보며 이르기를,

"병판(兵判)의 의견은 어떠한가?"

하자, 정욱이 아뢰기를,

"김수의 말에 대해 신은 전혀 그렇지 않다고 생각합니다. 우리 나라가 중국을 섬긴 지 2백 년 동안 충근(忠勤)이 지극했습니다. 지금 이러한 말을 듣고서 어찌 태연히 있으면서 주문하지 않을 수 있겠습니까."

(중략) 김수가 아뢰기를,

"일에는 경도(經道)와 권도(權道)가 있습니다. 만약 분명히 침범하는 내용이 있다는 것을 알았다면 참으로 급급히 진주(陳奏)해야 할 것입니다. 그러나 실상을 제대로 파악하지 못하고서 갑자기 상주(上奏)하여 변방의 흔단을 열어놓기라도 한다면, 어찌 후회막심한 일이 아니겠습니까."

하고, 정욱은 아뢰기를,

"이 점 또한 그렇지 않습니다. 다행히도 국가에 복이 많아 수길(秀吉)이 큰소리치고마는 정도라면 중국이나 우리 나라가 이로 인해 방비를 하는 것이 나쁠 것은 없고, 참으로 서계(書契)의 말과 같은데 중국으로 하여금 전혀 모르게 했다가 갑자기 중국을 침범하는 모욕을 초래한다면 그때에는 후회해도 무슨 소용이 있겠습니까."

하였다. 김수가 아뢰기를,

"이 말은 모두 가설적인 말이니, 어찌 이런 일이 있겠습니까. 중국의 복건(福建) 일로(一路)는 일본과 단지 바다 하나를 사이에 두고 있어 장사꾼이 통행하고 있으니, 우리 나라에서 진주(陳奏)한다면 왜국에서 모를 리가 없습니다. 진주한 뒤에 왜국에서 간범하는 일이 없다면 중국에서는 반드시 우리 나라가 사실이 아닌 것을 진주하였다고 비웃을 것이고, 왜국에서는 반드시 우리 나라에 대해 깊은 원한을 갖게 될 것입니다. 어리석은 신의 염려스러운 점은 실제로 여기에 있는 것입니다."

하니, (중략) 상이 좌승지 유근(柳根)을 돌아보고 이르기를,

"승지의 의견은 어떠한가?"

하자, 유근이 아뢰기를,

"신이 내의원(內醫院)에서 마침 좌의정 유성룡의 말을 들었는데, 그의 말에 '대의로 보면 주문하지 않을 수 없다. 그러나 수길이 광패(狂悖)하여 군사를 일으켜 쳐들어올 수 없을 것이지만 만일의 경우 우리가 왜적과 매우 가까운 지경에 있기 때문에 그 화를 억울하게 당할 수는 없다. 더구나 통신사로

갔다온 사신의 말을 들어보면 「왜적은 반드시 군사를 출동시키지 않을 것이며, 출동시킨다 하더라도 두려워할 것이 없다.」고 한다. 실상이 없는 말로 주문하면 한편으로는 중국을 경동(驚動)시키는 것이 되고 한편으로는 이웃 나라인 일본에 깊은 원한을 사게 될 것이니, 옳지 못하다. 통신한 한 가지 일에 대해서 곧바로 주문할 경우, 중국에서 따져 묻는다면 반드시 난처하게 될 것이다. 부득이하다면 일본에 사로잡혀 갔다가 도망온 사람에게서 들은 말이라고 말을 만들어 주문하는 것이 아마도 좋을 것이다.' 하였습니다."

하였다. 상이 이르기를,

"내가 묻는 것은 승지의 의견이 어떠한가 하는 점이다."

하니, 유근이 아뢰기를,

"신의 생각에는 대의로 보면 주문하지 않을 수 없지만 하나하나 그대로 주문할 경우 난처한 일이 생길 듯싶습니다. 가볍게 주문하는 것이 합당할 듯합니다."

하였다. 상이 수찬 박동현(朴東賢)을 돌아보고 이르기를,

"경연관의 의견은 어떠한가?"

하니, 동현이 아뢰기를,

"인신(人臣)으로서 위를 범하는 말을 들은 이상, 주문하는 일에 대해 다른 논의가 있을 수 없습니다. 그러나 주문하는 말의 곡절에 대해서는 허술하게 할 수 없으니, 대신으로 하여금 널리 의논해서 처리하게 하는 것이 마땅하겠습니다."

하자, 상이 그렇다고 하였다(후략,1591년, 선조 24년 5월 1일, 선조수정실록 25권).

이 밖에도 일본에서 보내는 사신의 상당수가 승려였다는 것, 주고받는 문안이 상당히 정중했다는 것, 한중일 삼국은 그때도 지금처럼 긴밀한

관계를 맺고 있었다는 것, 일본에서 배울 만한 문물도 꽤 있었다는 것 등도 별도의 테마로 다룰 만하다.

이 장을 마치며 조선통신사와 관련된 조선왕조실록 기사 중에서 재미있는 에피소드 5개를 소개한다.

① 세자가 왜인이 가져온 암수 원숭이 값을 모두 치른 이유

세자(世子)가 승정원(承政院)에 이르기를,

사복 제조(司僕提調) 김종서(金宗瑞)가 아뢰기를, '원숭이가 있는 곳에서는 말이 병들지 않는다.' 했는데, 윤인보(尹仁甫)도 말하기를, '일본(日本)에서 원숭이를 기르는 것은 오로지 이 때문이므로, 말을 기르는 자에게 원숭이가 만일 없다면 반드시 그림이라도 그려서 벽에 붙여서 예방한다.'고 한다. 우리 나라로 말하면 내승(內乘)에는 원숭이가 있어서 말이 병들지 않지만, 외승(外乘)에는 원숭이가 없어서 말이 자주 죽는 것이 그 증험이다. 내승(內乘)에 원숭이가 수컷만 있고 암컷이 없으매, 이제 왜인(倭人)이 자웅(雌雄)을 가지고 우리 나라에 왔다가 수컷이 죽었는데, 예조(禮曹)에서 다만 암컷 원숭이 값만 준 것은 잘못인즉, 수컷 값도 모두 주게 하라."

하고,

"윤인보(尹仁甫)로 하여금 왜인(倭人)에게 말할 때 슬그머니 국가에서 원숭이를 구하는 뜻을 보이라."

하였다(1447년, 세종 29년 6월 26일, 세종실록 116권).

② 풍채가 안 좋으면 통신사가 될 수 없다

신숙주(申叔舟)·한명회(韓明澮)가 아뢰기를,

"대마도통신사(對馬島通信使) 민정(閔貞)은 문학(文學)과 이간(吏幹·관리의 재간)이 있어서 가히 쓸 만한 사람입니다. 그러나 몸이 작고 풍채(風彩)가 없어서 저 사람들의 보는 바에는 합당하지 못합니다. 청컨대 보내지 말게 하소서."

하니, 전지(傳旨)하기를,

"가하다."

하였다.

③ 후추의 종자는 구하고 싶은데…

(전략) "이제 우연히 제(大內殿 使人 元肅을 말함)가 내조(來朝)하러 타고 온 배가 길을 안내할 수 있으니 통신사(通信使)를 보내면 다행이겠습니다마는, 금년에는 백성들이 너무 가무는 근심이 있으니 배를 보내면 고을과 나라의 비용이 있어야 하고 백성의 노역을 써야 하니, 다만 4, 5명의 인원을 차견사(差遣使)로 삼아 제 배에 부쳐서 보내는 것이 가장 좋겠습니다. 그러면 저희들이 진실로 호위하여 일본국에 돌아가서 성지(聖旨)로써 신(臣) 정홍(政弘)을 효유하여 후추[胡椒]의 종자(種子)를 갖고 있는 나라를 찾아가서 명년에 궐하(闕下)에 내조하겠습니다(중략)."

하였다. 전교하기를,

“(중략) 그리고 사람을 보내어 후추의 종자를 구하는 일은 영돈녕(領敦寧) 이상과 의정부(議政府)·육조(六曹)에 의논하게 하라.”

하니, 정창손(鄭昌孫)은 의논하기를,

“비록 사람을 보내어 구하더라도 다른 보물(寶物)에 비할 바가 아니니 무방할 것 같습니다.”

하고, 한명회(韓明澮)·심회(沈澮)는 의논하기를,

“후추는 군국(軍國)의 쓸 바가 아니니, 사람을 보내어 청구함은 대체(大體)에 편하지 못합니다.”

하고, 윤필상(尹弼商)·홍응(洪應)·이극배(李克培)는 의논하기를,

“이제 보빙(報聘·답례로 사신을 보내는 일)하는 일이 없는데 후추종자를 위하여 사람을 일본국(日本國)에 보내면 교린(交隣)하는 대체가 아닙니다. 다만 사자(使者)에게 말하기를, ‘만약 후추의 종자를 얻어서 바치면 반드시 많은 상을 내리겠다.’고 함이 어떻겠습니까?”

하고, 노사신(盧思愼)은 의논하기를,

“신이 정동(鄭同)의 관반(館伴·외국 사신 접대관)이 되어 후추가 중국에서 생산되는지의 여부를 물었더니, 정동이 말하기를, ‘남만(南蠻)에서 생산되고 중국에는 있지 않다.’고 하였습니다. 만약 옮겨 심을 수 있었다면 중국이 반드시 먼저 하였을 것입니다. 그러나 이제까지 없는 것은 어찌 풍토(風土)의 마땅함이 다르기 때문에 그러한 것이 아니겠습니까? 또 왜인에게 물었더니, 모두 말하기를, ‘후추는 상선(商船)으로 인하여 이르는 것이지 본국(本國)에서 생산되는 것이 아니다.’고 합니다. 그렇다면 아마 저들도 얻을 수 없을 것입니다. 저들이 만약 얻을 수 있다면 어찌 반드시 우리 측의 사람이 동행하는 것을 기다린 뒤에야 받들어 올리겠습니까? 이제 온 원숙(元肅) 등이 우리 나라의 후한 은혜를 입고 소원을 이루지 못함이 없으니, 헛되이 대답하기에 어려운 까닭으로 당장에 편한 것만을 취하는 계책을 삼아 어물어물하는

말입니다. 후추[胡椒]는 군국(軍國)에 관계되는 것이 아니니, 있고 없음을 걱정할 필요가 없을 것입니다. 그런데 어찌 반드시 이를 위하여 사람을 아주 먼 나라[絶國]에까지 보내겠습니까?"

하고, 윤호(尹壕)·이파(李坡)·정괄(鄭佸)·김겸광(金謙光)·유지(柳輊)·유순(柳洵)·권중린(權仲麟)은 의논하기를,

"지난 번에 대내전(大內殿)이 통신(通信)을 청한 것이 여러 번 있었는데, 우리 나라에서 따르지 않았습니다. 이제 다만 후추종자를 위하여 사자(使者)를 보냄은 대체에 해로움이 있습니다. 더구나 이제 경상도는 흉년이 너무 심하니 사자를 보내면 폐단이 있을 것입니다."

하였다(1485년, 성종 16년 10월 7일, 성종실록 184권).

나흘 후에도 이 문제가 논의됐다.

경연(經筵)에 나아갔다. 강(講)하기를 마치자, 시강관(侍講官) 김흔(金訢)이 아뢰기를,

"이제 들으니, 국가에서 후추 종자를 왜사(倭使)에게 구하였다고 합니다. 대저 먼 데 사람을 대우함에 있어 오는 자는 막지 말며 가는 자는 쫓지 말 따름이니 저들에게 무엇을 요구하는 것은 있을 수 없습니다. 지난해에 이형원(李亨元)이 일본 통신사(日本通信使)가 되고 신이 서장관(書狀官)이 되어 대마주(對馬州)에 도착하여 후추의 생산지를 물었더니, 그 사람이 남만(南蠻)과 유구국(琉球國) 등에서 생산되고 일본에는 없는 바라고 말하였습니다. 그렇다면 비록 구하려 해도 쉽게 얻을 수가 없습니다. 왜인(倭人)은 거짓이 많으니 공연히 저들에게 속임을 당하는 것이 될 뿐입니다. 신이 본초(本草)를 상고하건대, 후추는 서융(西戎)에서 생산되고 혹은 남해(南海)의 여러 나라에서 생산된다 하고, 중국에도 없다고 합니다. 신이 생각하건대, 물

건의 성질은 각각 토지에 알맞은 것이 있습니다. 옛적에 이르기를, '귤(橘)이 회수(淮水)를 건너면 탱자가 된다.'고 하였습니다. 우리 나라 제주(濟州)에는 귤감이 많이 생산되지만 그것을 이곳에 옮겨 심을 수 없는 것과 같이, 이제 비록 후추 종자를 얻는다 하여도 반드시 잘 자라지는 못할 것입니다."

하니, 임금이 이르기를,

"이 말은 과연 그러하나 앵무(鸚鵡)와 공작(孔雀) 같은 새는 비록 와서 바치더라도 내 마땅히 물리쳐 받지 않겠지만, 이것은 약용(藥用)에 긴절(緊切)하니 구하는 것이 어찌 해롭겠는가? 수우(水牛)도 유구(琉球)로부터 우리 나라에 왔건만 잘 번식되고 잘 자라니, 후추라고 해서 반드시 잘 자라지 않을 것을 어떻게 알겠는가?"

하니, 영사(領事) 홍응(洪應)이 이르기를,

"세조조(世祖朝)에 우리 나라 사람이 표류하여 유구에 이르러 후추를 보았는데, 바로 이것이 풀씨였습니다. 그 줄기와 열매는 교맥(蕎麥)으로 더불어 서로 흡사했습니다."

하였다(1485년, 성종 16년 10월 11일, 성종실록 184권).

④ 일본 관백이 손자를 얻었다고 보낸 사신을 어찌 할꼬

임금이 대신과 비국 당상을 인견하였다. 이때 일본 관백(關伯)이 손자를 보았다하여 차왜(差倭)를 보내어 고경(告慶)하니, 변신(邊臣)이 급히 계문하였다. 임금이 대신에게 접대해야 옳은지의 여부를 물으니, 영의정 이광좌가 아뢰기를,

"우리 나라는 문헌이 부족하여 널리 상고할 수 없으나, 통문관지(通文館志)를 가지고 상고해 보면 왜국이 고경(告慶)한 예는 관백(關伯)이 아들을 낳거나 후계자를 세울 때에 지나지 않았습니다. 일찍이 아들을 낳았을 때 마

땅히 통신사(通信使)를 청하여야 하는 데도 저들이 드러내 놓고 말하지 않고 그러한 뜻만 조금 비쳤으므로 인조(仁祖)께서는 위무하는 뜻으로 특별히 통신사를 파견한 바 있었고, 후계자를 세울 때에는 단지 접위관(接慰官)만 보냈으며, 손자를 보았다는 고경은 이미 전례가 없습니다. 변신은 더욱 변경을 엄중히 하여야 하는데 그들이 청하는 대로 쉽게 진달(陳達)하니, 교린(交隣)하는 예로서는 비록 접대하지 아니할 수 없으나, 훈도(訓導)·별차(別差)의 무리들이 엄중히 이를 막지 못하였으니, 나문(拿問)하여 곤장을 쳐야 하고, 수신(守臣) 역시 추고(推考)해야 마땅합니다."

하니, 임금이 말하기를,

"한편으로는 접대를 허락하고 한편으로 변신을 죄준다면, 저들은 필시 기뻐하지 않을 것이다. 관백(關伯)이 아들을 낳은 것이 아들의 승습(承襲) 이전에 있었으니, 손자를 보았다는 고경은 이상한 일이 아니다. 또 8대 만에 처음 있는 경사라고 말하니, 이웃 나라를 대접하는 도리로도 허락하지 아니할 수 없다."

하고, 명하여 대차왜(大差倭)가 나온 뒤에는 을사년(1725년, 영조 원년)의 예(例)에 의거하여 접대하게 하였다(1737년, 영조 13년 10월 4일, 영조실록 46권).

⑤ 인삼 70근을 구하는 데 국력을 기울이고

임금이 대신과 비국 당상을 인견하였다. 승지에게 명하여 통신사의 장계(狀啓)를 읽게 하였다. 임금이 말하기를,

"인삼은 남아 있는 것이 있는가?"

하니, 영의정 김재로(金在魯)가 말하기를,

"가을에 캐기 전에는 판출하여 보낼 길이 없습니다."

하였다. 호조 판서 김약로(金若魯)가 말하기를,

"통신사의 사행을 위하여 우리 나라에서 힘을 다하여 준비하여 보냈으므로 지금 본조(本曹)에 저축되어 있는 것은 단지 10근뿐입니다. 성중(城中)의 제국(諸局)에 널리 구한다 하더라도 결코 이 숫자를 채울 도리가 없습니다. 인삼을 실은 배가 불에 탄 것은 저들도 눈으로 본 것이니, 이제 다른 물건으로 대신 주어야 합니다."

하고, 좌의정 조현명(趙顯命)은 말하기를,

"대신 보냈다가 받지 않는다면 나라가 욕을 당하는 것이 큽니다."

하고, 영성군(靈城君) 박문수(朴文秀)는 말하기를,

"신구(新舊) 관백(關白)에게 증여하는 예물은 빠뜨릴 수 없는 것입니다. 기어이 찾아내어 충당시켜야 할 뿐입니다. 그 나머지는 가을을 기다려 보내는 것이 좋겠습니다."

하고, (중략) 예조 판서 이주진(李周鎭), 한성 판윤 유엄(柳儼), 공조 참판 서명구(徐命九), 승지 김상복(金相福)은 모두 박문수의 의논을 따랐다. 이조 판서 신만(申晩)이 말하기를,

"인삼을 구득하기가 어렵기는 하지만 한 나라의 힘으로 70근의 인삼을 판비할 수 없어 사신을 맨손으로 가게 하는 것은 이웃 나라에 보일 것이 못됩니다. 모름지기 평양(平壤)과 강계(江界) 등처에 두루 수괄(搜括)하여 기필코 구득하는 것이 최선의 계책입니다."

하니, 임금이 신만의 말을 옳게 여기면서 말하기를,

"왜인이 인삼을 아끼는 것이 견줄 데가 없을 정도이니 주지 않으면 장차 무거운 욕을 당하게 될 것이다. 상금을 걸고 구한다면 얻을 수 있을 것이다."

하였다. 박문수가 말하기를,

"신이 청컨대 외방에 나아가 널리 수문(搜問)해 보겠습니다. 그러고도 결국 구득할 수 없은 연후에 가을을 기다릴 계책을 세워도 늦지 않을 것입니다."

하니, 임금이 그 말을 옳게 여겨 극력 구하여 보게 하였다(후략, 1748년, 영조 24년 3월 1일, 영조실록 67권).

4장

조선통신사를 지자체 브랜드로

일본은 조선통신사가 지나간 곳을 조선통신사와 연고가 있는 땅, '연지緣地'라고 부르며 조선통신사연지연락협의회朝鮮通信使緣地連絡協議會·연지연를 만들었다. 1995년의 일이다. 10월 현재 19개 지자체, 67개 단체, 102명의 개인이 참여하고 있다.

연지연은 조선통신사와의 인연을 '마치 오코시町興し'에 활용하고 있다. '마치 오코시'란 경제·산업·문화·관광 등을 진흥시켜 마을의 활성화를 도모하는 것을 말한다. 쓰시마가 1980년부터 조선통신사 행렬을 재현하고, 1988년부터는 축제 이름에 '아리랑'을 붙여 한국인 관광객을 유치하는 것이 대표적이다.

조선통신사가 지나간 우리나라의 지자체들은 어떤가. 부산광역시와 경북 영천이 가장 열심이다. 다른 지역에서도 움직임은 있으나 아직 뚜렷하지는 않다. 일본의 연지연 같은 조직도 아직은 없다. 이 장에서는 부산과 영천을 중심으로 조선통신사를 브랜드로 활용하려는 지자체들의 움직임을 소개한다.

1. 부산

– 조선통신사 브랜드의 종주 도시*

한태문 부산대 교수는 조선통신사와 부산의 인연을 이렇게 기술한다.

드디어 사행의 국내 노정 마지막 지점인 부산이다. 부산은 여느 노정과 다르다. 왜냐하면, 부산은 명실공히 조선통신사의 고장이기 때문이다. 이곳은 대일對日 외교의 중심지요, 도일渡日을 앞두고 사행에 대한 최종 점검이 이루어진 곳이다. 또 국가 차원의 전별연餞別宴과 무사 항해를 기원하는 해신제海神祭 등 공식행사가 개최된 곳이기도 하다.

게다가 체류기간도 달랐다. 길어도 이틀 정도였던 다른 노정과 달리, 에도江戶가 아니라 쓰시마가 사행의 종착지였던 1811년 사행을 제외한 사행의 부산 체류는 짧게는 12일에서 길게는 51일이었다. 평균 30여 일이나 되는 긴 체류기간 동안 도일에 대한 준비만 한 것은 아니었다. 사실 역관을 비롯한 실무자들이야 바빴지, 세 사신이나 서기 등과 같은 문사들은 상대적으로 시간적인 여유가 많았다. 그러다 보니 자연 부산을 관광할 기회도 많았다('조선통신사의 길에서 오늘을 묻다' 260쪽, 도서출판 경진, 2012).

* 이 글은 부산광역시 관광진흥과 송상민 주무관의 도움을 받았다.

부산은 조선통신사를 충분히 활용할 만한 도시였으나 그걸 깨닫는 데는 시간이 걸렸다. 2000년대에 들어와서야 움직이기 시작한다. 그 내용을 잘 알고 있는 강남주 전 부경대 총장의 말을 들어보자.

쓰시마에서 통신사 재현 행렬을 보고 6년쯤 지났을 때다. 그(강남주)는 부경대 총장이 됐다. 그 무렵 안상영 부산시장, 유흥수 한나라당 의원, 김상훈 부산일보 사장과 저녁 모임이 있었다. 그 자리에서 유 의원이 안 시장에게 '쓰시마에서 강 총장과 굉장한 걸 봤다. 조선통신사가 배를 타고 떠나는 출발지가 부산이다. 이리 좋은 문화적 자산이 있는데, 쓰시마에서는 활용하고 왜 부산에서는 아무것도 안 하는가'라고 말했다.

"그 말이 씨가 돼 우리 네 명이 일요일에 함께 쓰시마를 갔어요. 13m 길이의 조선통신사 행렬도를 보고 안 시장이 충격을 받은 것 같았어요. 내게 조선통신사문화사업회 추진위원장을 맡아달라고 했어요. 나는 아는 게 없어 못 한다고 사양하다가, 적임자를 구할 때까지만 맡는 걸로 했어요. 이듬해가 '2002년 한일 공동 월드컵'이었어요. 부산에서는 월드컵에 맞춰 통신사 재현 행렬을 하기로 했지만 연구가 이뤄진 게 전혀 없었어요."

-그런데 어떻게 행사를 재현했습니까?

"1711년 조선통신사 행렬도에 그려진 그대로 모방한 겁니다. 맨 앞에 청도기(淸道旗·길을 치우는 깃발)를 들었고, 그 다음에 영기(令旗)이고, 가마는 이렇게 생겼고…. 허술하기 짝이 없었지만, 용두산 공원에서 출발해 광복동 거리 퍼레이드를 한 겁니다. 그 뒤로 통신사 자료를 모두 찾아 읽으며 내가 '집안 망친다는 반(半) 풍수'처럼 됐어요"(최보식이 만난 사람, 조선통신사 韓日 공동 유네스코 등재신청…산파역 강남주 선생, 조선일보 2016년 4월 4일자 31면).

출발은 늦었지만 곧바로 속도가 붙었다. 처음으로 조선통신사 행렬을 재현한 다음해인 2003년에 부산시가 만든 사업계획안은 이렇다.

조선통신사 한일 문화교류사업 추진(일부 생략)

〈사업개요〉

-시기: 2003년 8~9월(일본 행사 11월)

-장소: 서울, 충주, 안동, 경주, 밀양, 부산(대마도, 우시마도, 도쿄)

-내용:

▷서울 : 3使(정사, 부사, 종사관) 임명식, 행렬 재현 퍼레이드

▷충주, 안동, 경주, 밀양 : 행렬 재현 퍼레이드(지역문화행사와 연계)

▷부산 : 조선통신사 파견 요청 행사, 한일 문화교류 추진, 통신사의 밤 학술심포지엄, 한일협의회 총회, 해신제 및 일본 출항 행사 등

▷대마도, 우시마도 : 지역문화행사 참가 및 행렬 재현 퍼레이드

▷도쿄 : 3사 영접 및 국서 전달, 행렬 재현 퍼레이드

▷부대행사 : 한일 연고지 탐방, 학술지 발행 등

-사업비 : 8억원(국비 5, 시비 3)

-주최: 조선통신사문화사업추진회/전일본연고지연락협의회

〈행사취지 및 목표〉

-'조선통신사'는 과거 평화 시대 우리의 선진문화를 일본에 전파시킨 선린우호 외교사절단으로서 최근 한일 양국의 관심 증대와 더불어 그 역사적 가치가 재조명되고 있는 바,

-'조선통신사행렬 재현사업'을 21세기 새로운 한일 문화교류의 핵심사업으로 확대 발전시켜 한일 양국 공동의 역사성을 바탕으로 문화관광 특화상품으로 육성하고, 2002년 한일 월드컵 성공개최를 계기로 조성된 한일 우호 협력 분위기를 더욱 증진시켜 나가고자 함.

〈주요 추진 사항〉

-2002. 3. 13　부산시조선통신사행렬재현위원회 발족(19명)

6. 5　조선통신사행렬재현(부산 한일월드컵 문화행사로 개최)

8. 3　조선통신사문화교류에 관한 한일 '공동협력의향서' 교환

8. 4　일본아리랑축제 조선통신사재현행사 참가(행정부시장 등)

-2003. 3. 7　조선통신사문화사업추진위원회 창립(33명:전국조직화)

3월 하순　4개 실무분과위원회(총괄기획·학술·재현행사·문화교류) 개최

3. 24　한일 행사주관단체 실무회의 개최(부경대 총장실)

4. 2　제1차 실행위원회 개최(사업추진 일정 및 방향 제시)

4. 21　종합지원상황실 설치·운영(4개반 8명, 국회의실)

5. 2　제2차 실행위원회 개최(행사 프로그램 및 일정 확정)

5~6월　일본 관련기관 및 언론단체 등과 사업참여방안 협의(일본)

이런 계획은 이후 더욱 정교해진다. 2005년의 기본계획에서 구체적인 행사의 개요만을 살펴보자. 조금 길게 인용하는 것은 조선통신사로 할 수 있는 모든 이벤트의 원형이 다 나와 있기 때문이다. 실제로 이 계획들은 지금 거의 다 시행하고 있다.

1. 서울행사 : 3使 임명식

-일자 : 2005년 9월

-장소 : 창경궁 명정전

-행사개요

▷공식행사 : 인사말씀, 축사, 경과보고

▷3使 임명식 : 출연자 입장, 국왕 입장, 3使 임명, 국서전달, 퇴장

▷축하공연

2. 우정의 행렬(국내행사)

-일자 : 2005년 9~10월

-장소 : 충주, 안동, 의성, 밀양 등

-행사개요

▷지역 문화예술축제와 연계

▷조선통신사 행렬 재현

▷일본 연고지와의 청소년 교류, 전통예술교류(현지 일본인 참가 행사로 유도)

3. 조선통신사 한일문화교류 축제

1) 학술행사

① 조선통신사 국제학술심포지엄

-일자 : 2005년 9월

-장소 : 부산시청 12층 국제회의실

-주제 : 조선통신사 시대의 한일간 문화교류

② 조선통신사 관련 서적 번역 발간

-2005년 10월 중 2500부 한국어로 번역 발행

(예, 조선통신사 왕래-신기수 저, 明石서점)

③ '조선통신사 저널' 소식지 발간

-2005년 4,7,9,12월(4회)

-2005년 한일 문화교류사업 소식, 연고도시, 인물 소개 등

2) 한일 문화교류 행사

① 조선통신사 주간

- 일자 : 2005년 9월 5일(월) ~ 10일(토)
- 장소 : 부산 용두산공원 일원
- 행사개요
  - ▷조선통신사 음식축제
    (조선시대 음식 전시 및 시식. 일본 연고지의 통신사 접대 음식 전시)
  - ▷시민참여 행사 : 조선통신사 백일장, 사진촬영대회 등

② 해신제

- 일자 : 2005년 9월 10일(토) 오전 11시
- 장소 : 부산 동구 영가대
- 행사개요
  - ▷일본으로 떠나는 조선통신사의 무사안녕을 기원하는 행사
  - ▷식전행사(길놀이), 개식연주, 해신제, 기원굿, 축하공연 등

③ 조선통신사 행렬 재현

- 일자 : 2005년 9월 10일(토) 오후 3시
- 장소 : 부산 용두산공원, 광복동 일원
- 행사개요
  - ▷식전 공연 : 한일 전통예술공연(20분간)
  - ▷접영식 : 동래부사가 조선통신사 3使를 맞이하는 행사
  - ▷행렬재현 : 선도행렬, 동래부사, 조선통신사행렬, 한일 연고지역 행렬, 부산의 문화재 행렬, APEC개최 축하행렬 등 1500명 규모

④ 조선통신사의 밤

- 일자 : 2005년 10~11월
- 장소 : 부산 용두산공원 특설무대
- 행사개요

▷한일 수교 40년 기념 메시지 교환

(양국의 평화공존과 번영의 의지를 담은 메시지)

▷조선통신사 한일 연고지 전통예술단 공연

(한국 4개 도시, 일본 4개 도시)

⑤ 한일 대중문화 공연

- 일자 : 2005년 9월 8일(목) 오후 7시

- 장소 : 부산 용두산공원 특설무대

- 행사개요

▷대중가수 및 밴드공연(한국 2개팀, 일본 2개팀)

⑥ 한일 청소년 문화교류의 밤

- 일자 : 2005년 9월 9일(금) 오후 7시

- 장소 : 부산 용두산공원 특설무대

- 행사개요

▷조선통신사 한일 연고지 도시의 청소년 출연

▷조선통신사 한일 연고지의 전통예술 교류 공연(한일 각 2개 도시)

⑦ 조선통신사 한일협의회 도시대표자 회의

- 일자 : 2005년 9월 9일(금) 오후 7시

- 장소 : 부산 코모도호텔

- 행사개요

▷경과보고, 환영사, 답사, 2006년 교류방안

▷전통예술 축하 공연

⑧ 조선통신사 음식 축제

- 일자 : 2005년 9월 7일(수) ~ 10일(토)

- 장소 : 부산 용두산공원 광장

- 행사개요

▷조선통신사 음식전, 한일 전통음식 체험

▷한일 연고지역별 대표음식 체험 등

3) 조선통신사 유물전(한일 순회전시)

- 일자 : 2005년 5월 ~ 11월

- 장소 : 한국(서울, 충주, 경주, 부산 등)

일본(시모노세키, 오사카, 교토, 도쿄 등)

- 행사개요

▷조선통신사가 남긴 회화, 서예 등 유물

▷조선통신사 접대 음식 전시

※조선통신사 유적지 탐방 행사

▷일자 : 여름방학 기간

▷장소 : ①대마도 일원 ②시모노세키 일원

4. 우정의 행렬(일본행사)

- 일자 : 2005년 5월 ~ 11월

- 장소 : 쓰시마시, 시모노세키, 오미하치만, 도쿄 등

- 행사개요

▷지역 축제와 연계한 조선통신사 행렬 재현

▷한국 연고지와의 청소년 교류, 전통예술 교류

(조선통신사 한국 연고지 예술단 등 참가 행사로 유도)

▷사진전, 미술전 등 개최 유도

시간이 조금 걸리긴 했지만 이런 계획들을 통해 조선통신사는 이제 부산의 대표 문화브랜드로 자리잡아가고 있는 것만큼은 분명하다. 초창기에는 9월에 열던 조선통신사 행렬 재현 행사를 요즘에는 매년 5월 첫 번째

2001년부터 조선통신사 행렬을 재현하고 조선통신사를 문화브랜드로 키워온 부산. 쓰시마가 1980년부터 조선통신사 행렬을 축제에 활용하고 있는 것을 보고 자극을 받았다. 조선통신사 축제는 이제 행렬 재현을 넘어 한일문화교류로 넓어졌다. 위의 사진은 2003년(국제신문 제공), 아래 사진은 올 5월 행사 때의 모습이다(박경모 동아일보 사진부 기자).

토요일에 개최하고 있다.

인프라와 콘텐츠도 착실하게 구축했다. 조선통신사문화사업회를 만들고(2003년, 2010년 부산문화재단에 흡수), 해신제를 지내던 영가대를 복원했으며(2003년), 조선통신사학회도 창립했다(2005년). 또 해신제도 고증을 거쳐 원형대로 재현하고(2006년), 조선통신사역사관도 개관했다(2011년).

1764년 정사 조엄이 대마도에서 처음으로 고구마를 들여와 부산 영도에서 기른 것을 기념해 부산 영도구는 올 4월 청학동 봉래산에 '영도 조내기 고구마 역사공원'을 만들어 개방했다. '조내기'는 '조엄이 가져온 고구마를 캐내는 곳'이라는 뜻이다. 내년에는 고구마기념관도 만들 계획이다.

부산의 조선통신사 사업은 크게 국내와 국외로 나눌 수 있다. 국내는 새로운 아이디어를 발굴하고 시민과 청소년의 적극적인 참여를 유도하는 쪽으로 진화하고 있고, 국외는 일본의 연고지 행사에 적극 참가하고 지원하면서 내실을 기하고 있다.

부산이 그동안 조선통신사와 관련해 어떤 사업을 어떻게 진행해 왔는지를 나열하는 것은 너무 복잡하고 재미도 없을 듯하다. 그래서 임진왜란이 끝나고 첫 조선통신사를 보낸 지 400년이 되던 2007년, 마지막 조선통신사가 쓰시마를 갔다 온 지 200년이 되던 2011년, 그리고 가장 최근인 2017년에 나온 세 건의 관련기사를 소개하는 것으로 대신하고자 한다. 부산이 하고 있는 조선통신사 사업의 전모와 변화를 동시에 읽을 수 있다.

조선통신(朝鮮通信使) 행렬 재현, 조선통신사 패션쇼, 조선통신사 외교학교, 조선통신사 음식체험….

조선시대 한일간 교류의 첨병이었던 '조선통신사'가 400년의 세월을 넘어 민간교류로 꽃을 피운다. 한국은 부산을 중심으로, 일본은 1607년 처음 조선통신사가 지났던 도시들을 주축으로 지역 주민들이 저마다 조선통신사를 기념하는 행사 경쟁에 들어갔다.

나가사키·야마구치 현과 시즈오카·히코네시 등의 주민들은 부산 행사에 참석해 자기 지역 마쓰리(축제) 행사를 선보이고, 부산시민들은 쓰시마·도쿄 등지를 찾아 조선통신사 행렬을 재현한다.

조선통신사 복원 운동을 주도하고 있는 부산의 조선통신사문화사업회 강남주(姜南周) 집행위원장은 "그동안 산발적으로 진행돼 오던 조선통신사 기념행사가 400주년을 맞아 한·일간에 네트워킹을 하는 등 새로운 전기를 맞았다"며 "한국의 경우 행사 시기를 일본 황금 연휴(4월 28일~5월 6일)에 맞추는 등 관광상품화 시도를 본격화한다"고 말했다.

오는 15일 오후 2시 서울 창경궁 명정전에서 정사(正史), 부사(副使), 종사관 등 조선통신사 3사(使) 임명식인 '문화사절단 한양 대출발'이 열린다.

임명식은 말 그대로 조선의 임금이 조선통신사를 인솔할 책임 관리들을 임명하는 의식. 조선통신사 국회의원연맹 박진 의원이 정사를 맡는다.

임명식에는 가와무라 다케오(河村建夫·6선) 의원 등 일본 측 조선통신사 국회의원연맹의 중의원 6명도 참석한다.

조선통신사문화사업회 김경화(金慶華) 사무국장은 "한·일 양국 조선통신사 연고지역의 국회의원들이 지난해 9월 의원연맹을 발족한 뒤 본격적 활동에 들어간 것"이라며 "현대적 조선통신사 재현이 국회간 교류까지 확산되고 있는 셈"이라고 말했다. 암명식 뒤 오후 4시30분부터 인사동 일대에서 '조선통신사 납시오!' 행사가 펼쳐져 서울시민들에게 조선통신사의 출발을 알린다.

오는 5월 4~5일 부산에선 일본으로 떠나는 조선통신사의 뱃길 인녕을 비는 '해신제(海神祭)'와 동래부에서 조선통신사의 장도와 무사귀환을 바라며 베푸는 전별연, 조선통신사 행렬을 현대적으로 재현하는 '조선통신사 평화의 행렬' 등 행사가 열린다.

평화의 행렬에는 나가사키현 등 일본 6개 도시 주민들이 참가, 아리랑마쓰리 무사단(쓰시마), 바칸마쓰리 기병대(시모노세키), 군치마쓰리 민속무용(나가사키) 등 행렬을 연출한다. 부산측에선 기장멸치축제, 자갈치문화축제, 광안리어방축제, 해운대모래축제 등 16개 구·군의 대표적 축제들이 나서 흥을 북돋운다.

조선통신사 400주년 행사

구분	지역	행사명	일시 및 장소
한국	서울	문화사절단 한양 대출발 -3사(使)임명식	15일 오후 2시 창경궁
	부산	뱃길 안녕을 기원하는 해신제(海神祭)	5월 4일 오후 7시 영가대
		조선통신사 평화의 행렬	5월 5일 오후3시 용두산공원-광복로 입구
		꽃이 있는 성찬-통신사 전별연	5월 5일 오후7시 코모도호텔
		조선통신사 국제학술심포지엄	5월 4일 부산시청 국제회의실
		대장금의 문화 속으로-의상, 음식체험전	5월 1~6일 용두산공원 특설실
		어린이 조선통신사	8월 19~27일 부산과 일본 8개도시
일본	시즈오카	400년 만에 다시 밝힌 축제의 등불	5월 19~20일 시즈오카시 일원
	쓰시마	조선통신사 외교학교, 아리랑축제	5월 19~22일, 8월 4~5일 이즈하라 일원
	시모노세키	에도를 향한 문화대축제	8월 25~26일 시모노세키 일원
	도쿄	에도 입성 성신교린 축제	9월 29~30일 지요다구 히비야공원
	히코네	조선통신사 옛길의 축제	10월 7~8일

일본에서도 다채로운 행사들이 준비됐다. 조선통신사들이 에도(지금의 도쿄)까지 가는 동안 들렀던 여러 도시들이 일제히 '조선통신사' 관련 행사를 연다.

시즈오카(靜岡)시는 5월 19~20일 '400년 만에 다시 밝힌 축제의 등불'이란 이름의 기념축제를 열어 패션·음식·외교 등 조선통신사와 관련된 여러 가지를 기념한다.

일본 조선통신사연고지협회 마쓰바라 가즈유키(松原一征) 회장은 "조선통신사 400주년을 맞아 한·일간 교류가 민간을 중심으로 새 역사를 쓰는 계기가 되길 바란다"고 말했다. 조선통신사문화사업회 강 집행위원장은 "두 나라 국민이 1만리가 넘는 거리를 오가며 문화교류를 하는 행사는 세계 어느 곳에도 없을 것"이라며 "양국이 이를 잘 살리면 세계적 문화유산으로 키울 수 있을 것으로 본다"고 말했다.

한국에선 2002년 3월 조선통신사문화사업회가 발족하면서 조선통신사가 현대적 '문화코드'로 등장했다. 시작은 "조선통신사 행렬을 재현해 보자"는 정도로 소박했다. 그해 8월 쓰시마 아리랑 축제에 참가, 조선통신사 행렬을 재현했고, 10월 부산 용두산공원에서도 재현행사를 가졌다.

이 행렬 재현은 이듬해 일본 시모노세키를 거쳐 후쿠오카, 오사카 등으로 매년 조금씩 무대를 넓혀 지난해엔 도쿄까지 입성했다. 조선통신사가 지났던 길을 모두 지나며 행렬을 재현한 것이다.

또 조선통신사가 먹었던 음식, 입었던 옷 등으로 콘텐츠도 발전했다. 지난해 조선통신사가 일본으로 떠나기 전 무사를 기원하며 지내던 해신제, 전별연에서 먹었던 음식 등도 190여년 만에 복원했다(조선일보, 2007년 4월 12일자 16면).

일본 한류(韓流) 열풍의 원조격인 조선통신사 축제가 5~8일 용두산공원 등 부산 일원에서 펼쳐진다. 조선통신사가 국내에 머무는 마지막 종착지이자 일본으로 가는 출발지였던 부산에서 문화교류 정신을 발전시키기 위한 것이다. 올해는 조선통신사 행렬 재현 문화교류사업 10주년이자 1811년 마지막 조선통신사 파견 200주년이어서 의미가 크다. 조선통신사는 조선시대 조선에서 일본 막부(幕府) 장군에게 파견했던 공식 외교사절.

부산시가 주최하고 부산문화재단이 주관하는 이번 축제에는 부산과 자매도시인 일본 시모노세키(下關) 시장 등 일본 내빈들도 참석한다. 5일 용두산공원에서 펼쳐지는 조선통신사 광장 행사를 시작으로 한일 뮤직페스티벌, 국제학술심포지엄, 해신제(海神祭), 조선통신사 퍼레이드 등이 마련됐다.

조선통신사 광장은 설치작품 공모에 당선된 작품을 전시하는 역사 존, 체험이벤트가 풍성한 캐릭터 존, 푸드 존 등으로 꾸며진다. 광장 특설무대에서는 부산 문화예술계 명사와 일본 조선통신사 관계자 애장품을 모아 진행되는 '조선통신사와 함께 하는 아름다운 기부' 경매가 5일 오후 열린다. 수익금은 동일본 대지진 피해복구 지원에 사용된다. 같은 날 오후 7시에는 한일 뮤지션 7개 팀이 출연하는 한일 뮤직페스티벌이 펼쳐진다. 6일 오후 2시에는 중학생 100여 명이 풀어가는 조선통신사 도전 골든벨이, 7일 오후 6시에는 한일가요대회도 열린다.

국제학술심포지엄은 6일 오후 1시 부산시청 국제회의실에서, 험한 바다를 건너 일본으로 떠나는 통신사 일행의 무사안녕을 기원했던 해신제는 이날 오후 7시 동구 범일동 조선통신사역사관 옆 영가대에서 각각 진행된다.

하이라이트인 조선통신사 퍼레이드는 7일 오후 3시부터 용두산공원에서 광복로까지 이어진다. 일본 후쿠오카(福岡), 나가사키(長崎), 히로시마(廣島), 시모노세키 등 지역별 개성을 자랑하는 일본 예능팀, 롯데자이언츠 야구단, 남산놀이마당, 전신혜무용단, 춤패 배김새, 메리트무용단 등 부산 대표단체와 시민 2000여 명이 참가한다. 조선후기 12차례 일본으로 파견했던 통신사 행렬을 재현하는 것으로 선도 행렬, 조선통신사 행렬, 일본 행렬, 아이러브 부산 행렬, 평화의 북소리 행렬로 꾸며진다. 부산문화재단 남송우 대표이사는 "올해 행사를 통해 지진으로 어려움을 겪고 있는 일본과 일본 국민들에게 위로를 전하고 진정한 소통과 교류를 할 수 있는 계기가 되기를 기대한다"고 말했다(동아일보 2011년 5월 5일자 14면 영남판).

부산문화재단은 부산의 대표적 거리 퍼레이드형 축제인 '조선통신사 축제'를 내달 5일부터 7일까지 사흘간 용두산 공원과 광복로 일원에서 개최한다고 30일 밝혔다.

'조선통신사 축제'는 1607년부터 1811년까지 약 200년에 걸쳐 한·일 양국의 관계회복과 평화적 외교를 바탕으로 문화교류를 주도했던 조선통신사의 선린우호와 평화공존 정신의 중요성을 알리기 위해 2002년부터 매년 개최하고 있다.

올해는 '평화를 꿈꾸다'라는 주제로 예년에 비해 더욱 다양하고 풍성하게 준비했다.

최근 한·일 간에 일어나는 부정적인 이슈에도 불구하고 일본의 조선통신사 연고도시 7개 지역, 9개 단체가 참여키로 했다.

주요행사인 '조선통신사 행렬'은 '조선통신사 연고지' 행렬을 확대하여 국내외 문화예술단체 및 시민단체 등 2000여 명이 참여해 새로운 모습으로 시민들에게 선보일 계획이다.

행렬에 참가하는 한일 양국 예술단의 맛보기식 거리공연을 시작으로 '여는 행렬, 내빈 행렬, 조선통신사 행렬, 부산문화재 행렬, 조선통신사 연고지 행렬, 평화의 행렬, 대시민 공모행렬, 난장행렬, UNESCO행렬'로 구성된다.

특히 지난달 10일부터 약 한달간 진행된 아이디어 공모를 통해 선정된 시민들이 '대시민 공모 행렬'에 참가해 특별한 볼거리를 제공할 것으로 기대된다.

조선통신사의 주요한 역할을 담당했던 3使 (정사·부사·종사관) 가운데 올해의 정사(正使)는 다양한 연기 활동을 펼치고 있는 배우 임호 씨가 참여해 행렬 재현이 더욱 주목받을 전망이다.

부사(副使)로는 1811년 제12대 조선통신사 정사 김이교의 5대손인 김현진 씨, 종사관에는 조선통신사 유네스코 세계기록유산 한일 공동 등재 추진 위원회 한국 측 학술위원인 광주여자대 정성일 교수가 맡는다.

올해 특별프로그램 '조선통신사 유네스코 세계기록유산 한일 공동 등재 기원행사 드림(Dream) 콘서트'는 용두산 공원 특설무대에서 열린다. 한일 양국의 대표자가 참여하여 조선통신사 유네스코 세계기록유산 등재를 위한 퍼포먼스를 펼칠 예정이다.

한편 조선통신사역사관에서는 이번 축제와 연계한 특별전시로 부산시지정 민속문화재 제12호 '해련사 동래부 인상(海蓮寺 東萊府 印床)전'을 무료로 선보이고 있다.

용두산 광장에서는 전시·체험 프로그램인 광장행사 '소통의 꿈'은 조선통신사의 국내외 여정을 가상 미로를 통해 체험할 수 있는 주제 전시관, 조선통신사 체험관, 쓰시마 관광물산전 등을 마련해 다양한 체험활동을 즐길 수 있다.

이외에도 조선통신사와 한일문화교류를 주제로 한 조선통신사 국제학술심포지엄, 환영공연 '마중', 뮤지컬 해신제를 재현한 조선통신사의 밤 '교린의 꿈', 초·중·고등학생을 대상으로 '조선통신사 필담창화' 미술실기대회 등 다양한 프로그램이 함께 진행된다.

부산문화재단은 "대규모 행렬재현을 포함해 사흘간 진행되는 '2017 조선통신사 축제'에 부산 시민들이 적극 참여해 주실 것"을 당부했다(뉴시스, 2017년 4월 30일자).

기사 하나를 더 소개하고 싶다. 조선통신사의 정신을 청소년에게 전파하려는 교육적 시도에 관한 것이다(필자는 이런 시도를 지지한다).

부산광역시교육청(교육감 김석준)은 오는 27일부터 29일까지 2박 3일 동안 일본 오사카, 교토, 히코네 등지에서 고등학생 32명을 대상으로 '2017 조선통신사 국제체험학습'을 실시한다.

올해 5회째를 맞는 이번 체험학습은 학생들에게 조선통신사의 옛길 체험을 통해 조선통신사의 역사적 의미를 되새기고 한·일관계에서 '부산'이 갖는 지역적 중요성을 이해할 수 있도록 하기 위함이며 참가학생은 신청학생 55명 가운데 서류심사, 지필고사, 면접 등을 거쳐 선발됐다.

참가학생들은 오사카부터 히코네에 이르는 일본 지역의 조선통신사 사행길의 유적과 유물을 탐방하고 아울러 일본 학생들과 교류 시간도 가지며 양국의 우호증진을 위한 청소년 민간 외교 사절단 역할도 한다(후략, 매일일보 2017년 7월 25일자).

2. 영천
– 마상재에 거는 꿈

9월 30일 경북 영천에 다녀왔다. 그 전날부터 10월 2일까지 영천강변공원에서 제44회 영천예술제가 열렸는데 행사 프로그램 중 하나인 경상도관찰사의 조선통신사 영접의식과 조선통신사 행렬 재현, 그리고 마상재馬上才를 보기 위해서였다.

영천에 간 날은 날씨가 아주 좋았다. 경상도관찰사의 조선통신사 영접의식은 그날 오후 남천 옆에 높다랗게 서 있는 조양각朝陽閣과 주변의 조양공원에서 열렸다. 이 의식은 고증을 거쳐 이날 처음 재현한 것이다.

영천 조양각은 임금이 경상도관찰사에게 명해 통신사 일행에게 베풀어주는 전별연餞別宴으로 더 유명하다. 조선통신사 초기에는 충주, 안동, 경주, 부산에서 전별연을 열어줬지만 비용문제로 충주, 안동, 경주는 없애면서 새 전별연 장소가 된 곳이 영천이다.

조선통신사의 가장 큰 걱정은 역시 일본을 오고 가는 뱃길. 그 옛날 영천 전별연에서는 뱃길의 안녕을 비는 '선유락船遊樂·배따라기'이라는 공연도 펼쳐졌다고 한다. 내가 간 날에도 이 공연을 보여줬다(나는 이날 관복의 붉고 푸른 원색이 권위를, 무복舞服의 노란 원색이 아름다움을 느끼게 해준다는 사실을 확인했다. 원색은 절대로 촌스럽지 않다!).

영접 행사가 끝난 뒤 조선통신사 행렬이 시내를 행진했다. 조양각을 출발해 시청 오거리, 영동교, 완산로 삼거리, 완산로 오거리를 거쳐 남천 둔치에서 해산하는 약 2km. 다른 재현 행사를 보지 못했기에 비교나 평가는 어렵다. 다만 시장이나 상가 앞을 지날 때 시민들이 몰려 나와 신기한 듯 구경하는 모습에서 행사 주최자들은 뿌듯했을 것 같다. 지나가던 시민이 툭 던진 한 마디가 지금도 귀에 남아 있다. "아따, 준비 많이 했구먼."

영천은 조선통신사로 스토리텔링이 가능한 도시다. 조선통신사가 일본에 갈 때 반드시 들렀던 도시이고, 이곳에서 말을 공급받을 정도로 교통의 요지였으며, 서울을 출발한 사신과 다른 지역에서 출발한 사행인원이 만나는 2차 집결지였고, 앞서 얘기했듯 임금이 공식 전별연을 열어준 곳

인구 10만의 경북 영천시는 조선통신사와 관련된 콘텐츠 중에서도 마상재(馬上才)를 특화해 키우고 있다. 마상재는 말위에서 기예를 부리는 것으로 일본에서 가장 좋아하던 종목이었다. 통신사 일행은 영천에서 마상재 연습공연을 다섯 번이나 했다. 사진은 올 10월 1일 남천 둔치에 마련한 야외 공연장에서 마상재를 시연하는 모습. 뒤에 보이는 누각이 전별연이 열리던 조양각이다. 이원조 영천시 중앙동장 제공

이기 때문이다. 고려 말에 일본과 최초로 문화교류를 시작한 포은 정몽주의 고향이기도 하다. 조양각을 만든 사람 중 한 명이 정몽주다.

영천은 부산과는 다른 선택을 했다. 부산이 조선통신사의 백화점이라면 영천은 전문 부티크를 지향한다. 인구 10만의 도시, 영천이 주목한 것이 마상재다. 마상재는 말 위에서 벌이는 기예技藝를 말하고, 그 기예를 시연하는 사람은 마상재, 또는 마재인이라고 불렀다. 영천은 왜 마상재에 빠졌는가. 일본에 가기 전에 마상재 리허설을 하는 곳이 영천의 남천 둔치였고 당시에도 인기가 대단했다는 기록이 남아 있기 때문이다. 일본이 제일 좋아하는 엔터테인먼트도 마상재였다.

임진왜란 이후 일본에 간 12차례의 조선통신사 중 첫 세 번은 마상재를 넣을 생각도 안 했다. 그런데 1634년 쓰시마번의 사신이 와서 3대 쇼군 도쿠가와 이에미쓰德川家光의 요청을 전했다. 뜻밖이었다. "저희 전하께서 조선의 기마騎馬는 천하제일이라고 하면서 꼭 보고 싶어 합니다." 인조는 이듬해 마상재만을 일본에 보낸다. 그리고 그 다음해인 1636년(인조 14년) 조선통신사에 정식으로 마상재를 넣는다. 이때를 포함해 이후 9차례의 조선통신사 중 7차례에 마상재가 들어갔고, 그중 5차례의 리허설을 영천에서 했다. 그러니 영천은 마상재에 대한 연고권을 주장할 만하다.

마상재는 조선시대 무예를 집대성한 무예도보통지武藝圖譜通志·정조 14년 1790년 발간가 전하는 24가지 기예 중 하나로 8가지 전통기술이 있다. 달리는 말 위에 서고, 거꾸로 서고, 옆으로 누워 죽은 척하고, 말꼬리 쪽으로 큰 대자로 눕고, 머리가 땅으로 가게 해서 좌우로 비스듬히 매달리고, 발이 닿을 듯 말 듯 좌우에서 7보를 뛰다가 휙 하고 반대로 넘어가는 것 등이다. 이중 적을 속이기 위해 말 위에 누워 죽은 척을 한다는 횡와마상양사橫臥馬上佯死가 웃음과 박수를 가장 많이 받았다고 한다. 이번 영천에서의 조선통신사 재현 행렬에서도 고교생 마상재 2명이 말을 타고 가다 중간 중간에 실력을 선보여 연도의 시민들로부터 박수를 받았다.

영천이 마상재에 관심을 갖기 시작한 것은 2006년 옛길 탐험가인 엄효성 씨(71)가 조선통신사가 영천에서 마상재 연습을 했다는 사실을 알리면서부터. 이를 흘려듣지 않은 사람이 당시 영천시 문화예술계장이었던 이원조 현 중앙동장(56). 그는 2014년 당시 문화예술계장을 맡아 6년 동안 같은 자리에 있으면서 마상재를 시의 브랜드로 만드는 데 노력했다. 그 결과 마상재를 복원해 시연하는 데까지 이르렀고, 2013년에는 조선통신사를 테마로 문화체육관광부가 공모한 2015년 문화의달 프로젝트도 따냈다. 중소도시가 문화부 프로젝트를 따낸 것은 이례적이라는 평가를 받았다. 그 자부심은 2015년 이후에도 조선통신사 관련 행사를 개최하는 동력이 됐다. 마상재를 무형문화재로 등재한다는 꿈도 갖고 있다.

사실 영천은 말馬로 먹고 살기로 작정했다. 과거 속의 마상재만 재현하는 것이 아니라 2009년에는 국내 최대 규모의 렛츠런파크 영천경마공원을 유치해서 미래의 먹거리를 찾고 있다. 몇 가지 법적 문제 때문에 진척이 더뎠는데 상황이 바뀔 것으로 기대하고 있다. 영천시 기관지의 이름도 '大馬 영천'이다. 2013년에는 '영천大馬문화 창조를 위한 한일국제심포지엄'을 열기도 했다.

영천 취재를 하는 과정에서 조금 과장하면 한 박스나 되는 자료를 받았다. 모두가 조선통신사와 마상재, 그리고 말에 관한 책과 자료들이다. 그 중에는 임나경 작가의 '곡마曲馬'라는 장편소설도 들어 있다. 1711년(숙종 37년) 8차 조선통신사가 일본에 갈 때 마상재로 참가했던 '지기택池起澤·당시 34세'을 실명으로 등장시켜 지기택과 말을 사랑하는 한 소녀와의 이루지 못할 비련을 그리고 있다(지기택은 1711년 사행인물인데, 삼사三使는 1748년 사행인물들이 등장하는 게 궁금하다).

12월 2일에는 영천시민회관 상주단체인 '이언화무용단'이 '조선통신

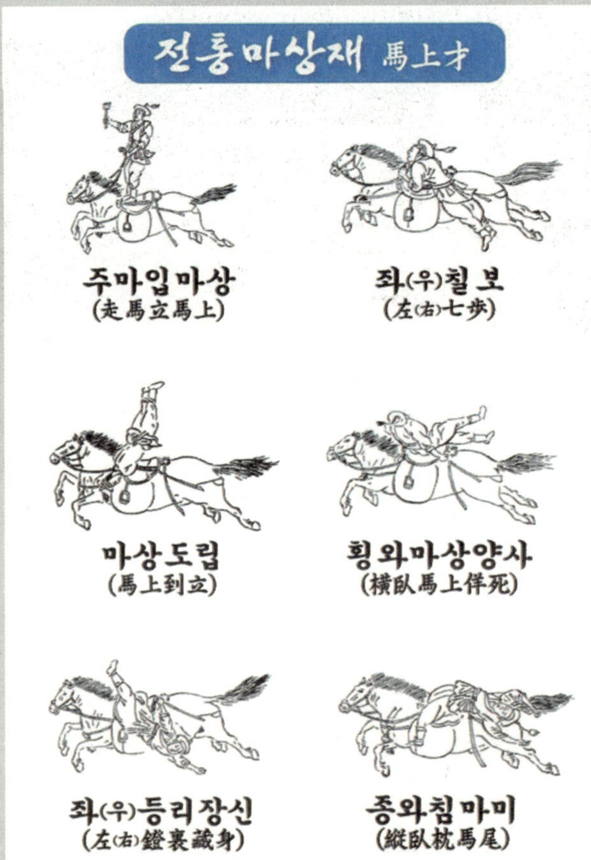

'무예도보통지武藝圖譜通志)'가 소개하고 있는 전통마상재의 기술들. 무예도보통지는 조선시대 무예 24가지를 그림으로 풀어 집대성한 책으로 정조 14년(1790)에 나왔다. 왼쪽 위부터 시계방향으로 '주마입마상'은 달리는 말 위에 서고, '좌(우)칠보'는 말의 좌우에 매달려 7보를 땅에 닿을 듯 말 듯 뛰어가다가 반대편으로 훌쩍 넘어가고, '횡와마상양사'는 말 위에 누워 죽은 척을 하고(일본인들이 웃으면서 제일 좋아했다고 한다), '종와침마미'는 발은 그대로 두고 몸을 뒤로 젖혀 말꼬리를 잡고, '좌(우)등리장신'은 머리가 땅으로 향하도록 하고 말의 좌우에 비스듬히 매달려 몸을 숨기고, '마상도립'은 달리는 말 위에서 거꾸로 서는 것이다. 좌우를 각각의 기술로 쳐서 8가지 기술이라고 한다. 무예도보통지는 이번에 북한의 신청으로 북한의 첫 유네스코 세계기록유산으로 등재됐다.

올 9월 30일 오후 영천 조양각에서 경상도관찰사가 조선통신사를 영접하는 재현행사가 끝난 뒤 삼사와 관찰사 역할을 관계자, 영천 부근의 수령 역할을 한 지역 유지들, 항해의 안전을 기원하는 배따라기 공연을 한 무용단 등이 모여 기념촬영을 했다. 이날 정사역할은 1617년(광해9년) 통신사의 부사였던 박재의 후손 박성갑 씨가 맡았다. 사진의 좌우에 서 있는 사람들은 통신사의 후손들이다. 심규선 동아일보 기자

사와 전별연의 희,로,애,락'이라는 창작무용을 선보인다. 1부는 전별연에서 추었다는 검무, 중춤, 황창무, 소동춤, 배따라기를 재연하고, 2부에서는 통신사 사행을 희(설레임), 로(힘든 여정), 애(순풍을 청하는 기도), 락(전별연)으로 풀어보겠다는 것이다.

역사의 샘은 마르는 법이 없다. 다만 인간이 그 샘을 보지 못할 뿐이다. 조선통신사의 샘에 인간이 기웃거리기 시작한 것 같다.

3. 울산
– 이예의 고향에 이예로가 생기다

울산도 임진왜란 이후의 조선통신사들이 반드시 들렀던 곳이다. 그 옛날 조선통신사들은 울산에 오면 학성관鶴城館이라는 객사에 머물렀다. 학성관 자리는 올해로 꼭 개교 100년을 맞은 울산초등학교 교정으로 바뀌었다.

임진왜란 때는 팔도강산이 다 그랬지만 울산도 큰 고통을 겪었다. 악연은 고니시 유키나가小西行長와 함께 조선침략의 선봉장이었던 가토 기요마사加藤淸正와 관련이 있다. 가토는 1597년 왜병 1만 6000명을 동원에 40일 만에 울산에 성을 급조한다. 울산왜성이다. 그러나 성을 완성하고 사흘만인 1597년 12월 23일, 조명연합군의 공격을 받으며 13일간 치열한 전투를 벌인다. 그 유명한 울산왜성전투다. 양측 사망자는 무려 1만 2000명. 그리고 시간과의 싸움인 공방전에 들어간다. 가토군은 거의 100일간이나 버텼으나 결국은 성을 불태우고, 배를 타고 퇴각한다(한태문, 조선통신사의 길에서 오늘을 묻다, 도서출판 경진, 2012).

가토는 전쟁이 끝난 뒤 규슈의 구마모토 지역을 영지領地로 받아 일본 3대 명성 중의 하나인 구마모토성을 짓는다(1601년 착공, 1607년 완공). 가토는 구마모토성을 지을 때 울산왜성에서 당한 트라우마를 떠올린다. 울산왜성에서 장기간 고립되었을 때 왜군은 말을 죽여 피를 마셨을 정도로

물이 부족했고, 먹을 것도 없었다. 그래서 가토는 구마모토성을 지을 때 성내에 우물을 많이 팠다. 또 다다미를 고구마줄기(토란줄기라는 설도 있음)로 만들어 여차하면 물에 불려 먹을 수 있도록 했다고 한다. 은행성銀杏城이라는 별명을 얻을 정도로 성 안팎에 은행나무를 많이 심은 것도, 성 주변을 둘러싼 해자에 연근을 많이 재배한 것도 최악의 경우에 대비한 식량확보책이었다.

이런 그늘진 기억을 씻어주는 것이 조선 초기의 일본 외교 전문가 이예李藝·1373~1445의 고향이 울산이라는 사실이다. 이예는 1400년부터 1443년까지 43년간 40여 차례나 일본을 오가며 667명의 포로를 송환했다. 그가 외교관으로 일한 43년 중 25년은 세종 치세여서 그를 세종의 대일 외교 집행자로 부르기도 한다.

후손들도 일본과 인연이 깊다. 대부분 악연인데, 차남 이종실李從實은 1459년(세조 5년) 통신사 부사로서 일본 교토로 가다 배가 침몰하며

시놉시스 SYNOPSIS

울산에서 어머니와 살아가던 이예.
어머니가 바다에 나간 사이 왜구가 침입을 해 오고, 어머니는 아들을 구하기 위해 왜구에게 납치된다. 23살 이예는 스스로 왜구의 포로가 되어 대마도로 끌려가서 어머니를 찾으려 하지만 실패하고 만다. 태종16년(1416년), 태종은 백성을 구하기 위해 이예를 오키나와로 보내고 이예는 조선인들을 구해서 돌아온다. 해적들의 거듭된 노략질에 태종은 대마도 정벌을 명하고 이예는 중군 병마부수가 되어 출정하여 승리한다.
세종이 왕이 된 후, 일본은 조선에 수교와 함께 대장경을 요청한다. 대장경판을 줄 수는 없고, 주지 않으면 전쟁이 일어나는 진퇴양난의 상황에서 이예는 일본 국왕을 설득하여 전쟁을 막는다. 세종 25년, 왜구가 제주도의 공선을 약탈하고, 세종은 김종서를 시켜 대마도 정벌을 준비한다. 전쟁을 막기 위해 일흔 한 살의 이예가 대마도로 향할 것을 자청하고, 세종은 그를 대마도로 보낸다. 이예는 범인들을 잡아 처벌한다. 또한 통신사 신숙주와 대마도주 사이의 협정을 중재하고, 조선과 대마도의 평화 유지에 힘쓴다. 대마도의 달 아래서 잃어버린 어머니를 떠올리며 그리워하던 이예는 어머니의 환영을 보다 지팡이를 놓치고 쓰러진다. 그리고 죽음을 맞는다.

이예(李藝, 1373년 – 1445년)

'계해약조'체결의 주역. 조선시대 통신사. 43년간 40차례 이상 일본을 왕래하며 지략과 협상을 통해 667명의 조선인을 일본으로부터 귀환시킴. 나라와 국민을 사랑하는 마음은 물론 뛰어난 전문지식과 경험, 협상력 등 지략을 겸비한 조선 최초의 외교관으로 기록됨. 2010년 외교통상부 선정 '우리 외교를 빛낸 인물'로 선정.

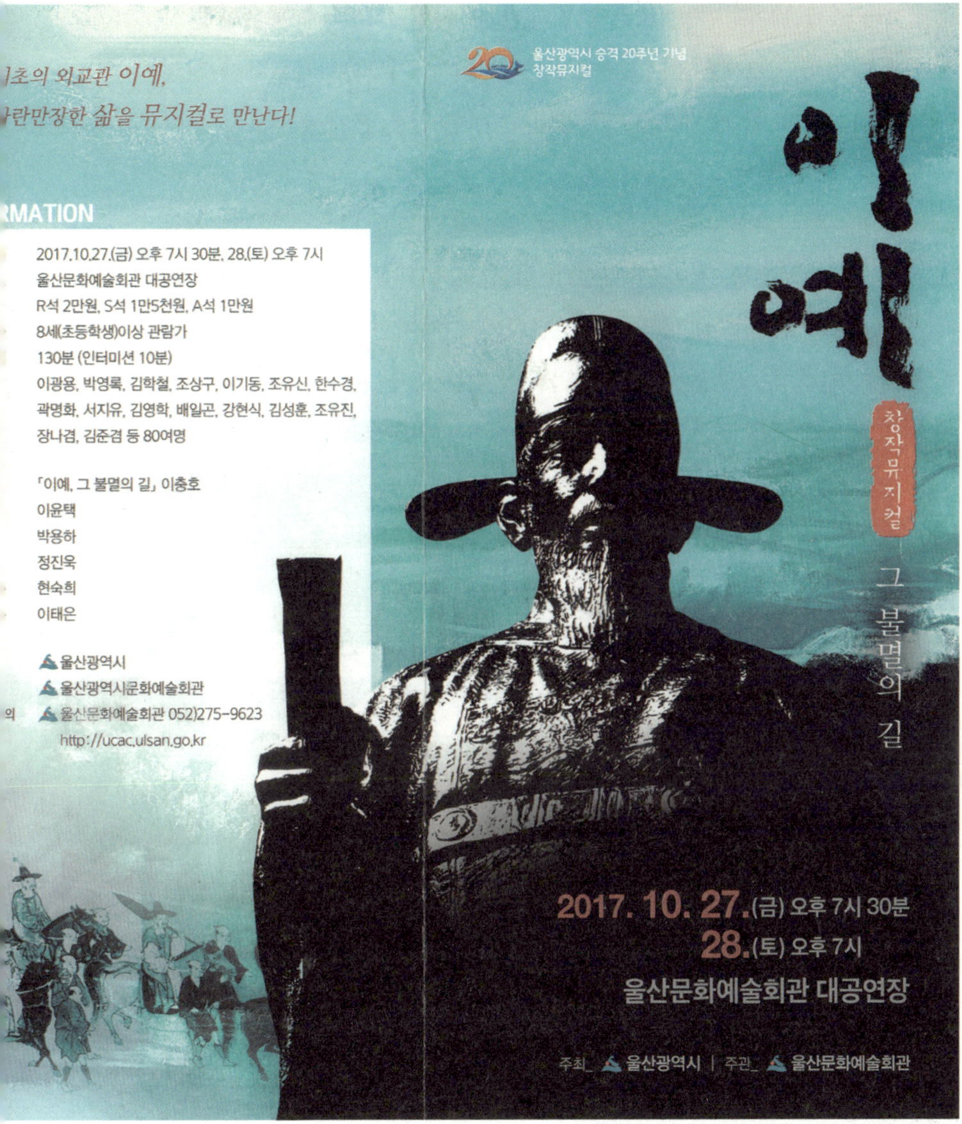

울산광역시는 10월 27, 28일 이틀 동안 울산문화예술회관 대공연장에서 이예를 주인공으로 한 창작 뮤지컬 '이예–그 불멸의 길'을 공연했다. 사진은 공연 소개 팸플릿. 왼쪽 아래의 이예 초상화는 2005년 2월 문화관광부가 이예를 '이달의 문화인물'로 선정했을 때 만든 것이다. 이예의 후손인 학성 이씨 5개파 맏손자들의 사진을 모아 첨단기법으로 합성했다. 그때까지 이예의 초상화는 없었다.

순직했다. 6세손 이경연李景淵은 임진왜란 때 의병을 조직해 울산과 양산 전투에 참여했다. 7세손 이겸수李謙受는 사명대사가 가토 기요마사 진영에서 강화회담을 할 때 두 번은 사명대사와, 한 번은 혼자서 대표로 참여한다.

울산은 이예와의 이런 인연 때문에 울산의 새로운 남북축 도로로 9월에 부분 개통한 옥동~농소간 도로(16.9km)의 이름을 '이예로'로 명명했다. 그가 조선 초기를 대표하는 외교관이기도 하지만, 그가 태어난 곳이 이 도로가 지나가는 말응정(현 태화동)이기 때문. 울산 출신 유명인의 이름이 광역도로에 붙은 것은 처음이다.

울산광역시는 9월에 부분 개통한 울산의 새로운 남북축인 옥동~농소간 도로(16.9km)를 '이예로'로 명명했다. 시민을 대상으로 공모를 했는데 이예로는 높은 지지를 받았다고 한다. 정재락 동아일보 기자

울산은 10월 27, 28일 울산문화예술회관에서 울산광역시 승격 20주년 기념으로 창작뮤지컬 '이예, 그 불멸의 길'(이충호 원작, 이윤택 극본, 박용하 연출, 정진욱 작곡)도 공연했다. 광역시 승격 기념이라지만 이예로 탄생을 축하하는 의미도 담겨 있을 듯하다.

울산 중구청은 이예를 기리는 차원에서 올해 이예의 고향을 지나가는 '21세기 조선통신사, 서울~도쿄 한일 우정 워크' 팀을 위해 울산병영터에서 환영식을 열어주고, 이예 선생의 후손들과 환송식까지 해줬다. 중구청은 이예기념관을 건립하면 좋겠다는 희망을

갖고 있다.

이예로의 탄생을 계기로 일부에서는 2007년 조선통신사문화사업회가 울산시청 앞 중앙로에, 2015년 울산 중구청이 울산동헌 앞 장춘로에 각기 세운 '조선통신사의 길'이라는 기념비를 하나로 합치고, 문구도 바꿔야 한다고 주장한다. 합치자는 것은 조선통신사가 진짜로 지나간 곳에 기념비를 세워야 한다는 뜻이고, 문구를 바꿔야 한다는 것은 임진왜란 이후에 파견한 12차례의 통신사만을 조선통신사로 규정한 것은 잘못이라는 주장이다. 더욱이 조선 초기에 활약한 이예의 출신지에서 이런 표현을 쓰는 것은 무감각하다는 지적이다(경상일보, 2017년 9월 10일자).

4. 원주

- 고구마 전래자 조엄을 기리다

강원도 원주는 조선통신사가 들른 곳은 아니다. 그런데도 원주를 소개하는 것은 1763년(영조 39년) 조선통신사의 정사로 일본을 다녀온 조엄趙曮·1719~1777 때문이다. 강원도와 원주시는 조엄기념관, 조엄로까지 만들며 그를 존숭하고 있다. 조엄이 일본에서 고구마를 처음 들여와 널리 보급한 인물이어서다. 그가 고구마를 들여온 것은 지금 애민정신의 표본으로 승화됐다.

조엄은 일본의 첫 기항지인 대마도의 사스나佐須奈에서 고구마를 처음 보았다. 그는 일본 사행록인 '해사일기海槎日記'에 이렇게 썼다.

> 이 섬에 먹을 수 있는 풀뿌리가 있는데, 감저(甘藷) 또는 효자마(孝子麻)라 불리었다. 왜음으로 고귀마(古貴麻)라고 하는 이것은 산약(山藥)과도 같고 무뿌리(菁根)와도 같으며 오이나 토란과도 같아 그 모양과 크기가 일정하지 않다. 붉은 색을 띠며 그 맛은 구운 밤 맛과도 같다. 고귀마는 생으로 먹을 수도 있고, 구워서도 먹으며, 삶아서 먹을 수도 있다. 곡식과 섞어 죽을 쑤어도 되고 썰어서 정과(正果)를 만들어도 된다. 떡을 하거나 밥에 섞어도 된다, 고귀마를 넣어 되지 않은 음식이 없으니 이 고귀마가 조선 팔도에 퍼진다면 흉년 때 지낼 밑천으로 좋을 듯하였다(조엄, 해사일기, 1764년 6월 18일).

조엄이 구황작물救荒作物로서의 고구마의 가치를 단번에 알아챈 것이다. 조엄은 두 차례에 걸쳐 고구마를 들여온다. 사스나에 도착한 1763년 10월에 고구마 종자를 처음으로 부산진으로 보냈고, 이듬해 귀국하는 길에 다시 갖고 온다.

1763, 1764년에 조선통신사의 정사로 일본에 다녀온 조엄. 그는 쓰시마에서 고구마를 처음으로 들여와 재배에 성공함으로써 애민정신이 뛰어난 관리로 존경받고 있다. 사진은 조엄의 초상화.

조엄이 가져온 고구마는 지금의 영도인 절영도에서 처음 재배했는데 이곳 고구마는 '조내기 고구마'로 불렸다. 앞에서도 설명했듯 '조엄이 가져온 고구마를 캐내는 곳'이라는 뜻이다. 조엄은 기후가 대마도와 비슷한 제주도에도 고구마 종자를 보내 재배에 성공했다. 이곳에서는 '조저'라 불렸는데 이 또한 '조엄의 감저'라는 뜻이다.

그런데 이 조엄 선생, 원주 출신이 아니다. 서울 출신이다. 그의 묘역이 원주시 지성면 간현리에 있기 때문에 강원도와 원주시가 정성을 들이는 것이다. 조엄 묘역은 강원도 기념물 76호이고, 풍양 조씨 회양공파 종중에서 관리하고 있다.

2014년 조엄 묘역에 사업비 40억 원을 들여 조엄기념관과 사당인 문익사를 건립했다. 문익文翼은 조엄 선생의 시호다. 기념관을 개관한 2014년은 고구마를 들여온 지 250년이 되는 해였다. 그의 묘가 있는 간현리부터 가곡리까지 6456m는 2007년 12월 '조엄로'로 명명됐다. 일본통신사의 이름이 도로명이 된 것은 그가 처음이고, 올 10월 울산의 이예로가 두 번째다. 외교관 출신으로 확대하면 경기도 이천에 서희로가 있다.

조엄은 서울출신이다. 그러나 묘는 원주시 간현리에 있다. 원주시와 강원도는 조엄기념관(사진), 사당, 조엄로까지 만들어 그를 기리고 있다. 그의 묘역은 강원도 기념물이다.

2016년 12월 16일 원주시의회 본회의가 끝나는 날, 김학수 의원(자유한국당)은 5분 자유발언에서 조엄 선생만을 주제로 연설했다. 그는 조엄 선생을 원주의 대표적 위인으로서 제례행사에 봉행해야 하고, 그의 애민정신을 더욱 홍보해야 하며, 조엄기념관에 전국의 학생들이 더 많이 올수 있도록 노력해야 한다고 주장했다.

조엄은 원래 통신사로 내정된 인물이 아니었다. 당초 정상순鄭尙淳을 정사로 정했는데 그가 어머니가 늙었다며 가길 꺼려하자 김해로 유배를 보내고 대신 조엄을 정사로 삼았던 것이다. 그런 그가 후대에 이렇게까지 기림을 받게 될지 누가 알았을까.

5. 충주
- 전별연, 그리고 청녕헌과 제금당*

충주는 조선통신사의 흔적이 많이 남아 있는 몇 안 되는 도시 중의 하나이다. 통신사가 빠지지 않고 거쳐 간 곳이고, 한양을 떠난 사행원에게 임금님의 지시로 처음으로 전별연餞別宴을 열어주던 곳이기도 하다. 또한 시문창화를 했던 청녕헌淸寧軒과 숙소였던 제금당製錦堂도 남아 있다. 부사 2명의 묘도 충주에 있다.

우선 전별연. 전별연이 중요한 것이 아니라 1617년(광해 9년) 조선 후기 2차 통신사의 부사였던 박재朴梓가 전별연의 모습을 '동사일기東槎日記'에 자세하게 묘사해 놓았다는 사실이 중요하다.

"상사의 자리가 동쪽 벽에 마련되어 있고, 부사와 종사관 그리고 공홍도사(접대하는 현지 책임자, 필자주)가 서쪽 벽에 마주 앉는다. 역학(譯學) 박대근(朴大根)과 한학(漢學) 정언방(鄭彦邦)이 그 다음으로 동벽 끝에 앉는다. 군관이 삼사의 뒤에 앉고 역관은 도사의 뒤에 앉는다. 별파진과 기패관은 남쪽 기둥 밖에 앉는다. 공주 서원 충원의 기녀들이 악기를 들어 상위에 올려놓고

* 이 글은 이상기 전 충주전통문화회 회장이 제공한 자료를 많이 참고했다.

는 여민락(與民樂) 느린곡(慢曲)을 연주한다. 그리고 보허사(步虛辭)를 연주한다. 무동(舞童)이 상발(尙鉢)을 추고 영산회산(靈山會散)과 처용무를 춘다. 그리고 계면조(界面調)를 연주해 연회의 음악을 끝낸다. 일행과 노비는 중문 밖에서 연회를 본다. 초저녁에 상사가 연회를 보러왔다"(박재의 '동사일기', 1617).

이 정도면 전별연을 복원할 수 있다고 전문가들은 말한다. 전별연이 벌어졌던 곳이 바로 청주관아인 청녕헌이라는 건물이다(충청북도 유형문화재 제66호). 이곳에서는 먹고 마시는 잔치만이 아니라 시를 짓는 잔치도 벌어졌다. 1719년(숙종 45년) 사행 때 제술관이었던 신유한申維翰은 '해유록海遊錄'에서 정사 홍치중洪致中의 지시로 시문창화가 열렸는데 서기 성

충주는 조선통신사가 반드시 들렀던 곳이고 임금이 베풀어주는 전별연이 가장 먼저 열리는 곳이기도 했다. 그 무대가 바로 충주감영의 동헌인 청녕헌과 숙소였던 제금당. 조선통신사가 머물던 그때 그 건물은 아니지만 1870년 충주목사 조병로가 중건한 이후에는 제 모습을 그나마 잘 간직하고 있다고 한다. 사진은 청녕헌. 이상기 전 충주전통문화회 회장 제공

여필成汝弼이 가장 빨리 지었다고 기록하고 있다. 이런 모임은 1763년(영조 39년) 사행의 서기로 참여했던 김인겸金仁謙의 일동장유가日東壯遊歌에도 나온다. 청녕헌 동쪽에는 삼사가 숙소로 사용했던 제금당이라는 별관도 있다.

두 건물이 당시 사행원들이 사용하던 그 건물 그대로는 아니다. 1870년 충주목사 조병로 가 중건한 것이다. 그러나 그때부터의 모습은 잘 보존돼 있는 편이라고 한다. 이상기 씨는 "조선통신사 관련 유물이 이만큼이나 보존되고 있는 곳은 드물다"며 "이곳에서 전별연 등을 재현하면 아주 좋은 문화상품이 될 것"이라고 말한다.

위에 언급한 부사 박재는 충주 출신이다. 그의 묘도 동량면 서운리에 있다. 그의 14대손인 박성갑 씨(65)가 올 9월 30일 경북 영천에서 열린 조선통신사 재현행렬에서 정사 역을 맡았다. 박 씨는 "할아버지 덕분에 출세를 했다"며 웃었다.

또 다른 부사의 묘가 충주에 있는데 1636년(인조 14년) 사행 때 부사였던 김세렴金世濂이다. 그의 고향은 원주였지만 지금은 앙성면 본평리에 잠들어 있다. 그는 일기인 해사록海槎錄, 시문집인 사상록槎上錄, 견문록인 문견잡록聞見雜錄 등 많은 기록을 남겼다. 그러나 더 유명한 것은 일화다.

일본에서 사행에 필요한 물품이나 쌀은 일본이 매일매일 제공했다. 이것을 '일공日供'이라고 하는데 보통은 남는 경우가 많다. 그래서 귀국할 무렵 남은 것을 금으로 바꾸어 사신들에게 주는 게 관례였다. 그러나 김세렴은 금을 받자마자 강에 던져 버렸다. 이마기레가와今切河라는 이 강은 그 후 금을 던진 강이라 해서 '투금하投金河'라 불렸고, 김세렴의 이름은 청렴의 상징이 됐다. 그 이후 사행원들의 글에도 그의 이야기가 등장하고, 일본은 재발을 막기 위해 귀국하기 바로 직전에 금을 건네주기도 했다.

충주에는 또 하나의 일본 관련 역사적 인물과 장소가 있다. 신립申砬

장군과 탄금대다. 신립 장군은 수십 만의 왜적을 맞아 8000명의 군사로 맞서다가 배수의 진을 쳤던 탄금대에서 몸을 던져 장렬하게 순국한다. 일본에 가는 사행의 상당수는 탄금대를 주제로 시를 읊으며 아직까지 원수를 갚지 못한 데 대한 울분과 슬픔을 토로하는 경우가 많았다.

충주는 2명의 조선통신사 부사들과도 인연이 깊다. 1617년(광해9년) 통신사의 부사였던 박재는 충주 출신이고 묘도 충주 동량면 서운리에 있다. 1636년(인조14) 통신사의 부사였던 김세렴은 고향은 원주지만 묘는 충주 앙성면 본평리에 있다. 예성문화연구회는 지난해 11월 두 사람을 주제로 학술회의를 열었다. 예성은 충주의 옛 이름이다. 사진은 그 때의 자료집 표지.

이런 배경을 살려 충주 지역 향토사 연구단체인 예성문화연구회는 2016년 11월 '충주와 조선통신사'라는 주제로 국제학술대회를 열고 박재 선생과 김세렴 선생의 생애와 업적을 집중적으로 조명했다. 그러나 충주시와 충청북도의 본격적인 움직임은 없다.

5장

조선통신사를 지키는 단체들

역사 속에 묻혀 있던 조선통신사에 먼저 빛을 비춘 것은 일본 쪽이었다. 재야 학자들의 움직임이 기폭제가 됐고 기존 학계와 민간단체, 지방자치단체들이 뒤를 이었다. 한국이 늦었던 것은 분명하나, 그래도 요즘에는 조선통신사에 관한 얘기를 종종 듣게 된다. 조선통신사를 되살리기 위해 노력하고 있는 기관과 조직, 종친회, 학회들의 힘이 크다. 이 장에서는 그런 단체들을 소개하고자 한다.

1. 부산문화재단과 조선통신사역사관

조선통신사 사업을 가장 정력적으로 가장 폭넓게 전개하고 있는 곳은 부산이라고 이미 말했다. 그 사업을 누가 하고 있나. 바로 부산문화재단이다.

조선통신사 사업은 재단 홈페이지 상단에 있는 예술지원, 문화사업, 문화교육, 창작공간, 문화공간 등 5개 업무영역 중 문화사업에 들어 있다. 문화사업에는 생활문화, 문화향유, 국제교류, 네트워크 등 4개의 카테고리가 있는데 그 중에서는 국제교류에 속한다. 그래서 조선통신사 사업은 국제교류팀이 담당하고 있다.

2000년대 들어 조선통신사의 브랜드가치에 눈을 뜨기 시작하면서 부산시는 2003년 조선통신사문화사업회라는 별도의 조직을 만들었다. 강남주 전 부경대 총장이 책임자였다. 부산시는 이어 2009년 부산문화재단을 만들었는데 재단의 초대 이사장 역시 강남주 전 부경대 총장이었다. 재단은 재단출범 이듬해인 2010년 조선통신사문화사업회의 업무를 모두 넘겨받는다(그 이유는 뒤에 나오는 강남주 전 총장과의 인터뷰에서 상술한다). 재단은 2011년 4월 21일 조선통신사역사관도 개관한다.

재단은 조선통신사 사업을 조선통신사축제, 일본과의 네트워크 구축, 유네스코 공동등재추진, 학술, 홍보 등 다섯 분야로 나누고 있다. 2017년

사업계획서를 보기로 하자. 조선통신사 사업에 관한 재단의 업무를 쉽게 파악할 수 있다(부산문화재단 홈페이지에서 인용).

2017년 사업일정표

<table>
<tr><th>구분</th><th colspan="2">행사명</th><th>일시</th><th>장소</th><th>비고</th></tr>
<tr><td rowspan="2">조선
통신사
축제</td><td colspan="2">축제프로그램
(조선통신사 평화의 행렬,
광장행사, 무대행사,
특별기획프로그램 등)</td><td>5.5(금)
~7(일)</td><td>용두산공원,
광복로일원,
조선통신사
역사관 등</td><td>-거리공연, 출발식
-광장행사 용역업체 선정 후 세부진행
-무대공연 기획
-자원봉사자 모집 및 운영 등</td></tr>
<tr><td colspan="2">축제홍보</td><td>2~5월</td><td></td><td>-전국적 축제 홍보
-캐릭터를 이용한 기념품 및 홍보물 제작</td></tr>
<tr><td rowspan="4">한일
네트
워크</td><td colspan="2">쓰시마 행사
(이즈하라 미나토
마쓰리)</td><td>8.5(토)
~6일(일)</td><td>쓰시마시
이즈하라
일원</td><td>-조선통신사 행렬 재현, 국서교환식
※정사, 부사, 취타대 파견</td></tr>
<tr><td colspan="2">시모노세키 행사
(바칸 축제)</td><td>8.19(토)
~20(일)</td><td>시모노세키
일원</td><td>-조선통신사 행렬 재현, 국서교환식
-문화교류 공연, 홍보부스 운영</td></tr>
<tr><td colspan="2">시즈오카</td><td>10.21(토)
~22(일)</td><td>시즈오카</td><td>-문화교류 공연, 예술단 파견</td></tr>
<tr><td colspan="2">네트워크
활성화</td><td>연중</td><td></td><td>-국내연고지역 및 유관기관 네트워크 구축
-연고지역 전국교류회 등 교류행사 참가
-일본 측 유관기관 관계자와 업무 협의</td></tr>
<tr><td colspan="3">조선통신사 유네스코
한일 공동등재 추진</td><td>연중</td><td>국내외</td><td>-등재신청물 도록 발간
-연고지역 행사 참가 및 홍보
-세미나 및 공동추진 관계자 회의 등</td></tr>
<tr><td rowspan="2">학술</td><td rowspan="2">조선
통신사
학회
지원</td><td>조선통신사
국제학술
심포지엄</td><td>5.5(금)</td><td>부산시청
국제회의실</td><td>-조선통신사 관련 기조강연 및 발표, 토론, 학회지 발간 등</td></tr>
<tr><td>학회지 발간</td><td>연중</td><td></td><td>-학회지 발간</td></tr>
<tr><td rowspan="2">홍보</td><td colspan="2">홍보</td><td rowspan="2">연중</td><td></td><td>-조선통신사역사관 연계 콘텐츠 개발
-홈페이지 운영 및 기록물 제작 등</td></tr>
<tr><td colspan="2">소식지 발간</td><td></td><td>-소식지 발간(연4회)</td></tr>
</table>

표를 보면 알 수 있듯 재단은 조신통신사학회를 지원하고 있으며 조선통신사 소식지도 발간하고 있다. 소식지는 '조선통신사 저널'로 2012년

봄호부터 매년 4차례 계간으로 발행하고 있다. 재단이 조선통신사 유네스코 세계기록유산 한일 공동등재 추진과 관련해 어떤 일을 했는지는 〈7장〉에서 상술한다.

조선통신사역사관은 2011년 4월 개관했다. 이 해는 1811년(순조 11년) 마지막 조선통신사가 일본을 다녀온 지 200년이 되는 해였다. 역사관은 부산문화재단의 문화유산팀이 관리하고 있다. 위치는 부산 동구 자성로(범일동). 조선통신사가 부산을 떠나기 전 거르지 않고 해신제를 올렸던 영가대와 바로 이웃하고 있다(복원된 영가대는 원래 있던 곳과는 약간 거리가 있다). 조선통신사문화사업회 업무가 부산문화재단으로 넘어가면서 조선통신사문화사업과 조선통신사역사관 홈페이지도 합쳐서 운영하고 있다.

부산시는 2009년 부산문화재단을 만들었다. 재단은 2010년, 조선통신사문화사업회가 2003년부터 해 오던 조선통신사 사업을 위탁계약을 통해 모두 재단으로 가져왔다. 주체가 바뀌긴 했으나 좀더 안정적으로 사업을 할 수 있게 됐다. 부산문화재단은 부산 남구 우암로(감만동)에 있는 감만창의문화촌 건물 내에 사무실을 두고 있다. 부산문화재단 홈페이지

역사관은 첨단 영상과 전시기법을 활용해 조선통신사에 대해 누구나 쉽게 이해할 수 있도록 하는 데 초점을 맞추고 있다.

조선통신사역사관은 2011년 문을 열었다. 그 옆에는 조선통신사들이 해신제를 올리는 영가대가 있다. 역사관은 1, 2층 전시실과 영상실을 이용해 쉽고 정확하게 조선통신사를 설명하는데 중점을 두고 있다. 일본에서 가장 인기가 높았다는 마상재는 상설전시하고 있다. 조선통신사역사관 홈페이지

1층 전시실은 조선통신사의 정의와 임진왜란 이후 일본과의 국교회복 과정 등을 애니메이션으로 보여주고 있다. 통신사의 파견 절차, 여정, 인물, 한일외교의 중심 도시, 왜관 등에 에 대해서도 설명하고 있다. 1층에는 동시에 48명을 수용할 수 있는 영상실도 있다. 매시 정각과 30분에 3D영상으로 조선통신사를 설명한다.

2층 전시실은 통신사 일행이 타고 갔던 배의 모형(판옥선)을 전시하고 있다. 통신사의 주요 행로를 알 수 있는 모형지도가 있고, 일본까지의 험난한 뱃길을 보여주는 영상과 에도성(현 도쿄)에 들어가는 통신사 행렬을 재현한 영상도 감상할 수 있다. 이곳의 특징 중 하나는 통신사 일행 중 가장 인기가 있었다는 마상재馬上才를 보여주고 있다는 것. 마상재가 무엇인지를 그림으로 보여주는 옛 자료 마상재도권馬上才圖券과 마상재 닥종이 인형 4점을 전시하고 있다.

2. 충숙공이예선생기념사업회*

'충숙공이예선생기념사업회'는 조선 전기에 대일외교의 최전선에서 일한 선조 이예李藝, 1373~1445를 기리기 위해 후손들이 만든 단체다. 기념사업회는 2004년 말에 만든 '충숙공이예선양회'를 발전적으로 해체하고 2011년 사단법인으로 발족했다(이하 선양회가 했던 일도 기념사업회의 일로 기술한다).

후손들은 이예를 전문 외교관, 문화교류자, 의지의 인간이라는 세 가지 측면에서 공경하고 있다. 전문 외교관의 공적으로는 43년간 공직생활 중 40여 차례나 일본을 방문했으며, 그 중 네 번은 일본국왕을 만났다. 최초의 한일조약이라는 '계해약조'(1443년)를 체결했고, 1000km나 떨어진 류큐琉球·오키나와까지 가서 왜구에 붙잡혀간 조선 백성 44명을 데리고 돌아오는 등 일생동안 667명을 쇄환했다. 외교통상부는 2010년 그를 '우리 외교를 빛낸 인물'로 선정했다.

문화교류자의 면모는 일본에서 사탕수수, 물레방아, 무쇠대포를 들여오고 선박건조방법을 배워 전파한 것이다. 2005년 2월 문화관광부가 그를

* 이 글은 충숙공이예선생기념사업회 이사인 이명훈 고려대 명예교수가 정리한 자료의 도움을 받았다.

'이달의 문화인물'로 선정한 것도 그래서이다.

인간 이예는 8세 때 어머니를 왜구에게 납치당하고 어머니를 찾기 위해 대마도로 건너가 집집마다 문을 두드렸던 효자였다. 상전을 구하기 위해 몸을 사리지 않는 충직한 공직자이기도 했다. 그는 중인계급인 향리로 시작해 당상관 종2품 동지중추원사에까지 오른 입지전적인 인물이다. 수차례 난파를 이기고 해적의 습격과 동료 외교관의 모함에서 살아남은 것도 그의 인간적 면모를 돋보이게 한다.

이예는 사후 460년이 지난 1910년 7월 30일 순종 때 정2품으로 승진하며 충숙忠肅이라는 시호를 받는다.

기념사업회의 활동은 다양하다. 이예가 '이달의 문화인물' '우리 외교를 빛낸 인물'로 선정된 것도 기념사업회의 적극적인 추천과 활동의 결과이다. 문화관광부가 이예를 '이달의 문화인물'로 선정하고 포스터를 만들 때의 에피소드 하나. 기념사업회는 이를 계기로 이예의 초상화를 만들기로 했다. 전해오는 초상화는 없었다. 어떻게 만들 것인가. 기념사업회는 이예의 후손인 학성 이씨 5개파 맏손자들의 사진을 모아 중앙대 첨단영상대학원의 하동환, 김유진 교수에게 컴퓨터 합성을 의뢰했다. 요즘 쓰고 있는 초상화는 그렇게 탄생했다.

사실 '이달의 문화인물'과 '우리 외교를 빛낸 인물'로 선정되기 전까지는 이예의 존재는 거의 알려지지 않았다. '이달의 문화인물' 선정된 것을 계기로 기념사업회는 정기적으로 국제학술대회를 개최하고 있다. 2005년 7월 '충숙공 이예 선생의 역사적 재조명'이라는 학술대회(울산 롯데호텔)가 처음으로, 올 3월 '조선 최초의 통신사 이예와 계해약조'(국회 의원회관 제2세미나실)까지 8차례를 열었다.

학술대회 결과는 단행본이나 논문집으로 발간한다. 단행본으로는 '통신사 이예와 한일관계' '조선 최고의 외교관 이예'가 있고, 논문집으로는

'세종시대 한일관계와 이예의 외교활동' 등 4권이 있다.

학술대회와는 별도로 만든 단행본도 있다. '이예의 사명'(이명훈, 2005), '충숙공 이예 선양사업 백서'(이준락·이부열·이명훈, 2006) 등이 나왔고, 니시니혼신문西日本新聞의 시마무라 하쓰요시嶋村初吉 기자가 쓴 '현해탄을 건넌 조선외교관, 이예'라는 책을 쓰는 데도 기념사업회가 도움을 줬다.

요즘 '원소스 멀티유스'라는 말이 유행한다. 한 가지 콘텐츠를 여러 형태로 활용하는 것인데, 이예가 바로 그렇다. 논문, 단행본, 소설, 위인전, 다큐멘터리, 영화, 뮤지컬 등 다양한 형태로 우리 앞에 나타나고 있다.

소설은 2011년 가나즈미 노리유키金住則行의 '최초의 조선통신사, 이예'河出書房新社가 일본에서 출판됐고, 같은 해 '나는 조선의 외교관이다'(최정희)라는 위인전도 발간됐다. 소설가 이충호 씨는 '이예, 그 불멸의 길'이라는 소설을 2012년 10월부터 1년간 경상일보에 연재했다. 이 작품은 올 10월 울산에서 뮤지컬로 옷을 갈아입었다. 이밖에 '해협을 잇는 천년의 빛: 비단벌레와 소녀와 일한역사 로망'(2011), '이예'(2013)라는 영화도 나왔다. UBC 울산방송이 다큐멘터리로(2006), KBS가 역사스페셜로(2010)로 소개한 적도 있다. 이런 작품을 만들 때 기념사업회는 자료제공이나 감수, 인터뷰 등으로 적극 지원하고 있다.

기념 조형물은 3개가 있다. 가장 먼저 만든 것이 2005년 11월 대마도의 엔쓰지圓通寺에 세운 '통신사 이예 공적비'다. 이예는 대마도를 자주 드나들었으며 1443년 71세에 마지막으로 대마도로 건너가 대마도주와 계해약조를 체결한다. 그의 공적비를 세우는 데는 대마도만한 곳이 없다. 이때 기념사업회 이사들은 6차례나 대마도를 방문해 현지를 답사하고 나가도메 히사에永留久惠 등 현지 향토사학자의 협조를 구했다.

2006년 2월에는 울산 남구의 문화공원에 이예가 앉아 있는 모습의 동상을 세웠다. 예산은 모두 울산시가 댔다. 2015년 3월에는 서울 서초동 국립외교원 내에 이예가 서 있는 동상을 세웠다. 외교부와 울산광역시의 공동기획으로 제작비 1억 1000만 원 중 8000만 원은 울산시가, 3000만 원은 기념사업회가 부담했다.

기념사업회는 올해 '21세기 조선통신사, 서울~도쿄 한일우정 워크'(한국체육진흥회, 일본워킹협회 주최)팀이 울산 구간을 통과하는 4월 19, 20일 이 행사에 동참했다. 행사주관은 영남알프스학교가 맡았다. 기념사업회 회원들과 울산시민들은 우정 워크 참가자 일행을 울산 동헌에서 맞았고, 태화루에서 환송했다.

기념사업회가 올해 가장 기뻐한 일은 울산에서 가장 큰 신설도로의

외교부와 울산광역시는 2015년 3월에 서울 서초구 남부순환로(서초2동)의 국립외교원 내에 국서를 들고 서 있는 모습의 이예 동상을 세웠다. 그가 배를 타고 일본을 많이 다닌 것을 상징해 대(臺)는 배 모양으로 만들었다. 그러나 위치가 본관 건물 뒤의 매우 한적한 곳이어서 찾는 사람이 거의 없다는 것이 흠이다. 고려 때 강동6주를 개척한 장위공 서희의 흉상과 기념물이 본관 입구에 있는 것과 대조적이다. 심규선 동아일보 기자

이름에 이예의 이름이 붙게 됐다는 것. '이예로'로 명명한 '옥동~농소간 도로'는 경주시와 맞닿은 울산의 농소에서 울산의 최남단인 옥동을 연결하는 총연장 16.9km의 왕복4차로의 자동차전용도로. 2구간 8.9km를 9월 27일 개통했는데, 나머지 1구간 8km는 2, 3년 후에 개통할 예정이다.

울산시가 올 1월 이 도로의 이름을 시민공모로 결정하겠다고 발표하자 기념사업회는 이예로를 제시하며 자료를 갖춰 공모에 참여했고, 4월 27일 이예로로 결정되기까지 3개월간 활발하게 홍보활동을 벌였다.

기념사업회는 네 가지 이유를 들어 이예로를 주장했다.

> 첫째, 울산 출신의 이름으로 도로이름을 지으면 울산의 역사적 향기가 짙어지고 문화적 부가가치를 증진할 수 있으며, 울산 시민의 긍지도 높일 수 있다. 둘째, 이 도로는 이예가 통신사로서 40여 차례나 일본에 오고 갈 때 이용하던 옛길과 궤를 같이 한다. 셋째, 이 도로가 지나는 길목의 울산 동헌과 동헌 객사는 이예가 꼭 들러야 했던 곳이다. 넷째, 이 도로가 지나가는 중구 태화동은 이예가 태어난 곳으로 생가의 유허비도 남아 있다.

기념사업회의 다음 꿈은 '통신사 이예 기념관'을 짓는 일이다.

3. 율정기념사업회*

1429년 12월 세종에게 수차水車를 이용한 농사 개혁과 관개 시설 정비, 거래와 세금에 현물 대신 화폐 사용, 다리 통행세 신설, 상가에 진열대 설치, 위생 관리를 위한 목욕탕 활용, 광공업의 국가 독점 폐지, 사탕수수 재배 등등을 건의한 관리가 있었다.

600년 전에 이런 획기적인 발상을 한 이는 당시 성균관 대사성이었던 율정 박서생栗亭朴瑞生이었다. 그는 이런 아이디어를 어디서 얻었을까. 일본이다. 건의는 모두 통신사로 일본에 갔다가 본 것을 기초로 하고 있다.

율정은 1428년(세종 10) 통신사 정사로 임명돼 일본으로 간다. 귀국해서 임금께 복명한 것이 바로 앞에 열거한 것 등을 포함한 15가지 건의였다 (354쪽 '조선왕조실록에 나타난 임금과 통신사와의 대화' 참조).

율정은 일본에 파견된 초대통신사라는 영예도 누리고 있다. 일본 사신에 통신사가 붙은 첫 사례는 1414년 태종 14년의 박분朴賁이었고, 그 다음이 1420년 세종 2년의 송희경宋希璟이었다. 그러나 박분은 병을 핑계로 출발조차 하지 않았고, 송희경은 일본 쪽의 요청에 수동적으로 응한 것인데

* 이 글은 율정기념사업회 박병훈 이사장이 정리한 자료의 도움을 받았다.

다 일본에서 여러 날 붙잡혀 있었기에 실질적인 통신사로 보기 어렵다는 게 학계의 정설이다(율정이 통신사로 일본에 갔을 때의 부사가 이예李藝였다).

일본에서 색다른 것을 봤어도 공감을 하지 않으면 보고하거나 건의할 리가 없다. 율정은 고려말의 충신 야은 길재冶隱 吉再 선생의 수제자이자 실학파였다. '5백년 도읍지를 필마로 돌아드니'라는 시조로 유명한 스승은, 자신은 새로운 왕조에 충성할 수 없으나 제자는 나아가 경륜을 펼치라고 했다. 율정의 정치관은 무본후생務本厚生으로 요약된다. 정치의 기본은 백성이 잘 살도록 해야 한다는 것이다. 그래서 조선 백성에게 도움을 줄 수 있는 일본의 문물이 눈에 들어왔을 것이다.

그의 사상이 일찍부터 평가를 받은 것은 아니다. 몇 단계를 거쳐 그의 진가를 알아보는 사람이 생긴다. 1928년 조선왕조실록을 독파한 일본인 관리 이마무라 도모今村鞆가 율정의 건의에 흥미를 느끼고 자신의 저서 '역사민속조선만담歷史民俗朝鮮漫談'이라는 책에 일본어로 번역해 전문을 게재한다. 그는 번역문 앞에 이렇게 쓴다.

> 박서생은 일본을 견문하고 돌아와 일본의 정황과 다양한 의견을 제시했다. 이에 따르면 그는 일본을 잘 보고 있다. 또 그 시대 일본 풍속의 일단을 엿볼 수 있다. 박서생은 또 일본의 장점을 보고 그것을 조선에 옮겨서 실행해보고 싶은 생각이 보인다.
>
> 상당히 재미있기 때문에 그 전문을 게재한다.

이 글을 당대의 문필가 문일평文一平이 1933년 조선일보에서 언급했고, 1940년 유자후柳子厚 선생이 '조선화폐고朝鮮貨幣考'를 발행하며 "조선에 화폐가 통용된 것은 박서생 때문"이라고 평가한다. 세월이 흘러 박병원朴炳元 전 대통령경제수석의 조부인 박갑주朴甲周 선생도 1957년 비안박

씨역대실기比安朴氏歷代實記에 율정의 업적을 소개한다. 율정은 의성의 비안 출신이다. 율정의 19세손 박병훈朴炳勳 씨(81)는 이 글을 통해 율정을 알게 됐고, 1987년 의성문화지에 이를 기고한다. 당시 김종우 의성문화원장이 이 글을 읽고 "의성이 자랑할 만한 인물"이라면서 연구를 시작한 것이 기념회까지 만드는 데 이르렀다.

박병훈 씨는 2010년 5월 본인을 포함해 문중과 뜻있는 인사 9명을 발기인으로 해 '율정기념사업회'를 만든다. 기념사업회는 그동안 의성군 비안면 장춘리의 병산정屛山亭 근처에 '조선초대통신사율정박선생기념비'

율정 박서생은 1428년(세종10년) 통신사 정사로 임명돼 일본에 다녀왔다. 그 전에도 몇 차례의 통신사가 있었지만 제대로 임무를 수행하고 돌아온 것은 그가 처음이다. 그래서 율정은 조선 초대 통신사라는 영예를 안았다. 율정선생기념사업회는 선생의 고향인 의성군 비안면의 병산정 부근에 '조선초대통신사율정박선생기념비'와 시비(詩碑)를 세웠다. 사진은 의성문화원 주관행사로 율정선생기념비를 찾은 사람들. 율정선생기념사업회 제공

를 세우고, 그 근처에 그가 일본에서 지은 봉사일본유감奉使日本有感과 강상즉경江上卽景 등 5편의 시를 돌에 새긴 시비도 건립했다.

그동안 경상북도, 의성문화원 등은 율정의 생애와 업적을 기리기 위한 학술대회를 2009년, 2015년 등 3차례 열었다. 의성문화원은 그간의 연구결과를 묶어 2015년 12월 '율정 박서생 선생 총서'도 발간했다. 율정은 2012년, 대구·경북이 배출한 역사적 인물 중 '창조의 멘토 33인'에도 이름을 올렸다.

율정은 조선통신사 외에도 다른 면모를 가진 문신이다. 그는 태종 때 청백리에 등재됐고, 비안 구천서원의 중심인물로 향사됐으며, 비안의 자기 집터를 내놓아 비안향교를 만들고, 스승의 행장을 쓸 정도로 사제관계가 돈독했다. 즉 그는 조선통신사, 실학자, 농정개혁가에 앞서 인격자였다.

통신사에 관련된 부분만 조금 더 언급하기로 하자. 의성은 조선통신사들이 부산으로 갈 때 반드시 들르던 코스였다. 문소루聞韶樓에서 연회를 즐긴 기록도 남아 있다. 또 1590년 통신사 부사로 일본에 다녀온 학봉 김성일鶴峯金誠一의 고향도 의성이다.

2005년 10월 의성에서는 처음으로 조선통신사 행렬이 재현됐다. 역시 의성 출신으로 1424년의 회례사 정숙공 박안신朴安臣의 후손 박능철 옹이 정사를, 율정의 후손인 박정수 종친회장이 부사를, 의성 김씨 김성일의 후손인 김태성 탑산온천회장이 서장관으로 참여했다.

한태문 부산대 교수는 이렇게 제안한다.

> 만약 의성군이 '최초의 통신사 박서생 선양사업'을 계획하고 있다면 수차를 처음 보았던 淀城이 오늘날 속해 있는 京都府 京都市 伏見區나, 國書를 전달한 仁和寺 等持院이 속한 北區 등과 자매결연을 하는 것도 의미가 있을 듯하다. 또 통신사가 문화교류의 상징이고 사행원 가운데 寫字官이 일본에

서 가장 많은 인기를 누린데다 의성 또한 書藝로 유명한 고장임을 고려하여 의성과 伏見區·北區 지역 서예인들과의 교류도 고려해 볼만하다(2015년 9월 21일 율정 박서생 선생 학술대회 기조강연문, 의성문화원총서, 2015).

4. 조선통신사학회

하우봉 전북대 사학과 교수에 따르면 조선통신사를 연구하는 학회는 한일관계사학회(1992년 결성, 학회지 '한일관계사연구'), 일본역사학회(1994, '일본사학연구'), 한국일본사상사학회(1997, '일본사상'), 조선통신사학회(2005, '조선통신사연구') 등이 있다.

이중 '조선통신사학회'는 학회 이름에 '조선통신사'라는 이름을 넣은 것이 특징이다. 조선통신사에 대한 전문적 연구를 강조한 것으로 보인다. 이 학회는 2005년 6월 8일 창립총회를 열고 발족했다. 초대 회장은 당시 조선통신사문화사업회 집행위원장을 맡고 있던 강남주 전 부경대 총장이었다. 2009년에 강대민 경성대 사학과 교수가 2대 회장으로 취임했다.

올해 6월에 나온 '조선통신사연구' 23호에 따르면 학회는 보통 1년에 두 번 국제학술심포지엄을 열었고, 2013년부터는 한 해 한 번씩 열고 있다. 최근 3년간 국제심포지엄에서 발표한 논문은 다음과 같다.

2015년 5월 1일

정은영(동부산대학교 강사)

: 18세기 통신사의 일본 일상 탐색

마치다 가즈토(시모노세키 고고박물관 관장)

: 1711년의 조선통신사-시모노세키에서의 2개의 사건

위순선(부산박물관 학예연구사)

: 부산박물관 소장 신미통신사 수행화원 이의양의 회화

누키이 마사유키(東海지방조선통신사연구회 회장)

: 도쿠가와 이에야스와 조선통신사

2016년 5월 6일

이효원(서울대학교 강사)

: 古學派의 등장과 필담창화집-辛卯·己亥사행을 중심으로

나카무라 야에(계명대학교 교수)

: 세계유산시대를 향한 쓰시마의 관광에 관한 연구

이현주(문화재청 문화재감정위원)

: 조선통신사 유네스코 등재대상 회화 연구

가시야마 야스노리(室津嶋海驛館)

: 무로쓰(室津)에 온 조선통신사와 류큐(琉球) 사절

2017년 5월 5일

이주영(동명대학교 교수)

: 18세기 이후 통신사의 편복 관모에 관한 고찰

윤지혜(일본 세이난가쿠인대학 교수)

: 영국 키플린 홀 소장 〈조선통신사선단도〉에 관한 고찰

요코야마 마나부(일본 노틀담세인신대학 명예교수)

: 조선통신사 도래와 근세 말기의 '당인상(唐人像)'

정성일(광주여자대학교 교수)

: 조엄과 일본 표류 제주인을 통한 제주 지역의 고구마 전래

초심자가 봐도 발표 내용이 다양하다는 것을 금방 알 수 있다. 매년 5월에 심포지엄을 여는 것은 그때 부산에서 열리는 조선통신사 축제의 일환으로 심포지엄을 개최하기 때문이다.

학회는 2016년 일한문화교류기금상을 받았다.

5. 한국체육진흥회

한국체육진흥회(한국걷기연맹)를 소개하는 이유는 이 단체가 '조선통신사 옛길'을 걷는 데 남다른 열정을 갖고 있기 때문이다. 현재 진행하고 있는 프로젝트를 보자.

진흥회는 임진왜란 후 첫 조선통신사를 보냈던 1607년으로부터 400년이 되던 2007년에 '21세기 조선통신사, 서울~도쿄 한일우정 워크'라는 행사를 시작했다. 서울에서 출발해 도쿄까지, 조선통신사가 걸었던 길을 따라 1158km를 걷는 대장정이다(2011년에는 동일본 대지진으로 서울에서 부산까지만 걸었다).

이 행사는 격년으로 홀수 해에만 실시하는데 올해가 6회째. 올해는 4월 2일부터 5월 22일까지 52일간을 걸었다. 코스는 1763년 조선을 출발해 이듬해 귀국한 제11차 통신사정사 조엄·趙曮가 걸었던 길을 메인루트로 하고 있다.

우정 워크의 목적은 대국적인 견지에서 조선통신사를 파견한 조선과, 이들을 극진하게 영접했던 일본의 선린우호와 신의존중, 문화교류의 정신을 민간단체가 중심이 돼서 오늘에 되살리자는 것. 그런 취지에서 한국체육진흥회 단독이 아니라 처음부터 일본워킹협회와 공동으로 진행하고 있다. 두 단체는 조선 후기 통신사가 12차례 오고 간 것처럼 이 행사도 2029

년 12회까지만 열기로 합의했다.

처음 시작할 때는 양국 모두 관심이 그리 높지 않았다. 그러나 해를 거듭할수록 관심이 높아지고 있다고 한다. 처음에는 협조 공문을 보내도 아는 척을 안 하던 지자체들이 요즘에는 시장, 군수, 면장 등이 나와 환영 행사를 열어주거나 다과라도 대접하는 경우가 늘고 있다. 일본에서는 자치단체장 외에 각 지역의 민단들도 나와 환영하고 있다. 아직 주최 측이 만족할 만큼은 아니지만 매스컴의 관심도 확실하게 늘어났다.

우정 워크는 그냥 걷기만 하는 게 아니다. 출발 전에는 조선통신사나 한일 관련 이슈에 대해 공부하고, 중간 중간에 '교류의 날' '역사탐방일' 등을 넣어 그 지역의 역사와 문화 등을 배우고 현지인과 교류하는 기회를 만들고 있다. 올해는 처음으로 일부 구간에서 젊은이들이 참가하는 유스조선통신사 이벤트를 넣었더니 호응이 상당히 좋았다고 한다.

서울 경복궁에서 출발해 일본 도쿄까지 전 일정에 참여하는 사람은 30여 명이고 나머지는 대부분 구간별 참여자다. 한 회에 연인원 3000여 명이 참여한다. 체력도 체력이지만 전 구간 참여비가 500여 만 원(하루 10만 원 꼴)이나 되는 것도 부담일 것이라는 게 주최 측의 분석이다.

진흥회가 이 행사를 기획하게 된 것은 우연이 아니다. 진흥회는 1984년 법인설립 이후 걷기 이벤트를 특화해서 단체를 운영해 왔다. 필자가 동아일보 도쿄특파원으로 있던 2002년, 월드컵 한일공동주최의 성공을 기원하기 위해 진흥회는 일본워킹협회와 월드컵 경기장이 있는 한국 10곳, 일본 10곳을 모두 걷기도 했다. 당시 이 행사를 동아일보와 아사히신문이 후원했기 때문에 필자도 일본의 여러 곳을 걸을 기회가 있었다(그때 느꼈던 것은 일본 사람들은 한국인이 등산을 좋아하는 것만큼이나 걷기를 좋아한다는 것이었다).

조선통신사와도 인연이 깊다. 진흥회는 1994년 조선통신사 재현행렬

한국체육진흥회는 일본워킹협회와 함께 2007년부터 격년으로 '21세기 조선통신사, 서울~도쿄 한일 우정 워크'라는 행사를 시작했다. 조선통신사가 걸었던 길을 따라 서울에서 도쿄까지 1158km를 걷는 대장정이다. 올해는 4월 1일부터 5월 22일까지 52일간을 걸었다. 조선 후기에 12차례의 조선통신사가 오고 간 것처럼 한일의 두 단체는 이 행사를 2029년까지 12번만 하기로 합의했다. 사진 위는 올해 4월 1일 경복궁 출발 사진, 아래는 5월 22일 도쿄 히비야공원 도착 사진. 한국체육진흥회 제공

을 하던 쓰시마 아리랑 축제에 맞춰 현지에서 로망 국제걷기대회를 열었고, 1998년 7월 17~31일 보름 동안 '조선통신사 옛길 도보탐사단'을 기획해 서울에서 부산까지 걸은 적도 있다.

진흥회가 조선통신사와 연계된 사업만 하는 것은 아니다. 서귀포유채꽃 국제걷기대회, 서울국제걷기대회, 설악국제트래킹대회, 한국국제걷기대회 등 각종 국제대회를 주최하고 있고, 매주 주중에 걷는 대회는 연말에 448회, 일요일 걷기는 연말에 302회를 맞는다. 2017년 한해만 129개 행사를 치르거나 참여한다.

선상규 한국체육진흥회 회장(71)은 우정 워크 기간 동안 조선통신사의 정사역할을 맡았다. 그는 "걷는다는 것은 단순히 공간을 이동하는 것이 아니라 사람과 사람의 만남, 현재와 과거의 만남, 문화와 문화의 만남을 의미한다"고 강조한다.

올 우정 워크 중 일본에서는 이런 일도 있었다.

> 에도시대에 일본에 파견한 사절단 '조선통신사'의 발자취를 따라 걷는 '21세기 조선통신사 서울~도쿄 우정 워크'의 일한 참가자 30여 명이 12일 하마마쓰(浜松) 시내를 횡단했다. 하마마쓰를 방문하는 것은 6번째로, 이번에 처음으로 시민이 자택을 휴게소로 제공. 긴 여행의 피로를 위로하며 일한의 우정을 깊게 했다. 일행은 그 후 시청을 방문했다.
>
> 휴게소를 제공한 이는 이 시의 미나미(南)구 와카바야시(若林)정에 사는 스즈키(鈴木加一郎) 씨(78)와 모토 씨(76) 부부. 3월에 조선통신사에 관한 강연을 듣고 우정 워크에 대해 알게 됐다. "긴 거리를 걸어오니까 조금이라도 도움을 줄 수 있으면"하고, 4월부터 여행을 계속하고 있는 일행을 대접해야겠다고 마음먹었다.
>
> 12일은 친구들의 도움을 받아 집에서 녹차, 절임, 김치, 과자를 준비해 참

가자와 시민 등 50명을 맞이했다. 한국체육진흥회의 선상규(宣相圭) 회장(71)은 "일반 가정에서 쉬는 것은 하마마쓰가 처음이다. 모두가 따뜻하게 대해줘 힘을 얻었다"고 말했다. 부부는 답례로 기념 페넌트를 받았다. 모토 씨는 "우리들도 즐거웠다"며 밝게 웃었다. 스즈키 씨는 "우정 워크가 일한 우호의 가교가 됐으면" 하고 바랬다.

일행과 시민 등 50여 명은 그 후 하마마쓰 시청에 들러 시의 마스코트인 '출세 다이묘 이에야스 군'으로부터 환영을 받았다. 일본워킹협회의 엔도 야스오(遠藤靖夫) 회장은 "연도의 응원과 대접으로 활기를 얻고 있다"며 인사. 하마마쓰 시 중구에서 참가한 다카하시 미키오(高橋幹雄) 씨(65) 부부는 "고향으로 돌아오니 좋네요"라며 땀을 훔쳤다.

시 국제과의 직원이 스즈키 야스토모(鈴木康友) 시장의 메시지를 대독. 시장은 "여러분의 교류가 양국의 우호를 깊게 한다"고 말했다.

우정 워크는 양국의 친목과 신뢰관계를 깊게 하기 위해 2007년부터 격년으로 개최하고 있는데, 4월 1일부터 52일간에 걸쳐 서울에서 오사카를 지나 도쿄까지 걷거나 배로 움직이고 있다. 도보 이동은 1200km 이상. 11일에 아이치 현에서 시즈오카 현으로 들어와 9일 간에 걸쳐 시즈오카 현을 횡단한다(주니치신문·中日新聞, 5월 12일자).

6. 조선통신사현창회*

조선통신사현창회는 조선통신사로 참여했던 후손들의 모임이다. 2007년에 만들었으니 올해로 10년이 됐다. 발족 당시는 조선통신사기념사업회였으나 부산의 조선통신사문화사업회와 이름이 비슷하다는 이유로 이듬해 조선통신사현창회로 바꿨다.

현창회는 1년에 4차례 이사회를 열고 있다. 운영에 어려움이 없는 것은 아니지만 최근 조선통신사 행사를 여는 곳에서 정사나 부사를 보내달라는 요청을 많이 받고 있어 고무적으로 생각하고 있다. 회원들의 관심도 높아지면서 관련 모임에 참석하는 회원들도 늘고 있다.

이 모임을 처음 제안한 이는 당시 조선통신사문화사업회 집행위원장을 맡고 있던 강남주 전 부경대 총장이었다.

> 2005년과 2006년, 2회에 걸쳐 일본 대마도와 동경에서 있었던 조선통신사 행렬 행사에 참가하게 되다 보니 이 행사를 주관해 오던 부산광역시 산하 조선통신사문화사업회 강남주 집행위원장(전 부경대학 총장)으로부터 조선

* 이 글은 조선통신사현창회 신경식 총무가 정리해준 자료의 도움을 받았다.

통신사 후손 친목회를 만들어 봄이 어떻겠느냐는 제의를 받게 되었다.

당시는 예상외의 제의라 확답을 못했는데 그 후 국립중앙도서관에 가서 조선시대의 과거합격자 명부가 있는 것을 알게 되었고, 이것을 기초로 삼사(정사, 부사, 종사관)는 과거에 합격한 분들이라는 것도 알게 되었다.

이 과거 합격자 명부를 기초로 해당 종친회에 일일이 전화를 해서 후손을 찾게 되었는데 해당 종친회에서 협조를 해주지 않아 어려움이 많았다. 그럼에도 20명에 달하는 회원을 모집해서 친목회를 구성하게 되었다.

현창회 초대 회장을 맡았던 조달호 씨(1711년 정사 조태억의 후손)가 2007년에 남긴 기록이다. 그는 12명의 발기인을 모아 모임을 시작한다. 회장은 윤성진 씨(1643년 정사 윤순지의 후손)를 거쳐 지금은 홍우식 씨(1719년 정사 홍치중의 후손)가 맡고 있다.

조선통신사현창회는 2007년에 만든 조선통신사 후손들의 모임이다. 최근 조선통신사 행사가 있을 때마다 정사나 부사를 보내달라는 요청을 받는 등 서서히 인지도가 올라가고 있다. 회원들은 9월 30일 경북 영천의 조선통신사 재현 행렬에도 참가했다. 영천에 온 김에 조선통신사들에게 말을 제공해줬던 장수도찰방까지 둘러보고 기념사진을 찍었다. 영천시는 장수역에 있던 관가 샘터를 복원했다. 샘터는 회원들의 바로 뒤에 있으나 가려져 보이지 않는다. 조선통신사현창회 제공

홍 회장은 올해 6월 정기 총회를 정리한 보고서의 인사말에서 이런 계획을 밝혔다.

> 첫째, 500여 년 동안 조선통신사의 일을 한 선조님의 직후손(直後孫) 또는 종후손(從後孫)들 모두가 참여할 수 있도록 하였습니다. 둘째, 부산시, 영천시 등은 물론 일본에서 시행하는 각종 행사에 회원들이 적극 참여하도록 지속적으로 추진하겠습니다. 셋째 사단법인으로 재출범하겠습니다. 사단법인으로 출범하기 위해서는 독립사무실과 기본재산을 확보해야 합니다. 넷째 대마도에 '조선통신사 현창비' 건립을 추진하겠습니다. 다섯째 훌륭하신 선조님 연구에 좀더 노력하겠습니다. 조선왕조실록, 승정원일기 등에 당시의 상황이 잘 기록되어 있습니다. 여섯째 창립 10년사를 발간하겠습니다. 일곱째 회원들이 보관하고 있는 조선통신사 선조님들의 유물과 유적 모음집을 발간하겠습니다. 여덟째 마크와 로고를 도안하겠습니다.

첫 번째에서 앞으로 할 일이 아니라 '이미 끝낸 일'로 언급한 회원 문제는 이런 것이다. 출범당시 현창회는 회원 자격을 "1607년(선조 40년)으로부터 1811년(순조 11년)까지 12회에 참가한 모든 통신사분들의 후손으로 한다"고 규정했다. 그런데 그걸 올해 6월 정기총회에서 "1397년(태조 6년)으로부터 1811년(순조 11년)까지 참가한 모든 통신사분들의 직후손直後孫 또는 종후손從後孫으로 한다"고 바꾼 것이다. 통신사의 범위를 임진왜란 이후의 조선 후기 12차례에서 조선 전기까지 모두 망라한 것이고, 후손도 종후손까지 넣음으로써 대상을 대폭 확대한 것이다.

현창회는 2008년 4월에 서울 인사동에서 열린 조선통신사 행렬 재현 행사에 1643년(인조 21)의 부사 조경의 후손인 조범형 씨를 정사로 파견하는 등 최근까지 여러 행사에 꾸준히 정사, 부사 등을 보내고 있다. 가장 최근에는 9월 30일 경북 영천시에서 열린 경상도관찰사 조선통신사 영접 행사에 1617년 부사 박재의 후손인 박성갑 씨가 참가했다. 이날 영천행사에는 현창회의 회원 40여 명도 참석했다.

현창회의 신경식 총무(62)는 1643년(인조 21)의 종사관 신유의 후손이다. 그의 취미는 옛날 기록에서 조선통신사의 이름이나 관련 내용을 찾는 것이다.

"조선왕조실록이나 승정원일기 등은 조선통신사의 보물섬이자 타임캡슐이다. 당시의 상황을 이해하면서 기록을 읽으면 글들이 살아나 움직인다."

그는 이런 꿈을 갖고 있다.

"일본에 조선통신사 공원을 만들고 싶다. 거기에 해당 종친회들의 도움을 받아 통신사의 이름을 생긴 120cm 정도의 아담한 비석을 500개든, 1000개든 죽 둘러서 세우면 멋있을 것 같다. 한일관계가 어렵다고 하는데, 역시 민간단체들이 나서는 게 관계 개선에 도움을 주지 않겠는가."

그런 일을 할만한 인원과 재원이 있느냐고 물었다.

"인원은 노력하면 모을 수 있다. 당신 선조가 조선통신사라고 하면 이제는 '나는 그런 사람 모른다'고 하는 사람은 없다. 선조의 이름을 듣고 울컥해 하는 후손들도 있다. 피는 못 속이는 법이다. 재원이 문제인데, 자급자족할 수 있도록 회비를 잘 걷을 수 있는 방안을 고민하고 있다."

신 총무는 "조선통신사현창회 활동은 이제 시작에 불과하다."고 말했다.

열상고전연구회(회장 허경진 연세대 교수)는 11월 24일 연세대 외솔관 소강당에서 〈2차 통신사 박재선생 '동사일기' 400주년 학술대회〉를 열었는데, 조선통신사현창회와 고령박씨대종회가 후원했다.

7. 조선통신사기념사업회

조선통신사기념사업회는 조선통신사를 시의 브랜드로 만들려는 영천시를 돕는 비영리법인이다. 올 2월에 발족했다. 회장은 김대환 전 영천 예총지회장이 맡고 있고, 밑에 학술분과(위원장 김정식), 교류분과(이원조), 행사분과(장영준)를 두고 있다. 회원은 60명 정도라고 한다.

사업회는 다음과 같은 목표를 갖고 있다.

- 영천 조선통신사 문화유산에 관한 학술적인 연구와 자료 발간
- 조선통신사행렬, 마상재와 전별연, 역참길 등 문화유산을 재현하고 복원하여 지역문화유산으로 재구성
- 국내외 조선통신사 연고지역 등과의 협력과 연계
- 말 산업과 이와 관련된 융복합 프로젝트
- 2017년 조선통신사의 유네스코 세계기록유산 등재에 대비한 특별 사업

대부분이 시의 사업이기 때문에 시가 앞장서고 사업회가 지원하는 형태다(영천의 이 사업회는 8년간 운영하다가 부산문화재단으로 넘어간 조선통신사문화사업회를 떠올리게 한다).

사업회의 주요 참여인원은 60여 명으로 영천의 문화예술인들이 주축

조선통신사기념사업회는 영천의 문화인 등이 만든 비영리법인으로 올 2월에 발족했다. 조선통신사를 문화브랜드로 키우려는 시의 노력을 지원하면서 아이디어를 내기도 한다. 사진은 공식 발족을 앞두고 지난해 12월 19일 영천향교 국학학원 교육관에서 열린 준비 모임. 조선통신사기념사업회 제공

이지만, 자문위원 등의 자격으로 외부 전문가들도 많이 도와주고 있다. 구지현(선문대) 김동철(부산대) 박규홍(경일대) 박려옥(경북대) 손승철(강원대) 최범순(영남대) 한태문(부산대) 허경진 교수(연세대)와 김정식(영천대마문화산업연구소장) 박광태(영천 문화의달 추진위원) 선상규(한국체육진흥회장) 양효성 씨(옛길 탐험가) 등이 조력자 그룹이다.

8. 한일축제한마당과 조선통신사

'한일축제한마당'이라는 행사가 있다. 한일국교정상화 40주년이던 2005년 '한일우정의 해'로 시작됐다. 2005년 행사는 한일 양국 정부가 지원했다. 한 해로 끝날 행사였지만, 모처럼 시작한 행사를 한 차례로 끝내는 것이 아깝다는 의견이 많아 한일 양국의 유지들이 해마다 실행위원회와 운영위원회를 만들고, 기업의 후원을 받아 이어가고 있다. 실행위원회란 '한일축제한마당 2017 in Seoul 실행위원회', 운영위원회는 '한일축제한마당 2017 in Seoul 운영위원회'라고 한다. 2회부터는 민간 행사로 바뀐 셈이다.

2017년 제13회 한일축제한마당은 9월 24일 서울 코엑스 D홀에서 열었고 주최 측은 참가자를 6만 명으로 집계했다. 한일축제한마당은 이제 한일 간 최대의 문화교류행사로 자리 잡았다.

이 행사는 도중에 두 가지 변화를 경험한다. 하나는 장소. 2005, 2006년은 대학로를 막아놓고 화려하게 개최했다. 그러나 상인들의 불만과 교통 통제의 어려움 때문에 2007년부터 2011년까지는 서울광장(2008년과 2010년은 청계광장도 사용)에서 열었다. 2012년부터는 코엑스를 이용하고 있다.

일부에서는 축제의 맛을 살리기 위해 다시 야외로 나가자고 하지만,

교통통제가 번거로운데다 애써 준비한 대규모 행사가 비라도 내리면 망쳐 버릴지도 모른다는 우려 때문에 당분간은 코엑스를 떠나기 힘들 것 같다.

또 하나의 변화는 일본. 2009년부터 일본에서도 비슷한 일한축제한마당 행사를 열기 시작했다. 한국 행사의 취지와 성황을 보고 일본에서도 호응한 것이다. 처음에는 도쿄의 롯폰기 힐즈 아레나 등에서 열다가 최근에는 주로 히비야 공원을 이용하고 있다. 규모는 한국에 비해 작다.

2015년 제11회 한일축제한마당에서는 한일국교정상화 50주년을 맞이해 신촌 연세로에서 조선통신사 행렬을 재현했다. 재현했다기보다는 조선통신사 행렬을 일부 보여줬다는 것이 맞을 듯하다. 이 해의 본 행사는 9월 20일 코엑스 B홀에서 열렸지만 그보다 하루 앞선 9월 19일 신촌 연세로를 통제하고 퍼레이드를 벌였던 것이다. 비록 길진 않았지만 서울 도심에서 조선통신사 행렬을 볼 수 있었던 것은 드문 경험이었다.

당시 행렬은 네 팀으로 구성했다. 맨 앞이 태극취타대(80명)였고, 그 다음이 조선통신사 행렬(100명), 한일축제한마당 공연단(200명 이상), 요사코이 아리랑팀(100명)이었다. 조선통신사 행렬만 좀 더 자세히 보면 맨 앞이 플래카드, 취타대, 기수단이었고, 그 다음에 정사·부사·종사관 행렬을 두었으니 크게 4그룹이었다.

조선통신사 행렬에 참가한 인물을 순서 없이 좀더 자세히 보면 이렇다. 청도기와 각종 깃발을 든 기수들, 국서함을 든 사람, 악공樂工, 소동小童, 의원, 화원, 역원, 병졸, 가마꾼 등이었다. 임진왜란 이후에 일본을 방문했던 조선통신사는 보통 400~500명 정도였으니 거기에는 비교도 안 되는 소규모 퍼레이드였지만, 그래도 분위기는 알 수 있었다.

주최 측은 조선통신사가 지나가는 옆에 컨테이너박스(6×3m)로 조선통신사 홍보 부스를 만들어 조선통신사 관련 영상을 상영하고, 자료 등도

2005년에 시작한 한일축제한마당은 이제 한일간 최대의 문화교류행사로 자리잡았다. 2015년 제11회 한일축제한마당에서는 한일국교정상화 50주년을 맞아 신촌 연세로에서 조선통신사 행렬을 재현했다. 사진은 그때의 모습이다. 주최 측은 이날 조선통신사 홍보부스와 체험코너도 만들었다. 심규선 동아일보 기자

전시했다. 그 앞에는 체험코너도 만들었다. 또 조선통신사가 지나가는 도로 옆에 단상을 만들어놓고 조선통신사 전문가가 올라가 설명을 해 줌으로써 관객들의 이해를 도왔다.

필자는 당시, 그 해의 한일축제한마당에 대해 이렇게 썼다(한일관계 걱정은 기우…한일축제한마당, '벽쿵'에 '심쿵'하다, 동아닷컴, 2015년 9월 22일).

> "(전략) 19일 연세로의 조선통신사 행렬 재현은 올해가 한일국교정상화 50주년이라서 특별히 기획한 행사였다. 여기서 배운 것도 있다. 축제는 역시 야외에서 해야 제맛이라는 사실이다. 원색의 물결이 차 없는 거리를 지나가면, 주변의 사람들이 하나둘 몰려와 고개를 빼든다. 그들은 자기 편한대로 서기도 하고, 앉기도 한다. 출연자와 관람객 사이에는 어떤 장벽도 존재하지 않는다. 관람객들도 자연스럽게 축제에 녹아들고, 녹아든 관람객은 어느새 축제의 중요한 한 부분으로 변신한다. 출연자는 보여주고, 관람객은 보는 것이

아니다. 둘은 모두 같은 공기를 호흡한다. 실내에서는 좀체 얻기 힘든 분위기다. 축제라는 것에 그리 익숙지 않은 나로서는 야외 축제가 주는 '열기' 같은 것에 잠시 몸을 담갔다 뺀 느낌을 받았다.

한일축제한마당은 올해로 11번째. 행사를 할 때면 언제나 한일 간의 관계를 걱정한다. 양국 갈등이 깊어지면 축제가 빛을 잃을까 해서다. 올해도 그런 걱정이 없었다고는 할 수 없다. 그러나 걱정은 행사를 준비한 사람들의 몫이었을 뿐, 행사장을 찾아준 시민들과는 관계가 없었다, 고 말하고 싶을 정도로 성공적이었다.

조선통신사 행렬을 재현하던 19일 새벽에 일본 자민당은 집단적자위권 확보를 위한 안보법제를 참의원 본회의에서 강행처리했다. 그 뉴스는 TV와 라디오를 통해 계속해서 흘러나왔다. 그러나 조선통신사 행렬을 바라보던 일반 시민들의 머릿속에는 집단적자위권에 대한 걱정은 없었다고 본다. 걱정은 해야겠지만, 걱정을 해야 할 사람은 그들이 아니라 정치인들 아니겠는가.

윤병세 외교부장관은 20일 오전 COEX에서 열린 개막식 축사에서 이렇게 말했다.

'오늘 멋진 화음을 들려준 소년소녀합창단들은 초등학교, 중학교 과정에 있는 양국의 꿈나무들입니다. 우리 꿈나무들을 보면서 한일 관계의 미래를 생각해 봅니다. 나무도 자라면서 온갖 풍파를 겪듯이 이웃한 국가 간 관계도 마찬가지입니다. 나무에게는 우기(雨期)보다 건기(乾期)가 더 중요하다고 합니다. 더 많은 수분과 영양분을 얻기 위해 더 깊고 더 넓게 뿌리를 내려야 하기 때문입니다. 국가 간의 관계도 이와 같습니다. 전 세계 어느 지역을 보아도 이웃한 국가들 간에 크고 작은 긴장과 마찰이 없는 곳은 없습니다. 중요한 것은 어려움을 어떻게 관리하고 지혜롭게 극복해 가느냐, 그리고 서로 간 신뢰의 뿌리를 얼마나 깊게 내리느냐 하는 것입니다.'

옳은 말이다. 그러나 기자는 이런 생각을 했다. 자연의 우기와 건기는 번갈아 오지만, 지금 한일 간에는 우기와 건기가 공존하고 있다고. 국가 간에 마찰이 상존하는 것처럼, 한 국가 내에도 생각을 달리하는 사람이 있게 마련이라고. 다만, 공존과 파국을 가르는 것은 상대방의 존재가치를 인정하느냐, 그렇지 않으냐에 달려 있을 뿐이다.

축제는 원래 즐기는 것인데, 쓸데없이 너무 많은 생각을 한 것 같다."

6장

조선통신사, 유네스코 한일 공동등재 경위*

* 한국의 부산문화재단과 일본의 조선통신사연지연락협의회가 2015년 12월 8일 부산의 누리마루 국제회의실에서 개최한 보고회 자료를 순서 등을 조금 바꿔 정리하고, 그 이후의 활동을 조사해 추가했다. 한국 측 추진위원회, 실행위원회, 학술위원회 명단은 발족 당시가 아니라 가장 최근 것으로 바꿨다.

1. 사업개요

- 사업명 : 조선통신사 유네스코 세계기록유산 한일 공동등재 추진
- 기　간 : 2012년부터 등재시까지
- 장　소 : 국내 및 일본 내 조선통신사 연고도시
- 구　성

-조선통신사 유네스코 세계기록유산 등재를 위한 세미나 및 심포지엄

-조선통신사 관련 전문가 및 관계자 회의

-대상 목록 선정 및 신청서 작성을 위한 학술연구

-대외 홍보(우호 교류 행사, 조선통신사 한지 인형 전시 등)

-기타 사업목적에 부합하는 필요 사업

- 추진기관

-한국 측 : 재단법인 부산문화재단

-일본 측 : NPO법인 조선통신사연지연락협의회(朝鮮通信使緣地連絡協議會)

2. 추진 흐름

- 조선통신사 유네스코 세계기록유산 등재 관련 국제학술심포지엄 개최로 등재 가능성 모색 및 분위기 조성
- 한일 양국의 민간단체를 중심으로 사업 추진 합의
- 한일 양국의 추진위원회 및 학술위원회 구성
- 한일 공동 학술위원회에서 등재 대상 선정기준 확정 후, 각각의 등재 대상안을 제출하여 상호논의 후 등재대상 결정
- 한일 공동 학술위원회에서 결정된 사항은 한일공동추진위원회에서 의결하여 최종 확정
- 양국 공동 신청서 작성 후 영문 번역 의뢰
- 공동 등재 추진 조인식 후 유네스코 위원회에 신청서 접수
- 유네스코 자문기구인 세계기록유산국제자문위원회(IAC)의 현지 조사 및 평가 후 등재 결정

조선통신사 유네스코 기록유산 등재를 위한 한국 측 추진위원회 발족식(2014년 6월 16일, 부산 코모도호텔). 부산문화재단 홈페이지

3-1 한국 측 추진위원회 구성 현황(명단은 가장 최근의 것이다)

• 추진위원 38명(공동위원장 3명, 고문 2명, 공동부위원장 2명)

번호	위원회 직책	이름	소속 및 직책
1	공동위원장	유종목	부산문화재단 대표이사(당연직)
2		장제국	동서대학교 총장
3		정재정	유네스코한국위원회 인문사회과학분과위원회 위원장
4	고문	강남주	전 부경대학교 총장 (전 부산문화재단 대표이사)
5		이용흠	일산설계사무소 회장
6	공동부위원장	최화수	봉생문화재단 부이사장
7		강대민	조선통신사학회 회장
8	위원	강영환	도쿄 경남도민회 회장
9		오미치 히데타카	YK스틸(주) 사장
10		박방룡	부산박물관 관장
11		이상일	국사편찬위원회 사료조사실장
12		김지원	KBS 부산방송총국 보도국장
13		이종훈	부산 MBC 보도국장
14		성현숙	KNN 보도국 부장
15		노재현	한국언론진흥재단 신문유통원장
16		강동수	국제신문 수석논설위원
17		박명흠	부산한일문화교류협회 이사장
18		조영수	부산한일교류센터 이사장
19		박홍규	소목회(한일교류회) 회장
20		최차호	부산초량왜관연구회 회장
21		최선길	한일우호교류회장
22		김양기	비교문화학자·평론가
23		손동주	부산한일문화교류협회 회장
24		최우용	동아대학교 법학전문대학원 교수
25		최영호	영산대학교 일어학과 교수
26		성영관	영천문화원 원장

27		이재춘	안동문화원 원장
28		허영자	의성문화원 원장
29		홍순면	마루고토 부산 대표
30		김동철	부산대 교수, 조선통신사학회 부회장
31		정상도	국제신문 문화부장
32		박화진	부경대 교수, 조선통신사학회 이사
33		백태현	부산일보 논설위원
34		오재환	부산발전연구원 지역재창조연구실장
35		이근주	부산광역시 문화예술과장
36		이철호	부산대학교 국제전문대학원 교수
37		차재근	부산문화재단 문예진흥실장
38		한태문	부산대 교수, 조선통신사학회 총무이사

• 실행위원 15명(실행위원장 1명)

번호	위원회직책	이름	소속 및 직책	비고
1	위원장	장제국	동서대학교 총장	추진위원회 공동위원장
2	위원	남송우	전 부산문화재단 대표이사	
3		정재정	유네스코 한국위원회 인문사회과학분과위원회 위원장	추진위원회 공동위원장
4		강남주	전 부산문화재단 대표이사	학술위원회 위원장
5		최화수	봉생문화재단 부이사장	추진위원회 공동부위원장
6		강대민	조선통신사학회 회장	학술위원회 부위원장
7		강동수	국제신문 수석논설위원	추진위원회 위원
8		박명흠	부산한일문회교류회의 이사장	추진위원회 위원
9		김동철	조선통신사학회 부회장	추진위원, 학술위원
10		박화진	조선통신사학회 이사	추진위원, 학술위원
11		백태현	부산일보 논설위원	추진위원회 위원
12		이근주	부산광역시 문화예술과장	추진위원회 위원
13		차재근	부산문화재단 문예진흥실장	추진위원회 위원
14		한태문	조선통신사학회 총무이사	추진위원, 학술위원
15		정훈식	부산대학교 국어국문학과 강사	

• 학술위원 11명(위원장 1명, 부위원장 1명)

번호	위원회직책	이름	소속 및 직책	비고
1	위원장	강남주	전 부경대학교 총장	추진위 고문, 실행위원
2	부위원장	강대민	경성대학교 사학과 교수	추진위 공동부위원장, 실행위원
3	위원	허경진	연세대학교 국어국문과 교수	
4		이훈	동북아역사재단 수석연구원	
5		김동철	부산대학교 사학과 교수	추진위원, 실행위원
6		박화진	부경대학교 사학과 교수	추진위원, 실행위원
7		정성일	광주여자대학교 사학과 교수	
8		한태문	부산대학교 국어국문학과 교수	추진위원, 실행위원
9		함정식	청솔한의원 원장 전 상지대 한의예과 겸임교수	
10		구지현	선문대학교 인문과학연구소 교수	
11		정훈식	부산대학교 국어국문학과 강사	실행위원

*추진위원회 사무국 : 박승환(사무국장), 김현승

3-2 일본 측 추진부회 구성 현황

• 일본 측 추진부회 : 13개 지자체, 3개 민단단체

-지자체

쓰시마 시, 시모노세키 시, 나가하마 시, 이키 시, 오미하치만 시, 시즈오카 시, 세토우치 시, 후쿠야마 시, 구레 시, 교토 시, 가미노세키 정, 닛코 시, 나고야 시

-민간단체

호슈회(나가하마) 조선통신사쓰시마현창사업회(쓰시마) 란토문화진흥재단(구레)

조선통신사 유네스코 등재를 위한 제2회 한일 대표자 회의 겸 공동학술회의(2015년 1월 31일, 일본 나가사키시). 조선통신사연지연락협의회 홈페이지

조선통신사 유네스코 등재를 위한 추진경과보고회(2015년 12월 8일, 부산 누리마루 국제회의실). 조선통신사연지연락협의회 홈페이지

• 학술위원 6명(위원장 1명, 부위원장 1명)

-학술위원장 : 나카오 히로시(조선통신사 지역연구부회 회장)

• 학술위원회 명단

직책	성명	소속
일본 학술위원회 위원장	나카오 히로시	조선통신사 지역연구부회 회장
일본 학술위원회 부위원장	마치다 가즈히토	시모노세키시립 고고박물관장(학예원)
일본 학술위원회 위원	누키이 마사유키	동해지역조선통신사연구회 대표
	구라치 가쓰나오	오카야마대 교수
	사사키 에쓰야	나가하마시 관음마을 자료관 참사
	사이토 히로유키	쓰시마시 문화재보호심의회 회장

*고문 : 우에다 마사아키(교토대 명예교수, 고려미술관 관장)

옵서버 : 기타가와 에이치(현립 쓰시마 역사민족자료관 관장)

추진부회 사무국 : 아비루 마사오미(사무국장)

4-1. 한국 측 추진 사항

2012년

5월 5일	2012년 조선통신사축제 환영만찬회에서 조선통신사 유네스코 한일공동등재 추진 제안(부산)
10월 19일	조선통신사 유네스코 문화유산등재를 위한 국제심포지엄 개최(부산)

2013년

2월 19일	일본 조선통신사연지연락협의회와 업무 협의(쓰시마)
4월 4~6일	외교부 조선통신사 유네스코등재 전문기관 간담회
8월 29일	문화재청 유네스코 기록유산 등재목록 연구 관련 회의

11월 2~3일 조선통신사연고도시 전국교류회 세토우치대회
(공동등재 추진 의견 공유)

2014년

3월 4일 조선통신사연지연락협의회와 협의(부산)
4월 21일 등재추진위원회와 학술위원회 구성을 위한 소위원회
6월 16일 한국추진위원회 발족식
7월 8일 실행위원회 구성하고 1차 회의 개최
30일 2차 한국 측 실행위원회
8월 8일 학술위원회 개최(등재대상 논의)
12일 국립중앙도서관과 규장각 등 관련 기록물 보유 기관 방문해 협조 요청
13일 3차 한국 측 실행위원회
25일 1차 한일 추진위원 공동회의(시모노세키)
9월 5일 4차 한국 측 실행위원회
16일 1차 한일 대표자 회의(후쿠오카)
12월 20일 1차 한일 공동 학술위원회(부산)

2015년

1월 19~20일 기록물 보관기관과 업무협의 및 원본자료 조사
(국립중앙박물관, 국립중앙도서관, 서울대 규장각, 국사편찬위원회)
1월 29일 기록물 보관기관과 업무협의 및 원본자료 조사(부산박물관)
31일 2차 한일 대표자회의 및 공동 학술위원회(나가사키)
2월 1일 심포지엄(나가사키)
3월 6일 3차 한일 공동 학술위원회(시모노세키)
4월 3일 4차 한일 공동 학술위원회, 등재리스트 잠정 확정(부산)
22일 5차 한국 측 실행위원회(한일 공동 학술회의 결과 및 공동 추진회의 관련 논의)
5월 1일 2차 한일 공동 추진회의, 잠정 등재리스트 승인(부산)
21일 학술용역 의뢰(조선통신사학회)

6월 9~10일	기록물 보관기관과 업무협의 및 원본자료 조사 (국립고궁박물관, 고려대 도서관, 충청남도 역사박물관)
7월 9일	5차 한일 공동 학술위원회 겸 대표자회의(후쿠오카) -등재 대상 추가 문제와 신청서 작성 양식 논의
8월 17일	2016년 세계기록유산 등재 신청 대상 기록물 공모 관련, 문화재청 방문해 업무협의
24일	6차 한일 공동 학술위원회(시모노세키) -등재 대상 추가 문제와 신청서 작성 양식 논의
10월 2일	7차 한일 공동 학술위원회(부산) -신청서 작성과 관련한 세부사항 논의
11월 7일	8차 한일 공동 학술위원회(오사카) -신청서 작성 관련 세부사항과 영문번역 문제 논의
12월 2일	9차 한일 공동 학술위원회(부산) -신청서 작성 관련 세부사항과 영문번역 문제 계속 논의
12월 8일	10차 한일 공동 학술위원회(부산) -신청서 최종(안) 정리 -추진경과 보고회(부산 누리마루 국제회의실)

2016년

1월 12일	11차 한일 공동 학술위원회 및 대표자 회의(후쿠오카) -신청서 조율 및 조인식 논의
29일	3차 한일 공동 추진위원회, 한일공동신청서 승인 조선통신사 유네스코 세계기록유산 한일공동등재신청서 조인식(쓰시마)
3월 4일	12차 한일 공동 학술위원회(후쿠오카) -신청서 최종 확인 및 영문신청서 조율
25일	영문신청서 최종 점검 회의(후쿠오카)
3월 30일	유네스코에 등재 신청서 제출(부산 중앙우체국에서)
5월 6일	국제 학술심포지엄(부산)
11월 21~23일	한일 공동 홍보 활동(파리) -유네스코에 한일 국회의원들의 추천서 제출

2017년

3월 10~12일	조선통신사 연고도시 전국교류 후쿠야마 대회 -등재 추진사업 홍보하고 추진 경과 보고
4월 10일	유네스코 사무국에 추가로 자료 제출하겠다는 서신 접수
12일	국내 등재신청기록물 도록제작 관련 자문회의 개최
18일	긴급 한일 공동 학술위원회 개최(부산) -유네스코 사무국에 추가 자료 제출 관련 회의
5월 5~7일	조선통신사 축제, 학술심포지엄, 등재기원 행사(부산)

[최종등재대상] 총 111건 333점(한국 63건 124점, 일본 48건 209점)

4-2 일본 측 추진 사항

2012년

5월 5일	조선통신사연지연락협의회(이하 연지연) 부산대회 -유네스코 일한 공동 등재 추진 제안(부산문화재단)
10월 1일	특별강연회, 유네스코 등재 방안 모색(쓰시마)
19일	국제심포지엄 참가(부산)
11월 21일	연지연 임시대회, 사업추진 결의(교토)

2013년

6월 12일	문부성·외무성 방문, 정부요망서 제출
7~8월	일본 측 등재유산 관련 데이터베이스 작업
10월 18일	연지연, 나가사키 현, 연구부회 3자 회의
11월 2일	연지연, 세토우치 대회에서 전문부회 설치 승인

2014년

1월 21일	2차 3자 회의-연지연, 나가사키 현, 연구부회(후쿠오카)

3월 4일	부산문화재단과 공동등재 추진 협의(부산)
5월 21일	일본 추진부회 설립
22일	문부과학성 등 관련 기관에 보고
6월 23일	일본 측 학술위원회 설립
8월 8일	2차 일본 측 추진부회
24일	2차 일본 측 학술위원회 -등재대상(안) 검토
25일	1차 일한 공동 추진위원회(시모노세키)
9월 16일	1차 일한 대표자회의(후쿠오카)
10월 6일	3차 일본 측 학술위원회(오사카)
27일	3차 일본 추진부회(오카야마)
11월 3일	4차 일본 측 학술위원회(가와고에)
12월 20일	1차 일한 공동 학술위원회(부산)

2015년

1월 15일	마이즈루 시 방문, 유네스코 등재 사례 의견 청취
16일	5차 일본 측 학술위원회(오카야마)
31일	2차 일한 대표자회의 및 공동 학술위원회(나가사키)
2월 1일	심포지엄(나가사키)
2월 23일	문부성·외무성 보고, 가와무라 의원 면담
3월 6일	3차 일한 공동 학술위원회(시모노세키)
25일	6차 일본 측 학술위원회(오카야마)
4월 3일	4차 일한 공동 학술위원회, 등재 리스트 잠정 확정(부산)
10일	교토대학 도서관 자료 조사
15일	등재대상 리스트 자료카드 제작 의뢰(사무국)
25일	4차 일본 추진부회(오카야마)
5월 1일	2차 일한 공동 추진회의(부산), 잠정 등재 리스트 발표
11일	7차 일본 측 학술위원회(오카야마)

7월 9일	8차 일본 측 학술위원회(후쿠오카) 5차 일한 공동 학술위원회 및 대표자 회의(후쿠오카)
14일	고려미술관 자료 조사
8월 23일	9차 일본 측 학술위원회(시모노세키)
24일	6차 일한 공동 학술위원회(시모노세키) -등재 대상 추가와 신청서 작성 문제 노의
9월 4일	이키 시 자료조사
10월 2일	7차 일한 공동 학술위원회(부산) -신청서 작성 관련 세부사항 논의
15일	일본 측 학술위원회 신청서 작성 회의(오카야마)
20일	도교국립박물관 방문, 승인 의뢰
21일	문부성·외무성 방문, 추진경과 보고
28일	5차 일본 추진부회(나고야)
11월 7일	8차 일한 공동 학술위원회(오사카)
12월 2일	9차 일한 공동 학술위원회 및 대표자 회의(부산)
8일	10차 일한 공동 학술위원회(부산) 추진경과 보고회(부산 누리마루 국제회의실)

2016년

1월 12일	11차 일한 공동 학술위원회 및 대표자 회의(후쿠오카) -신청서 조율 및 조인식 논의
29일	3차 일한 공동 추진위원회, 한일공동신청서 승인 조선통신사 유네스코 세계기록유산 한일공동등재신청서 조인식(쓰시마)
3월 4일	12차 일한 공동 학술위원회(후쿠오카) -신청서 최종 확인 및 영문신청서 조율
25일	영문신청서 최종 점검 회의(후쿠오카)
30일	유네스코에 등재 신청서 제출(부산 중앙우체국에서)
5월 6일	국제 학술심포지엄(부산)
10월 2일	세미나(교토)

11월 21~23일　한일 공동 홍보 활동(파리·일본 15명, 한국 6명)
　-유네스코에 한일 국회의원들의 추천서 제출
27일　세미나(와세다대)

2017년
3월 10~12일　조선통신사 연고도시 전국교류 후쿠야마 대회
　-등재 추진사업 홍보하고 추진 경과 보고
4월 10일　유네스코 사무국에 추가로 자료 제출하겠다는 서신 접수
12일　국내 등재신청기록물 도록제작 관련 자문회의 개최
18일　긴급 한일 공동 학술위원회 개최(부산)
　-유네스코 사무국에 추가 자료 제출 관련 회의

5-1 한국 학술위원회 발표

- 발표자 : 강남주(한국 측 학술위원회 위원장)
- 제목 : 유네스코 기록유산 등재를 신청한 한국 측 기록물의 선정 작업 경위와 결과에 대하여
- 내용

1) 유네스코 세계기록유산 등재 신청의 배경와 의의

-유네스코(UNESCO, 국제연합교육과학문화기구)는 세계적으로 가치가 있는 문화유산을 보존하기 위해 세계유산·인류무형문화유산·세계기록유산을 제정했다. 그 중 세계기록유산은 세계적 가치가 있는 책, 문서, 편지 등이 대상이다.

-조선통신사는 일본의 침략전쟁으로 단절된 한일 양국의 외교관계를 회복하고 대등한 교류를 통해 상호인식의 폭을 넓힘으로써, 양국은 물론 동아시아의 평화구축에 크게 기여했다. 따라서 조선

통신사 관련 기록물은 한일 양국이 대립과 갈등을 넘어 평화구축을 위해 얼마나 노력했는지를 잘 보여주는 것으로 세계에서 그 유례가 드문 만큼 인류가 보존해야 할 가치가 있는 기록유산이다.

-이에 한일 국교정상화 50주년을 맞아 한국의 부산문화재단과 일본의 NPO법인 조선통신사연지연락협의회(朝鮮通信使緣地連絡協議會)가 공동으로 조선통신사 관련 기록물을 유네스코 세계기록유산에 등재신청하기로 했다. 이 두 민간단체는 그동안 조선통신사를 매개로 2002년부터 상호교류를 통해 조선통신사 현창 및 학술연구 등의 활동에 매진해 왔다. 조선통신사는 대립과 갈등을 반복하고 있는 오늘날 양국 관계의 해법을 제시하고 있는 만큼, 양국 민간단체에 의한 이 기록물의 공동등재 추진은 양국의 합의에 의한 문화재산의 공유라는 점에서 큰 의의를 지닌다.

2) 한국 측의 활동

-2006년 부산에서 개최된 '조선통신사학회'에서 조선통신사 문화유산을 유네스코 세계유산으로 등재하는 것이 바람직하다는 의견이 제시됐다. 2012년 10월에는 부산에서 '조선통신사 유네스코 문화유산 등재를 위한 국제심포지엄'이 개최되어 공동등재 신청의 가능성에 대한 검토가 이뤄졌다. 이후 이를 바탕으로 한국에서는 부산문화재단이 중심이 되어 2014년 4월 '세계기록유산' 등재를 위한 한국추진위원회가 구성되었고, 그 아래에 등재 대상물의 선정을 위한 가치검정과 평가를 전담할 학술위원회를 두어 활동에 들어갔다.

-학술위원회는 위원장인 본인을 비롯해 2005년에 창립된 '조선통신사학회'에 속한 다양한 분야의 조선통신사 연구자 11명으로 구

성됐다. 학술위원회는 한국 내 산재해 있는 조선통신사 관련 기록물에 대한 광범위한 조사와 연구를 진행했다. 공동등재가 목적인만큼 신청서 작성과 목록 선정에 대한 상호 조율을 위해 그동안 일본 학술위원회와 함께 총 10차례(최종적으로는 12차례, 필자 주)의 '한일공동학술위원회'를 개최했다.

3) 한국 측 등재 대상 목록의 소개

-한국 측 학술위원회에서는 유네스코 기록유산 등재조건인 '유산의 진정성이 있을 것, 독창적이고 비대체적인 유산일 것, 세계적 관점에서 중요한 의미를 지닌 유산일 것, 관리계획이 서 있는 것'에 부합하는 기록을 중심으로 목록을 선정했다. 이후 한일공동학술위원회에서 이 목록을 중심으로 다시 논의하고 합의한 결과, 이번에 유네스코 세계기록유산에 공동등재 신청할 한국 측 대상 목록을 크게 외교기록, 여정의 기록, 문화교류의 기록으로 나누어 선정했다.

① 외교기록

-외교기록은 조선통신사와 관련하여 국가기관이 작성한 공식기록과 외교문서 등을 일컫는 것으로, '통신사등록(通信使謄錄)'과 '변례집요(邊例集要)' 등 2건을 대상 목록으로 선정했다. '통신사등록'은 1641년부터 1811년까지 통신사행에 관련한 공문서를 예조 전객사(典客司)에서 등사하여 유형별로 묶은 책으로, 통신사 왕래의 시작과 마무리에 걸쳐 작성된 문서를 거의 망라한 종합기록물이다. 그리고 '변례집요'는 1598년부터 1841년까지 조선 후기 일본과의 외교관계를 기록한 책으로, '사신 왕래' '표류인 송환'

등 일본과의 외교 사항을 모두 30여 개의 항목으로 자세히 나누어 기록하고 있다.

② 여정의 기록

-조선의 수도인 한양을 출발한 조선통신사는 일본의 수도인 에도(東京)까지 4500km에 이르는 대장정에 올랐다. 사행에 참여한 사행원들은 노정에서 자신이 보고 듣고 겪은 일들을 일기와 시, 그림 등 다양한 양식으로 기록했다. 이 기록들은 왕래한 구체적인 상황의 전달은 물론, 조선통신사를 통한 양국의 교류와 이문화에 대한 상호존중의 모습을 잘 반영하고 있다.

-사행원의 일기와 시가 주로 수록된 '사행록'은 임진왜란 이후 최초의 통신사인 1607 경섬(慶暹)의 '경칠송해사록(慶七松海槎錄)'을 비롯해 마지막 통신사인 1811년 김이교(金履喬)의 '신미통신일록(辛未通信日錄)'에 이르기까지 거의 모든 사행의 사행록이 대상 목록으로 선정됐다. 구체적인 선정 건수는 1607년(1건), 1617년(3건), 1636년(2건), 1655년(2건), 1682년(2건), 1719년(2건), 1747년(2건), 1763년(10건), 1811년(3건) 등 총 32건이다.

-여정을 기록한 회화 작품은 1748년 화원 이성린이 일본의 명승지 30여 곳을 그린 '사로승구도(槎路勝區圖)', 조선후기 대일 외교·무역의 중심지였던 왜관을 그린 변박의 '왜관도(倭館圖)' 등 우리 화원이 그린 그림과 '숙종37년 통신사행렬도'를 비롯한 일본인이 그린 그림 등 총 6건을 대상목록으로 선정했다.

③ 문화교류의 기록

-조선통신사는 표면적으로는 외교사절이었지만 내면적으로는 조

선을 대표하는 문화 역량을 갖춘 이들로 구성된 문화사절단이었다. 따라서 조선통신사의 왕래를 통해 양국의 문화교류가 다방면에서 활발하게 이뤄졌다. 동일한 한자문화권에 속해 있었던 양국의 문사들이 시문창화와 필담을 통해 나눈 정감과 관심사의 교환은 각종 '필담창화집'으로 엮어졌고, 화가들은 서화를 주고받으며, 일본의 어용화가들은 조선왕에게 그림병풍을 제작하여 선물로 바치기도 했다.

-필담창화집으로는 1763년 서기 성대중이 일본의 문사 16인으로부터 받은 시를 모아 두루마리로 만든 '동사창수집(東槎唱酬集)' 1건, '부용안도병풍(芙蓉雁圖屛風)'을 비롯한 일본 화가들의 그림 4건, 1655년 사자관 김의신의 '서첩(書帖)', 1763년 화원 김유성의 '石蘭圖' 등 서화 14건 등 총 19건을 대상목록을 선정했다.

-이처럼 한국 측 등재대상 목록은 외교기록 2건, 여정의 기록 38건, 문화교류의 기록 19건 등 총 59건이다(처음에는 59건 120점이었으나 후에 63건 124점으로 늘어났다. 분야별 목록과 전체 목록은 477쪽 부록 참조-필자 주).

4) 앞으로의 활동 계획(생략)

5-2 일본 측 학술위원회 발표

• 발표자 : 나카오 히로시(일본 측 학술위원회 위원장)

• 제목 : 유네스코 기록유산 등재를 신청한 일본 측 기록물의 선정 작업 경위와 결과에 대하여

• 내용

1) 학술 위원회의 발족과 선정 작업

NPO 조선통신사연지연락협의회는 조선통신사가 지나간 지방자치단체 및 관련 자료를 소유하고 있는 지자체에 요청해 조선통신사에 관한 기록을 유네스코 세계기록유산으로 등재하기 위한 추진부회(部會)를 발족했다. 추진부회는 일본 각지에 있는 조선통신사 기록에 대한 선정작업의 완성도를 높이기 위해 학술위원회를 설치했다. 그리고 주요 연구주제가 '조선통신사'인 3명의 역사연구자 및 조선통신사 자료의 발굴, 보존과 문화재보호 분야에서 다양한 경험과 전문지식을 갖춘 3명의 전문가, 총 6명을 학술위원회의 위원으로 위촉했다. 현재까지 일본 국내에서의 학술위원회 개최는 9회, 한일 합동 학술위원회는 10회(최종적으로는 12회, 필자 주)에 달한다.

학술위원회에서는 먼저 조선통신사가 유네스코 기록유산에 등재될 수 있는 조건, 즉 자료의 진정성, 유일성, 보존 및 관리의 완전성을 기준으로 선정 작업을 추진한다. 그리고 자료전체의 특성을 한정하기 위해 '개요(概要)' 방안을 마련했다. 그 결과는 한국 측과 협의 끝에 신청서의 윗부분에 정리했다. 17세기 초부터 19세기 초까지 조선통신사가 일본에 파견된 200년간의 역사적 경험에 관련된 자료로서 동아시아의 평화구축과 문화교류 관련 자료를 선정대상으로 삼았다. 선정 작업은 일본 국내의 문화재 연구가들에게 조언을 구하고, 각 지역의 박물관, 자료관, 대학도서관, 사찰 등을 찾아가 대상 자료들을 직접 확인하고 그 적합성을 판단했다.

2) 등재 예정 자료의 기준

일본 국내에서는 조선통신사가 머물렀거나 지나간 지역은 쓰시마(대마)섬에서 에도(東京)까지이며, 일부는 도치기현 닛코시(日光市)까지 방문

유네스코에 조선통신사 등재를 신청하는 서류 발송(2016년 3월 30일, 부산 중앙우체국). 왼쪽이 박승환 한국측 추진위 사무국장, 오른쪽이 아비루 마사오미 일본측 추진위 사무국장. 한태문 부산대 교수 제공

했다. 관련 자료는 직접적인 외교기록 뿐만이 아니라 도쿠가와 막부의 기록과 각지의 번정(藩政) 자료, 지방자료 등 다양하다. 또한 조선통신사와 교류가 있었던 사찰과 머물렀던 지역에는 문화교류의 기록들도 다수 존재하고 있고, 교류에 참가한 일본의 지식인과 백성들의 기록 및 조선통신사와 그 수행원들이 남긴 서적, 그림, 시문 등이 있다. 이러한 자료들 중에서 등재자료로 선정하기 위한 분류와 기준은 다음과 같다.

우선 분류는, Ⅰ 외교기록-조선국서, 진상목록 등, Ⅱ 여정기록-각지에서의 향응기록, 기록화, 조선통신사를 소재로 한 감상 목적의 그림 등, Ⅲ 문화교류 기록-각지에 남아 있는 문화교류를 증명하는 시문 등의 자료 등이다.

선정기준은 유네스코 등재에 적합한 기준으로 한정하기 위한 것으로 다음과 같다. 우선은 국가 또는 지방자치단체가 문화재로 지정한 것. 또 지정하지 않았더라도 공적인 박물관, 도서관, 자료관 등에서 완전하고 안정된 상태에서 보관돼 보존상의 문제가 없는 자료로 했다. 다음으로, 개개의 자료에 대해서는 그 내력, 자료의 출처, 작자 등이 분명한 것을 우선했다. 그리고 귀중한 내용을 담은 자료로 하더라도 '복사본'은 최대한 배제했다. 그리고 신청에 있어서 소장자의 승낙을 받은 것으로 채택했다.

3) 등재 신청 예정의 일본 측 기록

유네스코 기록유산의 등재신청 예정의 일본 측 기록은 47건 194점이다(최종적으로 48건 209점으로 늘어났다. 또한 이 글에는 사진을 언급하는 내용이 들어 있었으나 이 책에서는 사진을 보여주지 않으므로 사진 대목은 임의로 삭제했다. 분야별 목록과 전체 목록은 부록 참조-필자 주). 이 중에서 주요자료를 소개하겠다.

Ⅰ의 외교기록은 2건 4점이다. '조선국서'는 교토대학 종합박물관이 소장하고 있는데, 1609년 조선통신사가 갖고 간 것으로 도쿠가와 히데타다(德川秀忠) 쇼군(將軍)이 받은 것이다. 이 국서는 양국이 대외적인 주장의 충돌을 피하고 단절된 일조(日朝) 양국의 국교회복을 서두르는 쓰시마번(藩)에 의해 개작된 것임에도 현실적으로는 외교문서로서의 기능을 다하고 있어 특이한 형태로 재개된 일본과 조선의 국교회복 과정을 보여주는 귀중한 자료이다.

또한 '조선통신사진상목록'은 1711년 국빈 대접을 받은 조선통신사가 조슈번주(長州藩主)인 모리 요시모토(毛利吉元)에게 보낸 사례품 등이 기재된 목록이다. 현재 사례품의 물품도 목록과 함께 소중하게 보존되고 있다. '조선국서'와 '진상목록'은 국가지정 중요문화재이다.

Ⅱ는 여정의 기록으로 Ⅱ-1은 6건 7점으로 조슈번(長州藩), 후쿠오카번(福岡藩), 오와리번(尾張藩), 고쿠라번(小倉藩)이 조선통신사를 접대한 향응기록이다. 이러한 기록을 통해 일본에서의 조선통신사의 동향과 일본 측 대응 등을 상세히 알 수 있다. Ⅱ-2(기록화)는 17건 27점으로 조선통신사 선단과 행렬을 그린 기록화이다.

이중에서 쇼도쿠도(正德度)조선통신사행렬도권(行列圖卷), '조선통신사참착귀로'(參着歸路)행렬도', '대마도주(宗對馬)수호행귀로(守護行歸路)행렬도'는 1711년의 조선통신사를 그린 것으로 한국의 국사편찬위원회에 있는 '숙종 37년 통신사행렬도'와 같은 공방, 같은 화원들이 작성한 일체성(一體性)이 있는 기록화이다. 현재는 분산되어 각각 다른 기관에 보존되어 있지만 이번 기록유산신청을 계기로 일체성을 재인식하는 데에 의의를 두었다. 그리고 엔쿄(延享) 5년(1748년) 조선통신사등성(登城)행렬도' 및 '조선인래조각비전어치주선(朝鮮人來朝覺備前御馳走船)행렬도'는 조선통신사를 가장 가까이에서 구경했던 군중 중 한 사람이 그린 것으로 통신사에 대한 백성들의 놀라움과 환영하는 모습, 감상이나 소문 등의 정보가 인간미 넘치는 유머러스한 필치로 그림과 함께 기록되어 있어 대단히 흥미롭다. '칠오삼성부종출순지회도(七五三盛付繰出順之繪圖)'와 '조선인어향응칠오삼선부도(朝鮮人御饗應七五三膳部圖)'는 조선통신사를 가장 높은 격식으로 대접한 향응요리를 그린 것이다.

다음의 Ⅲ은 문화교류 기록이다.

Ⅲ-1은 아메노모리 호슈(雨森芳洲) 관계 자료이다. 그는 쓰시마번의 유학자로서 1711년, 1719년에 조선통신사 일행을 수행했으며, 통신사와 친밀하게 교류했던 인물이다. 자료에는 문서·기록류, 시고, 저작 등이 있으며, 성신외교를 기술한 '교린제성(交隣提醒)'이 대표적이다.

Ⅲ-2는 5건 66점으로, 조선통신사가 일본에 남긴 시문이다. 이중에서 '통신부사임수간단노우라(任守幹壇ノ浦)회고시', '후쿠젠지대조루(福禪寺對潮樓)조선통신사관계자료', '혼렌지(本蓮寺)조선통신사시서', '조선통신사종사관이방언(李邦彦)시서', '세이켄지(淸見寺)조선통신사시서'는 삼사 및 통신사 일행이 에도로 가는 여정에서 머문 일본의 각 지역에서 현지의 고사(古事)와 풍경 등을 소재로 지은 시이다.

Ⅲ-3은 6건 14점으로 학술교류 기록이다. '파전숭산조선통신사창주시병필어(波田嵩山朝鮮通信使唱酬詩並筆語)'는 시모노세키에서 조슈번 유학자인 파전숭산(波田嵩山)이 1763,1764년 조선통신사 수행원인 남옥(南

玉), 성대중(成大中), 원중거(元重擧)와의 필담을 기록한 것이다. 또 '한객사초(韓客詞草)'는 교토의 쇼고쿠지 지쇼인(相國寺慈照院)의 주지승 벳슈소엔(別宗祖緣)이 1711년 삼사인 조태억(趙泰億), 임수간(任守幹), 이방언(李邦彦) 및 수행원들과 학술 교류를 했던 자료이다.

Ⅲ-4는 6점으로 조선국왕과 도쿠가와 쇼군 집안의 교류기록이다. 이 중에서 '조선국왕 효종친필액자'는 조선의 국왕인 효종의 자필이다. 1655년 조선통신사가 갖고 가서 전 도쿠가와 쇼군 이에미쓰(家光)의 사당인 닛코(日光)의 다이유인(大猷院)에 봉납한 것으로 지금도 현지에서 소중히 보존하고 있다. 또 '도쇼샤엔기(東照寺緣起·가나본)'는 1636년 조선통신사의 닛코참예(參詣)를 기념하여 막부가 작성, 도쇼지(東照寺)절에 봉납한 것이다. 당시 일본의 대표 화가인 가노탄유(狩野探幽)가 그렸다. 이런 자료들은 조선국왕 및 조선통신사, 도쿠가와 쇼군가의 친밀한 관계를 말해 주고 있다. '호레키(寶歷) 14년 통신정사조엄서첩(趙曮書帖)'은 1763, 1764년의 조선통신사 조엄의 서책이며, 전 쓰시마

일본 시가(滋賀)현 다카쓰키(高月) 출신으로 쓰시마 번에서 한일외교를 담당했던 아메노모리 호슈. 그는 '교린제성'이라는 책을 통해 "조선과 속이지 말고, 싸우지 말고, 진실로써 교류해야 한다"고 강조했다. 이를 성신(誠信)의 교류라 한다. 11월 4일 그의 고향에서 멀지 않은 시가 현 미나미쿠사쓰 역에서 우연히 발견한 포스터. 그와 관계된 자료를 유네스코에 등록신청한 것을 계기로 강연회와 전시회 등을 연다는 내용이다. 그와 관계된 자료는 이번에 36점이 세계기록유산으로 등재됐다. 심규선 동아일보 기자

번주에게 감사의 마음을 담아 작성해 보낸 것이다. 조엄은 고구마를 일본에서 조선으로 들여간 인물이다.

이상이 일본 측 기록이며 마지막으로 '조선통신사에 관한 기록'의 세계사적 중요성에 대해 정리하고자 한다. 조선통신사의 왕래는 단순히 전쟁 재발을 막기 위한 잠정적인 조치를 넘어 지속적인 평화체제를 모색했다. 약 200년간의 조선통신사의 왕래를 통해 양국은 평화적 외교방법과 이론을 확립했다. 그 상세한 내용이 한일양국의 많은 자료에 기록되어 있다. 여기서는 조선통신사의 왕래 절차와 방법은 물론, 그 원칙과 목적 등에 대해 구체적으로 기록되어 있어 그야말로 조선통신사 왕래의 종합적인 기록이라고 할 만하다. 또한 조선통신사의 왕래로 이뤄진 다양한 문화교류의 역사를 기록한 기록물은 '통신(通信)'의 실천적인 결과물이다.

이처럼 조선통신사의 기록물은 긴 시간 동안 평화체제의 구축을 목적으로 이루어진 외교적 실천의 결과물이라는 점에서 세계적 중요성을 지니고 있다. 이러한 점에서 조선통신사의 기록물은 17~19세기 동아시아뿐만 아니라 지금도 전쟁과 갈등을 넘어 인류의 평화적인 공존을 추구하는데 모범적인 텍스트가 될 수 있을 것으로 생각한다.

이와 더불어 '조선통신사에 관한 기록'은 과거의 평화구축과 문화교류를 전하는 문화재로서 지금도 현지 사람들에 의해 소중하게 보존되어 있다는 점이 큰 특징이다. 문화재는 문화를 증명하며, 미래를 창조하는 양식이 되는 것이다. 이 기록이 양국의 미래뿐만 아니라 동아시아, 나아가 세계의 평화구축과 상호이해에 크게 공헌할 것임은 두말할 필요도 없다.

세계기록유산이란 무엇인가

조선통신사 관련기록물이 2017년 10월 31일 유네스코 세계기록유산으로 등재됐다. '세계기록유산'이라는 제도는 무엇이며, 어떤 조건을 갖춰야 하고, 어떤 절차를 거쳐 등재가 되는 것일까. 앞서 소개한 부산문화재단과 일본의 조선통신사연지연락협의회가 부산에서 공동개최한 추진경과보고회의 자료집에는 세계기록유산에 대한 개략적인 설명도 들어있다. 이를 소개한다.

1. 명칭 : 세계기록유산(Memory of the World)*

*일본은 '세계의 기억'으로 번역해 쓰고 있다

2. 시작 : 1992년

3. 목적

- 세계적 가치가 있는 귀중한 기록유산을 가장 적절한 기술을 통해 보존할 수 있도록 지원한다.
- 유산의 중요성에 대한 전세계적인 인식과 보존의 필요성을 증진하고, 기록유산사업 진흥 및 신기술의 응용을 통해 가능한 많은 대중이 기록유산에 접근할 수 있도록 한다.

4. 주관 : 유네스코 정보사회국 산하 국제자문위원회(IAC)

5. 신청자격 : 정부기관, 소유자, 관리자 뿐만 아니라 일반 개인, 단체도 자유롭게 등재 신청이 가능하다(단, 심사대상은 국가별 2개까지-공동

등재는 2개까지의 제한을 받지 않는다)

※ 세계문화(자연)유산 및 인류무형유산 등재처럼 국가간 협약사업이 아니라 유네스코의 프로그램 사업으로 추진하고 있다. 다만, 신청서 작성 및 심사 대응의 효과와 전문성 제고, 향후 등재된 기록유산 보존관리 등을 위해 우리나라의 경우 문화재청에서 신청서를 작성해 제출하고 있다.

6. 신청대상 기록유산 : 세계적 영향력이 있는 인류의 중요한 기록으로 인정받을 수 있는 것(세계적 중요성은 직접, 또는 간접으로 그 효과가 증명이 되어 있는 것이어야 함)으로 다음과 같은 것이 해당된다.

-문자로 기록된 것(책, 필사본, 포스터 등)

-이미지나 기호로 기록된 것(데생, 지도, 악보, 설계도면 등)

-시청각 자료(음악컬렉션, 영화, 음성기록물, 사진 등)

7. 등재기준

1)유산의 진정성(Authenticity)

해당 유산의 본질 및 기원(유래)을 증명할 수 있는 정품이어야 한다.

2)독창적(Unique)이고 대체할 수 없는(Irreplaceable) 유산

특정 기간, 또는 특정 지역에 지대한 영향력을 끼쳤음이 분명한 경우, 해당 유산이 소멸되거나 유산의 품질이 하락한다면 인류 유산의 발전에 심각한 해악을 끼치리라 판단되는 경우이여야 한다.

3)세계적 관점에서 유산이 가지는 중요성

①시간(Time) : 국제적 사건의 중요한 변화 시기를 현저하게 반영하거나 인류 역사의 특정한 시점에서 세계를 이해할 수 있도록 이바지하는 경우

유네스코가 있는 파리에서 양국 추진위원들이 함께 한 홍보활동(2016년 11월, 파리한국문화원과 파리일본문화원). 부산문화재단 홈페이지

②장소(Place) : 세계 역사와 문화의 발전에 중요한 기여를 했던 특정 장소와 지역에 관한 중요한 정보를 담고 있는 경우

③사람(people): 전세계 역사와 문화에 현저한 기여를 했던 개인 및 대중들의 삶과 업적과 특별한 관련을 갖는 경우

④대상/주제(Subject/Theme) : 세계역사와 문화의 중요한 주제를 구현하고 있는 경우

⑤형태와 스타일(Form and Style) : 뛰어난 미적, 형식적, 언어적 가치를 가지거나 형태와 스타일에서 중요한 표본이 되는 경우

8. 보조기준(고려대상)

1)희귀성(Rarity) : 독특하거나 희귀한 자료

2)완전성(Integrity) : 온전한 하나의 전체로서 보존되어 있는 경우

3)위협(Threat) : 해당 유산이 각종 위험 요소에서 안전한지, 또는 안전을 담보할 수 있는 경비조치가 적절한지의 여부

4)관리계획(Management Plan) : 해당 유산의 중요성에 비추어 적절한 보존 및 접근전략의 존재여부

9. 법률적 기준

1)소유권 : 신청한 등재목록에 대한 소유자(관리자)의 동의 필요

2)접근성과 저작권 : 해당 유산과 소유자(관리자)의 접근 및 저작권 사용 승인 필요

10.등재절차(2017년 등재를 목표로 했던 조선통신사 관련기록물의 경우)

1)등재신청 대상 선정

-세계기록유산 신청대상 선정 및 신청서 작성(문화재청, 격년)

(대상공모→대상선정→등재신청서 작성)

2)등재 신청서류 유네스코 제출

-접수 마감 : 2016년 3월 31일(실제 제출 2016년 3월 30일)

-제출처 : 유네스코 사무국

-제출서류 : 신청서(영문)와 부속자료(사진, 홍보동영상 등)

3)국제자문위원회 심사

-유네스코 국제자문위원회(IAC)*에서 사전 및 등재 권고

*유네스코 사무총장이 임명하는 임기 4년의 전문가 14인으로 구성

4)유네스코 사무총장 승인

-2017년 10월 31일 발표

11. 한국 등재 현황(2017년 현재 16건)

-1997년 : 훈민정음, 조선왕조실록

-2001년 : 직지심체요절, 승정원일기

-2007년 : 해인사 대장경판 및 제경판, 조선왕조의궤

-2009년 : 동의보감

-2011년 : 일성록, 5·18민주화운동기록물

-2013년 : 난중일기, 새마을운동기록물

-2015년 : 한국의 유교책판, KBS특별생방송 '이산가족을 찾습니다' 기록물

-2017년 : 조선통신사관련 기록물, 조선왕실 어보 및 어책, 국채보상운동기록물

참고: 일본등재 현황(2017년 현재 7건)

-2011년 : 야마모토 사쿠베에(山本作兵衛) 탄갱 기록화 및 기록문서

-2013년 : 미도 간파쿠키(御堂關白記), 1613년 센다이번의 스페인 파견 사절단 기록물

-2015년 : 시베리아 억류 일본인의 마이즈루(舞鶴) 귀환 관련 기록물, 도지 백합문서(東寺白合文書)

-2017년 : 조선통신사 관련 기록물, 군마현 다카사키시 고비군(古碑群) 고즈케 삼비(上野三碑)

7장

언론이 보도한 조선통신사

언론은 조선통신사에 대해 그동안 어떤 시각을 갖고 어떤 보도를 해왔을까. 이런 의문에 약간의 답이라도 얻기 위해 동아일보, 조선일보, 중앙일보, 그리고 조선통신사를 시의 브랜드로 키우고 있는 부산의 부산일보와 국제신문을 살펴봤다.

살펴보려고 해도 기간과 양이 방대하기 때문에 선뜻 착수할 일은 못된다. 그래서 동아일보와 조선일보는 독자서비스센터에, 중앙일보는 고객센터에 조선통신사와 관련된 자기 신문의 기사를 부탁했다. 그곳에서 일하는 전문가들이 자기 회사의 기사 데이터베이스에 '조선통신사'를 입력해서 출력한 주요 기사를 보내줬다. 각사마다 50쪽 정도였는데, 전부는 아니지만 조선통신사에 대한 보도 흐름을 아는 데는 도움이 됐다.

부산일보와 국제신문은 현직 문화부장과 접촉했다. 알고 요청했던 것은 아니지만 부산일보의 정달식 부장, 국제신문의 조봉권 부장은 부산의 조선통신사 복원 작업을 직접 취재했던 기자들이었다. 정 부장은 조선통신사를 유네스코 세계기록유산에 한일이 공동등재하자는 움직임이 본격화한 2012년 이후의 주요 기사를 보내줬고, 조 부장은 본인이 직접 기사를 써서 보내왔다.

아쉬움은 방송과 다른 신문을 살펴보지 못했다는 것이다. 방송도 조선통신사를 보도한 것이 꽤 있을 텐데 취재가 짧아 이 책에 반영하지 못했다. 다른 신문들도 의미 있는 조선통신사 기사를 썼을 가능성이 있다. 그런 점에서 이 장은 '언론이 보도한 조선통신사'가 아니라 '신문 속의 조선통신사'가 적확할지 모르겠다. 다른 매체까지, 그리고 이번에 언급한 매체들도 좀더 자세하게 살펴보는 작업은 나중으로 미루고자 한다.

5개 신문의 기사들을 읽어보니 조선통신사 기사는 몇 가지 특징이 있었다.

첫째, 조선통신사에 관한 기사는 분야가 정형화되어 있었다. 가장 많은 것이 조선통신사의 옛길을 돌아보는 기획물이었고, 그 다음이 조선통신사를 재현하는 이벤트 보도였다. 조선통신사에 대한 연구 결과나 전시회, 새로 발견된 관련 유물 등에 대한 보도가 그 뒤를 이었다. 그러나 이런 보도는 많지는 않았다. 아무래도 이는 매일 매일 움직이는 뉴스를 다뤄야 하고, 지면도 제한이 있는 신문의 특성 때문으로 풀이된다. 신문이 학술지나 도록圖錄 역할을 하기는 어렵다는 뜻이다.

둘째, 조선통신사에 자부심이 배어 있었다. 일본은 조선통신사를 막부에 보낸 조공朝貢사절로 보려는 시각이 강했다. 그에 비해 우리는 일본에 한 수 가르쳐준 문화사절임을 강조해 왔다. 우리는 사신들이 돌아와 남긴 문집이나 여행기 등에서 "일본인들이 시와 그림을 청하기 위해 줄을 서는 바람에 고생을 했다"는 구절을 즐겨 인용했다. 모든 신문이 조선통신사가 '한류의 원조'라는 표현도 빼놓지 않았다. 그러나 양쪽의 시각은 최근 들어 점차 교정되어 가고 있다. 한쪽이 일방적으로 도움을 주고받은 사절이 아니라 양쪽이 모두 필요해서 생긴 '평화와 우호의 사절'이라는 관점이다. 그런 시각이 확대된 것이 바로 한일 민간단체가 조선통신사를 유네스코에 공동등재하자는 합의였을 것이다. 조선통신사는 또, 한일 간의 갈등을 해소할 수 있는 모델케이스로서 최근 들어 부쩍 더 관심을 받고 있다.

셋째, 일본에는 조선통신사 유물도 많이 남아 있고 관심도 비교적 높은 데 반해, 우리는 그렇지 못하다는 기사가 최근에 늘고 있다. 이는 사실이다. 왜倭에게 문화를 한 수 가르쳐 주러 가는 사행이라고 생각했던 탓인지 한양에서 부산까지, 부산에서 한양까지 오갈 때 그들의 행렬을 기록한 그림 한 장이 없다. 일본에는 그렇게 행렬도가 많이 남아 있는데. 일본에서는 조선통신사가 지나가거나 숙박한 지역을 연고지, 즉 '연지緣地'라 해서 '조선통신사연지연락협의회緣地連(연지연)'를 만들고 이 단체가 유네스코 공동등재의 주체가 됐다. 우리나라는 아직 그런 모임이 없다. 앞 장에서 다뤘지만 조선통신사를 브랜드로 활용하려는 움직임이 일어난 것은 그리 오래되지 않았고, 그것도 부산과 영천 등 몇 곳에 불과하다.

넷째, 조선통신사에 관한 보도는 대개 1980년 이후부터 나오기 시작했다. 이는 재일사학자 신기수 씨가 '에도시대의 조선통신사'라는 50분짜리 다큐멘터리 영화를 만들어 호평을 받는 때가 1979년이라는 것과 무관하지 않을 것 같다. 그 이전에는 조선통신사에 대해 별로 관심이 없었고, 신문 역시 마찬가지였다.

다섯째, 조선통신사를 임진왜란 이후 1607년부터 1811년까지 12차례에 걸쳐 일본에 보낸 사절단만으로 규정했다. 사실 세종조에 활약한 충숙공 이예李藝가 있듯, 조선 전기에도 여러 차례 통신사의 성격을 띤 사절단이 일본을 오갔다. 조선 후기에 보낸 12차례의 조선통신사가 규모와 의미 면에서 크고 중요한 것은 사실이지만, 조선 전기에도 조선통신사가 있었다는 점은 잊지 말아야 할 것이다. 최근 그런 문제 제기도 들려오기 시작했다.

여섯째, 서울의 신문과 부산의 신문은 관심 영역과 보도 태도에 큰 차이가 있었다. 서울에서 발행하는 신문은 '과거로' '일본으로' 달려갔지만,

부산의 신문은 '지금' '부산으로' 달려갔다. 즉, 중앙지는 조선통신사의 의미를 오늘에 되살리기 위해 조선통신사가 활약했던 과거와 일본에서 해답을 찾으려고 노력했다. 그러나 부산에서 발행하는 신문은 지금 부산에서 벌어지고 있는 이벤트와 축제, 사업, 학술대회 등을 많이 보도했다. 물론, 중앙지도 종종 부산의 이벤트를 보도했다. 그런데 그 기사는 부산·울산·경남에서만 볼 수 있는 소위 '지방판'에 실렸다. 따라서 이 기사는 다른 지역의 독자는 볼 수가 없다. 아쉬운 대목이다.

이런 시각을 갖고 각 신문의 조선통신사 보도를 살펴보기로 하자. 시간별로 나열하기보다는 각 신문이 의지를 갖고 보도한 기획이나 이벤트를 중심으로 서술한다. 5개 신문의 보도를 종합하면 조선통신사에 대한 기사 유형은 거의 다 알 수 있다고 생각해도 좋을 것이다.

1. 동아일보
-'수교 50년, 교류 2000년 기획'이 바라보는 곳

동아일보 보도에서 눈길을 끄는 것은 2015년 한일수교 50주년을 맞아 게재한 장기 기획이었다. 제목은 '수교 50년, 교류 2000년-한일, 새로운 이웃을 향해'였다.

이 기획의 1부(6월 15일~10월 22일)는 33회에 걸쳐 고대 한일 간의 문화교류의 흔적을 일본 현지에서 취재해 보도했다. 여기에는 일본의 벼농사, 왕인 박사, 백제 도래인渡來人, 수성水城과 다자이후, 백제마을 난고손南鄕村, 정창원, 장보고, 도조 이삼평, 심수관 가문 등이 등장한다.

조선통신사는 이 기획의 2부였는데, 2005년 10월 26일부터 12월 15일까지 10회에 걸쳐 보도했다. 조선통신사가 갔던 옛길을 따라가며 오늘의 관점도 녹여 보도했다.

동아일보는 이 시리즈의 기획의도를 다음과 같이 밝혔다.

> 작금의 한일 관계는 매우 답답한 형국이다. 뭔가 다른 접근이 필요하다고들 말한다. 이에 본 시리즈는 다음 두 가지 시각으로 기획되었다.
>
> 첫째, 위안부 문제, 독도 문제 등 현안도 중요하지만 동아시아 문명사의 전래와 확장이라는 역사적 시각을 상기할 필요가 있다. 동아시아 문명사는 북에서 남으로, 바이칼호 황허黃河 강 등 물에서 육지로, 기마민족에서 농경민

족으로 확산되어 왔다. 우리 선조들이 수렵과 어업이 주축이던 일본에 벼농사와 문명을 전파하고 진출한 것은 어쩌면 역사의 필연에 가까운 것이었다.

둘째, 지금 이 시점에서 한일 관계는 양국의 평화와 더불어 지구촌 공영에 공동 기여한다는 미래지향적 시각이 중요하다. 특히 젊은이들에게 역사를 잘 가르쳐 미래의 주역이 되도록 도와야 한다.

이번 시리즈를 통해 한일 두 나라 관계가 단순한 일방적 교류나 식민 피지배 시기로만 한정되는 적대적 관계가 아니라 오랜 시공간적 시간으로 보면 지구상 어느 나라에서도 찾아볼 수 없을 정도로 동질적인 문명적 복합체 성격이었음을 드러내는 것은 그래서 중요하다고 본다. 차제에 한일 젊은이들이 미래에 함께할 수 있는 공통분모를 한일 간의 2000년 교류 역사 속에서 재발견했으면 한다(2015년 6월 15일자, 8면).

이런 의도는 성공했을까. 이 시리즈를 취재한 동아일보 국제부 특별취재팀은 이듬해 4월 제6회 서재필 언론문화상을 받았고, 이 시리즈를 기획한 허문명 당시 국제부장은 이듬해 9월에 제17회 일한문화교류

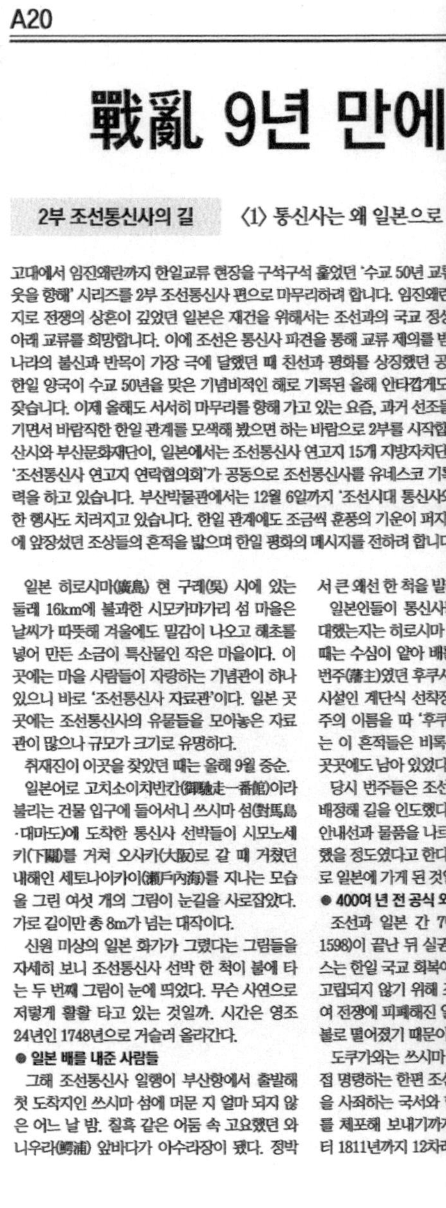
A20

戰亂 9년 만에

2부 조선통신사의 길 〈1〉 통신사는 왜 일본으로

고대에서 임진왜란까지 한일교류 현장을 구석구석 훑었던 '수교 50년 교
웃을 향해' 시리즈를 2부 조선통신사 편으로 마무리하려 합니다. 임진왜
지로 전쟁의 상흔이 깊었던 일본은 재건을 위해서는 조선과의 국교 정
아래 교류를 희망합니다. 이에 조선은 통신사 파견을 통해 교류 제의를
나라의 불신과 반목이 가장 극에 달했던 때 친선과 평화를 상징했던 공
한일 양국이 수교 50년을 맞은 기념비적인 해로 기록된 올해 안타깝게도
잦습니다. 이제 올해도 서서히 마무리를 향해 가고 있는 요즘, 과거 선조
기면서 바람직한 한일 관계를 모색해 봤으면 하는 바람으로 2부를 시작합
산시와 부산문화재단이, 일본에서는 조선통신사 연고지 15개 지방자치단
'조선통신사 연고지 연락협의회'가 공동으로 조선통신사를 유네스코 기
력을 하고 있습니다. 부산박물관에서는 12월 6일까지 '조선시대 통신사
한 행사도 치러지고 있습니다. 한일 관계에도 조금씩 훈풍의 기운이 퍼지
에 앞장섰던 조상들의 흔적을 밟으며 한일 평화의 메시지를 전하려 합니

일본 히로시마(廣島) 현 구레(吳) 시에 있는 둘레 16km에 불과한 시모카마가리 섬 마을은 날씨가 따뜻해 겨울에도 밀감이 나오고 해초를 넣어 만든 소금이 특산물인 작은 마을이다. 이곳에는 마을 사람들이 자랑하는 기념관이 하나 있으니 바로 '조선통신사 자료관'이다. 일본 곳곳에는 조선통신사의 유물들을 모아놓은 자료관이 많으나 규모가 크기로 유명하다.

취재진이 이곳을 찾았던 때는 올해 9월 중순.

일본어로 고치소이치반칸(御馳走一番館)이라 불리는 건물 입구에 들어서니 쓰시마 섬(對馬島·대마도)에 도착한 통신사 선박들이 시모노세키(下關)를 거쳐 오사카(大阪)로 갈 때 거쳤던 내해인 세토나이카이(瀨戶內海)를 지나는 모습을 그린 여섯 개의 그림이 눈길을 사로잡았다. 가로 길이만 총 8m가 넘는 대작이다.

신원 미상의 일본 화가가 그렸다는 그림들을 자세히 보니 조선통신사 선박 한 척이 불에 타는 두 번째 그림이 눈에 띄었다. 무슨 사연으로 저렇게 활활 타고 있는 것일까. 시간은 영조 24년인 1748년으로 거슬러 올라간다.

● 일본 배를 내준 사람들

그해 조선통신사 일행이 부산항에서 출발해 첫 도착지인 쓰시마 섬에 머문 지 얼마 되지 않은 어느 날 밤. 칠흑 같은 어둠 속 고요했던 와니우라(鰐浦) 앞바다가 아수라장이 됐다. 정박

서 큰 왜선 한 척을 발
일본인들이 통신사
대했는지는 히로시마
때는 수심이 얕아 배
번주(藩主)였던 후쿠시
사설인 계단식 선착
주의 이름을 따 '후쿠
는 이 흔적들은 비록
곳곳에도 남아 있었다
당시 번주들은 조선
배정해 길을 인도했다
안내선과 물품을 나르
했을 정도였다고 한다
로 일본에 가게 된 것
● 400여 년 전 공식 외
조선과 일본 간 7
1598)이 끝난 뒤 실권
스는 한일 국교 회복
고립되지 않기 위해
여 전쟁에 피폐해진
불로 떨어졌기 때문이
도쿠가와는 쓰시마
접 명령하는 한편 조
을 사죄하는 국서와
를 체포해 보내기까지
터 1811년까지 12차

수교 50년, 교류 2000년 한일, 새로운 이웃을 향해 ⑮ 제29303호 2015년 10월 26일 월요일 동아일보

고회복… 200년 평화교류의 길 열다

시모카마가리의 조선통신사 자료관인 고치소이치반칸이 소장하고 있는 총 가로세로 824.9×14.5cm의 대형 그림인 '조선통신사 접대선 행렬도'. 모두 6편의 그림 중 조선통신사 선박 한 척이 화재로 불에 타는 모습을 그린 두 번째 편이다. 통신사들은 갑작스러운 사고로 항해 일정이 무산될 위기에 처했으나 쓰시마 섬 측에서 황급히 배를 제공해 주어 무사히 목적지인 에도(지금의 도쿄)에 닿을 수 있었다. 고치소이치반칸 제공

이치조 후미아키 청견사 주지가 가리키고 있는 본당 앞 편액 대부분은 조선통신사들이 남긴 글과 시들을 적어 만든 것이다. 시즈오카=허진석 기자 jameshuh@donga.com

로운 이 / 마찬가 / 는 판단 / 사는 두 / 습니다. / 는 일이 / 를 되새 / 서는 부 / 구성된 / 려는 노 / 등 다양 / 이 교류 / 겼다. / 하게 환 / 다. 썰물 / 게 되자 / 도 접안 / 다. 번 / 고 불리 / 간 마을 / 4척씩 / 아니라 / 척에 달 / 편 연유 / 1592~ / 이에야 / 아에서 / 받아들 / 발등의 / 사를 직 / 년 전쟁 / 협한 자 / 07년부 / 신사를

日, 숙소 짓고 다리 만들고 극진 대접
사신 행렬 보려 군중들 인산인해
통신사들의 흔적 고스란히 남아
한일 공동 유네스코 유산 등재 추진

지 품목인 고기를 반입하기까지 했다. 체재비용은 모두 일본이 부담했다.

1655년 역시 통신사로 왔던 부친이 남긴 글을 발견하고 '청견사에서 남긴 시운을 울며 따라 짓다'라는 글도 있었다. 선조들의 체온이 직접 닿았던 유물들을 보니 400년 전 조상들이 살아 있는 듯 눈앞에 생생하게 느껴졌다.

쇄국정책을 취했던 에도 막부 시절이었기에 조선통신사의 행렬은 일본 대중 입장에서는 평생 한 번 볼까 말까 한 외국 사신들의 행렬이었다. 그러다 보니 그들이 가는 길목마다 먼 길을 마다하지 않고 달려온 대중으로 인산인해를 이

(琵琶) 호수 연안에는 아직도 통신사가 다녔던 길이 '조선인가도(朝鮮人街道)'라는 이름으로 불리고 있었다. 통신사가 간 적이 없는 홋카이도 같은 곳에서까지 갓을 쓴 통신사 인형이 팔릴 정도였다.

지바 현 일본 국립역사민속박물관 구루시마 히로시 관장은 "조선통신사의 의의는 매번 그 행렬이 일본을 떠들썩하게 할 정도로 대중의 관심을 끌었고, 조선 사람을 직접 본 일본 대중이 그들에게 매우 호의를 가졌다는 데 있다"고 했다.

동아일보는 2015년 한일수교 50년을 맞아 '수교 50년, 교류 2000년–한일, 새로운 이웃을 향해'라는 장기 시리즈를 시작했다. 1부 33회에 이어 2부 10회 등 43회를 보도했다. 조선통신사는 2부의 테마였다. 사진은 2015년 10월 26일자의 2부 첫 회.

기금상을 수상했다.

동아일보는 올해 7월 8일부터 매주 토요판에 '잊혀진 전쟁-정유재란'이라는 전면 시리즈를 연재하고 있다. 조선통신사를 말하며 정유재란을 말하지 않을 수 없을 것이다. 기획 의도가 궁금하다.

420년 전, 조선의 강토는 붉은 피로 물들었다. "명을 칠 테니 길을 내라(征明假道)" 했던 왜적의 임진년 1차 침공에 이은 2차 침략이었다. 남쪽 4도를 노린 도요토미 히데요시의 야욕은 하늘을 찔렀다. 백성들은 귀를 잘리고 코를 베였다. 코 베는 왜적의 잔인무도함에 민초들은 치를 떨었다.

1597년 발발한 정유재란은 동아시아 3국이 싸운 당시로는 드문 국제 전쟁이다. 조-명 연합군과 왜군이 일진일퇴 혈투를 벌였다. 조선 민초와 병사들만 희생한 것이 아니다. 이국의 들판과 바다에서 명나라와 왜의 무명 병사들

지난해 4월 필자는 조선통신사가 남긴 시와 그림 등을 많이 소장하고 있는 일본 교토 쇼코쿠지(相國寺) 지쇼인(慈照院)을 방문했다. 조선통신사 연구와 영화 제작을 통해 일본에 조선통신사 붐을 일으킨 고 신기수 씨의 두 딸인 미사, 이화 씨와 함께 갔다. 사진은 필자가 히사야마 류쇼(久山隆昭) 주지에게 동아일보가 한일 수교 50주년 특집으로 이 절을 보도한 2015년 12월 3일자 신문을 전해 주는 모습. 사진 뒤에 있는 병풍이 기사에 등장하는 것으로, 조선통신사가 남긴 작품을 여럿 붙여서 만든 바로 그 백납 병풍이다.

이 속절없이 스러져 갔다.

60년을 한 주기로 치는 갑(甲)이 일곱 번이나 반복된 7주갑(周甲)을 맞았건만 정유재란은 여전히 '잊혀진 전쟁'이다. 가르치지도 않고 배우려고도 하지 않는다. 시간이 더 흐르면 관련 기록과 자료도 멸실될 것이다. 전적지 중 상당수는 개발의 삽질로 훼손됐다. 조선 수군이 탈환해 진지를 구축했던 순천왜성 앞 장도(獐島)가 대표적인 사례다.

더 늦기 전에 남해안 일대에 산재해 있는 전적지를 보존하고 재조명하는 데 정부와 광역·기초자치단체들의 적극적 관심이 요망된다. 정유재란의 현장들은 한중일의 미래세대가 비극의 역사에서 교훈을 배우고 평화와 선린을 실천하는 메카가 될 것이다.

2017년 현재, 한반도는 여전히 분쟁의 중심점에 놓여 있다. 동아일보는 '비극의 역사'이자 '숨겨진 역사'로 남은 정유재란을 재조명하는 장기 연재를 시작한다. 420년 전의 역사에서 한중일 3국의 문제를 풀어갈 교훈과 지혜를 찾기 위함이다(2017년 7월 8일자, 1면).

동아일보는 조선통신사의 옛길을 따라 걷는 행사도 후원하거나 보도했다. 1998년 7월 17일~31일 보름 동안 서울에서 부산까지 걷는 '조선통신사 옛길 도보탐사단'과 2001년 7월 26일~8월 22일 한일 양국의 젊은이들이 서울에서 도쿄까지 걷는 '2001년 평화의 행진'을 후원한 것이 한 예다.

또 임진왜란 이후 첫 통신사를 파견한 1607년으로부터 400년이 되는 2007년에 서울에서 도쿄까지 걸은 '21세기 조선통신사 서울~도쿄 우정걷기' 행렬도 후원했다. 서울을 떠난 지 46일 만에 도쿄에 입성한 이들의 모습을 동아일보 도쿄특파원은 이렇게 전했다.

16일 오후 2시 도쿄(東京) 지요다(千代田) 구에 있는 왕궁 앞 광장에 '조선통신사'라고 적힌 깃발과 태극기를 든 행렬이 모습을 드러냈다. 꽹과리와 장구 소리가 흥겨운 장단으로 이들을 맞았다. 뱃길인 부산~쓰시마(對馬) 섬~후쿠오카(福岡) 등 일부 구간을 빼면 서울에서 도쿄까지 꼬박 1090km를 걸어온 일행의 얼굴에서 지치고 피곤한 기색은 조금도 보이지 않았다.

조선 정부가 임진왜란 후 일본 정부에 공식 사절단인 통신사를 처음으로 파견한 것은 지금으로부터 400년 전인 1607년.

이를 기념해 조선통신사가 지나간 그 길을 다시 걸으며 한일 우호의 중요성을 되새겨보는 '21세기 조선통신사 서울~도쿄 우정 걷기' 행사가 대장정의 막을 내렸다.

일본인 32명과 한국인 11명(재일교포 포함)으로 구성된 행렬이 서울을 출발한 것은 지난달 1일. 이들은 경기 용인, 충북 충주, 경북 문경 예천 안동, 울산을 거쳐 지난달 20일 부산에 도착했다.

일본에서는 쓰시마 섬 후쿠오카 오사카(大阪) 교토(京都) 나고야(名古屋) 시즈오카(靜岡) 가와사키(川崎) 등을 지나왔다. 최종 목적지인 에도(江戶·도쿄의 옛 이름)에 입성한 것은 서울을 떠난 지 꼬박 46일 만.

왕궁 앞 광장에 도착한 행렬은 40명 정도였지만 일부 구간만 참가한 인원까지 합하면 모두 250여 명이 옛 조선통신사의 숨결을 호흡했다.

또 행렬이 지나는 곳마다 한일 두 나라의 국민은 따뜻한 격려와 환영의 말을 건넸다.

후쿠오카 현 후쿠오카 시에 사는 오무라 미나코(大村美奈子·60·여) 씨는 "안동에서 발을 다쳐 병원에 갔는데 의사가 조선통신사 행렬이라는 이유로 치료비를 받지 않았다"면서 "한국인들의 따뜻한 정을 깊이 느꼈다"고 말했다.

400년 전에 비하면 교통이 비교할 수 없이 발달했지만 평균연령이 65세인 일행에게 2700여 리는 멀고도 험한 길이었다.

하지만 참석자들은 "무엇과도 바꿀 수 없는 소중한 경험이었다"고 입을 모았다.

한남수 한국체육진흥회 서울지부 감사는 "미사여구가 필요 없다. 한 마디로 가슴이 벅차다"라고 감격스러워했다.

통역을 맡아 양국 일행의 가교 역할을 한 재일교포 강정춘(57·여) 씨는 "일본인들이 조선통신사들의 유물을 잘 보존하고 많은 연구를 해 놓은 데 대해 너무 놀랐다"면서 "조선통신사가 양국 역사에서 갖는 의미를 일본 사회에 널리 알리기 위해 앞으로 어떤 노력이든 하고 싶다"고 감회를 밝혔다.

우정 걷기 행사는 한국체육진흥회와 일본워킹협회가 공동 주최하고 본보와 아사히신문이 공동 후원했다(2007년 5월 17일자, 33면).

조선통신사를 놓고 한국은 우수한 문화사절로, 일본은 사실상 조공사절로 보고 있다는 학계의 논쟁을 소개한 1982년(1월 23일자 6면, 12월 10일자 9면)과 1991년(5월 20일자 13면) 기사도 눈길을 끈다. 이들 기사는 아직 끝나지는 않았으나 많이 퇴색한 논쟁의 원형을 보여준다.

일찌감치 조선통신사의 명칭에 대해 문제를 제기한 '의견'도 소개하자.

(전략) 우선 '조선통신사'라는 명칭부터가 잘못되었다. 이른바 '조선통신사'는 조선시대 조선의 중앙정부에서 일본 막부장군에게 파견된 사행을 가리킨다. 당시 조선은 일본을 교린의 대상으로 하여 외교의례상 대등한 국가로 인정하였다. 이 교린국 사이에 왕래하는 사신이 통신사이다(중략).

그런데 조선에서 파견된 통신사에 대한 이름이 '조선왕조실록'이나 '통신사등록' 등 우리측 사료에는 '통신사'나 '신사' 또는 '일본통신사' 등으로 기록되어 있을 뿐 '조선통신사'라는 이름은 전혀 나오지 않는다. 우리 측에서 보면 일본에 파견하는 통신사이므로 당연히 '일본통신사'로 불렀던 것이다.

'조선통신사'란 일본에서 불렀던 명칭이다. 즉 '조선에서 온 통신사'란 뜻이다. 그런데도 불구하고 오늘날 '조선통신사'라고 부르는 것은 명백한 잘못이다.

그런데 왜 '통신사' 내지 '일본통신사'가 '조선통신사'로 불려지게 되었는가? 연구자로서 부끄러운 이야기지만 지금까지 한일관계사에 관한 연구가 일본인 학자들에 의해 먼저 이루어져왔고, 그들이 쓰는 명칭이나 용어를 무비판적으로 수용한 결과다.

따라서 필자는 단순히 '통신사'로 하거나 아니면 '대일통신사'로 부르는 것이 좋다고 생각한다.

그런데 보다 우려할만한 사실은 조선통신사라는 이름 속에는 이른바 '통신사조공사절관'이 암암리에 자리잡고 있는 점이다. 대일통신사가 조공사적인 성격을 지니고 있느냐 하는 문제는 지면관계상 자세히 논할 수 없지만 명분상으로나 실질적으로 전혀 타당하지 않다.

통신사조공사절관은 18세기 후반 일본에서 일어난 국학자들의 일부에서 제기되고 천황중심의 절대주의체제가 확립되는 명치유신 이후 강화되었는데 최근 또다시 일본의 보수우경화현상과 더불어 통신사조공사절관이 들먹여지고 있다.

더구나 그러한 움직임이 전후세대들에 의해 주장되고 있음을 볼 때 참으로 유감스럽고 우려할만한 현상이 아닐 수 없다. **하우봉〈전북대학교 인문대학 사학과 교수〉**(1992년 5월 22일자, 15면, '나의 의견' 코너).

고려대와 와세다대는 2009년부터 '한일(일한)성신통신사'라는 프로그램을 운영하고 있다. 두 대학 학생 10여 명씩이 '공생·평화에의 길'이라는 캐치프레이즈를 내걸고 매년 한국과 일본을 오가며 양국에게 모두 의미가 깊은 역사의 현장을 방문해 현안 문제 등을 공부한다(코디네이터 오다가와 고·小田川興 전 아사히신문 서울특파원). 동아일보 부설 화정평화재단은 2014년부터 이 프로그램의 경비 일부를 지원하고 있다.

동아일보의 조선통신사 관련 기사는 필자가 쓴 칼럼 두 편을 소개하는 것으로 마무리 짓고자 한다. 비록 졸고이긴 하지만, 조선통신사를 과거의 박제가 아니라 지금의 눈으로 보고자 했다는 점을 밝힌다.

조선통신사와 윤순하, 그리고 유민

일본에 처음으로 조선통신사를 보낸 지 400년이 되는 해다. 이곳저곳에서 기념행사 소식이 들려온다. 통신사 행렬 재현과 그들이 갔던 길을 걸어 보는 행사도 있다. 조선통신사의 역사적 문화적 의미를 짚어 보는 학술회의와 관련 책 출간도 빼놓을 수 없다. 그럴 때마다 나오는 말이 '조선통신사는 한류의 원조'라는 표현이다. 그 말을 처음 들었을 때 무릎을 쳤다. '그럴 수도 있겠다'는 생각에.

최근 아사히신문 서울특파원을 지낸 하사바 기요시(波佐場清) 씨가 쓴 '코리아 한화(閑話)'라는 칼럼집을 읽다가 흥미로운 인물을 만났다. 교토 출생의 재일동포 2세 신기수(辛基秀).

칼럼에 따르면 일본인과 조선인의 경계에서 정체성의 혼란을 겪던 그는 1970년경 고서 시장에서 두루마리 그림 하나와 만난다. 그림 속의 일본 민중은 동경의 눈빛으로 조선통신사 일행을 바라보고 있었다. 그는 생각한다. '이거라면 일본인과 조선인의 벽을 허물 수 있겠다'고. 그는 일본 곳곳에 있는 조선통신사의 흔적을 찾아내 1979년 '에도시대의 조선통신사'라는 다큐멘터리를 만든다. 이 영화는 일본에 독립영화 붐을 일으킨다. 조선통신사가 초등학교 교과서에까지 실리는 데는 그의 공헌이 컸다. 그는 한일 공동 월드컵 분위기로 들떠 있던 2002년 7월 병상에서 필담으로 이렇게 말한다. "지금 일본과 한국의 젊은이들이 마음을 열고 진짜 교류를 시작했다. 마치 조선통신사가 다시 온 것 같다." 3개월 뒤 그는 세상을 뜬다. 향년 71세.

신 씨에게 조선통신사는 박제된 과거가 아니라 살아 있는 역사였다. 그는 조선통신사를 일생의 연구 테마로 삼았다. 칼럼은 그런 신 씨의 삶을 옆에서 지켜본 어느 일본 기자의 책도 소개한다. '신기수와 조선통신사의 시대-한류의 원점을 찾아서.' '한류의 원점'이라는 부제가 눈길을 끈다.

조선통신사가 '한류의 원점'이나 '한류의 원조'라면 요즘 일본의 한류 붐은 한류의 부활, 한류 스타들은 조선통신사의 후예쯤 될까. 그 정점에 '겨울연가'의 '용사마(배용준)'와 '지우히메(최지우)'가 있다. 그러나 기자는 '한류'라는 말이 나올 때면 다른 연예인을 떠올린다. 윤손하와 유민이다.

윤손하는 2001년 NHK 드라마 '다시 한 번 키스'로 일본 연예계에 데뷔했다. 청순한 한국인 여가수 역으로 깊은 인상을 남겼다. 한국인의 일본 드라마 출연 1호. 그 후 '파이팅 걸' '굿럭' 등의 드라마와 CF 출연, 활발한 방송 활동으로 일본에서도 제대로 대접받는 연예인으로 성장했다.

윤손하의 대칭점에 있는 게 유민이다. 일본인인 그가 '8월의 크리스마스'에 반해 한국에서 연예활동을 하기로 마음먹은 것 자체가 당차다. 그도 윤손하와 같은 2001년에 드라마 '우리집'으로 한국에 얼굴을 알렸다. 일본인의 한국 드라마 출연 1호. 그도 이젠 스타가 됐다.

두 사람의 인기가 앞으로 어떻게 될지는 가늠하기 어렵다. 일각에서는 '이방인'의 한계를 지적하기도 한다. 그러나 윤손하가 대한해협을 건너가 몸으로 부딪치며 한류의 씨앗을 뿌리고, 유민이 후에키 유코(笛木優子)라는 이름을 버리고 대한해협을 건너와 한류 확산에 기여한 점은 평가해야 한다. 그들보다 더 많은 인기를 누리고 있는 한류 스타들도 못한 일이다.

그러나 조선통신사와 요즘의 한류 붐 사이엔 분명한 차이가 보이는 게 마음에 걸린다. 조선통신사는 문물(文物)이 중심이었고, 인물(人物)은 다음이었다. 일본 민중은 통신사라는 인물이 아니라 그들이 갖고 간 '조선의 문물'에 동경의 눈길을 보냈다. 뭔가 배워서 간직하고 넘겨줄 게 있었다는 뜻이다. 400년이 흘렀는데도 일본에 숱한 조선통신사의 흔적이 남아 있는 건 그 때문이다.

요즘은 어떤가. 한류의 콘텐츠가 아니라 한류 스타라는 인물만이 열광의 대상이 되어 버렸다. 문물과 인물이 뒤바뀐 것이다. 동경할 만한 문물이 수반되지 않는, 스타 중심의 한류라면 얼마 못 가 한류(寒流)가 될지 모른다. 벌써 그런 조짐이 나타나고 있지만(2007년 5월 17일자, 35면).

신기수의 꿈

한일 공동 월드컵의 열기로 두 나라가 들썩이던 2002년 여름, 일본 오사카의 한 병원에 입원 중이던 70대 남자와 일본 기자가 필담을 나눴다. 환자는 식도암 수술로 말을 할 수 없었다. 필담 중 일부.

—'리틀 서울'이라고까지 불리는 도쿄의 신오쿠보에서는 일한의 젊은이가 월드컵을 보며 대단히 신이 났습니다.

"일본의 젊은이도, 한국의 청년도 베일을 벗어던지고 교류를 시작했다는 느낌이 든다. 마치 현대의 통신사가 오가고 있는 것 같아 기쁩니다."

환자의 이름은 신기수(辛基秀). 재일역사학자 겸 영상작가로 '조선통신사' 연구로 일가를 이룬 사람이다. 축구에서 통신사를 떠올린 건 그다운 발상이었다. 필담을 나눈 지 몇 달 뒤 그는 세상을 떴다. 향년 71세.

조선통신사는 1607년부터 1811년까지 200여 년간 12차례나 일본 에도막부를 방문했던 외교문화사절단이다. 임진왜란과 정유재란이 끝난 지 불과 9년 만에 시작된 것이나, 500명 안팎의 큰 규모와 정기행사였다는 점도 유례를 찾기 힘들다. 신 씨는 조선통신사를 통해 불행했던 한일관계의 회복 모델을 찾으려 애썼다. 그는 문헌보다 '물건'에 관심이 많았다. 일본 방방곡곡의 절이나 신사, 고택을 돌아다니며 조선통신사와 관련된 그림, 두루마리, 병풍, 족자, 인형 등을 수집했다. 종종 집을 담보로 잡혔다. 그는 일찌감치 영상의 힘에 주목한 학자이기도 했다. 1979년에 개봉한 '에도시대의 조선통신사'라는 영화는 그의 컬렉션에 신념을 입힌 역작이다.

이 영화는 신 씨를 일약 유명인사로 만들며 일본에 통신사 붐을 일으켰다. 통신사가 지나갔던 지역마다 '통신사 연구회'가 만들어지고 통신사 행렬을 재현한 마쓰리(축제)도 생겨났다. 통신사가 새로 취임하는 쇼군(將軍)에게 조공을 바치러 온 것이라는 일본 중심의 학설도 수정됐다. 에도 막부가 쇄국만 했던 것은 아니라는 사실이 부각되면서 일본 교과서에도 통신사가 실리기 시작했다.

요즘 조선통신사 연구에서는 '빛'만 아니라 '그늘'도 봐야 한다는 주장이 나오고 있다('조선통신사 한일교류의 여러 양상', 나카오 히로시·하우봉 외, 2012년, 보고사). 통신사 접대에 막부의 1년 예산이 들어가는 바람에 농민 봉기까지 벌어졌던 사례나 외교 의례를 둘러싼 갈등의 연구와, 한일 양자 관계가 아니라 중국까지를 포함한 복안(複眼)적 분석도 필요하다는 의견 등이다. 그러나 이런 문제의식도 꼼꼼한 1차 자료 연구로 화석화됐던 조선통신사에 숨결을 불어넣고, 역사의 무대 위로 끌어올린 신 씨와 강재언, 이진희 씨 같은 재일 사학자들의 노력이 있었기에 가능하다.

신 씨 본인도 통신사라는 '빛'에만 매몰됐던 건 아니다. 재일조선인의 '그늘'에도 관심을 뒀다. 1986년 개봉한 '해방의 그날까지-재일조선인의 발자취'라는 기록영화가 대표적이다. 광복 전까지 일본에서 살았던 재일조선인의 고난과 투쟁을 자료와 영상, 생존자들의 인터뷰를 섞어 만든 195분짜리 다큐멘터리다.

'해방의 그날까지'가 광복절 기획으로 15, 17일 두 차례 서울 마포구 상암동의 한국영상자료원에서 국내 처음 상영됐다. 150석의 좌석이 모두 찼다. 신 씨는 이 영화를 통해 재일조선인이 핍박만 받았던 수동적인 존재가 아니라 '대의'와 '자존'을 위해 싸웠으며, 일본 민중과의 연대투쟁을 통해 일본 사회에도 영향을 미쳤다는 점을 부각하려 했던 것으로 보인다. 그렇지만 감상 결과 재일조선인의 아픔과 한이 더 가슴에 남는 것은 어쩔 수 없는 것 같다.

영화 상영에 맞춰 신 씨의 세 모녀가 모처럼 서울에서 만났다. 부인 강학자 씨는 평생 남편의 든든한 후원자였고, 맏딸 미사 씨도 아버지의 영화 제작을 적극적으로 도왔다고 한다. 둘째 딸 이화 씨는 2년 전 아예 한국으로 와 한국말을 배워 가며 이 영화의 상영을 위해 동분서주했다. 세 사람은 "큰 짐을 덜어 우리가 해방된 것 같다"며 기뻐했다.

흔히들 일본 사회가 재일동포를 차별한다고 말한다. 과연 일본만 그런가. 우리는 제 발로 미국으로 건너가 시민권을 얻은 사람은 축하하고, 그 자식이 영어를 하면 대견해한다. 그러나 못난 조국을 만난 죄로 강제로 일본으로 끌려간 재일동포와 그 자식들이 고민 끝에 귀화하면 눈을 흘기고, 한국말을 못하면 아비 어미는 뭘 했느냐고 꾸짖는다.

신 씨도 일본과 한국이라는 불편한 틈새에서 자신의 정체성을 찾으려 애썼던 재일동포 지식인 중 한 명이라는 사실엔 변함이 없다. 그리고 그는 조선통신사 연구라는 필생의 업을 통해 재일 한국인에게 자존을 주고, 두 나라의 우호 회복을 꿈꿨다. 그 자신이 '현대의 통신사'였던 셈이다. 그런데 그가 10여 년 전에 마지막으로 봤던 한일 우호 무드는 지금 어디에 있는가. 신 씨의 꿈이 이뤄질 날은 아직도 먼 듯하다.

※ 이 칼럼은 우에노 도시히코(上野敏彦) 교도통신 기자가 쓴 '신기수와 조선통신사의 시대'(2006년 초판 2쇄·明石書店)를 주로 참고했음을 밝힙니다(2013년 8월 19일자, 30면).

2. 조선일보
-은륜으로 성신의 길을 달리다

조선일보 보도에 관한 기사는 먼저 우스개로 시작해야 할 것 같다. 조선일보 독자서비스센터가 보내준 자료의 맨 앞 다섯 장은 1923년 것 한 장, 1929년 것 한 장, 1947년 것 세 장이었다. 이 자료에도 물론 '조선통신사'라는 글씨가 들어 있었다. 그런데 괄호 안 마지막 글자의 한자漢字가 틀렸다. 내가 찾는 것은 '朝鮮通信使'인데 여기에는 '朝鮮通信社'라고 쓰여 있었다. 조선이 식민지가 되면서 생겨난 뉴스통신사나 전화 회사 등이 '조선통신사'라는 이름을 썼는데, 검색 기능은 그런 것까지 가릴 능력이 없기 때문에 생긴 해프닝이다.

본론으로 들어가 조선일보 보도 중에 가장 눈길을 끄는 것은 역시 한일 수교 50주년이었던 2015년에 자전거로 조선통신사가 갔던 길을 달렸던 이벤트다. 그해 10월 11일 광화문을 출발해 11월 1일 도쿄에 입성했다. 바닷길 680여km, 육로 1225km등 1900여km를 달리는 장정이었다.

신문은 그 취지를 이렇게 밝혔다.

> 한·일 국교 정상화 50주년을 맞아 '두 바퀴로 달리는 신(新)조선통신사' 자전거 대장정이 오는 11일 시작된다. 외교부(주일 한국대사관)와 조선일보가 공동 주최하고 일본사이클링협회와 마이니치신문이 주관하는 이번 행사

는 과거 양국 간 공식 외교사절이자 친선교류의 상징이었던 조선통신사의 발자취를 따라 달리면서 과거사 갈등과 역사적 아픔을 해소하고 상호 이해를 높이려는 취지다.

(중략) 외교부와 조선일보는 지난달 말 서류 심사와 체력 검증·면접 등을 거쳐 한국 대원 25명을 뽑았고, 일본사이클링협회도 사이클 동호인 등을 중심으로 일본 대원 25명을 선발했다. 이들 선수단 50명을 대표할 선수단장은 유인촌 전 문화체육관광부장관이 맡았고, 이재정 대한사이클연맹 이사가 대장으로 자전거팀을 이끈다.

(중략) 신조선통신사 대원들은 자전거로 서울에서 이천·충주·안동·경주·부산까지 달린 뒤 배편으로 현해탄을 건넌다. 이후 시모노세키·오사카·교토·나고야·요코하마 등을 경유해 11월 1일 도쿄에 입성한다. 양국 간 우호협력을 증진하고 새로운 한·일 관계를 모색하기 위해 부산·시모노세키·오사카·나고야·시즈오카 등 주요 경유지마다 역사·학술·문화 행사를 열고, 도쿄에선 한·일 정·재계 인사와 한류 스타들이 참석한 가운데 대규모 환영행사를 개최한다. 11월 2일엔 동일본 대지진 피해지역인 후쿠시마현 이와키시(市)를 방문해 위문활동을 할 예정이다(2015년 10월 5일자, 6면).

이 이벤트의 특징 중 하나는 지면을 통해 밝히기도 했지만, 그냥 자전거만 타고 달리는 것이 아니라 통신사 연고지나 관련 시설 방문, 학술행사 등으로 참석자들의 지식과 소명의식도 높여줬다는 것이다. 그런 운영방식과 자전거를 이용했다는 점에서 한 단계 업그레이드된 조선통신사 옛길 답사로 볼 수 있다.

박근혜 대통령은 대원들이 한국에서 출발할 때, 아베 신조 총리는 자신의 지역구인 시모노세키에서 일본 출발 기념식을 열 때와 도쿄에 입성할 때 두 번이나 축하 메시지를 보내는 등 양국 정상이 모두 관심을 보인 것은 이례적이다. 당시는 일본군 위안부 문제를 둘러싸고 막바지 협상을 벌이고 있을 때였다. 한일은 그해 말인 12월 28일 협상 결과를 발표한다.

대원들이 가슴에 감동을 안았다면, 신문은 그 감동으로 양국관계의 개선을 촉구했다. 조선일보는 대원들이 도쿄에 입성한 다음날, 사설을 통해 이렇게 촉구한다. 그 날은 박근혜 대통령과 아베 신조 총리가 서울에서 첫 정상회담을 갖는 날이었다.

韓·日 정상, '新조선통신사의 和合 염원' 외면 말라

화합의 꿈을 안고 달린 50명의 한·일 자전거 라이더 '두 바퀴로 달리는 신(新)조선통신사' 일행이 1일 목적지인 도쿄에 도착했다. 한·일 국교 정상화 50주년을 맞아 지난달 11일 서울 경복궁을 출발한지 22일 만이다. '진심을 다해 믿음으로 교류한다'는 성신교린(誠信交隣) 정신으로 400여 년 전부터 조선통신사가 걸어간 1900km 행로를 두 나라 민간인들이 굵은 땀을 흘리며 함께 완주했다. 이번에도 진심과 믿음이 이뤄낸 결과였다.

조선일보가 주최한 자전거 대장정은 2014년 통일의 꿈을 안고 유라시아 대륙을 달린 '원코리아 유라시아 자전거 평화 대장정'과 올해 8~9월 독립운동의 발자취를 따라 중국을 달린 '한·중 청년 자전거 대장정'에 이어 이번이 세 번째다. 신조선통신사 대장정은 유라시아나 중국에 비해 물리적 거리는 짧았지만 냉랭한 한·일 관계 때문에 심정적 거리는 더 멀었다. 하지만 두 바퀴가 굴러가자 당초 우려와는 달리 대원들을 향한 응원과 환대가 이어졌다.

출발 직전 한국 어린이들이 편지 50통을 일본 친구들에게 전해 달라며 대원들에게 맡겼고, 일본의 첫 도착지 시모노세키에선 시장을 비롯한 많은 시민이 대원들을 환영했다. 태극기를 흔들며 대원들을 맞은 일본 여성, 된장국과 김치를 만들어 준 일본인과 교민들도 있었다. 1일 도쿄 광장에서 열린 완주 기념식에선 시민 1000여 명이 대원들에게 뜨거운 박수를 보냈다. 거기엔 거꾸로 가는 한·일 관계를 회복시켜주길 기원하는 두 나라 국민의 간절한 소망이 담겨 있었다.

두 나라 정상은 신조선통신사 자전거 팀 출발과 도착에 맞춰 메시지를 보냈다. 박근혜 대통령은 "자전거가 두 바퀴를 굴려 나아가듯 양국이 과거를 직시하며 미래를 지향하는 두 바퀴를 조화롭게 굴려야 한다"고 했다. 아베 총리는 "한·일 간 장구한 교류 역사를 되돌아보면서 함께 손잡고 새 시대를 구축해 가기를 바란다"고 했다. 이런 희망과 기대를 말로만 끝내선 안 된다.

두 정상은 2일 3년 6개월 만에 양자 정상회담을 갖는다. 200여 년 사이 열두 차례나 바다를 건넌 조선통신사처럼 '성신교린'의 자세로 대한다면 풀지 못할 과제가 없을 것이다. 두 정상은 신조선통신사 1900km 여정에서 보여준 양국 국민의 성원과 염원을 더는 외면해선 안 된다(2015년 11월 2일자, 35면 사설)

한일 수교 20주년이던 1985년에 도쿄국립박물관에서, 그리고 이듬해 국립중앙박물관에서 개막한 조선통신사전에 관한 소개기사도 관심을 끈다. 도쿄 전시회를 전하는 기사의 마지막은 "한국 측 자료 12점, 일본 측 자료 1백 18점 등 1백 30점의 출품자료는 대부분 통신사 일행이 장사진을 이룬 채 위용을 갖춰 일본땅을 누비는 모습을 그리고 있어 우리의 문화우위와 자긍심을 일깨워주고 있다"고 되어 있다(1985년 11월 1일자, 8면).

그러나 더 관심을 끄는 것은 일본전도 개막이 안 되었을 때 한병삼 국립중앙박물관장이 '一事一言'이라는 고정란에 '朝鮮通信使'라는 제목으로 기고한 글이다.

(전략) 이러한 '조선통신사'와 관련된 유물을 한자리에 모아서 東京(85년

10월 29일)과 서울(86년 8월 15일)에서 '조선통신사특별전'이 열리게 된다. 관련 유물 중에 특히 주목되는 것은 行列図이다. 조선조의 선비들이 말을 타고 장사진을 이루어 일본 땅을 누비고 있는 모습은 매우 인상 깊다. 고대로부터 이어온 일본에 대한 스승의 긍지가 돋보인다. 이러한 선조들의 당당했던 기개는 오늘을 사는 우리에게 많은 것을 암시해주고 있다(1985년 10월 20일자, 7면).

1980년대는 막 조선통신사가 알려지기 시작했을 때였다. 당시 우리는 조선통신사를 통해 일본에 대한 심리적 우월감을 느꼈던 것 같다. 그런데 꼭 30년이 지나 같은 신문에 이 전시회를 회고하는 글이 실렸다.

A6 2015년 10월 5일 월요일 제29467호

서울~도쿄 1900㎞

한·일 국교 정상화 50주년 '두 바퀴로 달리는 신조선통신사'

양국 50명 선발… 오는 11일 광화문 출발, 내달 1일 도쿄 입성
어제 한강서 첫 합동 훈련… "한·일 友好 기원하며 달릴 것"

한·일 국교 정상화 50주년을 맞아 '두 바퀴로 달리는 신(新)조선통신사' 자전거 대장정이 오는 11일 시작된다. 외교부(주일 한국대사관)와 조선일보가 공동 주최하고 일본 사이클링협회와 마이니치신문이 주관하는 이번 행사는 과거 양국 간 공식 외교사절이자 친선교류의 상징이었던 조선통신사의 발자취를 따라 달리면서 과거사 갈등과 역사적 아픔을 해소하고 상호 이해를 높이려는 취지다. 조선일보는 작년 '원코리아 뉴라시아 자전거 평화 대장정', 지난 8~9월 '한·중 청년 자전거 대장정'을 통해 유라시아와 동북아의 평화 협력, 통일의 메시지를 전한 데 이어 이번 '신조선통신사' 행사를 통해 역사적 화해와 공동 번영의 길을 모색하게 된다.

◇한·일 50명 서울~도쿄 1900㎞ 달린다

한·일에서 선발된 신조선통신사 대원들은 11일 서울 광화문에서 윤병세 외교부 장관, 벳쇼 고로 주한 일본대사, 홍준호 조선일보 발행인, 자전거 동호회원 등 내·외빈들이 참

'신(新)조

국립중앙박물관 재직 때 국외전시를 위해 갔던 출장 중 특히 기억에 남는 일정이 있다. 먼저 1980년 '한국 미술 5천년' 미국 8개 도시 순회전시 중 클리블랜드 등 3곳 출장은 미술사 전공인 필자에겐 축복 그 자체였다.(중략) 특히 클리블랜드 개막식 때 동양미술사의 대가인 셔먼 리 관장의 인사말 중 "한국은 일본 문화를 키운 보모"라 역설한 음성은 지금도 귓가를 맴돈다.

두 번째는 한·일 국교정상화 20주년이었던 1986년 가을 도쿄국립박물관

종합　　통일이 미래다　조선일보

선통신사가 갔던 길, 두 바퀴로 달린다

장정 대원들이 4일 서울 송파구 한강시민공원에서 훈련을 갖기에 앞서 파이팅을 외치고 있다. 이들은 오는 11일 서울에서 출발해 일본 도쿄까지 1900km를 달리게 된다. 김지호 기자

도쿄까
다. 발대
이 50명
는 우정
다.
난달 말
접 등을
고, 일본
호인 등
을 선발
표할 선
육관광
한사이

클연맹 이사가 대장으로 자전거팀을 이끈다. 팀 총괄운영은 조선일보 정권현 편집국 부국장이 맡고, 취재·행정·차량 등 지원팀 20여명이 동행한다.

신조선통신사 대원들은 자전거로 서울에서 이천·충주·안동·경주·부산까지 달린 뒤 배편으로 현해탄을 건넌다. 이후 시모노세키·오사카·교토·나고야·요코하마 등을 경유해 11월 1일 도쿄에 입성한다. 양국 간 우호 협력을 증진하고 새로운 한·일 관계를 모색하기 위해 부산·시모노세키·오사카·나고야·시즈오카 등 주요 경유지마다 역사·학술·문화 행사를 열고, 도쿄에선 한·일 정·재계 인사와 한류 스타들이 참석한 가운데 대규모 환영행사를 개최한다. 11월 2일엔 동일본 대지진 피해 지역인 후쿠시마현 이와키시(市)를 방문해 위문 활동을 할 예정이다.

◇4일 한강서 첫 합동 훈련 실시

이번에 선발된 한국 대원들은 4일 오전 서울 송파구 한강시민공원에서 경기 양평 양수대교까지 왕복 60여㎞에서 첫 합동 라이딩 훈련을 실시했다. 이날 훈련에는 이재정 대장을 비롯한 한국 대원 15명이 참여했다.

경기대 일어일문과 교수인 윤영수(58) 대원은 "한·일 수교 50주년을 맞은 기념비적인 해에 한·일 교류의 상징인 조선통신사의 발자취를 따라 달릴 수 있어 영광"이라고 했다. 최연소 참가자인 성예진(여·19) 대원은 "일본인 대원 25명과도 하루빨리 만나 함께 달리고 싶다"고 했다. 한국 내 자전거 경로를 계획한 박성배(60) 대원은 "조선통신사가 오가던 때처럼 한·일 양국의 평화로운 시대가 다시 오길 기원하며 달리겠다"고 했다. 안영민(26) 대원은 "팀원 모두 안전하게 대장정을 마치고 돌아오겠다"고 했다.

이재정(48) 대장은 "다양한 연령대의 대원들이 처음 만나 하는 훈련이라 걱정했는데 금세 호흡이 맞았다"며 "남은 일주일간 더 열심히 준비해 역사적인 대장정을 성공시키겠다"고 했다.

배성규·최은경 기자

조선일보도 한일 수교 50주년인 2015년, 자전거로 조선통신사가 갔던 옛길을 달리는 기획을 선보였다. 사진은 기획 의도를 전하는 2015년 10월 5일자 지면.

에서 열린 '조선통신사전'이다.(중략) '조선통신사전'은 여러 도시를 순회하는 관례와 달리 도쿄 한 곳에서만 개최되었다. 신문 보도도 인색해 잔칫집 분위기는 아니었고 전시를 성심껏 마련한 도쿄박물관 연구원들 표정도 밝지 않았다.

(중략) 하지만 역사적 사실과는 별개로 일본에선 조선통신사를 조공 사절 정도로 평가절하하려는 시각이 있다. 그래서 조선통신사의 외교·문화적 실상을 부각한 이 전시가 당시 일본 언론의 마음에 들지 않았나 보다.

그림은 기록보다 진솔하다. 1748년 이성린이 그린 '대정천을 건너며(涉大定川)'을 보면 일본인들은 흐르는 물살을 약하게 하려 발가벗고 두 줄로 서서 사신 일행을 목말 태워 건네고 있다. 행렬도에 등장한 당당한 조선통신사 모습, 일본 막부의 대장과 조선통신사를 위해서만 설치한 배다리(舟橋) 등을 보면 당시 조선통신사가 얼마나 일본의 환대를 받았는지 알 수 있다. 당시 일본과 우리 화원이 남긴 일련의 그림이 역사적 진실을 웅변한다. '조선통신사'전은 이듬해인 1986년 서울로 이어져 국립중앙박물관이 총독부 건물로 이전 개관한 후 첫 특별전으로 열렸다(이원복·문화재위원, 2015년 10월 21일자, 23면).

조선일보는 조선통신사 관련 자료가 나올 때마다 작지만 꼭 보도하려 노력한다는 느낌을 준다. 신문은 나고야에서 통신사를 그린 두루마리 그림이, 교토 쇼고쿠지 지쇼인相國寺慈照院에서 통신사의 시와 그림이, 가와구치 현에서 통신사 접대일기가, 효고현 무로쓰 항에서 통신사가 타고 있는 배를 그린 선단도船團図가, 오사카에서 통신사가 쓴 일기가 발견됐다는 사실을 전했다.

또 하나 언급해두고 싶은 것은 비록 부산·울산·경남지역에만 배달되긴 하지만 지방판에 부산에서 열리고 있는 조선통신사 관련 행사를 꽤 크게 자주 보도하고 있다는 점이다.

이런 기사도 있다.

#1. 1764년 조선통신사 수행원 최천종이 오사카에서 살해당했다. 범인은 통역을 맡았던 하급무사 스즈키 덴조. 흉기에는 '일본제 식칼 15cm, 세키(關)시 대장장이 제작'이라는 정보가 남아 있었다. 스즈키는 법정에서 사형을 선고받았다. 엄청난 파장을 일으켰던 이 사건은 '세와료리스즈키보초'라는 제목의 가부키로 만들어졌다.

#2. 250년이 지난 2014년 9월. 서울시립미술관 1층 전시장 한편에 당시 법정 장면이 재현됐다. 바닥엔 흰색으로 '대법정(大法廷)'이라고 쓰여 있고, 재판석과 방청석 의자까지 놓였다. 전시된 식칼은 작가가 세키시의 장인에게 의뢰해 새로 제작한 것. 두 개의 화면에는 가부키 공연 장면과 함께, 작가가 쓰시마에서 농어를 낚아 그 칼로 손질하는 영상이 돌아간다. 일본 작가 다무라 유이치로(37)의 미디어아트 작품 '세와료리스즈키보초'다(2014년 9월 2일자, 23면).

최천종 피살 사건은 실화다. 250년이 지나 이 사건을 미디어아트 작품으로 비트는 것을 보며 새삼 확인한다. 조선통신사는 무궁무진한 스토리텔링의 보고라는 사실을.

다음과 같은 발상도 마음에 든다.

여수의 범선(帆船) 축제에 참가한 세계의 범선들을 보면서 이제 우리나라도 한국적인 범선 하나 내놓을 때가 되었다는 생각이 든다. 조선(造船) 수주량에 있어서 세계 1위를 기록하고 있는 우리나라에서, 자기 고유의 전통을 계승한 범선 하나 가지고 있지 못하다는 것은 부끄러운 일이다. 한국에서 내놓을 만한 범선은 바로 통신사선(通信使船)이다.(중략) 12회에 걸쳐 현해탄을 건넜던 이 통신사선은 총 6척이었다. 대선(大船)이 2척, 중선이 2척, 소선이 2척이었다. 6척에 나누어 탄 통신사 일행은 대략 500명. 이 배는 보통 배와는 달리 대단히 화려한 배였다. 선수와 선미에는 깃발이 나부끼고, 배의 난간에는 비단이 감싸고 있었고, 선체의 곳곳에는 단청(丹青)이 채색되어 있었다.

(중략) 통신사선은 장사를 하기 위한 상선(商船)도 아니고, 전쟁을 하기 위한 전선(戰船)도 아니었다는 데에 그 특징이 있다. 문화를 전하는 문화선(文化船)이요, 한일 양국의 평화를 이루기 위한 평화선(平和船)이었던 것이다. 세계 역사에서 조선의 '통신사선'처럼 문화와 평화를 전하기 위한 배는 없었다고 해도 과언이 아니다. 통신사선 가운데 대선의 길이는 약 30m, 너비는 약 6~7m, 높이는 3m정도였던 것 같다. (중략) 조선 강국인 우리도 이제 '통신사선'과 같은 규모와 아름다움을 갖춘 전통 범선을 복원해 놓을 필요가 있다(조용헌 살롱, 2007년 5월 8일자, 34면).

3. 중앙일보
-'창간 20돌 특별기획'이 주목한 조선통신사

조선통신사와 관련된 중앙일보 보도에서는 창간 20돌 특별기획 시리즈가 단연 돋보인다. 1985년 한일국교정상화 20년과 함께 맞은 창간 20돌에 중앙일보는 조선통신사에 주목한다. 제목은 〈한일국교정상화 20년 맞아 다시 찾아본 '문명의 젖줄'-朝鮮通信使의 길을 가다〉였다. 그해 2월 18일부터 12월 2일까지 게재했으니 거의 1년간이었다.

중앙일보는 1면에서 기획 취지를 이렇게 밝혔다.

> 中央日報社는 해방40년, 韓日 국교 正常化 20년과 같은 해에 맞은 本紙 創刊 20주년 특집의 일환으로 '朝鮮通信使의 길을 가다'라는 시리즈를 마련했습니다. 17세기 初 玄海灘을 건너 日本 국토 1천5백여리길에 뿌렸던 先進 朝鮮文明의 전파자 '朝鮮通信使'들의 발자취와 사상의 역사적 의미를 오늘의 현장, 오늘의 시각에서 再照明하고자 합니다. 壬辰倭亂 후 2백여년에 걸쳐 日本에 파견된 조선통신사는 도합 12차례였으며 이 기간 日本으로선 '조선통신사의 행렬'이야말로 新文明을 공급받는 유일한 젖줄로서 全日本을 떠들썩하게 한 一大 문화 축제이기도 했던 것입니다(중략).
>
> '통신사의 옛길'을 따라 현재 취재할 이 새 시리즈는 특히 당시 壬辰倭亂의 무거운 역사적 상처를 딛고 찬연한 善隣外交를 주도했던 조선통신사들

(13) 第5989號 1985年2月18日 月曜日 中央日報

本紙창간20돌 특별기획

韓日國交정상화 20년맞아 다시 찾아본「文明의

朝鮮通信使의 길을 가다

2百여년간 12차례 왕래

「당시의 흔적」은 간곳없어

北端 사스나는「韓國이 보이는 마을」로 觀光客

한번에 5백명씩

韓國과 50㎞거리

자취없는 客舍

범이빨같은 암초

글 李根成 기자

사진 崔宰英 기자

중앙일보는 한일수교 20년이자 창간 20년을 맞아 '조선통신사의 길을 가다'라는 31회짜리 장기 기획물을 보도했다. 사진은 첫 회였던 1985년 2월 18일자 기사.

「善隣의 뱃길」엔 自衛隊레이다網이…

對馬島

의 위업을 새롭게 해석할 것이며, 이러한 시도야말로 일본 明治 1백년의 사상이 남긴 오늘의 상처를 치유하고 역사의 다이너미즘을 회복시키는 작업의 하나라고 믿습니다.

이번 본사의 현지취재엔 '朝鮮通信使' 연구의 권위자인 在日 사학자 李進熙 씨(明治大 강사)가 동행합니다(1985년 2월 18일자, 1면).

이 시리즈를 기자의 입장에서 보면 몇 가지 특징을 금방 알 수 있다.

첫째, 31회의 시리즈는 대단하다. 연중 계속하는 시리즈야 지금도 많다. 그러나 그런 시리즈는 뭘 하자, 뭘 하지 말자, 뭘 고치자는 캠페인성이 대부분이다. 조선통신사의 옛길을 취재해서 매번 전면으로 31회를 보도하기란 쉽지 않다. 처음에는 의욕적으로 시작하지만 나중에 용두사미가 되는 경우가 많다. 앞서 소개한, 한일수교 50주년을 맞아 기획한 동아일보 시리즈도 1, 2부를 합쳐 전면 43회였다. 이것도 이례적이지만, 1980년대는 지금보다 지면이 절반 이하였다는 점을 고려할 필요가 있다. 편집국장의 의지가 상당히 강했다고 할 수 있다.

둘째, 조선통신사가 들렀던 일본 대부분의 장소를 망라하고 있다. 31회를 쓰다보니 당연하지 않느냐고 할 수도 있지만 1985년이라면 조선통신사가 막 뉴스가 되기 시작할 무렵이다. 언론이 충분한 정보를 갖고 있을 리가 없다. 그 당시에 이만큼의 장소를 취재했다는 것은 전문가의 도움을 받았음에 틀림없다. 그 전문가는 1면에서 밝힌 이진희 씨일 것이다. 취재진이 들른 곳은 쓰시마, 이키, 아이노시마, 시모노세키, 가미노세키, 도모노우라, 우시마도, 무로쓰, 오사카, 요도, 교토, 조선인가도, 히코네, 오가키, 나고야, 아라이세키쇼, 오오이가와, 시미즈, 하코네, 시나가와, 에도 등이었다. 지금이야 이 방면의 전문가와 매니아들에게는 상식에 속하는 장소들이지만, 당시로서는 처음 듣는 이름도 꽤 됐을 것이다.

셋째, 전문가 얘기가 나왔으니 말인데 전문가의 의견을 들어 기사를 쓰는 것은 흔한 일이지만 함께 동행한다는 것은 새로운 시도다. 테마가 조선통신사라는 특별한 영역인데다 일본이라는 지역적 특성 때문에 자연스레 그런 방법을 생각해 냈을 것이다. 취재팀과 동행한 이진희 씨는 실제로 이 방면에서 뚜렷한 업적을 남긴 재일동포 1세대 연구자다. 전문가의 코멘트는 글의 맨 마지막에 들어가는 게 상식이다. 그러나 동행을 하게 되면 글 중간 중간에 요긴하게 활용할 수 있다. 이런 식으로 말이다.

> 西日本 후꾸오까(福岡)의 하까따(博多)역에서 완행열차를 타고 기따규우슈(北九州)쪽으로 10여분쯤 달리면 가시이(香椎)란 외딴 역이 나온다. 여기서 다시 택시로 20분쯤 달려 해변에 다다르면 한적한 선착장에 닿는다.
>
> 孤島 아이노시마(相島·일명 藍島)행 배가 왕래하는 곳이다(중략).
>
> "통신사의 길을 따라 한국인으로서 이 외딴 섬까지 찾아오기는 이번 취재팀이 꼭 두 번째일거요."
>
> 동행한 이진희 교수는 배에서 내리며 말했다. 물론 첫번째는 이 교수 자신. 그는 꼭 10년 전에 이 길을 밟은 적이 있다(시리즈 5회, 1985년 3월 23일자, 9면).

> 후꾸야마(福山)역에서 도모노우라로 가는 13km의 길은 산을 넘는 우회로를 택했다. 높은 곳에서 항구를 조망하자는 이진희 교수의 제의를 따른 것이다(중략).

통신사가 묵고간 福禪寺·對潮樓, 그리고 사적으로 지정된 安國寺·大可島城跡등 역사의 현장이 그대로 남아있고, 포구 앞에는 호수처럼 잔잔한 물위에 仙醉島·弁天島가 그림같이 떠 있다.

이교수가 일일이 손을 들어 절과 섬들의 이름을 가르쳐 준다(시리즈 8회, 1985년 4월 16일자, 9면)

넷째, 기사작법상의 특징도 보이는데 옛 조선통신사를 의인화해서 등장시킨 것이다.

취재팀은 여기서 우리의 취재길에 1719년(肅宗45년) 9번째 통신사의 製述官으로 다녀온 申維翰公을 모시기로 했다. 申公은 일본에 갔다온 후 '海遊錄'이란 불후의 일본기행록을 남긴 인물이다.

18세기초 사스나(대마도의 항구로 조선통신사의 첫 기항지-필자 주)에 첫발을 디딘 申公의 감회는 어땠을까.

"어스름해질때 홀연히 산그늘 몇개가 돛대 사이로 떠오른다. 왜인이 가리키면서

'사스나다'

하고 소리친다. 다시 더 나아가 가까워지니 일종의 삽상한 기운이 밀려든다.

배는 산이 트인 곳을 따라 들어가고 있다. 돌아다보니 여러 봉우리들은 겹겹이 둘러서서 마치 구름을 꿰놓은듯(후략, 시리즈 첫 회, 1985년 2월 18일자, 13면).

취재팀은 이후에도 같은 방법으로 신유한의 '해유록海遊錄'을 많이 인용한다. '해유록'은 일본사행기록 중 가장 뛰어난 작품이라는 평가를 받고

있다. 1974년에 재일사학자 강재언姜在彦이 이미 일본어로도 번역했을 정도이니, 중앙일보 취재팀은 당시 한글번역본을 철저히 분석했을 것이다. 지금은 다른 사행록은 물론이고 통신사가 일본인들과 주고받은 시문이나 대화를 기록한 필담창화집까지 상당수 번역돼 있어 같은 취재를 지금 다시 한다면 기사 내용이 훨씬 풍요로워질 게 틀림없다.

다섯째, 이 시리즈물은 10회째부터 박성수朴成壽 정신문화연구원 한국사 교수의 짧은 코멘트를 게재하기 시작한다. 31회가 끝날 때까지 15회를 실었다. 이도 괜찮은 시도였다. 두 개를 소개하면 이렇다.

> 일본은 小食文化요, 한국은 大食文化다. 朝鮮을 찾는 倭國 사신에게는 車食七果床이라고 해서 7가지 과일이 오르는 교자상에다 三度湯(3가지탕)을 곁들여 푸짐하게 대접했다.
>
> 일본측이 조선통신사를 위하여 베푸는 위로연 그림을 보면 제법 가짓수는 많은 것 같으나 우리의 눈으로 볼때는 빈약하다 하지 않을 수 없다.
>
> 柳成龍의 '懲毖錄'에 보면 壬辰倭亂이 일어나기 전에 金誠一이 豊臣秀吉을 만나 푸대접을 받은 사실이 기록되어 있다.
>
> 명색이 國使자격인데도 豊臣秀吉이 내어놓은 교자상에는 떡 한그릇과 작디작은 술잔 하나가 놓였으며 거기다 濁酒였다고 한다.
>
> 더욱이 술잔이 단 두 순배 돌 뿐 그걸로 끝이었다.
>
> 日本의 小食主義에 대한 金誠一의 분노는 마침내 豊臣秀吉을 원숭이 같은 놈으로 생각하게 했다고 하니 당연한 생각이 아니겠는가(시리즈 16회, 1985년 6월 13일자, 9면).

> 東洋의학의 보배로 알려진 許浚의 '東醫寶鑑'이 일본에서 간행된 것은 1724년이었지만 그보다 훨씬 전에 이책이 일본에 유출되어 널리 읽혔을 것

으로 추측된다.

오오가끼의 '기따오·슌뽀'도 아마 '東醫寶鑑'을 읽고 크게 감명을 받았을 것이 분명하며 奇斗文을 만나 한국의학에 접하고 싶어했던 것도 그때문이 아니었나 싶다.

그러나 許浚이 14년이란 세월을 두고 완성한 '東醫寶鑑'의 집필동기는 壬辰倭亂의 戰傷을 입고 신음하던 우리민족을 위한 것이었지 결코 침략자 日本人들을 위해 쓴 것은 아니었다.

그럼에도 불구하고 이책이 일본인들의 병을 고치는 데까지 공헌하였으니 아무리 의술이 인술이라 하더라도 눈물겨운 귀양살이 속에서 '東醫寶鑑'을 쓰던 許浚에게 있어서는 참으로 뜻밖의 결과라 하지 않을 수 없었을 것이다.

더불어 다시한번 허준의 의학정신을 되새겨 보아야 할 것이다(시리즈 21회, 1985년 7월 30일자, 9면).

1980년대에 일찌감치 이런 시리즈를 기획하고 보도했다는 것은 평가받을 만한 일이다. 선견이 있었다는 뜻이고, 조선통신사를 세상에 알리는 데도 공헌했다. 다만, 필자는 이 시리즈를 읽으며 약간의 위화감을 느꼈다. 다른 신문사의 기획에 대해 왈가왈부하는 것은 실례이긴 하지만 예전부터 꾸준히 지적돼온 문제이기에 가볍게 언급하고자 한다.

즉, 이 시리즈는 한국이 일본에 수준 높은 문화를 전수했다는 측면을 너무 부각하고 있다. 1면의 기획취지에 나오는 '선진 조선문명' '유일한 젖줄' '일대 문화 축제'라는 표현이 그렇다. 기사 제목도 큰 은혜를 베푼 조선통신사들이 머물던 장소가 옛 모습을 잃어가고 있다고 개탄한 것이 많다. 박성수 교수의 코멘트도 우월의식에 기반하고 있다. 통신사 김성일金誠一이 접대를 제대로 받지 못하자 분풀이로 풍신수길豊臣秀吉을 원숭이 같은 놈이라고 말한 것이 박 교수가 쓴 것처럼 당연했는지는 의문이다. 조선통신사들이 일본에서 최고의 음식대접을 받았다는 것은 명백한 사실이다. 박 교수는 마지막 코멘트에서는 "지구가 한 마을이라고 하는 오늘에 이르러서도 여전히 두 나라는 가깝고도 먼 나라요, 믿기 어려운 이웃이다. 이 벽을 깨기 위해선 무엇보다도 용서하고 이해하는 마음이 필요할 것이다"라고 썼다. 본인이 먼저 그런 마음을 가졌으면 좋았을 걸, 하는 아쉬움이 남는다.

물론, 이 시리즈에 대한 아쉬움은 지금의 눈으로 볼 때 그렇다는 것이다. 당시는 조선통신사 연구가 아직 덜 돼 있었고 민족우월주의 관점이 앞서나갔던 게 사실이다.

그 점은 중앙일보 스스로가 수정했다. 중앙일보는 이 시리즈를 게재한 지 22년 후인 2007년 '조선통신사 400년, 역사의 그 길 다시 걷다'라는 10회 시리즈를 선보인다(4월 13일~6월 11일).

시리즈의 취지를 이렇게 설명했다.

> 1607년 2월 29일(선조 40년·음력) 임진왜란 이후 처음으로 해양으로 향하는 외교사절이 떴다. 관복을 차려입은 504명의 조선통신사 일행이었다(중략). 그로부터 400년이 흘렀다. 최근 미국과 자유무역협정(FTA)을 타결한 것도 바다로 뻗어야 국운을 찾을 수 있다는 당시 선조의 생각과 다르지 않으리라. 일본과 동남아에 강하게 불고 있는 한류 바람도 조선통신사가 그 시발이 아니었을까. 중앙일보는 이런 역사적 의미를 가진 조선통신사 400주년을 맞아 그 발자취를 되짚어가며 한·일 관계의 발전적 미래를 모색하는 대형 기획 시리즈를 준비했다(2007년 4월 13일자, 1면).

취재 지역은 22년 전의 그곳에서 벗어날 수 없었지만, 기획의도와 보도 태도는 바뀌었다. 사실史實을 전하면서도 객관적 시각을 유지하려 애

썼다. 교토지역을 보도하며 제목을 '일왕의 상징성, 통신사들 파악 못해'라고, 일본 쪽이 아니라 통신사 쪽에 비판의 눈길을 준 것은 이례적이다. 또 마지막 10회에서 '400년 전 실리 외교서 한·일 관계 미래 찾아야'라고 한 것은 이 시리즈의 의도를 압축해 보여주고 있다. 이런 보도 방식은 분명 예전과는 달라진 것이다.

나는 개인적으로 그해 7월 기사가 부럽다. 그해 6월에 일본 교토 쇼고쿠지 지쇼인相國寺慈照院이라는 곳에서 100여 점이 되는 조선통신사 자료가 무더기로 발견됐다. 중앙일보에 실린 기사는 도쿄특파원이 지쇼인으로 출장을 가서 쓴 기사다. 당시 이 자리에는 조선통신사 연구 1세대로 1979년에 '에도시대의 조선통신사'라는 영화를 제작해 화제를 부른 신기수 씨도 동행했다. 역사의 이끼가 앉은 작품을 앞에 놓고 단독으로 취재를 한다는 것은 기자의 큰 기쁨이다. 이 때 발견된 한객사장韓客祠章 4점은 유네스코 세계기록유산에 등재됐다. 그만큼 의미 있는 유물이었던 것이다.

기사 하나를 더 소개하자. 중앙일보는 연세대 연구팀이 일본이 만든 조선통신사 필담집 178권을 완역했다는 기사를 전면으로 자세히 보도했다.

> 1764년 2월 일본 나고야. 조선통신사 의원 이좌국이 일본 바쿠후(막부·무사정권) 의관(醫官) 야마다 세이친과 마주 앉았다. 세이친이 붓을 들어 한자로 질문을 적었다. "인삼 재배하는 방법을 들을 수 있겠습니까." 이좌국이 붓을 건네받아 답변을 썼다. "인삼은 원래 제조법이 없습니다. 일본 의원들은 늘 그걸 설명해 달라고 하는데, 사실을 잘못 들은 듯합니다."
>
> 17~19세기 조선통신사 수행원들과 일본 전문가들은 이런 필담(筆談)을 자주 나눴다. 말은 안 통했지만 같은 한자를 썼기 때문에 필담으로 의사소통을 했다. 주로 일본 전문가가 묻고 조선 수행원이 답하는 식이었다. 특히 인

삼 관련 문답이 많았다. 당시 일본에선 인삼의 약효에 관심이 많았지만, 풍토가 안 맞아 재배를 못했다. 일본 의관들은 인삼 재배법을 집요하게 캐물었다. 그러나 수행원들은 끝까지 시치미를 뗐다. 인삼 재배법은 당시 조선의 국가 기밀이었기 때문이다.

최근 연세대 필담창화집 연구단(단장 허경진 연세대 교수)은 일본의 필담집 178권 전부를 번역했다. 필담집 전수 번역은 한·일 통틀어 이번이 처음이다. 페이지 수 3만1550쪽, 글자 수 210만360자에 이른다. 필담집엔 17~19세기 조선과 일본의 사회·경제·문화적 교류가 세밀하게 그려져 학문적 가치가 높다. 조선의 의술·문예 등 다양한 분야가 폭넓게 거론된다(중략).

◇필담창화집(筆談唱和集)=조선통신사 일행이 17~19세기 일본을 방문해 일본 유학자 등과 한문 필담으로 나눈 대화 내용, 주고받은 글·그림 등을 엮어 펴낸 책. 주로 일본에서 출판됐다. 조선통신사 일행이 쓴 '사행록(使行錄)'과 함께 조선통신사 연구의 중요한 자료로 꼽힌다(2012년 7월 20일자, 2면).

4. 부산일보
– 유네스코 공동등재를 향하여*

부산일보도 조선통신사의 의미와 효용, 그리고 이를 매개로 한 한일간의 교류를 적극적으로 보도해온 언론사 중 하나다.

부산일보는 한국과 일본이 공동으로 조선통신사를 유네스코 세계기록유산으로 등록하려던 움직임을 본격화하던 2012년 이후의 보도를 중심으로 소개한다.

우선 사설을 소개하자. 사설은 회사의 주장이므로 조선통신사의 유네스코 등재에 대한 부산일보의 입장을 확실하게 보여준다.

조선통신사, 유네스코 세계유산 등재돼야

조선통신사 유네스코 문화유산 등재를 위한 국제심포지엄이 19일 부산에서 열렸다. 이 행사는 한국과 일본이 공동으로 조선통신사의 유네스코 세계유산 등재를 추진하기 위해 개최하는 첫 심포지엄이란 점에서 의미가 깊다. 통신사는 한일 양국 사이의 평화적 교류를 상징하는 문화유산이다. 갈등과

* 이 글은 부산일보 정달식 문화부장이 보내준 자료의 도움을 받았다.

대립의 시대에 양국이 문화교류를 통해 평화를 추구했던 성신교린의 정신을 담고 있어 양국 공동 등재 추진이 더욱 빛을 발한다.

이처럼 정치·문화사적으로 의미가 깊은 통신사는 관련된 수많은 기록이 남아 있다. 따라서 유네스코 세계기록유산의 대상으로 손색이 없다. 한·일 양국이 공동으로 등재를 추진하는 과정의 의미까지 보태진다면 등재 가능성이 높을 것으로 기대된다. 통신사 행렬의 경우는 유네스코 인류무형문화유산 등재 가능성을 점쳐볼 수 있다. 현재 원형에 가깝게 재현된 행렬이 부산과 일본의 16개 연고지역에서 10년 동안 행사를 진행해 오고 있다.

이제는 조선통신사의 유네스코 등재를 위한 국내외 여건을 조성해 나가야 할 때다. 우선 통신사가 갖고 있는 역사문화적 가치가 유네스코 세계유산 등재 기준인 완전성과 진정성, 보편적 가치를 충족시키고 있음을 학술적으로 폭넓게 조명해 나가야 한다. 그런 차원에서 내년 2월 일본 히로시마 현 도모노우라에서도 관련 심포지엄이 열린다. 나아가 양국의 정·재계 및 민간단체로부터 협조를 받아 구체적인 계획 아래 등재를 추진해 나갈 수 있는 분위기를 조성하는 것도 중요하다.

부산시와 부산문화재단은 1965년 한·일 양국이 국교를 정상화한 지 50년이 되는 해인 2015년 등재를 목표로 하고 있다. 그러려면 절차상 2014년 3월에 한·일 공동으로 신청서를 접수시켜야 한다. 준비할 기간이 그렇게 많이 남아 있지 않다. 그 사이에 충분한 국제적 지지를 이끌어낼 수 있어야 한다. 양국이 긴밀한 협조로 자료 준비에 역량을 집중시키고, 외교적 홍보에 최선을 다해 주기 바란다(2012년 10월 20일자 사설).

공동등재를 위한 과정은 당초 예상보다 2년 정도 늦어졌다. 그럼에도 불구하고 부산일보는 이 문제에 대해 꾸준히 관심을 보여 왔으며, 부산에서 매년 열리는 조선통신사 축제와 유네스코 등재 계획을 연계하려는 움직임도 자세히 보도했다.

올해 열리는 조선통신사 축제는 '조선통신사 유네스코 세계유산 한·일 공동 등재' 여건 조성을 위한 기원식 형태로 열린다.

부산문화재단은 조선시대 한·일 양국의 평화와 우호 증진에 기여한 조선통신사의 역사적 의미를 계승하는 '2014 조선통신사 축제'를 오는 5월 2일부터 4일까지 열기로 확정했다고 5일 밝혔다.

주최 측은 '2015년 한·일 국교 정상화 50주년'을 앞두고 조선통신사를 유네스코 세계기록유산에 한·일 공동으로 올리기 위해 올해 축제는 그 여건 조성을 위한 행사로 구성했다. 또, 축제를 적극적으로 알리기 위해 '플래시몹'을 통한 홍보도 시도한다.

먼저 축제 기간 오전 10시부터 오후 6시까지 용두산 공원 광장에서는 조선통신사를 주제로 한 전시관 운영 및 체험 행사 등의 광장행사가 펼쳐진다. 또 용두산 미술전시관에서는 조선통신사 행렬도를 재현한 600여 점의 닥종이 인형 전시도 열린다.

2일 오후 1시 부산시청 1층 대회의실에서는 '조선통신사 국제 학술 심포지엄'이 열린다. 조선통신사학회가 주관하는 이번 심포지엄에는 한·일 양국의 학계와 민간기구 관계자 등이 참여, 조선통신사 유네스코 세계유산 공동등재를 위한 기조 강연 및 발표와 토론을 펼친다.

한·일 공동 등재를 위한 분위기 조성은 3일 오후 6시 30분 용두산 공원 특설무대에서 절정에 달한다. 시민과 함께할 수 있는 기획 공연 형태의 '조선통신사 유네스코 세계유산 한·일 공동 등재 기원식'이 펼쳐지기 때문이다.

인기 행사는 2일 오후 5시 30분에 열리는 '조선통신사의 밤'과 3일 오후 3시에 펼쳐지는 '조선통신사 평화의 행렬'이다. 조선통신사의 밤은 용두산 공원 특설무대에서 통신사 3사(정사, 부사, 종사관)를 왕이 임명하는 3사 임명식과 동래부사가 3사를 맞이하는 접영식, 일본으로 떠나는 통신사 일행의 무사 안녕을 기원하는 해신제를 극 형식으로 재현한다. 평화의 행렬은 용두산 공원과 광복로 일대에서 선도행렬, 조선통신사행렬, 어서 오세요 일본행렬, 아이 러브 유(I LOVE YOU) 부산행렬로 진행된다. 참가 인원만 1천 500명에 달한다.

부산문화재단 관계자는 "최근 양국의 냉랭한 분위기 때문에 국가 차원의 조선통신사 유네스코 세계유산 한·일 공동 등재 분위기는 비록 주춤한 상태이지만 민간 차원에서라도 등재를 추진하자는 분위기가 조금씩 일어나고 있는 것은 매우 고무적"이라고 전했다(2014년 3월 5일자).

조선통신사 기록유산 공조, 한·일관계 숨통 트길

일본 나가사키 현 지사와 쓰시마 시 시장 일행 20여 명이 그제 부산문화재단을 방문해 '한·일 조선통신사 유네스코 세계기록유산 공동 등재' 추진에 적극 협력할 것이라고 밝혔다. 일본 지방자치단체장이 조선통신사 세계기록유산 공동 등재 추진과 관련해 부산문화재단을 방문한 것은 이번이 처음이다. 공동 등재 추진은 한·일 양국에서 민간 기구가 중심이 돼 추진 중이며 한국에서는 부산문화재단, 일본에서는 나가사키 현이 후원하는 '일본 조선통신사 연고지 연락협의회'가 그 역할을 맡고 있다.

일본 지자체장의 이번 방문은 최근 가뜩이나 한·일 관계가 경색된 가운데 이뤄져 역시 부산이 양국 관계의 첨병 역할을 하고 있음을 보여 주고 있다. 조선통신사는 조선 국왕이 1601~1811년 일본에 파견한 대대적인 외교 사절로 한·일의 평화적 교류를 상징하는 문화유산이다. 그 유산의 계승을 한국에서는 부산이 가장 앞서서 하고 있는 것이다. 조선통신사 기록유산 공동 등재 사업은 지난 2012년부터 추진되기 시작했다. 올해 들어 지난 5월 일본에서, 그리고 6월 부산에서 양국의 추진위원회가 각각 발족해 '2016년 신청-2017년 등재'라는 목표에 가속도를 붙이고 있다.

조선통신사 세계기록유산 공동 등재 사업은 한·일 양국이 우호 관계를 쌓아 왔으며, 또한 계속 쌓고 있다는 사실을 세계에 널리 알릴 수 있는 절호의 기회다. 민간 기구가 중심이 돼 추진 중인 이 사업에 부산시도 나가사키 현 이상으로 관심과 지원을 아끼지 않아야 한다. 정부도 수수방관하지 말아야 한다는 것은 두말할 필요가 없다. 더욱이 내년은 한·일 수교 50주년이지 않은가.

지난해 한·일 공동 기획으로 일본서 열린 조선통신사 관련 기획전에 무려 1만 5천 명의 관람객이 다녀갔다. 이번 주 부산의 '조선통신사 옛길을 따라서' 방문단이 일본의 나고야~도쿄를 답사 중이며, 오는 8월 말 시모노세키에서는 조선통신사 행렬 재현 행사가 열린다. 한·일 양국의 교류는 쉼 없어야 한다.

부산일보 2014년 7월 26일자 사설.

다시 사설이 등장한다.

조선통신사 기록유산 공조, 한·일관계 숨통 트길

일본 나가사키 현 지사와 쓰시마 시 시장 일행 20여 명이 그제 부산문화재단을 방문해 '한·일 조선통신사 유네스코 세계기록유산 공동 등재' 추진에 적극 협력할 것이라고 밝혔다. 일본 지방자치단체장이 조선통신사 세계기록유산 공동 등재 추진과 관련해 부산문화재단을 방문한 것은 이번이 처음이다. 공동 등재 추진은 한·일 양국에서 민간 기구가 중심이 돼 추진 중이며 한국에서는 부산문화재단, 일본에서는 나가사키 현이 후원하는 '일본 조선통신사 연고지 연락협의회'가 그 역할을 맡고 있다.

일본 지자체장의 이번 방문은 최근 가뜩이나 한·일 관계가 경색된 가운데 이뤄져 역시 부산이 양국 관계의 첨병 역할을 하고 있음을 보여 주고 있다. 조선통신사는 조선 국왕이 1601~1811년 일본에 파견한 대대적인 외교 사절로 한·일의 평화적 교류를 상징하는 문화유산이다. 그 유산의 계승을 한국에서는 부산이 가장 앞서서 하고 있는 것이다. 조선통신사 기록유산 공동 등재 사업은 지난 2012년부터 추진되기 시작했다. 올해 들어 지난 5월 일본에서, 그리고 6월 부산에서 양국의 추진위원회가 각각 발족해 '2016년 신청-2017년 등재'라는 목표에 가속도를 붙이고 있다.

조선통신사 세계기록유산 공동 등재 사업은 한·일 양국이 우호 관계를 쌓아 왔으며, 또한 계속 쌓고 있다는 사실을 세계에 널리 알릴 수 있는 절호의 기회다. 민간 기구가 중심이 돼 추진 중인 이 사업에 부산시도 나가사키 현 이상으로 관심과 지원을 아끼지 않아야 한다. 정부도 수수방관하지 말아야 한다는 것은 두말할 필요가 없다. 더욱이 내년은 한·일 수교 50주년이지 않은가.

지난해 한·일 공동 기획으로 일본서 열린 조선통신사 관련 기획전에 무려 1만 5천 명의 관람객이 다녀갔다. 이번 주 부산의 '조선통신사 옛길을 따라서' 방문단이 일본의 나고야~도쿄를 답사 중이며, 오는 8월 말 시모노세키에서는 조선통신사 행렬 재현 행사가 열린다. 한·일 양국의 교류는 쉼 없어야 한다(2014년 7월 26일자 사설).

지리적으로 가까운 부산과 후쿠오카는 오래전부터 인적 교류와 경제협력을 통해 공동번영을 지향해 왔다. 그 협의체가 부산·후쿠오카 포럼이다. 조선통신사 유네스코 공동등재 노력은 이 포럼의 취지에도 부합한다. 다음은 통신사의 유네스코 등재와 부산·후쿠오카 포럼과의 연계에 대한 기사다.

올해 부산·후쿠오카 포럼에선 조선통신사 유네스코 기록 유산 등재 추진 현황과 과제에 관한 토론도 진행됐다.

주제 발표에 나선 남송우 동북아시아문화학회 회장은 "조선통신사는 과거 역사로 끝난 게 아니라 현재와 미래, 나아가 세계 평화를 위한 모델이 될 수 있다"고 밝혔다. 조선통신사는 1607년부터 1811년까지 일본에 파견한 사절단이었다. 조선통신사로 한일 양국이 소통하던 기간은 역사상 유례없는 평화 공존의 시기였다.

남송우 회장은 "조선통신사의 정신은 인류 평화 공존에 기여하고 민간 차원의 다양한 문화 교류 활성화의 근거가 된다"고 밝혔다. "조선통신사는 한일 갈등을 근원적으로 해소할 민간 교류의 매개체이면서 양국이 공유한 긍정적이고 미래지향적인 역사 문화 콘텐츠"라고 남송우 회장은 말했다. 이런 가치를 지닌 조선통신사를 유네스코 기록 유산으로 등재하는 일은 상당히 가치 있는 일이라고도 했다.

일본 측 주제 발표자는 마츠바라 다카토시 규슈대학 아시아 태평양 미래연구센터장이었다. 그는 "조선통신사는 정치 쇼가 아니라 실질적인 문화 교류의 장이었다"며 "지금처럼 한일 관계가 어려울 때 조선통신사의 존재를 상기할 필요가 있다"고 밝혔다. 마츠바라 미래연구센터장은 "이런 역사를 바탕으로 21세기형 조선통신사를 만들어 양국이 미래 지향적인 파트너십을 조성하자"고 제안했다.

토론에 나선 김기섭 부산대 총장은 "전쟁의 상흔을 치유하고 새로운 미래를 향한 한일 관계 구축의 시발점이 조통신사의 파견이었다"며 "기록 유산에 국한하기보다는 퍼레이드 자체가 무형문화유산이 되도록 생각할 수도 있다"고 밝혔다. 김 총장은 "상호 분노 조절과 배려라는 정신으로 조선통신사 문제에 접근하는 것도 좋을 것 같다"고 덧붙였다.

가와사키 다카오 서일본신문 사장은 "역사 유산은 중요하다"며 "조선통신사 같은 미래 지향적인 부산·후쿠오카 통신사를 만드는 데 찬성한다"고 밝혔다(2014년 9월 15일자).

드디어 등재신청서를 접수하는 날이 왔다.

조선통신사 관련 기록물을 유네스코(유엔교육과학문화기구) 세계기록유산으로 등재해달라는 신청서가 30일 제출됐다.

부산문화재단과 일본NPO법인 조선통신사연지연락협의회 관계자들은 30일 오후 부산 중구 중앙우체국에서 유네스코에 보내는 조선통신사 기록물 세계기록유산 등재 신청서를 우편으로 접수했다.

이로써 지난 2013년 5월 부산문화재단 제안으로 한일 공동 등재 추진 작업이 시작된 지 약 3년 만에 신청이 마무리됐다.

그동안 양측은 추진위와 학술위를 구성해 12차례 회의를 연 끝에 최종 신청서를 작성했다. 30일 발송된 등재 신청서는 유네스코 심의를 거쳐 내년 6~8월 등재 여부가 결정된다.

등재 신청 목록은 총 111건에 333점(한국 63건 124점, 일본 48건 209점)에 이르고, 기록물은 부산박물관과 국립해양박물관을 비롯한 한국과 일본 전역에 분포돼 있다.

일본에서 신청서 접수를 위해 부산을 찾은 연지연락협의회 아비루 마사오미 사무국장은 "한국과 일본이 각각 자국어로 신청서를 만든 뒤 다시 영어로 번역해 통일하는 작업이 쉽지 않았다"며 "한국과 일본이 유네스코 유산을 공동 등재 신청한 첫 사례인 데다 민간이 주도했다는 점에서 큰 의의를 느끼고, 앞으로 한일 우호를 상징하는 훌륭한 콘텐츠가 될 것으로 기대한다"고 말했다.

부산문화재단이문섭 대표는 "한일 양국의 상호 이해를 바탕으로 공동의 목표를 위해 애쓴 결과 목표로 삼았던 기한 내에 신청서를 제출할 수 있게 됐다"며 "세계기록유산 등재가 결정될 때까지 양측이 함께 노력해 나갈 계획"이라고 밝혔다(2016년 3월 31일자).

부산일보는 한일 양국의 공동 등재 신청단체가 프랑스 파리에서 벌였던 홍보활동도 관심을 갖고 보도했다.

조선과 일본의 성신 교류사인 통신사 유산을 세계기록유산으로 등재하기 위한 활동이 유네스코 본부가 있는 프랑스 파리에서 펼쳐진다.

한국 측 추진 주체인 부산문화재단과 일본 측 NPO(비영리기구)법인 조선통신사연지연락협의회는 오는 14~18일 파리에서 공동 홍보활동을 벌인다. 한국 측 추진위에서는 장제국 공동 위원장(동서대 총장), 강남주 학술위원장, 한태문 학술위원(부산대 국어국문학과 교수)과 부산문화재단, 부산시 관계자들이 참여한다.

우선 14~30일 파리 한국문화원에서 통신사 한지 인형 전시회를 연다. 소향한지예술창작협회(소향회)가 1711년 통신사 등성행렬도를 2100여 점 한지 인형으로 재현해 행렬 길이가 100m에 이르는 대작인데, 이번 전시에서는 행렬의 핵심인 국서가마와 사행단 책임자인 정사, 고된 사행의 피로를 씻어 준 악사 등 150여 점을 압축해 전시한다. 2013년부터 부산과 일본 나가사키 등에서 전시회를 가진 작품이다.

15일에는 파리 일본문화회관에서 한·일 양국 학술위원회가 세미나를 연다. 17~19세기 조선과 일본의 평화 구축과 문화교류에 통신사가 어떤 기여를 했는지, 통신사 유산의 세계 기록유산 등재 당위성과 오늘날 되살려야 할 가치는 무엇인지를 공유하는 강연이 열린다.

16일 양측 추진 단체 관계자가 유네스코 사무국을 방문, 양국 국회의원들의 추천장을 전달하고 양국 민간단체가 추진하고 있는 통신사 유네스코 세계기록유산 등재 활동에 대한 관심과 협력을 요청한다.

한·일 양국은 2013년 5월 조선통신사 축제에서 부산문화재단의 제안에 동의한 뒤 통신사 유산의 세계기록유산 등재 추진위와 학술위를 구성했으며, 2년간 12차례 회의를 거쳐 111건 333점(한국 63건 124점, 일본 48건 209점)을 선정해 지난 3월 유네스코에 등재 신청서를 냈다. 등재 여부는 내년 6~8월 결정된다.

박승환 한국 측 추진위 사무국장(부산문화재단 국제협력팀장)은 "국가 간 갈등이 첨예해지는 정세 속에 전쟁을 막은 통신사 유산이 세계기록유산으로 등재되는 것이 유네스코의 정신에도 부합한다는 점을 적극 알리겠다"고 말했다. 051-745-7273(2016년 11월 9일자).

5. 국제신문

- 내 마음 속의 조선통신사*

2005년 8월 18일, 우리 일행은 부산국제여객터미널에서 성희호에 올랐다.

부산의 조선통신사문화사업회(당시 집행위원장 강남주 전 부경대 총장·시인)가 기획한 '조선통신사 교류의 뱃길 100년' 행사에 참가해 일본 시모노세키下關로 가는 길이었다.

일행은 130명에 이르는 제법 큰 규모였다. 부산시와 조선통신사문화사업회 관계자, 부산정보여고 취타대, 풍물패 영산마루, 한국 전통복식 패션쇼팀, 언론사 취재팀…. 여기에 '부용회' 회원 7명도 있었다. 되돌아보면, 이 행사팀은 그 옛날 부산에서 일본으로 떠났을 조선통신사 일행의 규모보다는 작았지만 구성의 다채로움은 비슷했구나 하는 생각이 든다.

본론으로 들어가기 전에 잠깐 일본으로 열린 부산의 뱃길을 알아보자.

당신이 주5일 근무하고 마침 수중에 여권이 있다면 부산에서는 금요

* 이 글은 조봉권 국제신문 문화부장이 직접 써서 보내온 것이다. 조 부장은 부산대 사회복지학과를 졸업하고, 동 대학원 미학전공 석사과정을 수료했다. 1995년 국제신문에 입사해 사회부 생활과학부 등을 거쳐 문화부에서만 14년을 근무했다. 제1회 효원언론인상 수상(2014년).

일 퇴근길에 '심심한데 일본이나 갔다 올까' 하는 '욕심'을 부릴 수 있다. 물론 그 '욕심'을 채울 수도 있다. 거꾸로 후쿠오카에서는 부부싸움을 한 아내가 화가 나서 남편에게 '나 부산 갔다 올께'라며 하카다 항을 떠난다는 말이 있을 정도로 두 나라는 가깝다.

부산역 근처에 있는 부산항국제여객터미널에서는 시모노세키를 왕복하는 성희호와 하마유호가 매일 밤 9시에, 후쿠오카로 가는 뉴카멜리아호가 매일 밤 10시 30분에 출항한다. 둘 다 정원이 수백 명이나 되는 큰 배다. 이들 배의 승선 마감이 오후 6시~6시 30분이어서 서둘러야 되지만, 그래도 마음만 먹으면 주말을 일본에서 보내고 돌아오는 게 그리 어렵지 않다.

게다가 부산항국제여객터미널에서는 작은 크기의 쾌속여객선 코비호와 비틀호(후쿠오카), 나나호(대마도), 오션플라워호(대마도)가, 크루즈 성격의 팬스타드림호(오사카)가 평소에 일본을 다니는 터라 부산에서는 '배 타고 일본 가는' 일이 낯설거나 어렵지 않다.

이런 이야기를 하는 이유는 부산 또는 부산 사람이 예부터 '이웃 나라 일본'에 관해 왠지 가까운 느낌을 갖는 것이 우연이 아니라는 것을 말하고 싶어서다.

다시 2005년의 '조선통신사 교류의 뱃길 100년' 행사로 돌아가 보자.

그때 11년차 기자였고, 5년차 문화부 기자였던 나는 일본에서 정말이지 엄청난 체험을 한 것 같다. 가장 강렬한 기억은 시모노세키의 바칸 마쓰리였는데, 그렇게 축제다운 축제는 처음 봤다. 인구 30만 명인 시모노세키의 주민이 몽땅 축제 현장에 나온 건 아닐까 싶을 정도였다. 동네 이름과 소속 회사의 이름을 쓴 팻말을 들고, 전통 옷을 입고, 시내 한복판을 춤추며 행진하는 모습은 장관이었다(바칸馬關은 시모노세키의 옛날 애칭이다).

도심 곳곳에 공연과 장터가 펼쳐졌고, 남녀노소와 가족, 그리고 연인이 거리를 활보했다. 그때까지만 해도 일본 여행 경험이 적었던 나는 흥겹고, 자발적이고, 소외된 사람이 적은 바칸 마쓰리에서 비로소 일본과 일본 문화의 속살을 본 것 같았다.

그 옛날 일본 본토에 첫발을 디딘 조선통신사 일행도 나와 비슷한 감흥을 느끼지 않았을까. 그리고 일본에 대해 더 많이 알게 되지 않았을까.

바칸 마쓰리에서 다음으로 느낀 것은 교류의 힘이었다. 우리 일행은 바빴다. 취타대와 풍물패가 중심이 되어 시모노세키 가라토 시장 근처 친수공간에서 조선통신사 행렬을 재현한 뒤(이 장면이 요미우리신문 서일본판에 사진물로 보도됐다) 바칸 마쓰리 행렬에 동참했다. 한국 전통복장을 한 패션쇼팀은 시모노세키의 랜드마크인 유메타워의 컨벤션 공간 가이쿄메세에서 한국의 맵시를 한껏 뽐내 큰 박수를 받았다.

에지마 기요시江島潔 당시 시모노세키 시장은 부산에서 간 일행의 대표 격이던 안준태 부산시 부시장과 강남주 집행위원장 등을 초청해 오찬을 내며 두 도시의 문화 교류 방안을 상세히 논의했다. 시간이 갈수록 환대와 우호의 분위기는 진해졌다.

그리고 부용회. 부용회는 일제강점기 때 조선 남성과 결혼해 조선에서 살다가, 일본이 패망해 한국이 독립을 되찾은 뒤에도 고향 일본에 돌아가지 않고 살다가 남편과 사별한 일본 여성들의 모임이다. 그때 부산에서 간 방문단에는 부산에 사는 부용회 회원 7명이 있었다.

나는 그때 부용회를 처음 알고, 깜짝 놀랐다. 이런 분들이 있었구나, 이런 모임이 있었구나! 당장 달려가 취재했다. 부산 동래구 온천동에 산다던 부용회 회원 이시카와 사와(당시 81세)

8 기획

새 정부 첫 한

〈상〉추진 전략과 기대 효과

오상준 기자

조선통신사는 동서양의 문화가 충돌하는 다문화 시대에 필요한 평화와 공존의 길을 가르쳐 주는 문화 콘텐츠다. 1607~1811년 12차례 이루어진 조선과 일본 간의 평화와 선린우호를 상징하는 세계에 자랑할 만한 문화유산이다. 조선통신사가 지향한 가치는 현재에도 살아 있으며, 미래에는 더욱 중요해질 전망이다.

중단됐던 조선통신사 행렬 재현사업이 2003년 시작돼 올해로 10년째를 맞는다. 이 시점에서 조선통신사 문화유산이 유네스코 세계문화유산으로 등재되면 '한일 문화의 실크로드'로 관광수익 창출은 물론 양국의 문화와 경제 교류 활성화에 크게 이바지할 것으로 기대된다. 지금부터 서두른다면 2015년 한일 국교정상화(한일 수교) 50주년을 기념해 등재가 이루어질 수 있을 것으로 관측된다.

한 국가가 아닌 한일 양국이 입장 차이를 조율해 세계문화유산 등재를 추진하는 것은 쉽지 않은 일이다. 하지만 등재가 이루어지면 그 자체만으로도 희소성과 상징성을 가질 수 있다. 에스토니아, 라트비아, 리투아니아 등 발트 3국 시민 200만 명이 1989년 8월 23일 길이 600㎞의 인간띠를 만들어 노래를 부르며 무혈혁명을 통해 러시아로부터 독립을 쟁취한 역사적 길을 유네스코 세계기록유산으로 등재한 전례가 있다. 이 '발트의 길'(노래혁명 길)은 2009년 유네스코 등재 이후 세계적인 문화관광상품으로 자리매김했다.

■새 정부 첫 한일정상회담 의제로

부산문화재단과 조선통신사가 거쳐 갔던 일본 도시의 모임인 '조선통신사 연지연락협회', 조선통신사학회를 중심으로 조선통신사 문화유산의 유네스코 세계문화유산 등재가 추진되고 있다. 하지만 이 사업이 탄력을 받으려면 양국 정부와 국회가 적극 나서야 한다는 주장이 설득력을 얻고 있다. 한국만 보더라도 문화체육관광부, 외교통상부, 문화재청, 국립중앙도서관, 규장각 같은 관련 기관이 복잡하게 얽혀 있다. 이들 기관의 이해 관계를 조율할 협의체가 마련돼야 하고, 국회에서도 예산을 뒷받침해야 한다. 부산 지역 국회의원은 물론 한일의원연맹 소속 국회의원도 관심을 둬야 한다는 여론이 많다.

한국과 일본은 '가깝고도 먼' 나라다. 임진왜란, 일제 강점기, 종군 위안부 같은 아픈 역사로 말미암아 툭 하면 독도 영유권 분쟁, 일본 역사 교과서 왜곡 같은 정치적

조선통신사를 세계문화유산으로

국제신문
2013년 1월 22일 화요일

상회담 의제 채택 땐 2015년 등재 희망적

<한일수교 50돌 기념의 해>

사가 전명식을 마치고 일본 도쿄의 니혼바시를 지나 숙소로 향하고 있다.

2015년 한일수교 50주년 기념의 해를 맞아 한일 국민에게 미래지향적 양국 관계의 시작을 알리는 선물을 안겨줄 것"이라고 말했다. 임진왜란 이후 조선통신사가 문화 교류를 통해 양국의 정치적 갈등을 풀고, 평화를 도모한 것처럼 말이다.

부산문화재단과 조선통신사학회는 세계문화유산 등재가 새 정부의 한일정상회담 의제로 채택되도록 다각적인 접촉을 벌이고 있다.

■기대 효과

조선통신사 문화유산이 유네스코 세계문화유산으로 등재되면 부산이 얻을 파급효과는 엄청날 것으로 보인다. 조선통신사 학회 김동철 부회장(부산대 사학과 교수)은 "조선통신사 일행이 배편으로 출항했으며, 현재 해마다 5월 초 조선통신사 행렬 재현을 비롯한 조선통신사 축제가 열리는 부산에 국내외 관광객이 몰리고, 도시 브랜드 가치가 덩달아 올라갈 것"으로 분석했다.

특히 부산이 아시아를 넘어 평화와 공존의 가치를 알려주는 세계적인 문화교류 중심지로 떠오를 것으로 기대된다. 문화교류 사업의 수도 편중을 극복하고, 국제적 문화교류를 통해 지방자치 문화의 꽃을 피운 '글로컬리제이션(glocalization)' 벤치마킹 사례로 기록될 수 있다는 얘기다. 글로컬리제이션은 세계화(globalization)와 지역화(localization)의 합성어로, 지역의 특성을 살리면서 세계화를 동시에 추구해 문화의 지역적 한계를 뛰어넘으려는 전략이다.

'한류의 원조'-바닷길 오가며 부산문화 살찌워

국제 레지던시 효시

오상준 기자

조선통신사는 흘러간 옛이야기가 아니다. 다문화시대 문화 공존과 평화를 지향하는 가치는 여전히 유효하다. 선진문화를 전수했던 조선통신사의 숙소에 일본 문인과 유학자가 몰려 퇴계 이황의 가르침이나 허준의 '동의보감'에 관해 묻는 등 조선 열풍이 불었다. 이런 점에서 조선통신사는 한류(韓流)의 원조인 셈이다.

일본 도모노우라시 조선통신사연구회 토다 카쯔요시 대표는 조선통신사의 진정한 가치를 '다문화 공존'이라고 강조했다. "조선통신사의 내방은 일본 지식인과 민중에게 이문화와 접촉해 그 선진성을 배울 기회를 제공하고, 교류를 통해 얻은 문화 정보를 제례, 의복, 민속 같은 다양한 생활 분야에 도입했습니다."

부산 영도구 동삼동 국립해양박물관에 전시된 조선통신사 선박. 실제 크기의 절반으로 복원했다. 이진우 인턴기자

1811년 중단된 조선통신사는 다문화시대 문화 공존과 평화의 가치에 걸맞게 부산을 중심으로 새롭게 부활하고 있다. 2002년 3월 부산에서 조선통신사행렬 재현위원회가 발족하고, 2003년 3월에는 조선통신사 문화사업추진위원회 창립총회가 개최되면서 한일 양국 '평화의 바닷길'이 다시 열렸다. 2005년 6월 조선통신사학회가 꾸려지고, 조선통신사 문화사업회는 2010년 부산문화재단으로 편입돼 새로운 도약을 준비하고 있다.

부산문화재단은 조선통신사가 지향했던 문화 공존이라는 오늘날의 의미를 살려 지난해 처음 일본 대마도, 카미노세키, 도모노우라, 시즈오카 이토우, 요코하마 등 5개 지역에 부산 지역 화가, 공예가, 시인, 소설가 9명을 파견해 그곳에서 교류 및 창작활동을 하게 하는 '레지던시 원류를 찾아서' 프로그램을 도입해 호평을 받았다. 부산과 일본 후쿠오카 젊은 예술가들은 2011년부터 두 지역을 오가며 공동축제 형식의 문화예술교류 행사인 '왔다갔다(WATAGATA) 아트페스티벌'을 열고 있다. 조선통신사에 뿌리를 둔 레지던시와 문화교류 프로그램이 환생해 부산 문화를 살찌우고 있다.

▶조선통신사(朝鮮通信使)

조선통신사는 조선에서 일본으로 파견된 사절을 말한다. 통신이란 신의를 나눈다는 의미. 조선통신사를 통한 교류는 신뢰를 기반으로 한 조선과 일본의 평화와 선린우호를 상징한다고 할 수 있다.

1607년부터 1811년까지 200여 년간 조선통신사는 일본을 12차례 방문했다. 조선통신사는 정사, 부사, 종사관 등 400~500명에 이르는 대사절단이다. 조선의 수도 한양에서 출발해 일본의 수도 에도까지 가는 데 반년 이상 걸렸다. 통신사는 일본의 많은 문인과 필담을 나누고 노래와 술잔을 주고받는 등 일본 사회에 큰 영향을 미쳤다. 통신사 일행의 최종 출발지였던 부산은 일행의 접대와 특산물과 예단 모집, 해신제 준비 등 통신사 파견에 중요한 역할을 했다.

국제신문도 조선통신사의 유산을 한일공동으로 유네스코에 등재하는 것을 일찍부터 지지해 왔다. 사진은 2013년 1월 22일자 지면. 당시에는 2015년 등재를 희망했으나 2년 정도 늦어졌다.

할머니는 "1960년대 일본 정부의 도움으로 한 번 '고국'을 다녀간 뒤로 처음"이라고 했다. 40년 만에 다시 일본을 찾은 것이다. 그때의 체험은 역사와 한일 관계를 보는 내 시야를 더 넓혀주었다.

10년도 더 된 2005년의 '조선통신사 뱃길 100년' 참가기를 지금 다시 떠올리는 이유는 무엇인가. 관념에서 벗어나 실제로 먼 길을 떠나 직접 만나서 교류할 때 얻게 되는 수확과 변화를 말하고 싶기 때문이다.

이웃 나라와 교류하려면 목숨을 걸어야 했던 400년 전, 조선의 통신사 행렬에는 다양한 사람이 포함돼 있었다. 정사, 부사, 종사관 등 높은 사람부터 통역, 화원, 의원, 악공, 서기, 군관, 마상재, 소동, 격군에 이르기까지. 그때 조선통신사 일행도 내가 일본을 접하고 느낀 것과 비슷한 발견과 희열을 얻지 않았을까. 무척 다양한 사람들이 포함된 조선통신사 일행을 하나로 묶은 가치와 정신이 성신교린誠信交隣이었다는 점은 뜻 깊다.

임진왜란 후 조선통신사가 처음 일본으로 간 해가 1607년이니 전쟁이 끝난 지 채 10년도 지나지 않았을 때다. '침략자' 일본에 대한 조선 사람들의 적의와 분노는 여전했을 것이다. 그러나 조선통신사는 싸우자고 간 게 아니다. 요구할 건 요구하면서도 성신교린을 앞세웠고, 그렇게 직접 만나니 이해와 친교가 싹텄을 것이다.

나는 바칸 마쓰리를 보면서 일본 문화의 속살을 느끼고, 부산과 시모노세키 두 도시의 교류 사업을 지켜보면서 서로 이해할 필요성을 절감했다. 그리고 부용회 회원들을 만나 '그들의 아픔'도 알게 됐다. 그 옛날 험한 뱃길을 뚫고 간 조선통신사와 그들을 환대한 일본 사람들도 그렇지 않았을까. 한국과 일본이 갈등을 겪고 있는 2017년 지금, 1607년 시작한 조선통신사를 자꾸 떠올리게 되는 이유다.

부산에서 생각하는 조선통신사의 의미는 좀 각별하다.

먼저, 부산의 언론 관점에서 한 번 들여다보자. 내가 일하는 국제신문을 비롯해 부산의 일간지에서 문화부 기자로 일한다는 것은 1년에 한두 번은 조선통신사 행사에 참여해 일본에 다녀올 기회가 생긴다는 것을 뜻했다. 지금은 취재환경이 달라지면서 기회가 많이 줄어들었지만, 한동안은 그랬다.

부산에 있는 경성대 무용학과 졸업생들이 만든 춤패 배김새는 1993년부터 대마도 이즈하라에서 열리는 아리랑 마쓰리에 참가해 한국 전통춤을 췄다. 그러다 1998년께부터 배김새는 아리랑 마쓰리에서 조선통신사 행렬을 재현했다.

2001년은 부산에서 조선통신사에 관한 관심이 높아지는 분기점이 됐다. 2001년은 한국 방문의 해였고, 2002년 부산아시안게임과 한일 월드컵 개최를 앞둔 해였다. 이때를 즈음해 역사와 지역문화 자원에 관한 관심이 높아지면서 2001년 3월 부산 동구청이 영가대 복원 계획을 내놓는다. 영가대는 조선통신사 일행이 일본으로 출항하기 직전 해신제를 올리던 정자 형태의 건물이다(영가대는 실제로 2003년 9월 원래 자리에서 조금 벗어난 부산 동구 자성대 남쪽에 복원됐고, 그 곁에 조선통신사 역사관이 2010년 4월 개관했다).

부산시도 같은 달에 '2001 평화의 행진 한일 공동추진위원회' 등과 연계해 조선통신사 행렬을 재현한다는 계획을 발표하고, 2001년 8월 1일 부산바다축제가 열린 해운대해수욕장에서 조선통신사 행렬을 재현했다. 이듬해 2002년 6월 5일에도 한일 월드컵 공동개최를 기념하는 조선통신사 행렬 재현 행사가 부산 중구 광복동에서 열렸다.

일련의 사업을 추진하기 위해 2002년 발족한 조선통신사 행렬재현위원회(추진위원장 강남주)는, 2003년 3월 창립총회를 열고 조직을 확대 개편해 조선통신사 문화사업추진위원회를 발족한다. 이 일련의 흐름은 다소 복잡한 면이 있어 정확한 경과를 더 정밀하게 확인할 필요가 있다.

이런 과정을 거치면서 조선통신사 관련 사업이 활발해지자, 국내외에서 펼쳐지는 행사에 문화부 기자들이 동행 취재를 할 기회가 많아졌다. 서울에서 부산까지 통신사 행렬의 자취를 밟는 답사부터, 대마도 아리랑 마쓰리, 시모노세키 바칸 마쓰리(2004년부터 해마다 바칸 마쓰리 행렬에 조선통신사 행렬 재현팀이 참가했다)까지 문화부 기자들이 부지런히 출장을 다니며 취재했던 기억이 생생하다.

부산에서 조선통신사 관련 사업은 지금은 부산문화재단이 맡아서 하고 있다. 재단은 조선통신사학회의 활동을 지원하고, 조선통신사 소식지도 발간하고 있다.

널리 알려진 대로, 한국과 일본은 '조선통신사 유네스코 세계기록 유산 공동 등재' 사업을 추진해 왔다. 한국추진위원회는 부산문화재단이 겸하며, 일본은 NPO법인 조선통신사연지연락협의회가 주체가 되어 지난해 3월 30일 유네스코에 신청서를 냈다.

이 글을 쓰기 위해 국제신문이 1999년경부터 최근까지 보도한 조선통신사 관련 기사를 최대한 검토하고자 애썼다. 조선통신사 행사 현장을 한동안 쫓아다니며 취재했고, 학술지나 단행본이 나오면 이를 읽고 지면에 반영하고자 노력했지만 국제신문이 그간 조선통신사에 관해 어떻게 보도해왔는지 '통으로' 살펴보지는 못했기 때문이다.

기사는 수백 건에 달했다. 처음에는 그 많은 분량에 압도됐다. 과연 이를 제대로 검토할 수 있을까, 하는 걱정부터 앞섰다. 막상 시작하자, 재미있는 상황이 펼쳐졌다. 조선통신사에 관한 보도는 성신교린, 상호이해, 화해, 평화, 교류, 협력, 미래, 관광 등 대부분 '밝은 쪽'이었다. 시간의 흐름이나 한일관계의 좋고 나쁨과 관계없이 그랬다.

한국과 일본이 2017년 현재 겪고 있는 갈등과 충돌은 어딘지 '딴 나라 이야기'처럼 느껴진다. 통신사 자체가 평화와 우호를 전제로 직접 만나서,

주장할 것은 주장하면서도 서로 양해하고, 교류하고, 상대를 조금씩 더 알아나간 과정이었기 때문일 것이다.

한일 정치권끼리 충돌하고 일부의 극단적 목소리가 두 나라의 갈등을 아주 큰 것으로 보이게 하지만, 지금도 일본의 젊은이들은 한류에 열광하고 한국 젊은이들은 일본 영화를 즐겨 본다. 문화를 매개로 서로 만나면, 얼마든지 친해질 수 있다는 것을 증명한다. 조선통신사가 오늘날 우리에게 의미하는 것 또한 바로 이것이라고 생각한다.

물론 한국과 일본이 서로 돌아봐야 할 것도 있다. 서로를 더욱 존중해야 한다는 것이다. 한국에서는 여전히 통신사를 '조선의 높은 수준의 문화와 예술을 한 수 아래였던 당시 일본에 전수한 통로' 정도로 보는 시선이 있다. 과연 그런가. 멀리 갈 것 없이 최근 읽은 신상목의 '학교에서 가르쳐주지 않는 일본사'(뿌리와이파리, 2017년)와 성희엽의 '조용한 혁명-메이지 유신과 일본의 건국'(소명출판, 2016년)이 떠오른다.

신상목의 책은 이렇게 말한다. '일본의 근세(조선통신사가 내왕했던 에도시대 260년)'는 독자적인 힘으로 매우 높은 수준까지 사회 전반이 창조적으로 발전한 시기이며, "일본 근대화의 성공은 요즘 말로 하면 근세기의 축적이 서구와의 전면적 조우를 맞아 '포텐이 터진' 결과이다." 성희엽의 책은 근대화의 입구에서 그렇게 '포텐이 터진' 일본이 당황하지 않고 철저히 계획하고 준비하며 근대화의 길을 걸어간 과정과 양상을 현미경처럼 보여준다. 일본이 자체역량을 축적해왔다는 지적이다.

이 책들을 읽으며 여전히 일본에 관해 '미처 몰랐던 것들'이 많다는 것을 느꼈다. 일본도 마찬가지일 것이다. 일본도 한국에 대해 모르는 것이 많다. 기노쿠니야나 마루젠 같은 일본 대형 서점에 가보면 한국에 관한 정보는 빈약하고, 대신 일제강점기의 시선으로 한국을 보려는 편벽하고 극단적인 이들이 쓴 소위 '혐한서적'이 많다.

한일이 그런 상태에서 벗어나, 서로 더 잘 알고, 이해하고, 친해지려면 조선통신사의 의미를 오늘에 되살리는 것도 한 방법일 것이다.

8장

조선통신사에 사는 사람들

조선통신사가 한일 민간단체와 공동으로 유네스코에 등재를 신청하고, 실제로 등재가 실현되기까지에는 당연히 여러 사람들과 기관의 노력이 있었다. 이 장에서는 강남주 유네스코 공동등재 한국 측 학술위원장, 장제국 유네스코 공동등재 한국 측 추진위원장, '에도시대의 조선통신사'라는 영화로 일본에서 통신사 붐을 일으킨 재일동포 신기수 씨의 차녀 신이화 씨의 인터뷰를 게재한다.

1. 조선통신사를 부산에 되살린 강남주 위원장

강남주 한국 측 학술위원장(오른쪽)이 2014년 9월 일본 시모노세키에서 마쓰바라 가즈유키 조선통신사연지연락협의회 이사장을 만났다. 두 사람이 없었다면 오늘날처럼 조선통신사가 각광을 받기까지는 더 많은 시간이 걸렸을 것이다. 동아일보 자료 사진

조선통신사를 말하며 강남주 전 부경대 총장(78)을 빼놓을 수 없다. 그는 부산에서 조선통신사를 부활시키고, 유네스코 공동등재를 실현시키는 데 결정적인 역할을 한 인물이다. 그를 10월 21일 부산역 구내에서 만났다.

등재가 결정된 날, 다시 전화를 걸어 소감을 물었다.

"심 기자가 갖고 있는 생각이 내 생각과 다를 게 없을 것"이라고 했다.

그는 매우 기쁘다는 뜻을 아주 절제해서 대답했다.

먼저 한 인터뷰는 이런 것이었다.

-조선통신사에 대해 관심을 갖게 된 계기는 무엇인가.

"1994년에 1년간 규슈의 후쿠오카대학 방문연구원으로 있으면서 쓰시마(대마도)를 오가며 쓰시마의 신화와 전설, 마을제사와 고기잡이 노래 등을 연구할 때의 일이다. 하루는 대학원 학생이 '당신을 만나고 싶어 하는 사람이 있다'고 해 만나게 됐다. 쓰시마 출신으로 해운업을 하고 있는 마쓰바라 가즈유키松原一征라는 사람이었다. 자기 고향에 관심을 갖는 한국인이 있다고 하니 흥미를 느낀 것 같았다. 마쓰바라 씨는 조선통신사에 대해 박사수준이었다. 한국인으로서 매우 부끄러웠다. 도대체 일본인들에게 조선통신사는 뭐지, 왜 그렇게 환대를 한 거지, 하는 궁금증이 생겼다. 그리고 관련 서적을 찾아 읽기 시작했다."

강 전 총장은 '천지개벽'이라는 표현을 쓰긴 했지만, 그렇다고 바로 조선통신사에 빠져든 것은 아니다. 첫선을 보고 마음에 담아두었다고나 할까. 당시 그는 시詩 이론이 전공인 부산수산대(지금의 부경대) 국문학과 교수였다. 귀국을 해서는 본업에 충실하게 '한국 남해와 대마도 민속문화 비교연구'라는 논문을 썼다. 그는 1973년에 첫 시집을 내고, 이듬해 '시문학'의 추천을 받아 등단한 시인이기도 하다.

-왜 하필 쓰시마인가.

"1991년에 쓴 '남해의 민속문화'라는 책이 계기가 됐다. 부산수산대에는 실습선이 있어 여름, 겨울방학 때 항해사나 기관사가 될 학생들을 태우고 남해의 여러 섬을 돌아다닌다. 나는 그 배를 타고 선장에게 이곳저곳의 섬에 내려달라고 해서 그곳의 신화나 전설, 노동요 등을 채록하고 연구했다. 그 성과가 '남해의 민속문화'였는데 꽤 호평을 받았다. 나는 그 연구의 연장선상에서 남북한의 동질성과 이질성에 대한 관심을 갖게 됐다. 만약 통일이 된다면 남북한의 이질성은 어떻게 극복할 것인가. 북한의 청진

수산대와 비슷한 연구를 공동으로 해보고 싶었다. 청진에서 명태를 수입하던 재미동포의 도움으로 그 쪽과 연결이 되고 그쪽도 흥미를 보였다. 당시 매우 어렵다는 통일원의 북한주민 접촉허가까지 받았다. 그렇지만 방송 기자를 데리고 가는 문제로 얘기는 깨지고 말았다. 1992년의 일이다. 그 때, 대안으로 관심을 갖게 된 곳이 쓰시마였다."

일본에서 연구 활동을 하던 그해, 그는 친구 유흥수 의원(전 주일 한국대사)과 쓰시마에서 조선통신사 재현 행렬을 보게 된다. 쓰시마는 1979년 재일동포 신기수 씨가 만든 '에도시대의 조선통신사'라는 영화를 보고 감동을 받아 통신사와 쓰시마의 가치를 재발견한다. 이듬해인 1980년 축제 때부터 통신사 행렬을 재현하고 1988년부터는 축제 이름에 '아리랑'이라는 이름까지 넣었다. 통신사 행렬을 처음 구경한 경험과 마쓰바라 씨와의 만남은 나중에 강 전 총장에게 중요한 의미를 갖는다.

4장 부산편에서 소개했듯, 강 전 총장은 2001년 가을 안상영 부산시장, 유흥수 한나라당 의원, 김상훈 부산일보 사장과 함께 쓰시마로 가서 쓰시마가 조선통신사를 어떻게 보고 있는지, 어떻게 활용하는지는 눈으로 확인했다.

안 시장이 돌아오는 배안에서 말했다.

"부산에서도 합시다."

부산시는 곧바로 '조선통신사행렬재현추진위원회'를 만든다. 위원장이 강 전 총장이었다. 강 전 총장은 "통신사에 대해 아는 게 없다"고 고사했으나 결국은 받아들였다.

부산에서 통신사행렬은 2002년 6월 한일공동월드컵을 축하하는 문화행사의 하나로 처음으로 재현됐다. 지식도 없었고, 고증도 없었다. 1711년(숙종 37)의 조선통신사행렬을 그린 두루마리그림을 보고 흉내를 내는 정도였다.

"처음 행렬을 재현했을 때는 그저 신기하다는 정도였다. 문제는 그 다음해부터였다. 예산이 없었다. 2003년에는 시비와 국비 8억원을 확보해 행사를 이어갔다. 일본의 조선통신사연고지 사람들도 불러 용두산공원에서 춤추고 노래를 불렀다. 통신사 행렬을 한일문화교류로 확대한 것이다. 일본인들이 와서 춤추고 노래를 부르는 것을 곱게 볼 리가 없지만 조선의 통신사를 환영하는 것이라는 데 누가 뭐라고 하겠나. 또 하나는 내가 대학 총장이었기 때문에 가능했던 것이 아닌가 한다."

'일본의 조선통신사 연고지 사람들'이라는 말이 나왔으니 마쓰바라 가즈유키 씨를 다시 소개해야 할 것 같다. 마쓰바라 씨는 강 전 총장을 만난 이듬해인 1995년 조선통신사연지연락협의회를 만든다. '연지緣地'란 인연이 있는 곳, 즉 연고지라는 뜻이다. 이 단체는 일본 내에 있는 조선통신사 연고지의 지자체, 연구자, 행사관계자들을 모두 아우르는 단체다. 마쓰바라 씨는 지금도 이 단체의 이사장으로 일하고 있다. 그 공로로 2010년에는 한국 정부로부터 수교훈장 숭례장을 받았다. 그를 추천한 이도 강 전 총장이다.

-나중에 '조선통신사문화사업회'라는 조직에도 관여했는데.

"조선통신사행렬을 재현하는 소극적인 활동을 넘어 조선통신사를 부산의 브랜드로 만들어보자는 얘기가 나왔다. 그래서 2003년에 행렬재현 추진위원회를 발전적으로 해체하고 '조선통신사문화사업회'를 만들었다. 그 책임자가 집행위원장인데, 그걸 내가 맡게 된 것이다."

강 전 총장은 문화사업회 집행위원장으로 일본에서 열리는 통신사관련 축제에 인원과 의상, 가마 등을 지원하면서 통신사의 가치에 대해 새롭게 눈을 뜨게 된다.

"조선통신사를 일본에 대한 조공사절이라고 하는 사람이 있는데, 일본의 전문가 나카오 히로시 선생은 '그런 사람은 공부를 제대로 안 한 것'

이라고 일갈한다. 조선과 일본이 주고받은 국서를 보더라도 두 나라는 호혜평등의 관계였다. 일본이 우리를 식민지로 만들면서 조선통신사를 낮춰 보려고 한데서 비롯된 오해일 뿐이다."

-지금까지 보아온 여러 조선통신사 행렬 재현 행사 중 인상 깊었던 것은.

"도쿄와 뉴욕이다. 조선통신사의 종착지는 지금의 도쿄인 에도였다. 2006년에 니혼바시·교바시 마쓰리(축제)에서 조신통신사 행렬을 재현했다는 것은 400여년 만에 통신사의 정신을 온전히 되살렸다는 의미가 있다. 2010년 뉴욕에서는 호주에서 신혼여행을 온 커플이 통신사 행렬을 보고 '어느 나라 왕이냐'고 물었다. '일본에 갔던 한국의 앰버서더'라고 했더니 '뉴욕으로 신혼여행 오길 잘했다'고 말했다. 맨해튼의 중심인 6번가를 막고 조선통신사 행렬을 재현한 것은 조선통신사의 선린우호 정신은 한일만의 것이 아니라 세계의 것이라고 어필한 것이나 마찬가지다."

그와 조선통신사의 인연은 문화사업회 집행위원장으로 끝나지 않는다. 부산시는 2009년 부산문화재단을 만들고 초대 이사장으로 강남주 전 총장을 임명했다. 그리고 재단 발족 이듬해인 2010년, 재단은 문화사업회가 해오던 조선통신사 업무를 위탁 계약을 통해 모두 넘겨받는다. 이유가 있었다.

"초창기에는 통신사 행렬 재현 행사를 여름에 했다. 아주 더우니 행사 참석자들에게 생수를 사서 나눠줬다. 그런데 부산시의회에서 이걸 문제 삼았다. 시민이 낸 세금을 민간단체가 물을 사먹는 데 지원하느냐는 비판이었다. 그 말을 듣고 절망과 회의를 느꼈다. 동시에 민간단체가 이 사업을 계속하다가는 언젠가는 중단될지도 모른다는 위기감을 느꼈다. 그래서 좀더 안정적인 곳에서 하는 게 좋겠다고 생각했고, 결국은 재단으로 넘기게 된 것이다."

–공동 등재의 아이디어는 어디서 나온 것인가.

“2007년 시모노세키 축제 때 만찬장에서 내가 제안했다. 조선통신사의 의미와 가치는 유네스코의 세계기록유산이 충분히 될 만하다고 강조했다. 일본 쪽에서도 호응이 있었다.”

그의 제안이 형태를 갖추게 되는 것은 시간이 흐른 2012년 5월이었다. 부산에서 일본 측에 같은 제안을 하면서 급물살을 타게 된다. 한국에서는 2014년 한국추진위원회를 발족한다. 그리고 앞서 소개했듯 그는 한국 측 학술위원장이 됐다. 양국 학술위원회는 한일을 오가며 12차례나 합동회의를 열고 유네스코에 등재할 자료를 검토하고 선정했다.

강 전 총장에게 “당신에게 조선통신사는 무엇인가”라고 물었다.

“‘평화는 어떻게 유지되는가’, ‘국가 간의 갈등은 어떻게 관리할 수 있는가’를 조선통신사를 통해 배웠다.”

그는 2005년에 만든 ‘조선통신사학회’의 초대 회장으로 4년간 일하기도 했다. 강 전 총장은 “불구대천의 적대관계였던 두 나라가 10년도 채 안돼 화해를 하고 200년 이상 평화를 유지한 사례는 세계적으로도 유례가 없다. 국가 간 갈등관리의 전범典範이라고 할 만한다. 이런 사례는 세계에 제시하고, 세계인이 공유할 수 있도록 해야 한다”고 강조했다.

그는 “전문성도 없는 사람이 우연히 조선통신사의 세계에 발을 들여놨다가 너무 오랫동안 머물렀던 것 같다”며 “이제는 후학들에게 자리를 넘겨주고 물러날 때가 됐다”고 했다.

그는 ‘우연’이라고 했지만 ‘우연’이 계속되는 일은 없다. 조선통신사 행렬재현 추진위원회 초대 위원장, 문화사업회 초대 집행위원장, 조선통신사학회 초대 회장, 부산문화재단 초대 이사장, 공동등재 한국 측 초대 학술위원장은 그의 의지와 열정이 있었기에 찾아온 기회였다(‘초대’라고 표현했지만, 행렬재현 추진위원회, 문화사업회, 학술위원회 책임자는 강 전 총장

밖에 없었다).

-조선통신사 사업은 앞으로 어떤 방향으로 가야 하나.

"첫째는 관련 자료를 아카이브로 만들어 국내외에서 누구나 자료에 접근할 수 있도록 해야 한다. 다음은 연구 인력을 확보해서 꾸준히 연구를 계속하는 것이다. 마지막으로 박물관이나 연구소 등을 활용해 청소년들에게 통신사의 정신을 교육시키는 것이다."

강 전 총장은 조선통신사 덕분에 장편 소설도 한편 출간했다. '유마도柳馬圖(도서출판 산지니)'라는 작품이다. 부제는 '조선통신사 변박, 버드나무 아래 말을 그리다'. 1763년(영조 39) 조선통신사의 제3 기선장(종사관이 탄 배의 책임자)으로 일본에 건너갔던 동래의 화가 변박卞璞이 그린 '유마도'라는 작품이 모티프다. 통신사 일행이 지나가지도 않은 시고쿠四國 가가와香川현 다카마쓰高松의 호넨지法然寺절에서 그의 작품이 발견된 미스터리를 추적한다. 강 전 총장은 호넨지까지 직접 찾아가 이 작품의 이름이 지금까지 알려진 '유하마도柳下馬圖'와는 달리 '유마도'라는 사실도 확인했다.

그는 이 소설의 후기에 이렇게 썼다.

"이 소설을 쓰면서 다시금 깨친 것이 있습니다. 평화는 저절로 오는 것이 아니라는 엄중한 사실이 그것입니다. 임진왜란을 겪은 뒤 조선통신사가 일본을 오가는 200년 이상 조선과 일본에는 전쟁이 없었습니다. 우리의 선조들은 황파를 헤치면서 수많은 목숨을 희생시켜야 했고, 결코 방심하지 않고 평화의 터전을 다듬었기 때문입니다. 시간을 초월해서 지금의 우리에게도 유효한 나침반은 아닐까 생각하게 했습니다."

강 전 총장은 11월 3일 서울 여의도 켄싱턴 호텔에서 열린 한일 국제 심포지엄에서 '조선통신사 유네스코 세계기록유산 등재의 의의'라는 발표를 하는 등 학술위원장의 역할을 계속하고 있다. 이날 발표한 내용 중에서 조선통신사 유산을 한국이 '세계기록유산'으로, 일본으로 '세계의 기억유산'으로 달리 부르게 된 이유와 '조선통신사'라는 용어를 둘러싼 논쟁에 대한 그의 주장을 요약해 소개한다.

> 조선통신사 유산에 대해 한국은 '세계기록유산'으로, 일본은 '세계기억유산'으로 달리 부르고 있다. 같은 유산에 대해 다른 이름을 쓰는 것은 이견이 있을 수 있다. 그러나 한국과 일본은 자국 내에서 자기네 용어를 사용하는 것을 상호 용인하기로 했다. 이는 세계적으로 통용되고 있는 용어는 'Memory of The World'이며 각국이 국내 사정에 맞게 번역해 사용해도 본질을 훼손하지 않는다고 판단했기 때문이다.
>
> 이미 한국은 '세계기록유산'이라는 한국 용어로 훈민정음, 조선왕조실록, 동의보감, 직지심체요철, 승정원일기, 해인사 대장경판 및 제경판, 조선왕조의궤, 동의보감, 일성록, 5·18민주화운동기록물, 난중일기, 새마을운동기록물, 한국의 유교책판, KBS특별생방송 '이산가족을 찾습니다' 기록물 등 13건을 등재했다. 일본도 '세계기억유산'이라는 일본 용어로 야마모토 사쿠베에 컬렉션, 미도간파쿠키·후지와라노 미치나가의 일기 원본, 도지백합문서, 마이쓰루로의 생환:시베리아 억류 등의 일본인 본국 귀환 기록 등 4건을 등재했으니 용어를 갖고 다투는 것은 의미가 없다고 생각한다.
>
> 다음으로는 '조선통신사'라는 용어의 확정에 관한 것이다. 국내의 일부 학자가 조선통신사는 일본에 파견한 사신이므로 '조선통신사'가 아니라 '일본통신사'라고 해야 한다거나 그냥 '통신사'나 '조선시대 통신사'라고 해야 한다는 의견을 제시한다. 학계가 정식으로 문제를 제기하거나 공식적으로 논의한 적은 없다. 그러나 혼선을 낳을 우려는 있다. 나는 통일된 용어를 사용하는 것이 옳다고 보고, 이 자리에서 내 의견을 제시하고자 한다.
>
> 나는 현재 일본은 물론이고, 한국에서도 가장 폭 넓게 사용하고 있는 명칭

이 '조선통신사'이므로 이 용어로 통일해서 사용할 것을 제의한다. 그 근거는 다음과 같다.

첫째, 이미 2016년 3월 유네스코 본부에 세계기록유산 등재를 신청할 때 '조선통신사'라는 용어를 공식적으로 사용했기 때문이다. 이 용어로 등재가 결정되면 조선통신사는 세계적인 공통용어로 인정받게 될 것이다. 물론 한일의 언어차이를 고려해서 로마자로 쓸 때는 한국은 Joseon Tongsinsa로, 일본은 Chosun Tsushinshi로 표기하기로 상호 양해했다.

둘째, 당시 사행원들도 조선통신사라고 쓴 근거가 있기 때문이다. 1711년(숙종 37) 정사 조태억은 교토의 쇼고쿠지 지쇼인에 머물며 남긴 시에 '조선사시(朝鮮使時)'라고 썼다. '조선 사신의 사행 때'라는 뜻으로 '일본의 사신'이 아니라 '조선의 사신', '일본통신사'가 아니라 '조선통신사'라는 뜻으로 읽어야 한다.

그리고 1748년(영조 24) 정사 홍계희도 호타이지(寶泰寺) 절에 들렀다가 시 한 수를 받고 답례시를 전하며 '조선통신정사 담와(朝鮮通信正使 澹窩'라고 쓴다. '담와'는 그의 호다.

이밖에 1655년(효종 6) 조형이 '조선정사'라고, 1711년 서기 남성중이 '조선국신사'라고 쓴 예도 있다.

한때 '조선시대 통신사' 또는 그냥 '통신사'라고 쓰던 국내학자들도 최근에는 대부분 그의 저서나 논문에서 조선통신사라는 용어를 그대로 사용하는 경향을 보이고 있다. 조선통신사라고 쓰는 것이 학설의 왜곡도 아니고, 학문적 신념과도 전혀 관계없는 일이라고 생각한다.

또 하나. 한국 정부가 일본으로 대사를 보내 일본에서 근무하게 했다고 해서 '일본대사'라고는 하지 않는다. '주일본 대한민국대사'가 맞다. 그러니 역사적으로나, 현실적으로나 '조선통신사'로 통일해 부르는 것이 합리적이지 않을까 생각한다.

2. '공정의 기억'을 심으려는 장제국 추진위원장

장제국 한국 측 공동추진위원장은 조선통신사 관련 기록이 유네스코에 공동 등재된 것을 기뻐하면서도 한국의 관심이 일본만 못한 것에 대해 아쉬움을 표시했다. 사진은 지난해 11월 파리에서 홍보활동을 하던 장 위원장을 보도한 KBS화면.

조선통신사 유네스코 한일 공동등재를 위한 한국 측 추진위원회 공동위원장이라는 긴 이름의 직책을 가진 장제국 위원장(53)은 동서대 총장이기도 하다. 아직 젊지만 한일관계를 연구하는 그룹에서는 이미 유명인사다. 한일차세대학술포럼 대표, 한일포럼 운영위원, 부산일본포럼 대표, 일본게이오대 한국동창회 회장 등 한일문제를 연구하거나 논의하는 각종

단체에서 활발하게 활동하고 있다(장제국 위원장과의 인터뷰는 미리 보낸 질문서의 서면 답변을 10월 5일에 받은 뒤, 그 뒤에 다시 만나 보충했다).

조선통신사 관련 기록물이 유네스코 세계기억유산으로 등재된 데 대해 그는 기뻐하면서도 "한국 측 반응이 일본에 비에 너무 싸늘하다"며 아쉬워했다.

그는 앞서의 인터뷰에서 조선통신사 관련 기록물을 유네스코에 등재하려는 이유를 이렇게 설명했다.

"세 가지 정도의 의미를 두고 싶다. 첫째, 조선통신사가 남긴 기록물 자체가 갖고 있는 높은 가치를 세계적으로 인정받고 싶다는 것이다. 이들 기록물은 유네스코가 제시하고 있는 희귀성, 온전성, 유일성 등의 기준에 모두 부합하는 귀중한 자료다. 인류적 차원에서 소중히 보존 관리해야 할 필요가 있다고 우리는 생각한다.

둘째, 이번 등재사업은 철저하게 민간 주도로 진행해 왔다는 점을 강조하고 싶다. 한일 양국은 역사문제로 여전히 갈등을 겪고 있지만, 조선통신사라는 보기 드문 '긍정의 기억'을 갖고 있다. 조선통신사의 정신을 슬기롭게 계승해 나간다면 한일관계는 더 다양하고 중첩적인 관계로 발전할 수 있다는 굳은 신념이 등재운동의 원동력이었다. '부정의 기억'과 함께 '긍정의 기억'도 발굴해 나가야 건전한 양국관계를 구축해 나갈 수 있다. 이러한 취지에 찬동하는 양국 민간인들의 자발적인 의기투합은 그 자체로서 큰 의미가 있다고 생각한다.

셋째, 조선통신사 유네스코 등재 사업은 부산과 일본의 지방 도시가 주축이 된 '지방발'이라는 특징도 갖고 있다. 한국과 일본은 모두 과도한 중앙중심의 국가이다. 그런 환경 속에서 양국의 지방도시가 힘을 합쳐 활동을 주도했다는 점은 평가받을 만하다. 21세기가 '국가의 시대'에서 '도시의 시대'로 옮아가야 한다면, '지방 주도의 사업'은 더 많이 진행돼야 한다."

조선통신사 기록물이 실제로 유네스코에 등재됨으로써 그의 생각은 보답을 받았다고 볼 수 있지만 일반인이나 매스컴이 그 의미를 몰라주는 게 안타깝다는 것이다.

-조선통신사 한일공동등재 활동을 하게 된 경위는.

"2012년 5월 부산문화재단은 일본 측에 조선통신사 사업 2단계로서 한일 민간단체가 중심이 되어 조선통신사 기록물을 유네스코 세계기록유산으로 등재하자고 제안한다. 이를 받아 한일 민간단체가 등재 운동을 적극 추진하기로 결정했다. 당시 부산문화재단의 대표는 남송우 부경대 교수였다.

하루는 남송우 대표로부터 전화가 왔다. 유네스코 세계기록유산으로 등재운동을 시작하려고 하는데 외부 공동추진위원장을 맡아 달라는 것이었다. 처음에는 조선통신사 운동과 아무런 인연이 없는 나는 적임자가 아니라며 사양했지만 남 대표의 거듭된 요청에 결국 응하게 됐다. 남 대표는 당연직 공동추진위원장이 되었고, 역사학자인 정재정 서울시립대 교수도 공동추진위원장이 되면서 3인 공동위원장 체제가 됐다.

엉겁결에 추진위원장을 맡은 후 2014년 6월 16일 부산 코모도 호텔에서 조선통신사 유네스코 세계기록유산 등재 한국추진위원회 발족식을 가졌다. 이때 부산지역 언론은 물론이고, 일본 NHK가 취재를 와 높은 관심을 보여주기도 했다. 이후 한국 측 실행위원회는 매달 열렸고, 일본 측 '조선통신사연지연락협의회와의 합동 회의, 12차례에 걸친 양국 합동 학술회의를 열어 등재운동을 본격화했다. 학술회의 결과 총 111건 333점(한국측 63건 124점, 일본측 48건 209점)을 등재 신청하기로 하고 목록을 완성해 2016년 3월 30일 유네스코에 정식으로 등재신청을 했다."

-추진위원회에서는 어떤 일을 했나.

"정식 직책은 '조선통신사 유네스코 세계기록유산 등재 한국추진위원회 공동위원장'이다. 각종 회의에서 인사말을 하고, 내부 회의를 주재하며, 관련 조직과의 협조가 잘 되도록 하는 역할이다. 추진위원회 밑에는 실행위원회와 학술위원회가 있는데, 내가 실행위원장도 겸직하고 있다.

학술위원장은 그간 조선통신사 연구를 계속 해온 강남주 전 부경대 총장이 맡았다. 강 위원장은 일본 측의 학술위원장과 함께 기록유산 등재 후보 문건을 정리하는 역할을 담당했다. 한국 측 학술위원회에서는 한태문 부산대학교 국문과 교수 등이 수고를 많이 했다. 일본 측 학술위원회 위원장은 오랜 세월 조선통신사를 연구해오면서 이 분야 최고 권위자로 불리는 나카오 히로시仲尾宏 교토조형대 교수이다."

-유네스코에도 종종 다녀온 것으로 아는데.

"종종 다녀 온 것은 아니고 지난해 11월 한국과 일본의 추진위원들이 함께 한 차례 다녀왔다. 유네스코의 규정상 등재를 위한 로비 활동은 철저히 금지되어 있다. 그렇지만 당사자 입장에서는 가만히 앉아 있을 수도 없었다. 그래서 유네스코 본부가 있는 파리에서 우리의 등재 의지를 어필하며 홍보해 보자는 취지로 파리로 간 것이다."

-구체적으로 어떤 활동을 벌였나.

"파리에 도착하자마자 주 프랑스 한국문화원에서 한국에서 가져간 조선통신사 한지 인형 행렬 전시회를 열었다(인형 제작, 소향한지예술창작협회). 오프닝 행사 때 프랑스 현지인들을 초청해 조선통신사에 대해 설명하고 관심을 가져달라고 호소했다. 현지 언론과 인터뷰도 하고, KBS 등 파리 주재 한국 언론의 취재에도 응했다.

다음날에는 장소를 주 프랑스 일본문화원으로 옮겨 한일공동 학술심포지엄을 열었다. 양국의 전문가들이 조선통신사 기록유산의 가치에 대해 열심히 설명했고, 현지 전문가들과 질의 응답 시간도 가졌다. 주불 한국대사관, 주불 일본대사관, 주 유네스코 한국대표부 이병현 대사, 주 유네스코 일본대표부 사토 구니佐藤地 대사와도 만나 양국 정부의 관심도 호소했다.

마지막으로 유네스코 본부를 방문해 담당 국장들을 만나 의견교환을 하는 시간을 가졌다. 본부 관계자들은 한일이 함께 같은 뜻을 갖고 본부를 방문해 준 것은 '매우 특이한 일'이라며 분위기를 띄워주었다. 이들과 만나서는 앞으로의 일정과 심사과정에서 관심을 두는 주요 사항 등에 대해 설명을 들었다.

3박 4일이라는 짧은 일정이었지만, 한일 양측의 추진위원들이 제3국에서 같은 뜻을 가지고 의기투합하는 모습을 보여준 것은 매우 이례적인 일이었다고 생각한다."

-공동등재에 대한 유네스코나 외국의 반응을 돌이켜보면.

"심사를 해야 하는 유네스코로서는 공평하고 객관적으로 평가를 하겠다는 원칙을 내세우며 아주 사무적인 태도로 일관했던 것이 사실이다. 다만 그간 역사문제로 사사건건 반목해 왔던 한일 양국이 조선통신사 기록물이라는 긍정적 역사 자료를 발굴해서 '함께' 등재하겠다고 나선 데 대해서는 상당히 높게 평가하고 있다는 이야기가 흘러나왔다. 우리는 이런 분위기를 매우 고무적으로 받아들였다. 이번에 실제로 등재가 된 것도 유네스코 내의 그런 분위기가 도움을 준 것이라고 본다.

솔직히 공동등재에 대한 국내외의 반응은 그렇게 뜨겁지 않았다. 매우 아쉬운 대목이다. 국내의 경우, 중앙집권적인 국가이다 보니, 지방에서부터 시작하는 사업에 대해 중앙이 관심을 보이는 경우는 극히 드물다. 부산의 언론들이 가끔 기사화하는 경우가 있지만, 중앙 언론은 거의 관심을 보이지 않았다고 해도 과언이 아니다.

일본 언론은 우리보다는 관심을 많이 가졌다고 할 수 있다. 공동 추진위가 발족되었을 때 서울 주재 NHK 특파원이 직접 부산으로 내려와 취재를 했고, 다음날 아침 뉴스에 상당한 시간을 할애해 보도했다. 일본의 주요 일간지들도 꽤 많은 양의 기사를 송고했다."

-일본 측과도 자주 접촉을 했을 텐데 일본 측의 의지와 반응 등은 어떠했는지.

"일본 측의 반응은 상당히 뜨거웠고 지금도 그렇다. 한 예로 연고지인 시즈오카 출신 하라다 요시쓰구原田令嗣 전 중의원은 조선통신사에 대해 깊은 관심을 가진 분이다. 현역 의원이었을 때 조선통신사 400주년 행사를 거의 주도하다시피 했다. 하라다 의원이 일본 문부성 정무관이었을 때 다른 일로 그의 도쿄 사무실을 방문한 적이 있다. 소파에 앉자마자 조선통신사에 대해 30분 이상 이야기를 이어간 기억이 아직도 생생하다. 그는 1985년부터 3년간 NHK의 서울특파원이었다.

연고지에 위치한 소규모 시의 시장들이나 시의원들도 조선통신사에 대해 많은 지식을 갖고 있고, 조선통신사 관련이라면 만사 제쳐두고 회의에 참석하는 모습을 본 적이 한두 번이 아니다. 이동 중에 읽기 위해 그들이 손에 들고 있던 책은 물론 조선통신사에 관한 것이었다. 이들과 이야기를 나눠보면 그간 많은 연구를 해왔다는 것을 금방 알 수 있다.

우리가 조선통신사에 대해 거의 관심이 없었던 때부터 일본에서는 자체적으로 조선통신사 축제를 개최해 오고 있다. 쓰시마는 1980년부터 조선통신사 행렬을 재현하기 시작했고, 1988년에는 '아리랑 마쓰리'라고 이름을 바꿔 축제를 이어 올 정도다."

-공동등재가 결정됐는데 어떤 효과를 기대하나.

"한일관계가 매우 어렵다. 이제는 뭔가 새로운 패러다임이 필요할 때라고 생각한다. 그동안 한일관계를 규율했던 65년 체제가 한계에 봉착한 것 같다. 한일관계가 나빠졌다가도 곧 다시 좋아졌던 복원력도 기능을 다 한 것 같다. 그러니 이제 양국관계에는 새로운 패러다임이 필요하다. 단순히 양국 정상 간 신뢰 부재를 해소하는 정도로 해결될 수 있는 문제가 아니다.

새로운 패러다임을 형성하기 위해서는 여러 가지 시도가 있을 수 있지만, 조선통신사 관련 자료를 공동으로 유네스코에 등재함으로써 '긍정적 기억 패러다임'을 형성시킬 수 있다고 본다. 한일 양국 간 갈등의 가장 근본적 원인은 '부정적 기억'이 양국관계를 지배하고 있다는 것이다. 예컨대 역사인식 문제, 위안부 문제, 야스쿠니 신사참배 문제 등등 '부정적인 기억'이 대부분이다. 이런 시점에 평화의 사절, 조선통신사라는 엄연히 존재했던 '긍정의 역사'를 발굴해서 이를 공동 등재했으니 사상 처음으로 '긍정의 기억'이 양국민의 인식 속에 공유될 수 있는 계기가 마련됐다고 본다. 이런 사례들이 하나씩 쌓여 가면 언젠가는 한일관계도 긍정의 패러다임 속으로 들어갈 수 있지 않겠는가."

-이 일을 하면서 새로 알게 되거나 느낀 점이 있다면.

"한일관계라는 것이 정치, 경제와 같은 중앙의 '큰' 담론만으로 굴러가지는 않는다는 것을 실감했다. 주목은 받지 못하지만, 지방차원, 풀뿌리 차원에서 열심히 양국관계를 위해 노력하고 있는 사람들이 있다. 사람과 사람, 지방과 지방, 학문과 학문이 만나 서로 신뢰를 쌓아가며, 공통적인 것을 찾아내 서로 기뻐하고 의기투합하는 모습은 매우 감동적이다. 사회 저변에 흐르고 있는 이런 '따뜻한' 교류의 성과물이 중앙 차원의 양국 관계 설정에 거의 반영되지 않고 있다. 안타까움을 느낀 적이 한두 번이 아니다.

이제는 좀 '작아 보이는' 일에도 관심을 보일 때다. 그래야 담론도 다양해지고, 양국관계를 든든히 만드는 요인도 늘어난다. 특정 이슈로 인한 한일 갈등을 견제하고, 미래지향적인 한일 관계도 견인할 수 있다. 조선통신사가 유네스코 세계기록유산에 공동등재된 것은 풀뿌리 운동이 이뤄낸 소중한 결실이다. 지난 몇 년간 한일관계에 드리워진 먹구름에도 아랑곳하지 않고 비가 오나 눈이 오나 민간단체들이 열심히 일궈낸 값진 결과인 것이다."

-어렵거나 아쉬운 점도 없지는 않았을 것 같다.

"한일관계는 너무나 단순하다. 역사문제만 나오면 순식간에 얼어붙는다. 언론의 보도 방향도 곧바로 부정적으로 돌아서고 SNS를 비롯한 소셜미디어도 대결국면을 만든다. 그렇게 되면, 조선통신사와 같은 '소소한' 이슈에 대해서는 아무도 관심을 가져주지 않는다. 오히려 비난을 받기 십상이다. '이런 때에 무슨 한가한 소리를 하고 있나'라는 투의 댓글도 적지 않다. 어떤 이는 '조선통신사는 일본에 조공을 바치러 갔던 것인데 무엇을 기념한단 말인가'라고 꾸짖는다. 일단 비판하고 보자는 분위기가 득세하면 일을 추진하는 입장에서는 의기소침해질 수밖에 없다. 우리 사회가 좀 더 다양성을 인정하면 좋겠고, 남이 정성을 다해 추진하고 있는 일에 대해 너무 쉽게 폄훼하는 태도도 시정하면 좋겠다."

-공동등재를 국민이 어떻게 받아들여주기를 원하나.

"조선통신사에 대해 국민들이 좀 더 알게 되는 계기가 됐으면 좋겠다. 조선통신사는 우리의 역사이기도 하다. 그들이 1607년부터 1811년까지 약 200년 동안 도대체 무엇을 위해 한일을 오갔는지에 대해 알게 되면 좋겠다.

또한, 한일 간의 역사에는 이처럼 긍정의 역사도 있다는 것을 알게 되면 좋겠다. 부정적인 면을 잊지 않는 것도 중요하지만, 긍정적인 면을 알고 이를 양국관계의 발전 동력으로 삼는 것도 중요하다.

지방으로부터의 발신에 대해서도 관심을 갖고 격려를 해줬으면 좋겠다. 나는 우스갯소리로 이런 이야기를 자주한다. 부산에서 발신된 뉴스는 대체로 대구 정도에서 떨어지기 때문에 서울까지는 절대로 닿지 않는다고. 물론 김길태 연쇄 살인 사건과 같은 잔인하고 부정적인 뉴스는 삽시간에 서울에 닿지만. 이래서야 대한민국은 영원히 '서울공화국'에 머물게 된다. '서울공화국'만으로 과연 진정한 선진국이 될 수 있을까. '노'라고 단언할 수 있다."

장제국 총장이 지난해 11월 프랑스 파리에서 조선통신사 등재 활동을 벌이고 돌아와 부산일보에 기고한 칼럼을 소개한다.

조선통신사, 파리에 가다

지난주 프랑스 파리에서 보기 드문 행사가 열렸다. 지극히 '동양적인' 조선통신사 관련 행사가 지극히 '서양적인' 파리의 심장부에서 열린 것이다. 그것도 늘 '티격태격'하는 한국과 일본 사람들이 손을 잡고 몰려와서 말이다. 조선통신사란 1607년부터 1811년 사이 조선과 일본을 12번이나 오간 '평화의 사절'을 말한다. 이들이 오갔던 200년 동안에는 양국 간에 전쟁이 일절 없었다 하여 평화의 시대로 기록되고 있다. 조선통신사는 에도까지의 먼 여정을 왕래하며 수많은 기록을 남겼다. 어떤 이는 이러한 각종 기록물이야말로 '원조 한류'라고 주장하기도 한다.

조선통신사가 남긴 기록물을 유네스코 세계기록유산으로 등재하자는 운동이 2012년부터 한·일 양국의 민간인들에 의해 본격적으로 전개되기 시작했다. 한국의 부산문화재단과 조선통신사가 거쳐 간 연고지가 연합해 설립한 일본의 'NPO법인 조선통신사연지연락협의회'가 중심이 돼 공동추진위원회와 학술위원회를 구성하고 전문가들이 수차례 회의를 개최하는 등 그간 다양한 활동을 해 왔다. 그 결과물을 토대로 지난 3월 말 한·일 공동으로 유네스코에 등재신청서를 제출한 바 있다.

이번 행사는 유네스코 본부가 있는 파리 현지의 관심과 성원을 이끌어 내자는 취지에서 기획되었다. 파리 한국문화원에서는 '조선통신사 한지 인형' 전시회를 개최, 화려했던 당시 행렬의 일부분을 실감 나게 보여 주어 현지인들의 높은 관심을 이끌어 내었다. 또한 파리 일본문화원에서는 한·일 학자들이 참석한 학술세미나를 개최해 조선통신사에 대해 설명하고 유네스코 등재의 필요성을 역설했다. 유네스코 본부를 방문해 의견 교환을 하는 과정에서 한·일이 공동으로 등재 신청한 것 자체가 평화를 염원하는 유네스코의 취지에 잘 들어맞는다는 평가를 듣고 방문단이 고무되기도 했다.

조선통신사 기록유산의 유네스코 등재 노력은 몇 가지 중요한 의미를 가진다.

첫째, 조선통신사가 남긴 기록물 자체가 가지고 있는 높은 가치를 세계적으로 인정받을 수 있게 된다는 점이다. 이들 기록물은 유네스코가 제시하고 있는 희귀성, 온전성, 유일성 등의 기준에 모두 부합하는 귀중한 자료로서 전 인류적 차원에서 소중히 보존 관리돼야 할 필요가 있다.

둘째, 이번 등재사업은 철저하게 민간 주도로 진행돼 왔다는 점이다. 한·일 양국은 역사문제로 여전히 갈등하고 있지만, 조선통신사라는 보기 드문 '긍정의 기억'을 계승해 나가면 한·일관계는 더 다양하고도 중첩적인 관계로 발전해 나갈 수 있다는 굳은 신념이 등재운동의 원동력이 되고 있다. '부정의 기억'과 함께 '긍정의 기억'도 발굴해 나가야 보다 건전한 양국관계를 구축해 나갈 수 있는 것이다. 이러한 취지에 찬동하는 양국 민간인들 간의 자발적 의기투합은 그 자체로서 매우 큰 의미를 가진다고 하겠다.

셋째, 조선통신사 유네스코 등재 사업은 부산과 일본의 지방 도시가 주축이 된 '지방발'이라는 특징을 가지고 있다. 한국과 일본은 양국 공히 과다한 중앙 중심적 국가이다. 그러한 의미에서, 양국의 지방도시가 힘을 합쳐 활동을 주도하고 있다는 것은 평가받을 만하다. 21세기가 '국가의 시대'에서 '도시의 시대'로 옮아가야 한다면, 이러한 '지방 주도'의 사업이 더 많이 진행되어야 함은 물론이다.

내년 9월께 유네스코가 최종 등재 여부를 결정해 발표한다고 한다. 이번 조선통신사의 파리 나들이가 좋은 결실로 이어지는 첫걸음이 되면 좋겠다. 부산시민들의 뜨거운 관심과 성원을 기대해 본다(2016년 11월 24일자, 37면).

3. '아버지의 숙제'로 동분서주하는 신이화 씨

신이화 씨(53)는 일본에서 조선통신사 연구의 권위자로 불렸던 재일동포 신기수 씨(2002년 71세로 작고)의 차녀다. 본인도 영국의 런던대학을 졸업하고, 장기간 일본 NHK와 영국 BBC의 방송리서처로 일했던 전문직업인이다.

신이화 씨는 2010년 한국에 온 이래 아버지 신기수 씨가 만든 영화 '에도시대의 조선통신사'(1979)와 '해방의 그날까지'(1986)를 국내에 상영하고, 아버지가 쓴 책을 번역해서 출판하는 일에 매달려 왔다. 이화 씨가 들고 있는 것은 오사카역사박물관이 신기수 컬렉션에서 엄선해 2001년에 개최한 '조선통신사와 민화병풍'이라는 특별전의 도록이다. 동아일보 자료 사진

그는 2010년 한국으로 와 연세대 어학당에서 한국어를 배우고 이듬해 광주 아시아경기대회, 2012년 런던 올림픽에서 한국과 관련된 취재를 하면서 어렴풋하게 갖고 있던 희망을 실현하기 위해 노력했다. 그의 꿈은 아버지가 남긴 조선통신사에 대한 열정을 한국에

전파하는 일이다. 그것을 그는 '아버지의 숙제'라고 했다.

이화 씨는 조선통신사 관련 기록물이 유네스코에 등재된데 대해 이렇게 말했다.

"아버지는 한일 간에 존재했던, 그러나 묻혀있던 선린우호의 역사에 빛을 비추는데 평생을 바치신 분이다. 누군가가 그런 일을 하지 않았으면 지금은 없었다는 점에서 아버지의 노력에 감사한다. 아버지가 유네스코 등재를 원한 것은 아니지만, 결과적으로 그런 날이 온 것을 아신다면 굉장히 기뻐하실 것이다. 이제 선린우호의 정신, 평화를 사랑하는 마음은 한일 간의 재산이 아니라 세계적인 재산이 됐다."

그는 여전히 자신의 활동보다 아버지 얘기부터 하고 싶어 했다(신이화 씨의 인터뷰는 미리 보낸 질문서의 서면 답변을 9월 27일에 받고, 그 이후 다시 만나 보충했다).

-아버지는 조선통신사의 어떤 연구를 하셨나.

"1970년대 한국인이 많이 살던 일본 오사카에서 우연히 만나게 된 조선통신사 두루마리 그림 하나가 아버지의 인생을 바꿨다. 그로부터 수년간 아버지는 일본 전국을 돌아다니며 통신사 자료를 발굴하거나 축제나 춤을 검증했다. 1979년에 드디어 50분짜리 영화 '에도시대의 조선통신사'를 만들어 발표했다. 한일간에는 오랜 기간 선린우호의 시대가 있었다는 사실을 스크린 위에서 생생하게 보여줬다."

-영화에 대한 평가가 매우 좋았다고 들었는데….

"당시 아사히신문 사설은 '다카마쓰즈카高松塚가 고대 한일교섭사의 증표라고 한다면, 이것은 근세 일한관계를 다시 보게 만드는 영화'라고 평가했다. 전국에서 자발적인 상영 움직임이 일어나고, 마이니치신문 영화 콩쿠르에서도 2위를 차지했다. 영화에 등장하는 수많은 자료가 역사의 증거가 되어, 문부성 선정영화로도 뽑혔다. 1983년 고지엔廣辭苑사전에 '조선통신사'라는 단어가 처음으로 올라가고, 이후 교과서에도 실리기 시작했다. 나중에 한국의 교과서편찬에도 관여했던 아버지는 조선통신사가 한일 양쪽의 교과서에 모두 실리게 된 것을 매우 기뻐했다. 아사히신문 사설이 나온 며칠 후, 당시 중학생이었던 나는 교감선생님에게 불려갔다. '대단한 일이 벌어졌다. 너의 아버지가 역사를 바꿨다. 교과서를 바꿨다'고 하셨다. 짐만 같았던 역사가 소리를 내면서 바뀌고 있었다."

-어려움도 적지 않았을 텐데.

"아버지는 당시의 신문 인터뷰에서 이렇게 회상했다. '촬영 당시, 조선통신사라고 해도 말하는 사람이 적었고, 촬영은 매우 곤란했다. 조선이라는 마이너스 이미지가 강했던 때문이었을 것이다. 촬영을 하려면 소장자의 허락을 얻지 않으면 안 되는데, 특히 절의 허가는 좀처럼 얻을 수가 없었다. 이런 곤란을 넘어 하나하나 엮어가는 과정은 메이지유신 이후 새롭게 생긴 상처를 치유하는 과정이었다. 마치 현대에 있어서의 통신사 역할을 짊어진 것 같았는데, 그것은 역사가 지닌 다이내미즘을 회복하기 위해 나에게 지워진 사명이었는지도 모른다.' 아버지에게는 오히려 재일동포이기 때문에 할 수 있다는 사명감이 있었던 것 같다."

신기수는 이 영화와 그 제작과정을 통해 한국을 사랑했던 걸출한 일본 외교관 '아메노모리 호슈雨森芳洲'를 재발견하고, 본인은 조선통신사 연구를 본격화하는 토대를 쌓았다는 평가를 받았다.

신기수는 연구만 중시한 것이 아니라 민중에도 따뜻한 눈길을 보냈다. 시대의 파도에 휩쓸리면서도 사람들이 지키고 계승해온 조선통신사의 인형과 축제 등을 발굴한 것이 그걸 증명한다. 그는 "'국가'라는 개념이 나온 지는 기껏해야 100년도 안 된다. 정치가 어떻게 변하든, 민중에 눈높이를 맞추고 있으면 틀릴 리가 없다"는 신념을 갖고 있었다. 그래서 그는 일본의 포로가 되었던 유학자 강항이나 이진영의 비석을 세우고, 귀무덤에 공양을 하고, 항복한 일본인 사야가를 널리 알리고, 사명대사가 일본에 남긴 글을 찾아내는 일 등에도 노력했다.

-한국에도 영향을 줬을 것 같다.

"아버지는 조선통신사와 인연이 있는 곳을 찾아다니며 통신사의 가치를 지역주민과 자치단체에 이해시켰다. 쓰시마에서는 영화상영을 계기로 조선통신사의 행렬을 재현했고, 그 열기는 부산으로도 번졌다. 아버지는 나중에 '드디어 부산에서도 조선통신사행렬이 시작됐다'며 기뻐하셨다. 그 움직임이 결국은 유네스코 공동등재로까지 발전했다고 본다. 아버지가 뿌린 조선통신사의 씨앗은 확실하게 크고 있다."

신기수는 이런 공로를 인정받아 재일한국인으로서는 이례적으로 오사카시민문화공로상(1997년)과 고이즈미 준이치로 총리 시절 감수포장紺綬褒章(2003년)을 받았다.

-아버지는 조선통신사에 대해 어떤 생각을 갖고 계셨나.

"도요토미 히데요시의 침략으로 쌍방은 큰 재액을 입었으나 양국은 그 전쟁의 상처를 치유하면서 200년이라는 오랜 기간에 걸쳐 평화를 유지했는데, 그 중심축이 바로 조선통신사였다고 생각했다. 동시에 제2차세계대전 이후의 한일관계가 조선통신사와는 너무나도 대조적이었던 것을 피부로 느꼈던 것 같다."

-아버지를 그토록 조선통신사에 몰두하도록 만든 것은 무엇인가.

"어머니는 이렇게 말한다. '한일 양국과 재일동포를 둘러싼 험한 환경과 차별, 그리고 민족끼리의 이데올로기 대립 등등... 자유롭게 사고하고 행동할 수 없다는 사실에 고민하고 있을 때, 아버지는 조선통신사에서 빛을 봤던 것은 아니었을까'라고. 조선통신사야말로 미래의 한일관계를 개척하기 위한 열쇠라는 아버지의 믿음은 평생 흔들리지 않았다."

아버지는 한일 간에 있던 '밝음'만을 강조하지는 않았다고 이화 씨는 말한다.

"아버지는 글보다는 영상의 힘을 더 믿었던 분이다. 1986년에는 3시간 20분짜리 다큐멘터리 '해방의 그날까지'도 완성한다. 해방 전 일본에서 일하던 한국인 노동자의 고통과 일본 노동자와의 연대를 날줄과 씨줄로 엮어서 만든 작품이다. 아버지의 복안적複眼的 사고방식에는 나도 모르게 영향을 받게 된다."

-아버지의 컬렉션에 대해서도 감회가 남다를 것 같다.

"영화가 마중물이 되면서 조선통신사 자료발굴이 이어졌다. 오사카 역사발물관이 소장한 '신기수 컬렉션'은 아버지가 평생을 걸려 모은 것이다. 그런 아버지를 지원했던 어머니는 컬렉션에 대해 '조선통신사의 사실史實이 덮여 있던 시대, 사회가 가난해서 역사를 되돌아볼 여유조차 없던 시대에 조선통신사를 통해 한일의 가교가 되길 원했던 남편의 사명감이자 정열이 스며 있다'고 말하곤 한다. 컬렉션에는 지금도 오사카에서 흐르고 있는 요도가와를 거슬러 교토로 향하는 화려한 배 그림이 많다. 배를 타고 있던 통신사도, 그들을 맞는 일본인도 정말로 평화로운 표정이다. 오사카라는 장소와 그림이 맞는다는 것이다."

컬렉션과 관련해 그는 한국에서 여러 번 씁쓸한 경험을 했다고 했으나, 구체적인 언급은 하지 않았다. 그러나 나는 감으로 안다. 다짜고짜 기증해 달라고 하거나, 한국인이 왜 일본 박물관에 작품을 맡겼느냐고 힐난했을 것이다. 그런 주장은 이제 통용되지 않는 시대다. 더욱이 신 씨 일가에게 일원 한 푼, 상장 하나 준 적이 없으면서 작품만 내놓으라는 것은 사리에 맞지 않다.

-이제 아버지 말고 당신 애기를 해 달라.

"2010년 서울로 유학을 올 때, 내겐 꿈이 있었다. 한일국교정상화 50년이 되는 2015년에 작은 규모라도 좋으니 일본에 있는 아버지의 컬렉션을 가져와 서울에서 전시회를 여는 것이었다. 물론 선린우호의 역사를 재확인하기 위해서다. 2002년 한일 공동월드컵이 열리기 전해인 2001년 교토에서 '마음의 교류전'이 열렸는데, 아버지는 고 우에다 마사아키 선생, 나카오 히로시 선생 등과 수년에 걸쳐 준비했다. 그 전시회의 규모와 질을 넘어서는 조선통신사 전시회는 전무후무하다. 국교정상화 20년인 1985년에는 도쿄와 시가滋賀에서, 1986년에는 서울에서 조선통신사 전시회를 한일이 공동개최한 적도 있다. 나는 2015년에 서울에서 전시회를 열고 싶다는 내 희망이 환영받을 것이라고 기대했다. 그러나 한일관계의 악화에는 맞설 수가 없었다. 역사문제가 해결되지 않으면 아무것도 할 수 없는 것인가. 이 논쟁은 늘 반복되는 것이긴 하지만, 결국 서울에서의 전시회는 열지 못했다."

-다른 전시회는 없었는지.

"다행히도 2015년 부산박물관에서 '통신사와 부산전'이 열렸는데, 이 전시회에는 오사카역사박물관의 컬렉션 중에서도 대표 작품들이 나왔다. 부산박물관에는 아버지의 컬렉션 6점이 소장되어 있다. 한국인뿐만이 아니라, 일본인이 부산에 와서도 통신사의 역사를 배울 수 있기를 원했기 때문이다. 2016년에는 오사카역사박물관이 특별전시 '신기수 컬렉션-조선통신사와 이조의 회화전'을 열었는데, 한국에서도 많은 분들이 오셔서 관람했다. 이번 가을에는 특별기획전 '세계에 자랑하는 오사카의 유산-분라쿠와 조선통신사'가 열렸다. 이 전시회는 '신기수 컬렉션'에서 유네스코에 한일공동으로 등재를 신청한 작품을 중심으로 소개했다. 유네스코 등재 대상 111건 333점 중 11건 14점은 오사카역사박물관이, 10건 10점은 부산박물관이 소장하고 있다고 들었다. 수백 년의 세월을 견뎌온 실물이 우리에게 건네는 무언의 힘은 크다. 나는 그것을 매일같이 가까이서 보고 자라온, 행복한 어린이였다. 통신사의 자료가 흩어지지 않도록 선린우호의 역사를 지켜온 아버지에게 감사하고 있다. 어렸을 적, 거실에서 언제나 올려다보던 편액이 떠오른다. '일의대수一衣帶水'라고 쓰여 있었다. 그 밑에서 방 전체에 좌~악 펼쳐져 있던 두루마리 그림을 들여다보던 어른들. 그 속에 기분 좋게 취한 아버지도 계신다."

-영화 상영은 어땠는가.

"한일국교정상화 50년이었던 2015년, 영화 '에도시대의 조선통신사'의 한국어 자막을 완성했다. 그리고 그해 5월, 쓰시마에서 아버지를 만난 적이 있다는 강남주 선생(전 부경대 총장)의 도움으로 부산 영화의 전당에서 처음으로 극장상영을 했다. 옛날에 어른들이 넋을 잃고 보았던 두루마리 그림이 한국의 스크린에도 나타났다. 만든 지 36년이나 지났지만, 그 메시지는 조금도 퇴색하지 않았다. 새로운 인연을 만들어가며 지금까지 80회 이상을 상영했다. 영어자막도 곧 완성한다."

올 9월 교도통신의 우에노 도시히코上野敏彦 논설위원이 2005년에 쓴 신기수 평전도 한국에서 번역출판됐다. 일본과 한국 책의 제목이 같은데, '신기수와 조선통신사의 시대-한류의 원점을 찾아서'이다(이용화 옮김, 심규선 감수, 논형).

이화 씨는 이 책의 한국어 출판에 대해 이렇게 말한다.

"이 책이 일본에서 출간됐을 때 니시니혼신문西日本新聞 시마무라 하쓰요시嶋村初吉 기자는 서평에 이렇게 썼다. '일한을 연결하는 역사유산을 찬연하게 빛나게 한 재일동포의 평전은 적지 않았던가... 한국에서도 번역출판될 것을 정말로 기대한다." 12년 만에 그 기대가 실현돼 감개무량하다."

이화 씨는 인터뷰를 마치며 아버지에 대한 경외심을 이렇게 표현했다.

"만약 아버지가 이 인터뷰를 읽으신다면 '네가 건방지게 뭐라고'라며 혼을 낼 것 같다. 하지만 아버지가 평화외교의 선구자인 아메노모리 호슈를 본받아 '한일 양국에 통하는 재일동포가 되겠다'고 한 것을 딸로서 확실하게 기억하고 있다. '서로 속이지 말고, 싸우지 말고, 신의로써 교류한다.' 아메노모리 호슈의 신조다. 한일의 가교가 되는 일에 평생을 바쳤던 아버지의 생각과 행동의 원점도 바로 여기에 있다."

아버지가 썼던 마지막 책인 '조선통신사의 여행 일기'도 한국에서 곧 번역 출판할 계획이다. 그는 그 책 후기에 쓰기 위해 이런 글을 준비해놓고 있다.

아버지의 숙제

나의 아버지 신기수는 2002년에 세상을 떠났다. 한일 월드컵의 함성이 귓가에 남아 있던 어느 가을날이었다. 나는 아버지가 생전에 좋아하셨던 금목서 가지를 영결식 제단에 올리는 것 말고는, 고인이 되신 아버지께 어떤 약속을 해야 할지 몰랐다. 바로 그날 아버지의 마지막 원고가 실린 잡지가 발행되었고, 채 두 달이 되기 전에 아버지의 연재물이 책으로 출간되어 서점 입구를 장식했다. 나는 아버지의 책을 들고 있는 사람들을 바라보며 기쁨보다는 슬픔이 앞섰다.

이번엔 다르다. '끝은 새로운 시작'이라는 말도 있지 않은가. 아버지가 썼던 수많은 조선통신사 관련 책 중에서, 유일하게 본인이 손에 잡을 수 없었던 마지막 책이 한국에서 출판되는 첫 번째 책이 된 것이다. '일의대수(一衣帶水)'라는 한일 양국 사이에서 '성신(誠信)의 길'이 열리길 절실하게 원했던, 그래서 미처 다하지 못한 일도 많았던 아버지였다. 딸에게 남긴 숙제가 있다고 한다면, 이 책을 한국과 일본에 널리 알리는 것이야말로 숙제를 끝내는 것이다.

1979년, 아버지는 영상의 힘을 빌려 역사의 역동성을 하루라도 빨리 회복시키겠다며 책보다 먼저 기록영화 '에도시대의 조선통신사'(50분, 칼라, 도쿄 국립근대미술관 필름센터 소장)를 완성했다. 그것은 문부성 영화로 선정되어 화제를 불러일으켰다. 아사히신문 '사설'에 소개되면서, 일본 전국에서 자체 상영회의 물결이 일었다. 영화의 주인공은 1711년 제8차 통신사의 행렬을 담은 그림(고려미술관 소장)이었다. 두루마리 8개를 합친 그것의 총길이는 무려 120m나 됐다. 그 그림은 영화가 나오기 2년 전 봄에 발견되었다. 마치 대하(大河)와 같은 두루마리는 에도시대의 기록영화, 그 자체라고 할 수 있었다. 당시 막부가 데리고 있던 화가에게 의뢰를 하면 돈도 시간도 많이 들어간다는 이유로, 급히 43명의 동네 화가를 불러 모았다. 동네 화가가 붓을 잡은 만큼 표정이 생생하게 살아있다. 행렬 앞쪽의 사람은 긴장한 모습이 역력하다. 하지만 뒤로 갈수록 평화롭고 온화한 분위기다. 웃는 사람도 있고, 짚신의 끈을 고쳐 매는 사람도 나온다. 1970년대 당시, 한일 관계와 재일동포를 둘러싼 분위기와는 사뭇 다른 모습에 아버지는 놀라움을 금치 못했다. 역사의 무대에서 사라진 조선통신사를 축으로 한 선린우호의 역사 속에서 미래의 한일이 있어야 할 모습을 봤다고 말했다.

나는 2010년 가을에 서울에 왔다. 한국어를 배우면서 어떻게든 아버지의 유지(有志)를 전하고 싶었다. 어떻게 해야 할까. 역사가가 아닌 내가 할 수 있는 일은 무엇일까. 나는 시행착오를 거듭했다. 하지만 설상가상으로 한일 관계는 날로 냉각되어 갔다. 양국이 거듭해서 서로 다른 점만을 강조했다. 나는 지금이야말로 양국이 평화롭게 지내던 시대로 눈길을 돌렸으면 하는 바람이 점점 더 강해졌다. 그래서 아버지의 영화가 한일관계에 가교역할을 해주기를 바라는 마음으로 한국어 자막을 넣었다.

한일국교정상화 50년을 맞은 2015년. 제작된 지 36년 만에 영화 '에도시대의 조선통신사'가 부산 영화의전당, 서울시립대, 국회 헌정기념관 등 각지에서 상영됐다. 나는 한국에서 이 영화가 어떻게 받아들여질지 긴장했다. 하지만 관객의 소리를 듣고 안도했다. 조선통신사행렬을 재현하는 행사에서 자원봉사를 하던 부산의 한 한국인 여성은 "조선통신사에 대해 이미 알고 있었지만, 더 자세히 알고 싶어 아이를 데리고 왔다. 영화를 보고 비로소 조선통신사가 현대에 갖는 의미를 알게 됐다"고 했다. 한국인과 결혼한 일본인 여성은 "아이가 학교 역사시간에 마음이 편치 않다고 했는데, 자신감을 얻게 된 것 같다"고 말했다. 서울시립대 학생들은 "선조들의 노하우를 지금의 외교에 활용하면 어떨지" "평화의 시대가 가져온 경제 효과는 얼마나 되는지" 등등 날카로운 질문을 던졌다. 일본에서는 영화를 감상했던 규슈대학, 시즈오카현립대학의 학생 전원이 감상문을 보내왔다. 임진왜란 뒤 10년도 되기 전에 전후처리를 하고, 한일우호의 역사가 200년 이상 계속됐다는 사실을 목도한 양국의 젊은이들은 "옛날 사람들이 가능했으니 지금의 우리들도 가능할 것"이라고 입을 모았다. 아버지가 종종 말했던 "과거에서 미래를 비춘다"는 것은 실로 이런 것을 말하는 것이리라.

영화 '에도시대의 조선통신사'는 1988년 네덜란드 라이덴 대학에서 열린 '유럽한국학회'에서도 상영됐다. 상영회의 참석자들은 놀라워하며 환대해 주었다. 나는 그들의 모습을 지금도 잊을 수 없다. 영화 상영 후 종종걸음으로 아버지에게 다가온 영국인 노교수가 있었다. 다름 아닌 영국의 한국학 선구자인 런던대학 아시아·아프리카연구소(SOAS, The School of Oriental and African Studies)의 한국언어·문화학부의 윌리엄 스킬렌드(William E. Skillend, 2010년 작고, 당시 명예교수) 교수였다. 그는 "당신 영화에 나온 것 같은 두루마리가 우리 대학에도 있으니, 직접 와서 살펴봐줬으면 좋겠다"고 했다. 나는 부모님과 함께 곧장 런던으로 날아갔다. 그때까지 "중국인인지 어느 나라 사람인지, 아무도 알아보지 못한 채 도서관 서가에서 먼지를 뒤집어쓰고 있었다"고 했다. 두루마리를 펼친 순간, 우리는 마른 침을 삼켰다. 두루마리 속에 선명하게 그려져 있는 것은 1655년 제6차 조선통신사행렬이었다. 손을 대면 곧바로 느낌이 전해질 듯한 화려한 장식과 가지런한 말의 깃털. 악대에서는 흥겨운 음악이 들려오는 듯했다. 그리고 뒤쪽에는 아~, 꽃향기를 맡으며 담소를 나누고 있는 통신사와 일본인의 모습이 그려져 있는 것이 아닌가. "통신사의 여정은 높은 사람이 아닌 쪽이 더 편했다"는 영화의 내레이션이 떠올랐다. 나는 대영박물관에 연락했다. 박물관 관계자들은 돌을 던지면 닿을 만한 SOAS에 이처럼 귀중한 작품이 있을 줄은 몰랐다며 흥분했다. 세계를 떠돌며 상처투성이가 됐던 두루마리는 다시 일본으로 건너와 정성스러운 복원과정을 거쳤다. 그리고 드디어 2009년 대영박물관에서 공개됐다. 되살아난 두루마리 그림이 세계 여러 나라 사람들의 눈을 즐겁게 해줬음은 두말할 필요도 없다.

이 작품은 한일 양국민이 평화를 구가했던 시대의 증표로서, 하나부사 잇쵸(英一蝶)의 '조선통신사소동도(朝鮮通信使小童圖·일명 馬上揮毫圖·오사카역사박물관 소장 '신기수 컬렉션')와 비견할 만하다. 하지만 안타깝게도 이처럼 아버지에게 각별한 추억이 담겨 있는 SOAS의 두루마리 그림의 사진이 일본의 원서에는 실려 있지 않다. 2002년 여름부터 아버지의 체력이 급속하게 떨어지면서, 마지막까지 사진작업을 할 수 없었기 때문이다. 나는 한국어판 출간에 맞춰 29년 만에 SOAS 도서관에 연락을 해 봤다. 도서관에는 당시의 에피소드가 전설처럼 남아있는 듯했고, 한국어판 출간을 진심으로 기뻐하며 깨끗하게 복원한 두루마리 그림의 사진을 보내왔다. 이 영화가 없었다면 어쩌면 이 두루마리 그림은 지금까지도 런던의 한 구석에서 먼지를 뒤집어쓰고 있을지도 모른다.

곧 영화의 영어자막도 완성된다. 아버지와 인연이 있는 네덜란드와 영국에서 상영할 계획도 있다. 그들에게는 이웃한 두 나라가 전쟁을 하지 않고, 200년 이상이나 우호 관계를 유지했다는 것이 경이로운 일로 받아들여지고 있다. 아버지는 "'어둠(暗)'의 역사를 철저하게 검증하는 것도 중요하지만, 그것만으로는 불행은 사라지지 않는다. '빛(明)'을 보는 복안적 사고가 필요하다"고 말했다. 아무쪼록 영어 자막을 통해 전 세계의 많은 사람들이 이 영화를 보게 되기를, 또한 영화를 통해 한일 관계는 위안부나 북한문제만 있는 게 아니라고 자신 있게 말할 수 있게 되기를 바라마지 않는다. 또한 조선통신사가 '멀리 떨어진 동아시아의 아득한 옛 일'이 아니라 지금도 세계 곳곳에서 벌어지고 있는 분쟁이나 대립을 풀 수 있는 소중한 열쇠로 받아들여지기를 원한다.

이 책의 출판을 앞두고 아버지와 함께 다녔던 여러 장소를 그리워하며 기억에서 불러내고 있다. 시즈오카 세이켄지(淸見寺) 절에서의 촬영은 곤란에 곤란을 거듭했고, 교토 쇼고쿠지(相國寺) 절의 창고에서 통신사의 글을 발견하고 기뻐서 뛰어나오던 아버지의 머리는 거미줄 투성이었다. 쓰시마(對馬) 섬에서 아메노모리 호슈의 묘를 찾는 것은 풀 섶에서 보물을 찾는 것이나 마찬가지였다. 아버지는 함께 간 어머니와 "어딘가 분명 묘가 있을 것"이라며 당신의 키만큼 자란 풀을 베어가며 찾아 헤맸다. 지금 그 묘는 깨끗이 정비되었고, 일본과 한국의 방문객들이 끊이질 않는다고 한다.

'조선통신사의 여행 일기'는 일본에서 조선통신사에 대한 입문서로서 폭넓은 독자층의 사랑을 받고 있다. 이번에 풍부한 자료사진을 넣고 자세한 각주까지 붙여 한국의 독자에게 소개할 수 있게 된 것을 매우 기쁘게 생각한다. 각지에서 촬영한 아름다운 사진은 여행하고 싶은 욕구를 불러일으킬 것이다. 독자 한 사람 한 사람이 통신사가 되어 각자의 여행기를 쓰는 계기가 된다면, 그 이상 기쁜 일이 없겠다. 아버지도 분명 그렇게 생각할 것이다(이하 생략).

에필로그
조선통신사에서 오늘 우리가 배워야 할 것

정재정 서울시립대 명예교수*

2017년은 통신사 연구와 홍보활동에서 특별한 해로 기억될 것이다. 통신사 관련 기록물이 유네스코에 세계기록유산으로 등재된 것은 크게 축하할 일이다.

올해로부터 400년을 거슬러 올라간 1617년도 의미 있는 해였다. 임진왜란(1592~1598) 이후 조선에서 두 번째로 보낸 통신사가 교토에서 도쿠가와德川 막부의 두 번째 쇼군인 히데타다秀忠를 접견했다. 당시 조선은 아직 일본에 대한 적개심과 의구심을 버리지 못했다. 임진왜란의 피해와 굴욕이 그만큼 컸기 때문이다. 그래서 통신사의 정식 명칭은 처음과 같이 회답겸쇄환사回答兼刷還使였다. 일본이 사절을 파견해달라고 보낸 국서國書에 답하고 비참하게 끌려간 피로인被擄人을 데려오기 위한 사절이라는 뜻이다. 거기에다 일본의 요청을 배려하여 오사카大阪 전투에서 도요토미

* 서울대와 도쿄대에서 학부와 대학원을 마치고 문학박사를 취득했다. 서울시립대 교수, 박물관장, 인문대학장, 대학원장 등을 역임했다. 동북아역사재단 이사장, 한일관계사학회 회장, 국사편찬위원회 위원, 대한민국역사박물관의 자문위원장, 홋카이도대학과 도쿄대학 등의 특임교수도 지냈다. 한일 양국정부가 지원한 한일역사공동연구위원회(1, 2기)의 간사로도 활동했다. 주요저서로는 『일제침략과 한국철도, 1892-1945』 『한국의 논리-전환기의 역사교육과 일본인식』 『일본의 논리-전환기의 역사교육과 한국인식』 『서울과 교토의 1만년』 『한일의 역사 갈등과 역사대화』 『일본의 문화내셔널리즘』 등이 있다. 그의 저서는 상당수가 일본어로 번역됐다.

히데요시豊臣秀吉 가문을 무너뜨린 도쿠가와 가문의 영광을 축하한다는 뜻도 담았다. 그렇지만 조선이 통신사를 파견한 진짜 목적은 1609년 일본과 맺은 기유조약己酉條約을 안정 궤도에 올리고 한 명이라도 더 많은 피로인을 데려오기 위한 것이었다.

통신사 일행이 교토에 도착했을 때 히데타다는 후시미성伏見城에 있었다. 그는 도요토미 가문을 추종할 우려가 있는 서부 일본의 여러 영주를 통제하느라 눈코 뜰 새 없이 바빴다. 그런 와중에 통신사 일행을 맞았음에도 불구하고 기분은 최상이었다. 아버지 도쿠가와 이에야스德川家康가 그 전해에 죽은 이후 후견인 없이 혼자 힘으로 처음 국제사절을 맞아 외교를 주재한다는 사실이 매우 기뻤을 것이다. 게다가 자기 권력이 안정되었다는 것을 국내외에 한껏 과시할 수 있었으니 어떠했을까. 그는 후시미성의 큰 응접실에서 통신사의 국서 전달의식을 거행한 후 금 술잔을 들고 몇 차례나 원거리를 달려온 노고를 치하했다. 히데타다를 만난 통신사 일행은 300여 명의 피로인을 데리고 귀국했다. 임진왜란이 끝난 지 20년이 지나는 바람에 귀국을 희망하는 백성은 많이 줄어들었다. 세월을 이기는 장사는 없었다.

일본 교토에서는 2017년 11월 400년 전의 통신사 내방을 기념하여 대대적인 축제를 벌였다. 통신사가 왕래했거나 인연이 깊은 19개의 지자체 등이 연합한 조선통신사연지연락협의회가 주최했다.

2016년 1월 29일 일본 쓰시마시對馬市 쓰시마그랜드호텔에서 '조선통신사 유네스코 세계기록유산 한일공동신청서 조인식'이 열렸다. 한국의 부산문화재단과 일본의 조선통신사연지연락협의회가 공동 주최했다. 2012년 12월 '공동신청'의 이야기가 나온 지 3년 만에 마침내 그것을 실현할 수 있는 토대를 마련한 것이다. 두 단체는 2016년 3월 30일 '통신사 기록' 등록을 유네스코에 신청했다.

왜 양국의 민간단체가 공동으로 통신사 기록물을 세계기록유산으로 등재하려 했던 것일까. 그리고 어째서 등재가 받아들여진 것일까. 그것이 곧 통신사로부터 우리가 얻어야 하는 교훈이다.

첫째, 한국과 일본이 국익과 국위를 지키면서도 상대방을 배려하는 정신과 자세를 배워야 한다. 조선이나 에도 막부나 자국이 상대국보다 우월하고, 문화도 선진이라는 의식을 갖고 있었다. 그럼에도 불구하고 두 나라는 국왕이나 대군大君의 호칭, 서계書契의 작성, 예물의 교환, 행정行程의 결정 등에서 의견을 조율하면서 상대방이 난처한 처지에 몰리지 않도록 배려했다.

둘째, 자국의 관행이나 체면을 중시하면서도 상대방을 최상으로 대접하려는 정신과 자세를 견지한 점에 주목해야 한다. 통신사의 여정에서 베풀어진 시문時文과 창화唱話의 교환, 연도주민에 대한 교육과 계몽, 숙소와 음식의 제공, 연희와 공연 등에서는 국가의 체면을 과시하려는 애국심과 더불어 상대방을 대접하려는 예절이 묻어났다.

셋째, 무력행사보다 평화교류를 외교 전략으로 선택한 통치세력의 혜안을 본받아야 한다. 통신사 외교가 파탄으로 끝난 것이 바로 임진왜란이고, 강화도 침공사건(1875년)이었다는 점을 감안하면 통신사가 한일관계에서 가장 값싼 비용으로 가장 양호한 관계를 유지하는 데 기여했다는 점을 수긍할 수 있을 것이다. 평화의 소중함은 전쟁으로 비싼 대가를 치르고 나서야만 확인할 수 있다. 통신사를 통한 한일의 평화는 동북아시아의 안정에도 큰 도움을 줬다.

넷째, 통신사가 지나간 연고지에서는 다종다양한 풀뿌리 교류가 이뤄졌다는 점을 평가해야 한다. 일행이 남긴 글 중에는 몇 십 년 만에 다시 만나 회포를 푼 것도 있고, 덧없이 늙어가는 자신의 신세를 읊은 것도 있다. 마음과 마음이 통하는 교류를 했던 것이다. 그런 사례들은 오늘날 유행처럼 말하는 풀뿌리 교류, 공공외교의 선구라고 할 만하다.

한국과 일본의 뜻있는 사람들과 단체들이 통신사 기록을 유네스코의 세계기록유산에 공동등재하려고 노력한 것은 통신사의 이런 교훈을 현대에 되살리려는 노력이다. 나는 한국 측 공동추진위원장의 한 사람으로서 다시 한 번 관계자들의 노고에 깊이 감사드린다. 그리고 평소 잘 알고 지내는 심규선 동아일보 고문의 저서를 나의 글로 맺을 수 있게 된 것을 기쁘게 생각한다.

부록

부록 1. 조선왕조실록에 나타난 임금과 통신사와의 대화 10선

조선통신사하면 보통 일본과의 관계만 떠오르지 그들을 보낸 임금과의 관계는 언뜻 떠오르지 않는다. 그러나 통신사를 파견하고, 돌아오면 그들로부터 보고를 받는 임금의 반응과 관심은 매우 중요하다. 조선왕조실록에 실린 조선통신사 관련 내용 중 임금과 조선통신사가 직접 대화를 나누거나 중요한 사안을 논의한 대표적인 기록 10개를 임의로 골라 소개한다.

1. 세종, 대마도로 떠나는 이예를 접견하다(일부 생략)

(세종 8년 1426년 2월 12일, 세종실록 31권)

다음 대화에는 조선 전기 최고의 외교관이라는 이예와 세종과의 문답이 자세히 나와 있고, 신하에 대한 세종의 애정과 신뢰를 엿볼 수 있다. 또한 일본에 보내는 선물의 내용도 알 수 있다.

석견주(石見州)·대마도(對馬島)의 사물관압사(賜物管押使) 대호군(大護軍) 이예(李藝)가 사조하니, 임금이 불러 보고 이르기를,

"종정무(宗貞茂)는 지성으로 마음을 바쳤기 때문에, 부왕께서 이를 가상히 여기시어 항상 보호를 베푸셨는데, 정무가 죽은 뒤에 그 섬의 도둑들은 〈이때까지〉 보호하여 준 은혜는 생각하지 아니하고 틈을 타서 좀도둑질을 감행하고 있음은 그대도 아는 바이다. 이제 그대는 가서 그 뜻을 종언칠(宗彦七)에게 전하라."

하니, 예가 대답하기를,

"소신이 이 섬에 왕래한 것이 여러 번이었습니다. 정무가 살았을 때에, 신이 이르기를, '너희는 우리나라에 대하여 정성껏 섬기지 않으면 안 된다'고 말하여 왔습니다."

하니, 임금이 이르기를,

"몇 번이나 갔다 왔느냐."

하니, 예가 대답하기를,

"모두 16번이었습니다."

하였다. 임금이 이르기를,

"모르는 사람은 보낼 수 없어서, 이에 그대를 명하여 보내는 것이니, 귀찮다 생각하지 말라."

하고, 드디어 갓과 신을 하사하였다. 예조 참의 유계문(柳季聞)이 석견주(石見州)의 장빈(長濱) 인번수(因幡守)에게 회답하는 서한에 이르기를,

"풍파를 만난 본국 사람 10명을 후히 보호하여 돌려보내고, 또 예물까지 바쳤기로 삼가 사실을 갖추어 주상께 보고하였더니, 주상께서 매우 가상히 여기시었다. 여기에 토산물로 백세면주(白細緜紬)·백세저포(白細苧布)·흑세마포(黑細麻布) 각 20필, 정포 65필, 만화침석(滿花寢席) 10장, 청사피(靑斜皮) 5장, 자사피(紫斜皮) 3장, 호피(虎皮) 3장, 표피(豹皮) 2장, 인삼 20근, 잣 5백 근, 꿀 15말, 말린 범고기 2마리 분을 좌위문대랑의 사절

인 좌위문삼랑과 등차랑 등에게 부쳐 보내니, 조사하여 받으라."

하고, 예조 좌랑 신기(愼幾)가 대마주(對馬州)의 좌위문대랑에게 회답하는 서한에 이르기를,

"풍파를 만난 본국 사람들을 일부러 사람을 보내어 송환하여 주었으니 깊이 감사하며, 이제 토산물인 백세면주 10필, 백세마포·흑세마포 각 5필, 소주 30병과 곶감 30첩, 잣·밤·대추 30 말씩과 건대구(乾大口) 2백 마리, 건청어 5백 마리를 대호군 이예에게 부쳐 보내니 받아주기 바라며, 이제 인번수에게 보내는 서한과 물품을 등차랑과 돌아가는 자위문삼랑에게 부쳐 보내니, 전하여 보내 주면 다행으로 생각하겠다."

하고, 신기가 대마주의 종언칠에게 회답하는 서한에 이르기를,

"선대부터 우리 나라에 충성을 바치고 귀순하였으므로, 본조에서는 삼가 국왕의 명령을 받들어 대호군 이예를 파견하여 토산물인 조미(糙米) 평두(平斗)로 40석을 부쳐 보내니, 조사하여 받아 주고, 자당(慈堂)과 조모님께 보내는 토산물은 따로 별지에 목록을 적었으니, 하나하나 전하여 올려주면 다행으로 여기겠다. 자당(慈堂)에게 조미 평두 40석, 곶감 20첩, 건대구 2백 마리, 소주 10병, 건청어 3백 마리, 꿀 3말, 잣·밤·대추 15말씩, 다식(茶食)과 계(桂) 각 2근이다."

하고, 대마주의 월포(越浦) 등차랑에게 보내는 서한에 이르기를,

"풍파를 만난 본국 사람 10명을 후하게 접대하여 보낸 데 대하여 위로하는 바이다. 토산물로 면포 5필을 보내니 받으라."

하였다. 예조 참의 유계문이 대마주 태수 종정성(宗貞盛)에게 보내는 서한에 이르기를,

"이제 좌위문대랑이 보낸 사람을 통하여 귀하의 조모와 어머님의 상사를 듣고, 삼가 임금께 갖추어 보고하였더니, 임금께서 마음으로 슬프게 여기시고, 대호군 이예에게 명하여 조미 1백 석, 콩 50석, 종이 2백 권, 백

세면주·백세저포 각 10필과 곶감 50첩, 잣 3석, 대추·밤 각 2석을 주어 보내어 부조를 드리는 것이니 받기 바란다."

하였다.

2. 박서생, 조선에서 시행했으면 좋을 일본의 문물과 제도를 보고하다(일부 생략)

(세종 11년 1429년 12월 3일, 세종실록 46권)

조선통신사가 선진 문물을 일방적으로 일본에 전한 것만이 아니다. 때로는 일본의 문물을 갖고 와 한국에 전파하기 위해 노력한 경우도 적지 않다. 다음은 그 대표적인 사례로 1429년(세종 11년) 통신사 정사로 일본에 다녀온 율정 박서생이 세종에게 상소한 내용이다. 수차水車와 화폐의 사용, 다리 통행세 신설과 사탕수수 재배, 위생 관리와 진열대 설치 등을 건의함으로써 그는 나중에 '실천적 성리학의 선구자'라는 평가를 받는다. 600여 년 전 외국문물에 대한 선각자적 시각이 잘 나타나 있어 길게 인용한다.

통신사 박서생(朴瑞生)이 시행할 만한 일들을 갖추어 아뢰기를,

"1. 신이 일본에 이르러 대마도(對馬島)로부터 병고(兵庫)에 이르기까지 적들의 수효와 왕래하는 길을 살펴보오니, 대마도와 일기주(一岐州) 사이의 내외의 큰 섬들과 지하(志賀)·평호(平戶) 등의 섬들은 적간관(赤間關) 이서(以西)의 적들이요, 사주(四州) 이북 조호(竈戶)·사도(社島) 등지는 적간관 이동(以東)의 적이온데, 그 군사가 거의 수만에 이르고, 그 신척의 수효도 1천 척을 넘어서, 만약 동서의 적이 서로 호응하여 일시에 군사를 일으킨다면 방어하기가 어려울 것입니다. 그들의 서쪽으로 향해 오는

길로는 대마도가 여러 적들의 총 집합장으로 되고, 적간관은 사주(四州)에 있는 여러 적들의 출입하는 문(門)이오니, 만일 서쪽으로 향하는 적이 있을 때에, 종정성(宗貞盛)이 그 백성들에게 영을 내려 급수(汲水)하지 못하도록 하고, 대내전(大內殿)은 적간관에 영을 내려 서쪽으로 나가는 것을 금지한다면 해적들은 왕래할 수 없을 것입니다. 또 지하·조호·사도 등지의 적은 대내전이 이를 주관하고, 내외(內外)의 큰 섬은 종상전(宗像殿)이 이를 관장(管掌)하고, 풍후주(豊後州) 해변의 모든 적은 대우전(大友殿)이 이를 다스리고, 일기·평호 등의 섬은 지좌(志佐)·좌지(佐志)·전평(田平)·호자(呼子) 등의 각전(各殿)에서 나누어 맡고 있으니, 저 모든 섬의 도주(島主)로 하여금 엄중한 금방(禁防)을 세우게 한다면 도적질할 마음이 생길 수 없을 것입니다. 대저 그 풍속이 예의(禮義)를 알지 못하여 조금만 뜻에 맞지 않아도 그 몸을 돌아보지 않고, 비록 어소(御所)의 명령이라 할지라도 항거하고 좇지 않습니다. 이것으로 보건대, 어소와 수호(修好)하는 것이 비록 교린(交隣)하는 도리는 되오나, 해적을 금방하는 계책에 있어서는 오히려 미흡합니다. 또 일본은 구하는 바가 있으면 사절을 보내서 이를 청하고, 만약 구하는 바가 없으면 비록 신주(新主)를 하례하고, 구왕(舊王)을 조상하는 큰 예절이라 할지라도 예를 닦지 않습니다. 이제 신 등이 명을 받들고 갔는데도 접대하는 것이 또한 예대로 하지 않으니, 이는 아마도 그 나라 옛 역사에 쓴 바로 인하여 그런 것이 아닌가 합니다. 원컨대, 이제부터 국가의 부득이한 일과 보빙(報聘)하는 이외에는 사신을 보내는 것을 허락하지 마시고, 윗항의 여러 섬들의 도주(島主)에게는 보내는 것은 후하게 하고, 받는 것은 박하게 하여 그들의 마음을 기쁘게 해 주고, 간간이 사신을 보내어 지극한 뜻을 돈독히 효유(曉諭)하여 해적의 금지책으로 삼도록 하소서.

1. 일본이 불교를 숭상하고 있으므로 교호(交好)하는 데 있어 증여할

물건은 불경(佛經)보다 나은 것이 없사오니, 각처에 있는 불경을 고찰 열람하고 그 성질(成秩) 여부를 살펴서 옛 것을 보충하여 성질이 되도록 하고, 이를 저장 비축(備蓄)하여 뒷날 통호(通好)의 자료로써 대비하소서.

1. 일본 농민에게 수차(水車)를 설비하여 물을 퍼 돌려 전답에 대는 자가 있기에, 학생(學生) 김신(金愼)으로 하여금 그 수차를 만든 법을 살펴보게 하였더니, 그 수차가 물을 타고 저절로 회전하면서 물을 퍼 올려 대고 있어, 우리 나라에서 전년에 만들었던 수차인 인력(人力)으로 물을 대는 것과는 다른데, 다만 물살이 센 곳에는 설치할 만하오나, 물살이 느린 곳에는 설치할 수가 없습니다. 수침(水砧·물레방아)도 또한 그러하였으니, 신이 가만히 생각해 보니, 비록 물살이 느리더라도 사람이 발로 밟아서 물을 올린다면 또한 물을 댈 수 있을 것 같았습니다. 이제 간략하게 그 모형을 만들어 바치오니, 청컨대 각 고을에 설치할 만한 곳에 이 모형에 따라 제작하여 관개(灌漑)의 편리에 돕도록 하소서.

1. 일본은 그 국도(國都)로부터 연해(沿海)에 이르기까지 돈[錢]을 포백이나 미곡보다도 훨씬 더 많이 사용하기 때문에, 여행하는 사람들이 비록 천리를 가더라도 돈꿰미[錢緡]만 차고 식량을 휴대하지 않으며, 길가에 사는 사람들이 행려자(行旅者)들이 기숙할 처소를 설치해 놓고, 만약 손님이 올 것 같으면 서로 앞을 다투어 청하여 영접하고, 손님이 주는 돈에 따라 인마(人馬)의 숙식을 제공하며, 관량(關梁)에 있어서는 큰 강(江)에는 주교(舟橋)를 설치하고, 조그마한 냇물에는 누교(樓橋)를 설치해 놓고는 그 곁에 사는 자가 다리 세(稅)를 관장하고 있는데, 그 다리를 지나가는 손님에게 돈 10문(文)이나 5문을 징수하되, 다리의 대소를 참작하여 세를 징수하여 뒷날의 보수(補修) 사금으로 삼고 있사오며, 도진(土田)이나 주거(舟車)의 세까지도 돈으로 받아들이지 않는 것이 없기 때문에, 돈을 사용하는 법이 광범위하여 사람들이 무거운 짐을 지고 먼 길을 가는 노고

가 없습니다.

1. 일본에서는 대나무로 큰 밧줄을 만들어 양쪽 언덕에 매어 놓고, 통나무를 깎아서 배를 만들어 대나무 밧줄에 등자[鐙]을 달아 배 위로 내려뜨리고는, 기둥을 세우고 들보를 가설하고, 널빤지[板子]를 죽 깔아 다리를 만들어 놓고는, 진리(津吏)로 하여금 건너는 세를 가볍게 징수하게 하여 후일에 교량이 낡아 허물어졌을 때의 보수 자금으로 사용하고 있습니다. 우리 나라의 한강과 임진강은 남북을 통하는 큰 관진(關津)입니다. 비옵건대, 이 예에 따라 다리를 가설하고 다릿세를 거두어서 무너지는 대로 즉시 보수하게 한다면, 다만 돈을 사용하는 법이 광범위해질 뿐만이 아니라 남북의 인마(人馬)가 험로(險路)를 걸어서 피곤해 쓰러지는 폐단도 또한 없어질 것입니다.

1. 각처의 어량세(魚梁稅)는 사옹원(司饔院)과 사재감(司宰監)에 공상(供上)하는 것 이외에는 모두 돈으로 바치게 하고, 각도 염장(鹽場)의 소금값과 각처의 선세(船稅)·그리고 외방(外方) 각 관사의 노비(奴婢)의 공물(貢物)까지도 면포(綿布)를 제외하고는 모두 돈으로 바치게 하여 그 용도를 크게 일으키도록 하소서.

1. 일본인의 풍속이 노소없이 목욕하고 몸을 깨끗이 하는 것을 좋아하기 때문에, 큰 집에는 각기 욕실(浴室)을 설치하고, 여염(閭閻)마다 또한 여러 군데 욕탕을 설치하고 있는데, 그 욕실의 제도가 매우 잘 되어 있어 편리합니다. 탕(湯)을 끓이는 자가 각(角)을 불면, 이 소리를 들은 사람들이 다투어 돈을 내고 목욕을 합니다. 비옵건대, 제생원(濟生院)·혜민국(惠民局)·왜관 한증(倭館汗蒸)·광통교(廣通橋) 등지와 외방의 의원(醫院) 등, 사람들이 많은 곳에 모두 욕실을 설치하여 돈을 사용하는 법을 돕도록 하소서.

1. 일본 상가(商街)의 제도는 시장 상인들이 각기 처마 아래에다 널빤

지로 층루(層樓)를 만들고 물건들을 그 위에 두니, 다만 먼지가 묻지 않을 뿐만 아니라 사람들이 쉽게 이를 보고 살 수 있었으며, 시중(市中)의 음식물들을 귀천(貴賤)의 구별 없이 모두 사 먹고 있었습니다. 우리 나라의 시장은 건습(乾濕)할 것 없이 모든 어육(魚肉) 등의 식물들을 모두 진토(塵土) 위에 두고는 혹은 그 위에 앉기도 하고 밟기도 하오니, 비옵건대 운종가(雲從街) 좌우의 행랑(行廊)에서부터 동쪽 누문(樓門)에 이르기까지, 종루(鍾樓) 남쪽에서부터 광통교(廣通橋)에 이르기까지 모두 보첨(補簷)을 달아내고, 그 아래에 물건들을 진열해 놓을 층루를 만들어, 어느 간(間)은 무슨 물건을 둔 곳이라고 죽 편액(扁額)을 달아서 쉽게 알아 볼 수 있도록 하소서.

1. 사역원(司譯院) 생도(生徒) 이생(李生)이 말하기를, '감자(甘蔗·사탕수수)는 맛이 달고 좋아서 생으로 먹어도 사람의 기갈(飢渴)을 해소하게 되고, 또 삶으면 사탕(沙糖)이 되는데, 유구국(琉球國)에서는 강남(江南)에서 얻어다가 많이 이를 심고 있으며, 또 서여(薯蕷·마)라는 것이 있어, 큰 것은 기둥만 하고 작은 것은 서까래만 한데, 역시 남만(南蠻)에서 얻어다가 이를 재배한다.' 하오니, 엎드려 바라옵건대, 모두 채취해 오게 하여 그 재배를 널리 보급하도록 하소서.

1. 일본에서는 모든 금(金)·은(銀)·동(銅)·철(鐵) 등 진귀한 물품이 생산되는 곳에 방금(防禁)을 세우지 아니하고 그 지방에 사는 자로 하여금 대대로 채취하여 이익을 보게 하고, 나라에 바치는 세공(歲貢)은 일정한 수량뿐이고 다른 부역이 없기 때문에, 이를 주관하는 자가 태만하지 아니하여 보물의 생산이 무궁하여, 공사(公私)간에 모두 이익이 된다고 합니다. 원컨대, 이제부터 일본의 예에 의하여 모든 진귀한 물품이 생산되는 곳에는 금법(禁法)을 세우지 말고 평민들에게 그 이익의 독점을 허용하여, 세공(歲貢)을 제정하고 부역을 면제해 주어 길이 세업(世業)을 삼도록 하

소서.

1. 왜적들이 일찍이 우리 나라를 침략하여 우리 인민을 붙잡아다가 노비(奴婢)로 삼고는, 혹 먼 나라에 전매(轉賣)하기도 하여 영원히 돌아오지 못하도록 하니, 그 부형과 자제들이 원통하여 이를 갈면서도 복수하지 못하는 자가 몇이겠습니까. 신 등의 사행(使行) 길에 정박하는 곳마다 잡혀 간 사람들이 다투어 도망해 오려고 해도, 그 주인이 가쇄(枷鎖)를 하고 굳게 가두어서 뜻을 이루지 못하고 있으니, 진실로 민망한 일입니다. 일본에는 사람은 많고 먹을 것이 적어서, 흔히 노비를 팔아먹고 있어 혹 남의 자제들을 훔쳐다 팔기도 하는데, 이는 허다하게 볼 수 있는 일입니다. 일기도(一岐島)는 지금 병란으로 인하여 양곡이 다하여 먹을 것이 떨어졌사온데, 내년 봄에 더욱 기아가 심하게 되면, 만약 도둑질을 하지 않을 것 같으면 사람을 팔아서 생활을 영위하는 자가 더욱 많을 것입니다. 근래 우리 나라의 금지로 인하여 연변(沿邊)에 와서 파는 자가 없어졌습니다. 그윽이 생각하건대, 값에 따라 원수를 갚는 것은 고금의 공통된 사의(事誼)인 것입니다. 저자들이 이미 잡아다가 부렸으니, 우리는 마땅히 저들을 사다가 천역(賤役)을 시켜야 할 것입니다. 원컨대, 이제부터 남자 10세, 여자 20세 이하는 모두 와서 팔도록 허용하고, 또 일본에 가는 자로 하여금 모두 사다가 영구히 노비로 삼아서, 백성을 위하여 원수를 갚는 의리를 보이도록 하고, 만약 '연변에 모여 살면 후환(後患)이 될 염려가 있다.'고 말한다면, 깊고 먼 곳으로 전매(轉賣)하도록 허용하여 해변에 살지 말도록 하소서."

하였다. 명하여 이를 예조에 내려 의정부 및 제조(諸曹)와 더불어 같이 의논하게 하니, 의논하여 아뢰기를,

"부득이한 일 및 회례사(回禮使) 이외의 사절 파견을 허용하지 말고, 종정성(宗貞盛) 등에게는 후하게 보내고 박하게 받자는 조항과, 불경(佛經)의 서질(書秩)을 정비하여 통신(通信)에 대비하자는 조항과, 지금 거행

하고 있는 각도에 수차(水車)를 제조 설치하자는 조항에 대하여는 모두 말하기를, '시험해 봄직하였다.' 하고, 능히 원우(院宇)를 영선할 수 있는 중에게 주지(住持)를 제수하자는 조항에 대하여는, 혹은 '가하다.'고 말하고, 혹은 '불가하다.'고 말하였으며, 통신사의 수종인(隨從人)들에게 직위로써 상을 주자는 조항에 대하여는 모두 말하기를, '배를 타는 군사는 다른 예(例)보다 갑절의 도(到)를 주고, 수종인은 내왕한 도수에 따라 적당히 헤아려서 직위로써 상을 주는 것이 옳다.' 하고, 그 나머지의 조건에 대하여는 모두 불가하다 합니다."

하니, 명하기를,

"중에게 직위로써 상을 주자는 조건은 거행하지 말라."

하였다.

3. 황희, 신개 등이 일본에 잡혀간 백성을 찾아올 방도를 논의하다(일부 생략)

(세종25년 1443년 7월 7일, 세종실록 101권)

왜구에 잡혀간 백성들을 되찾아 오는 일은 모든 임금들의 최대 관심사중 하나였다. 조선 조정은 때로는 달래기도 하고, 때로는 위협을 하면서 붙잡혀간 백성들을 되찾아오려고 노력했다. 다음 대화에는 선물 등으로 유화책을 썼다가 왜구가 신의를 지키지 않으면 어떻게 할지에 대한 고민이 들어 있다. 그러면서도 잡아온 왜구는 잡혀간 조선 백성과 연계하지 않고 일본에 돌려보내야 한다고 말하고 있어 명분을 숭상한 유교 국가의 면모가 엿보인다.

황희(黃喜)·신개(申槪)·하연(河演)·권제(權踶)·정연(鄭淵)·김종서(金宗瑞)·신인손(辛引孫)·허후(許詡)를 불러 이르기를,

"전일에 이예(李藝)를 불러서 윤인소(尹仁紹)가 회환(回還)하기 전에 먼저 대마도(對馬島)에 가는 것의 편부(便否)를 물으니, 예(藝)가 대답하기를, '인소(仁紹)가 돌아오기를 기다리지 말고 마땅히 먼저 가는 것이 옳겠으나, 노략질해 간 인물(人物)이 대마도에 있으면 신이 마땅히 조사해 찾아서 데려올 것이요, 만약 일기주(一岐州)에 있으면 반드시 지좌전(志佐殿)에 보낸 연후에야 가히 찾아 올것입니다.' 하니, 어찌하면 가할까. 그것을 의논하여 아뢰라."

하니, 여럿이 아뢰기를,

"먼저 이예를 대마도에 보내는 것이 옳겠사오나, 다시 다른 사람을 지좌전에 보낼 것 없사옵고, 이제 예(藝)에게 세 곳의 서계(書契)를 주어서 보내는 것이 역시 편할 것이옵니다."

하매, 그대로 따랐다. 이때에 이예도 역시 부름을 받고 옆에 있다가 아뢰기를,

"만약 지좌전에게 간다면 마땅히 부사(副使)가 있어야 할 것이옵니다."

하니, 임금이 말하기를,

"만약 먼저 이예를 보낸다면 대마도·지좌전·호자전(呼子殿)·압타전(鴨打殿)에 예물(禮物)이 없을 수 없으며, 또 무략(武略)이 있는 자를 택하여 종사관(從事官)과 부사(副使)를 삼아야 할 것이니, 그 예물(禮物)의 유무(有無)와 부사·종사관을 함께 보낼 것의 여부(與否)를 의논하게 하라."

하니, 황희·하연·이숙치·정연·신인손·허후가 의논하여 아뢰기를,

"전날의 도적질한 것은 저들이 지시해서 시킨 것은 아니었으니, 만약 물품을 증여한다면, 저가 반드시 덕(德)에 감복하여 마음을 다해서 찾아

보낼 것이옵니다."

하고, 신개·김종서는 의논하여 아뢰기를,

"우리가 물품을 증여하여서, 저들이 마음을 다하여 찾아 보낸다면 가하겠사오나, 만약 예물만 받고서 수색해 체포하려 하지 아니한다면, 어떻게 처치하겠습니까. 신 등은 생각하옵기를, 서계(書契)에는 예물을 기록하지 말고, 사사로이 포물(布物)을 싸 가지고 가서, 만약 마음을 다해서 수색해 체포하면 주고, 그렇지 아니하면 주지 않는 것이 옳을까 하오며, 부사와 종사관을 택하여 보내는 것이 역시 가할 것이옵니다."

하니, 임금이 말하기를,

"만약 예물을 준다면 마땅히 서계에 기록하여야 할 것이고, 사사로이 싸 가지고 가서 준다는 것은 불가하다. 부사와 종사관은 골라 뽑아서 아뢰게 하고, 그 예물의 수효도 함께 의논하여 보고하라. 또 제주(濟州)에서 잡힌 왜인을, 혹은 말하기를, '우리 나라 사람을 찾아 돌려보내기를 기다리지 말고 먼저 보내는 것이 가하다.' 하고, 혹은 말하기를, '먼저 보내는 것은 꾀는 것 같으니, 먼저 보낼 수 없다.'고 하나, 내 마음에 생각하기를, 대국(大國)이 소국(小國)에 대하여 마땅히 관대하게 대접할 것이요, 소절(小節)을 교계(較計)할 것이 못될 것 같으니, 경 등은 다시 의논하여 아뢰게 하라."

하였다. 황희·이숙치가 의논하여 아뢰기를,

"먼저 보내는 것이 옳습니다."

하고, 신개·정연·김종서·허후는 의논하여 아뢰기를,

"오랑캐들을 어떻게 관대하게 대접할 수 있겠습니까. 마땅히 우리나라 사람을 찾아 돌려보내기를 기다려서 처분할 것이요, 먼저 보낼 수는 없는 것입니다. 만약 우리나라 사람을 돌려보내지 아니하면, 지금의 체포된 왜적을 마땅히 깊고 먼 각 고을에 나누어 두게 하소서."

하고, 신인손은 의논하여 아뢰기를,

"아직은 머물러 두었다가 우리나라 사람을 찾아 돌려보내기를 기다려서 돌려보내게 하되, 저들이 끝내 찾아 보내지 아니하더라도 역시 돌려보내는 것이 마땅합니다."

하고, 인하여 함께 군기감 정(軍器監正) 모순(牟恂)을 추천하여 부사(副使)로 삼자고 하니, 그대로 따르고, 인하여 하교(下敎)하기를,

"잡혀 있는 왜인은 진실로 마땅히 구류(拘留)해야 할 것이나, 끝내 돌려보내지 아니하는 것은 옳지 아니하다."

하였다.

4. 일본에서 풀려난 중국인 서성을 명으로 돌려보낼지를 논의하다(일부 생략)

(세종 25년 1443년 11월 7일, 세종실록 102권)

조선은 일본에 조선통신사 등을 보내 교류하는 것에 대해 중국의 눈치를 많이 봤다. 혹시 일본과 손을 잡고 중국에 대항할지도 모른다는 오해를 줄지도 모른다고 생각했기 때문이다. 다음 대화는 이예가 대마도에 갔을 때 풀려나 함께 조선에 온 서성이라는 중국인 포로를 명나라로 보낼 지에 대한 갑론을박을 잘 보여주고 있다. 이 논쟁의 핵심은 서성이 조선과 왜의 내왕을 잘 알고 있으니 비밀유지를 위해 명으로 돌려보내지 말아야 한다는 주장과 안 보낼 명분도 없고 안 보내봤자 실익도 없다는 주장의 대립이다.

임금이 글로 승정원(承政院)에 내어 보이기를,

"체찰사 이예(李藝)가 대마도(對馬島)에 도착하자, 중국인(中國人)인 서성(徐成)이란 자가 따라오기를 청하매, 예가 거절하기를, '도주(島主)의 말을 듣지 않고 데리고 가는 것은 불가하다.' 하니, 그 사람이 도주(島主)에게 청하여 도주가 서계(書契)를 만들어 주어 부송(付送)하였다.

지금 갑(甲)이 의논하기를, '통신하고 체찰한 일과 적왜를 잡아 온 등의 일을 이 사람이 다 알고 있으니, 만일 중국으로 해송(解送)한다면 반드시 빠짐없이 전하여 이야기할 것이니, 마땅히 강원도에 안치(安置)시켜야 합니다.' 하고,

을(乙)은 의논하기를, '전에도 혹 도망해 온 중국인이 있어 경사(京師)로 해송(解送)할 때에, 의논하는 자가 이르기를, 「반드시 우리 나라가 왜국과 통하는 일을 말할 것이니, 청하건대, 머물러 두고 보내지 말자.」고 하였는데, 모두 듣지 않고 해송한데다가 자문(咨文) 안에도 혹은 통상하는 일을 말했고, 혹은 사신을 보내어 통신하는 사유를 말했으므로 근일에는 주문(奏聞)할 때에 마음으로 부끄러움이 없었사온데, 만일에 그 때에 의논한 자의 말을 들었다면 근일에 주문하는 데에도 반드시 말에 궁한 것이 있었을 것입니다. 지금 이 사람을 머무르고 보내지 않는다면 후일에 또 도망하여 오는 사람이 있으면 장차 어떻게 처리할 것이며, 그 사람을 또 머무르게 하고 보내지 않는다면 머무르는 자도 많아질 것입니다.' 하며,

갑은 말하기를, '오늘날의 이런 사세는 의심스러운 것이 많으니 은벽(隱僻)한 곳에 머물러 두는 것이 권도를 행하는 데에 행합니다. 만일 뒷사람의 일이라면 또한 그 사세에 따라서 의논할 것이지, 하필 미리 헤아릴 것이 있겠습니까. 예전 경자년에 회례사(回禮使)가 두 중국 여자를 데리고 왔을 때에 강원도에 유치하였으니 사세에 따라 권도를 행한 전례가 있습니다. 만일 도망갈런지 염려되면, 제주(濟州)에 두는 것이 마땅합니다.' 하고,

을은 말하기를, '전년에 왜인들이 붙잡은 중국 사람의 수가 거의 1천 명이나 되니, 후일에 자주 올 것은 의심할 여지가 없는데, 모든 일을 시종을 추구(推究)하지 않고 처리하오면 반드시 후회가 있을 것입니다. 경자년에는 왜국에 통신한 것을 감히 드러내고 말할 수 없었기 때문에 그 여자를 머무르게 하고 보내지 않았지만, 오늘날은 그렇지 않습니다. 또 왜국에 통신한 것과 왜국 사신을 접대한 것과 적의 섬에 사신을 보낸 것을 중국 조정에서 묻는다면, 은휘하지 않기로 전일에 조정 의논이 이미 결정되었거늘, 하물며 남자는 도망하기 어렵지 않은 것이 부녀자와 비할 수 없으니, 만일 제주도에 들여보냈다가 혹시 바람에 표류(飄流)되기를 근일의 일과 같이 되면 어찌할 것입니까.' 하며,

갑은 말하기를, '본국에서 중국의 명령도 없이 돌려보낸 한인(漢人)이 천백(千百)으로 헤아릴 수 있는데, 사세를 보아 한두 사람쯤 보내지 않는다 하더라도 무엇이 사대(事大)의 정성에 흠이 되겠습니까.' 하고,

을은 말하기를, '한 자[尺]를 굽혀가지고 여덟 자를 펼 수 있다면 반드시 여덟 자를 굽혀가지고 한 자를 펴 보려고 할 것이며, 한 사람을 머무르게 한다면 반드시 백 사람을 머무르게 할 것입니다.' 하며,

갑은 말하기를, '근일에 요동 총병관(遼東總兵官) 조의(曹義)가 아뢰기를, 「조선왕(朝鮮王)이 지극히 정성스러워 얻은 한인(漢人)을 모두 보내고 그 변장(邊將)도 왕의 뜻을 알아서 후대하여 보내니, 청하건대, 상을 주어서 포창하소서.」 하였는데, 이번에 통신사가 돌아올 때에 중국인이 사신의 배로 따라오고자 한 자가 있었는데도 쌀 2두(斗)를 주어 내치었고, 이예(李藝) 등도 또한 한인(漢人)의 청을 듣지 않고 도주(島主)의 말을 기다려 데리고 왔으니, 중국에서 만일 이를 안다면 우리나라를 어떻다 하겠습니까.' 하고,

을은 말하기를, '중국에서 관선(官船)이 붙잡힌 사실을 들었으므로 주

본(奏本)에서도 「때때로 가만히 발하겠다.」 한 것이며, 사신을 보내어 체찰(體察)하게 한 것을 들었으므로 인(印)을 주어 통상(通商)하게 한 것이매, 이 사람이 비록 자세히 말하더라도 해로움은 없을 것입니다.' 하고,

갑은 말하기를, '제주에서 잡은 도적이 모두 중국의 도적인데, 본국에서 죽이지 않고 머물러 둔 것을 삼도(三島)에서 모두 떠들어 말하고 있으니, 중국에서 물으면 어떻게 처리하겠습니까.' 하고,

을은 말하기를, '제주의 도적은 국가에서 반드시 오래도록 돌려보내지 않을 것이나, 뒤에 도망하여 온 한인(漢人)이 이를 친히 보게 되면 또한 모두 머무르게 할 것입니까.' 하며,

갑은 말하기를 '근일의 주본(奏本)에, 「수로가 험악하여 왕래하기가 쉽지 않다.」고 말하였는데, 중국 조정에서 만일에 체찰한 사실을 들었다면 전날 말한 것과 같지 않다 하여, 혹 섬 도적을 초안(招安)하게 하거나, 혹은 한인(漢人)을 추쇄(推刷)하게 할런지도 알 수 없습니다.' 하고,

을은 말하기를, '주본(奏本)에 말한, 「수로가 험악하여 왕래하기가 쉽지 않다.」는 것은 전함(戰艦)을 많이 거느리고 토벌을 행하기에 합당치 못하다는 것이지, 어찌 우리의 인민이 적에게 붙잡혀 갔는데도 앉아서 보기만 하고 취하지 않겠다는 말이겠습니까. 또 중국 조정에서 만일 도적(島賊)을 초안하게 하고, 한인(漢人)을 추쇄하라는 명령이 있게 되면 마땅히 왜적에게 타일러서 초안하고 추쇄할 것이며, 비록 다 칙명(勅命)처럼 하지는 못한다 하더라도 사유를 갖추어 진달하면 반드시 우리를 책망하지는 않을 것입니다. 전에도 칙유하여 우리나라로 하여금 양목답올(楊木答兀)을 잡아 보내도록 하였으나, 우리나라에서 잡아 보내지 못하였는데, 중국 조정에서 또한 책망이 없었으니 이것이 그 증험입니다.' 하였는데, 두 말이 모두 이치가 있으니 생각하고 의논하여 아뢰라."

하였다.

5. 강맹경, 등구랑을 접견하고 구주의 토지와 부락에 대해 질문하다(일부 생략)

(세조 1년 1455년 7월 24일, 세조실록 1권)

조선통신사의 임무 중 빼놓을 수 없는 것이 일본의 정국과 실권자의 동향을 파악하는 일이다. 이는 일본에서 사신이 왔을 때도 마찬가지다. 다음은 강맹경이라는 관리가 일본에서 온 고위관료를 상대로 일본의 정국을 물어보는 광경이다. 집요할 정도로 세세하게 물어본다. 주목할만한 것은 강맹경이 일본 정국을 주무르는 인물들의 이름을 거의 다 알고 있다는 사실이다. 이는 조선 조정이 여러 경로를 통해 일본의 사정을 수집했을 것이라는 추정을 뒷받침한다.

겸판예조사(兼判禮曹事) 강맹경(姜孟卿)·참판(參判) 하위지(河緯地)·참의(參議) 홍윤성(洪允成) 등이 왜 호군(倭護軍) 등구랑(藤九郞)을 접견(接見)하고 말하기를,

"우리들이 모두 본조에 새로 취임하여 구주(九州)의 토지의 대소 및 부락(部落)의 수효를 알지 못하고 있어 이를 듣고자 한다. 너는 우리 나라에 힘을 다한 지 오래이니, 상세히 말해 주기 바란다. 또 말하고자 하는 바 있거든 꺼리지 말고 하라."

하니, 등구랑이 말하기를,

"동철(銅鐵)을 관에 납부하고 면포(綿布)를 받는 것이 소원입니다. 제가 호군(護軍) 벼슬을 받았으니, 국은(國恩)이 지중한데 어찌 다 진달하지 않겠습니까? 경상도(慶尙道)의 여러 포구(浦口)의 선부(船夫)는 각종 요역(徭役)이 번다하고 무거워 항상 배 위에 있지 않으니, 이는 몹시 옳지 않은 일입니다. 그들로 하여금 항상 배 위에 있으면서 엄중히 경계하고 수비하

게 하면, 왜인이 스스로 두려워하게 될 것입니다."

하였다. 강맹경이 다시 말하기를,

"종상사무씨경(宗像社務氏經)이 왕년에 통신(通信)을 보내 왔고, 이제 종상조신씨정(宗像朝臣氏正)이 사자를 보내 왔는데, 이는 그 자손인가?"

하니, 등구랑이 말하기를,

"종상전(宗像殿)은 다만 한 조신씨(朝臣氏)의 정통파의 후손입니다."

하였다. 강맹경이 말하기를,

"그렇다면 사무씨(社務氏)와 조신씨(朝臣氏)가 무엇이 다른가?"

하니, 등구랑이 말하기를,

"사무씨(社務氏)라고 이르는 것은 성황(城隍)의 제사를 주관하기 때문에 사무씨라 일컫는 것입니다."

하였다. 강맹경이 말하기를,

"토지와 군병(軍兵)은 얼마나 되는가?"

하니, 등구랑이 말하기를,

"토지는 넓지 않고 병력은 1만 명 정도 낼 수 있습니다."

하였다. 강맹경이 말하기를,

"듣건대 종금(宗金)이란 자가 부호로 살고 있다는데, 어떤 사람이며 자손도 있느냐?"

하니, 등구랑이 말하기를,

"부유한 사람입니다. 또 자손이 있는데, 지난해 8월에 죽었습니다. 종금이 이르기를, '아들 3인은 모두 조선국(朝鮮國)을 알현하였는데, 유독 말자(末子)만이 아직 알현하지 못하고 있어 장차 도서(圖書·조선이 왜인에게 주던 신분증명이나 무역용 銅印)를 말자에게 줄 것이니, 조선국에 가서 알현하라.' 하고 면전에 불러서 당부하고 죽었습니다. 그리고 일본 국왕(日本國王)이 종금에게 어서(御書)를 하사하였기 때문에, 가는 곳마다 모두 후대하며, 옛날 대내전(大內殿)과 소이전(小二殿)이 서로 싸울 때도 다른 부호는 병화(兵禍)를 면치 못하였는데, 종금(宗金)만은 피할 수 있었습니다."

하였다. 강맹경이 말하기를,

"일기도(一岐島) 안에서는 누구의 세력이 강대한가?"

하니, 등구랑이 말하기를,

"일기도는 조그마한 섬입니다."

하였다. 강맹경이 묻기를,

"지좌(志佐)는 어느 계층의 사람이냐?"

하니, 등구랑이 말하기를,

"일기(一岐)의 태수(太守)입니다. 비주(肥州) 상송포(上松浦)에 살고 있으며, 진궁(眞弓)으로 하여금 그의 관직을 대신하게 하여 이 지방을 지키고 있습니다."

하였다. 강맹경이 말하기를,

"관서도(關西道)는 누구의 땅이냐? 듣건대 원교직(源敎直)이 도원수(都元帥)라고 하는데 그런가?"

하니, 등구랑이 말하기를,

"이 사람의 나이 겨우 30세를 지났사온데, 옛 국왕의 형의 직손(直孫)으로 구주(九州)의 군병(軍兵)을 통찰하고 있으며, 국왕의 문서가 다 이로부터 발락(發落)되고 있어서, 비록 대내전(大內殿)이라고 할지라도 역시 추앙하고 있으며, 또 겸창전(兼倉殿)이 관동(關東)에 있으면서 원교직(源敎直)과 더불어 똑같이 동서(東西)를 나누어서 다스리고 있습니다."

하였다. 강맹경이 말하기를,

"원지직(源持直)과 원교직(源敎直)은 족친(族親)인가? 대소의 관계는 어떤가?"

하니, 등구랑이 말하기를,

"족친이 아니며 원교직(源敎直)이 경상도 관찰사(慶尙道觀察使)라면, 원지직(源持直)은 경주 부윤(慶州府尹)과 같아서, 크고 작은 것이 본시 비교가 되지 않습니다."

하였다. 강맹경이 말하기를,

"지좌(志佐)와 원지직(源持直)과의 관계는 어떤가?"

하니, 등구랑이 말하기를,

"지좌는 원지직만 못합니다. 원지직은 1만 1천 명의 병력(兵力)을 낼 수 있으나, 지좌는 5, 6백여 명의 병력을 내는 데 불과합니다."

하였다. 강맹경이 말하기를,

"원지직(源持直)와 등희구(藤熙久)와는 어떤가?"

하니, 등구랑이 말하기를,

"같기는 하나 등희구는 산고을[山郡]에 있어 양곡의 저축이 없어서 원지직만은 못합니다."

하였다. (중략) 강맹경이 말하기를,

""다다랑조신(多多郎朝臣)은 어떤가?"

하니, 등구랑이 말하기를,

"대내전(大內殿)의 형입니다. 대우전(大友殿) 땅에 우거(寓居)하고 있으면서 겸하여 그 반(半)을 다스리고 있습니다."

하였다. (중략) 강맹경이 말하기를,

"소이전(小二殿)은 어디에 살고 있느냐?"

하니, 등구랑이 말하기를,

"비전주(肥前州)의 평호전(平戶殿)에 우거(寓居)하고 있는데, 비록 땅은 잃었으나 인민은 잃지 않았습니다."

하였다. 강맹경이 말하기를,

"근자에 듣건대, 소이전(小二殿)이 대내전(大內殿)과 더불어 서로 싸운다고 하는데, 사실이 그런가?"

하니, 등구랑이 말하기를,

"그 자세한 것은 모릅니다. 다만 국왕이 소이전에게 옛 땅으로 도로 돌아가도록 명했다 합니다. 그러나 그들이 돌아갔는지의 여부는 아직 자세히 모릅니다."

하고, 또 말하기를,

"옛날 이예(李藝)가 대내전과 소이전이 서로 싸울 때 사명(使命)을 받들고 일본(日本)으로 갔는데, 조선(朝鮮)에서 사명을 받들고 온 사람이라 하여 침범하지 않고 호송하였다 합니다. 더욱이 지금은 모든 섬에서 지성껏 그 성의(誠意)를 보이고 있으므로, 비록 일본으로 사명을 받들고 가는 사람이 있다 하더라도 어찌 적대시(敵對視)하는 자가 있겠습니까?"

하였다. 강맹경이 말하기를,

"우리 나라에서 모든 섬을 대하기를 한집이나 다름없이 해 왔고, 또 너와 같은 사람들이 힘을 다하고 딴 마음이 없음을 알고 있는 터이므로 진정 이러한 염려는 하지 않는다."

하니, 등구랑이 말하기를,

"계해년(1443년 세종 25년)에 적왜(賊倭·도둑질한 왜인)를 추쇄(推刷)할 때 제가 향도(鄕導)가 되어 구주(九州) 등지에서 많이 체포한 바 있습니다."

하였다. 강맹경이 말하기를,

"너는 반드시 생각하기를, 우리들 신임 관원이 너희들의 이러한 공로가 있음을 알지 못하고 말한 것이라고 할 것이나, 어찌 모르겠느냐?"

하니, 등구랑이 말하기를,

"양국(兩國)이 영구히 통호(通好)하여 변방에 위급함이 일어나지 않게 하는 것이 상책(上策)입니다."

하였다. 강맹경이 말하기를,

"우리 나라에서 대하는 법은 시종 무엇이 다르겠느냐? 다만 너희들의 성의 여부에 달려 있을 뿐이다. 내 생각으로는 대마도(對馬島)는 의복과 음식을 오로지 우리 나라에 의뢰해 살고 있으므로 절대로 어기고 거역하는 일은 없을 것이고, 만약 조금이라도 거역하는 일이 있게 되면 기해년(1419년 세종 원년) 정벌(征伐)이 이미 명감(明鑑)이 될 것이다."

하니, 등구랑이 말하기를,

"그렇습니다."

하였다. 강맹경이 말하기를,

"우리 나라 병선(兵船)이 할 일 없는 상태에 있다고 말하니 기쁘다. 그러나 나라의 변방(邊方) 대비책(對備策)이란 어느 일단(一端)만이 아니므로 소홀한 형편에는 이르지 않으며, 그 사이의 방략(方略)을 일일이 열거(列擧)할 수 없다."

하니, 등구랑이 머리가 땅에 닿게 절하고 나갔다.

6. 대사헌 홍담 등이 통신사 파견의 부당함을 지적하는 상소문을 올리다

(명종 12년 1557년 1월 27일, 명종실록 22권)

통신사를 일본에 보내는 문제는 늘 논란을 불렀다. 가장 큰 이유는 왜가 통신사를 보내달라는 것은 눈앞의 이득만을 원하기 때문이고, 신의가 없어 나중에 어떻게 배신할지 모르니 통신사를 보낼 필요가 없다는 주장이다. 조목조목 이유를 들어 통신사를 보내지 말라고 주장하는 이 상소문은 반대 상소문의 대표격으로 임진왜란 이전에 나온 것이다. 이 상소문은 임금이 몇 사람의 의견만 듣고 통신사 파견을 결정한 것도 비판하고 있다. 임진왜란 이후에는 조선통신사가 한양에서 부산까지 갈 때 주변 고을에 끼치는 폐해가 너무 크다며 통신사를 비판한 상소문도 나온다.

대사헌 홍담 등이 차자(箚子)를 올렸다.

"신하의 잘못은 독단보다 큰 것이 없고 임금의 잘못은 편청(偏聽)보다 더 중한 것이 없습니다. 독단하게 되면 나라를 이롭게 하려는 뜻을 지녀도 천박한 견해의 실수가 있게 마련이고 편청하게 되면 성효(成效)가 있기를 바라도 일을 그르치는 폐단이 없지 않습니다. 때문에 옛 성인은 큰 일을 하려면 반드시 경사(卿士)와 상의하고 백성들에게도 상의하고 복서의 종역(卜筮의 從逆·길흉을 점쳐서 길한 쪽을 따른다는 뜻)까지도 참고한 다음에 조처한 것은 참으로 한 사람의 지혜로는 온 천하의 이병(利病)을 모두 알 수 없는 것이요 오직 많은 사람들의 생각을 합해야만 장구히 보장될 수 있는 계책이 되기 때문인 것입니다.

근자 조정과 여항에서 때로 은밀히 '조정에서 일본과 옛길을 통하려 하는데 장차 대마도로부터 시작할 것이다.'합니다. 신들은 상의 지혜가 고명하여 이해를 환히 아시니 반드시 이런 일은 없으리라 여겼는데 어제 정원에 하교하여 유사(有司)들로 하여금 급히 대마도 통신사의 행구를 갖추라 하시니, 이 말을 듣고 놀라움을 이기지 못했습니다. 선왕이 오래 폐지했던 일을 의논하여 해외와 교빙(交聘)하는 길을 여는 것은 나랏일 가운데 이보다 큰 것이 없는 것인데 상께서는 한번도 신하들에게 묻지 않고 갑자기 행하고자 하니 어찌 신들만 놀랄 뿐이겠습니까? 귀가 있는 사람은 놀라지 않는 이가 없었습니다. 한두 사람의 말만을 편청하고 (대마도 통신사의 일에 대해 한두 대신들은 모두 옳다고 했다.) 신하들의 생각은 묻지도 않았으니 실제로 성효가 있더라도 오히려 옳지 못한 것인데 더구나 조그만 이익도 없이 후일의 해만 열어 놓을 뿐이겠습니까.

제왕이 오랑캐를 대함에 있어서는 오는 것을 막지 않고 가는 것을 붙들지 않는 것이요, 끊지 않고 통제만 하는 것은 그 염려가 원대한 것입니다. 한 무제(漢武帝) 이래 조송(趙宋)에 이르기까지 혹 조칙을 보내 타이르기도 하고 혹 사신을 보내 교빙하기도 하면서 천연적인 한격(限隔)을 틔워 줌으로써 도적이 넘보는 마음을 싹트게 해서 끝내는 인명을 희생시키는 화란에까지 이르렀으니, 역사를 고증해 보면 알 수 있습니다. 오직 한 광무제(漢光武帝)만은 뛰어난 견해로 옥문관(玉門關)을 굳게 폐쇄하고 서역(西域)을 사절하여 후세에서도 그 때문에 이익을 받았고 해를 보지 않았으니 이는 실로 제왕들의 귀감인 것입니다. 왜적의 탐독함은 뭇 오랑캐 가운데 으뜸인데 거짓말은 배나 됩니다. 그들의 평소 하는 것을 살펴보면 오직 이욕만을 추구하므로 힘이 남을 제압할 수 있을 경우엔 아침에는 고분고분하다가 저녁에는 변경을 침범하는가 하면 힘이 남을 제압할 수 없을 경우엔 발로 차서 주어도 꼬리를 흔들면서 먹을 것을 구하니, 이들을 신의로 접대하여 무사함을 보장할 수 있겠습니까?

고려 말 이래로 통신한 지 얼마 되지도 않아서 병기를 가지고 뒤따라 쳐들어 온 것이 한두 번이 아니었습니다. 오늘에 와서 통신사를 보내지 않은 지가 수년이 되었으니 수도(水道)를 익히지 않았다고 사절하는 것이 우리나라의 한 가지 편리한 방편입니다. 저 왜인이 오는 것은 단지 장사만을 위한 것이니 통신사를 청하는 것도 왕래함을 인해 이익을 구하자는 것에 불과한 것입니다. 이제 우리나라의 편리는 버리고 저들의 욕구만 따르려 하니 또한 잘못된 일이 아니겠습니까. 건의하는 자들은 반드시 '우리 사신이 한번 가면 그들을 위안시키고 기쁘게 하여 걱정이 없을 것을 보장할 수 있다.'하고, 또 '대마도에는 사신을 보내더라도 일본에는 보내지 않으면 무슨 폐단이 있겠는가?' 하는데, 이는 참으로 깊이 생각하지 못한 말입니다. 신들이 그 불가함을 조목조목 진달하겠습니다.

저들이 통신을 청하는 것은 예의를 좋아해서가 아니라 은사(恩賜)가 있기를 바라서인 것입니다. 은사의 소득이 노략질하는 것만 못하다면 그들이 신의를 지켜 영원히 변방의 화란을 일으키지 않겠습니까? 이것이 첫 번째의 불가한 점입니다. 또 이미 대마도에 간다면 일본의 청을 또 무슨 말로 거절하겠습니까? 통신사의 요청은 일본에게서 있었던 것이요, 대마도에서 있었던 것은 아닌데 청하는 데는 보내지 않고 청하지 않는 데에는 보내면 일본에게 의심을 받게 될 것이 분명합니다. 이것이 두 번째의 불가한 점입니다. 우연히 한번 하는 것이라면 일본에 통신사를 보내도 되겠지만 왜인의 성격은 욕심이 끝이 없고 쉽게 성내고 쉽게 기뻐하므로 한번 길을 열어놓고 나서 계속하지 않으면 저들이 반드시 이를 가지고 말을 만들 것이니 분쟁의 흔단이 야기됨이 여기에서 이루어지지 않으리라고 기필할 수 없습니다. 이것이 세 번째의 불가한 점입니다. 이번에 온 사신이 (일본사신) 패만스런 말을 많이 했고 거기다가 공동까지 하였는데 만약 여기에서 갑자기 오래 폐지했던 일을 회복시켜준다면 저들이 우리의 사정을 엿보게 될 것이니 이것이 네 번째의 불가한 점입니다. 왜노들이 우리에게 분함을 품은 지가 오래입니다. 만약 통신사가 갔을 때에 보복하려고 거만하게 대하고 곤욕을 주어 구류시킨다면 국가의 수치가 말할 수 있겠습니까. 이것이 다섯 번째의 불가한 점입니다. 저들이 우리를 욕보이려는 계책이 없으리라고 기필할 수 없는데다 해적의 피해도 늘 저들의 입에서 거론되고 있으니 만약 불행히 해적을 만나거나 풍랑에 함몰된다면 성상의 마음이 어떠하겠습니까? 이것이 여섯 번째의 불가한 점입니다.

또 한 가지가 있습니다. 삼가 듣건대 중국에서 건의하는 자가 우리나라로 하여금 왜구를 쳐서 근절시키게 하거나 일본에 칙명을 선포하자고 하다가 왜구가 물러감으로 인하여 그쳤다고 합니다. 뒷날 왜구가 다시 이르면 건의하는 자의 말이 시행되지 않으리라고 기필할 수 없습니다. 황제의 명을 받아서 하려 하면 왜노의 말은 항상 중국이 박대하는 것을 허물하는데 황제의 명이라 해서 우리 사신을 우대하지 않을 것이고, 권도로 숨기려 하면 이는 의리에 불가할 뿐만 아니라 끝내는 그 사실을 숨길 수가 없는 것입니다. 이 또한 불가함의 큰 것입니다.

건의하는 자들은 '대마도에 주는 세사미와 세견선을 옛날대로 회복하여야 하는데 핑계 댈 말이 없으니 그들이 성을 쌓아 도적을 막는다는 말에 따라 사신을 보내 순시하고 공로가 있다고 칭탁하여 상으로 주면 된다.'고 하는데, 그 계획 또한 소활하지 않습니까? 대마도의 성벽이 아무리 천백 겹이라 하더라도 우리에게 아무 관계도 없는데 이를 가탁하여 상을 준다고 하니 간계를 품는 그 자들에게 비웃음과 업신여김을 받지 않기가 어려울 것입니다.

신들은 삼가 생각건대, 이번 일은 몇 해의 편안을 도모할 뿐 국가의 대계는 도외시하고 눈앞의 고식책만을 생각할 뿐 뒷날의 걱정은 돌아보지 않는 것입니다. 부질없이 무익한 일을 만들어 이어가기 어려운 단서를 열어 놓아서 위로는 성상께서 묻기 좋아하는 덕을 더럽히고 아래로는 후세의 무궁한 해를 끼치려 하는 것이니 이것이 나라를 위한 장책이라고 할 수 있겠습니까?

근일의 폐단은 항상 스스로 옳다고 하는 데에 있으므로 분쟁하는 조짐이 묘당에서 자주 일어나고 일을 좋아하는 화가 이미 변방에서 나타났습니다. 잉거도(仍巨島)의 사건이 그 한 가지 예입니다. 사후의 성패는 미리 헤아릴 수 없지만 관계가 중한 일을 삼가지 않을 수 없습니다. 신들의 말을 조정에 내려 득실을 신달하게 하면 원대한 계책이 신보다 몇 배나 나을 것입니다. 삼가 성명(聖明)께서 살피소서."

사신은 논한다. 이 여섯 가지의 불가함을 보니 심원한 염려가 곡진하고도 상세하였다. 대신이 먼저 이러한 염려를 해서 묘당의 의논이 결정되었다면 족히 조정이 진숙(振肅)되어 위성(威聲)이 멀리 전파되었을 것은 물론 도이(島夷)가 두려워하여 머리를 조아렸을 것이니, 어찌 이런 오만스러운 공동이 있을 수 있었겠는가. 저들이 화낸다고 또 사신을 보낸다면 단지 우리의 약점만 보이게 되어 오랑캐의 방자함을 부르게 될 것이다. 아, 소추(小醜)가 분을 품자 조정 신하들의 의논이 분분해서 결정하지 못하고 있으니 어찌 통탄스럽지 않은가.

7. 통신사 황윤길, 김성일이 일본 정국과 풍신수길에 대해 다른 보고를 하다(일부 생략)

(선조 24년 1591년 3월 1일, 선조수정실록 25권)

가장 유명한 통신사와 임금의 대화이다. 임진왜란이 벌어지기 2년 전인 1590년 일본의 정국을 살피러 갔다가 이듬해 돌아온 정사와 부사. 그런데 둘의 보고가 너무 달랐다. 정사 황윤길은 풍신수길이 범상한 인물이 아니며 조선을 침략할 가능성이 있다고 했으나 부사 김성일은 둘 다 부정했다. 김성일은 일본에서의 황윤길의 태도가 비겁한 것에 분개해 사사건건 반대의견을 냈다고 한다. 서애 유성룡의 힐문에 김성일은 "나도 어찌 왜적이 나오지 않을 것이라고 단정하겠습니까. 다만 온 나라가 놀라고 의혹될까 두려워 그것을 풀어주려 그런 것입니다"라고 해 여운을 남겼다. 역사에는 가정이 없다고 하지만, 만약 부사 김성일도 병화兵禍의 가능성을 언급했다면 어떻게 되었을까.

통신사(通信使) 황윤길(黃允吉) 등이 일본에서 돌아왔는데 왜사(倭使)

평조신(平調信) 등과 함께 왔다.(중략)

당초 윤길 등이 지난 해 4월 바다를 건너 대마도에 도착하였는데, 일본은 당연히 영접사를 파견해서 사신 일행을 인도하여야 하는데도 그렇게 하지 않았다. 이에 김성일(金誠一)은 그들의 거만함을 받아들일 수 없다고 의논하고 1개월을 지체한 뒤에야 출발하였다. 일기도(一岐島)와 박다주(博多州)·장문주(長門州)·낭고야(郎古耶)를 거쳐 계빈주(界濱州)에 당도했을 때에야 도왜(導倭)의 영접을 받았다. 왜인은 일부러 길을 돌아 몇 달을 지체하고서야 국도(國都)에 도착하였다.

사신 일행이 대마도에 있을 때 도주(島主) 평의지(平義智)가 국본사(國本寺)에서 사신들에게 연회를 베풀고자 하였는데, 국본사는 산 위에 있었다. 사신들이 먼저 가 있는데 의지가 가마를 탄 채 문을 들어와 뜰 아래에까지 와서 내리자 성일이 그의 무례함에 노하여 즉시 일어나 방으로 들어가니, 허성(許筬) 이하도 따라서 일어났으나 윤길은 그대로 앉아서 잔치에 임하였다. 성일이 병을 핑계로 나오지 않자 다음날 의지가 그 까닭을 듣고서 미리 알리지 않았다고 하여 시중을 든 왜인의 머리를 베어가지고 와서 사죄하였다. 이런 일이 있은 이후로 왜인들이 성일을 경탄(敬憚)하여 보이기만 하면 말에서 내려 더욱 더 깍듯이 예를 지켜 대접하였다.

그들의 국도 대판성(大阪城)에 도착해서는 큰 절에 숙소를 정하였는데, 마침 평수길(平秀吉)이 산동(山東)으로 출병하였다가 몇 달 만에 돌아온 데다 또 궁실(宮室)을 수리한다는 핑계로 즉시 국서(國書)를 받지 않아 5개월을 지체한 뒤에야 명을 전하였다.

그들 나라에서는 천황(天皇)이 제일 높아 수길 이하가 모두 신하로 섬기지만, 국사는 모두 관백(關白)이 통괄하였고 천황은 형식적인 지위만 가지고 있었다. 그러나 깍듯한 예절로 받들고 의장(儀章)도 특별하여 부처를 받들 듯이 하였다. 관백이라고 한 것은 곽광전(霍光傳)에 '모든 일을 먼저 보고받는다[凡事階先關白]'고 한 말에서 인용한 것이다. 때문에 수길을 대장군이라 부르고 왕(王)이라 부르지 못하는데, (후일 대군(大君)이라 칭하였다.) 이는 본래 천황을 국왕전(國王殿)이라고 하였기 때문이다.

우리의 사신을 접대함에 있어서 가마를 타고 궁문을 들어가도록 허락하고 가각(笳角·갈대피리)을 울려 선도하였으며 당(堂) 위에 올라가 예를 행하도록 하였다.

수길의 용모는 왜소하고 못생겼으며 얼굴은 검고 주름져 원숭이 형상이었다. 눈은 쑥 들어갔으나 동자가 빛나 사람을 쏘아보았는데, 사모(紗帽)와 흑포(黑袍) 차림으로 방석을 포개어 앉고 신하 몇 명이 배열해 모시었다. 사신이 좌석으로 나아가니, 연회의 도구는 배설하지 않고 앞에다 탁자 하나를 놓고 그 위에 떡 한 접시를 놓았으며 옹기사발로 술을 치는데 술도 탁주였다. 세 순배를 돌리고 끝내었는데 수작(酬酢)하고 읍배(揖拜)하는 예는 없었다. 얼마 후 수길이 안으로 들어갔는데 자리에 있는 자들은 움직이지 않았다. 잠시 후 편복(便服)차림으로 어린 아기를 안고 나와서 당상(堂上)에서 서성거리더니 밖으로 나가 우리나라의 악공을 불러서 여러 음악을 성대하게 연주하도록 하여 듣는데, 어린 아이가 옷에다 오줌을 누었다. 수길이 웃으면서 시자(侍者)를 부르니 왜녀(倭女) 한 명이 대답하며 나와 그 아이를 받았고 수길은 다른 옷으로 갈아입는데, 모두 태연자약하여 방약무인한 행동이었으며, 사신 일행이 사례하고 나온 뒤에는 다시 만나지 못하였다.

상사(上使)와 부사(副使)에게 각기 은 4백 냥을 주고 서장관 이하는 차등을 두어 주었다. 사신이 돌아가게 해줄 것을 재촉하자 수길은 답서(答書)를 즉시 재결하지 않고 먼저 가도록 요구하였다. 이에 성일(誠一)이 '우리는 사신으로서 국서를 받들고 왔는데 만일 답서가 없다면 이는 왕명을 천하게 버린 것과 마찬가지이다.' 하고, 물러나오려 하지 않자 윤길(允吉)

등이 붙들려 있게 될까 두려워하여서 마침내 나와 계빈(界濱)에서 기다리고 있으니 비로소 답서가 왔다. 그런데 말투가 거칠고 거만해서 우리 측에서 바라는 내용이 아니었다. 성일은 그 답서를 받지 않고 여러 차례 고치도록 요구한 뒤에야 받았다. 지나오는 길목의 여러 왜진(倭陣)에서 왜장(倭將)들이 주는 물건들을 성일만은 물리치고 받지 않았다.

부산으로 돌아와 정박하자 윤길은 그간의 실정과 형세를 치계(馳啓)하면서 '필시 병화(兵禍)가 있을 것이다.'고 하였다. 복명(復命)한 뒤에 상이 인견(引見)하고 하문하니, 윤길은, 전일의 치계 내용과 같은 의견을 아뢰었고, 성일은 아뢰기를,

"그러한 정상은 발견하지 못하였는데 윤길이 장황하게 아뢰어 인심이 동요되게 하니 사의에 매우 어긋납니다."

하였다. 상이 하문하기를,

"수길이 어떻게 생겼던가?"

하니, 윤길은 아뢰기를,

"눈빛이 반짝반짝하여 담과 지략이 있는 사람인 듯하였습니다."

하고, 성일은 아뢰기를,

"그의 눈은 쥐와 같으니 족히 두려워할 위인이 못됩니다."

하였는데, 이는 성일이, 일본에 갔을 때 윤길 등이 겁에 질려 체모를 잃은 것에 분개하여 말마다 이렇게 서로 다르게 한 것이었다. 당시 조헌(趙憲)이 화의(和議)를 극력 공격하면서 왜적이 기필코 나올 것이라고 주장하였기 때문에 대체로 윤길의 말을 주장하는 이들에 대해서 모두가 '서인(西人)들이 세력을 잃었기 때문에 인심을 요란시키는 것이다.'고 하면서 구별하여 배척하였으므로 조정에서 감히 말을 하지 못하였다.

유성룡이 성일에게 말하기를,

"그대가 황의 말과 고의로 다르게 말하는데, 만일 병화가 있게 되면

어떻게 하려고 그러시오?"

하니, 성일이 말하기를,

"나도 어찌 왜적이 나오지 않을 것이라고 단정하겠습니까. 다만 온 나라가 놀라고 의혹될까 두려워 그것을 풀어주려 그런 것입니다."

하였다.

8. 별전에서 비변사 당상들과 명나라 심유경 및 왜의 상황에 대해 논의하다(일부 생략)

(선조 28년 1595년 5월 15일, 선조실록 63권)

임진왜란이 벌어진지 3년, 선조가 대신들과 전황을 논의하는 모습이다. 이 대화가 말해주는 것은 조선은 자력으로 나라를 지키거나 왜적을 퇴치할 힘을 잃어버리고 왜적의 자발적인 퇴각이나 명나라 사신 심유경의 활약에만 신경을 곤두세워야만 하는 비참한 처지에 빠져 있었다는 것이다.

상이 별전(別殿)에 나아가 비변사 당상을 인견하였다. 상이 이르기를,

"저 왜적들은 사람마다 모두 갈 것이라고 하니 가기는 갈 것이다. 그러나 과정이 어려울 것이다. 소서행장(小西行長)은 '중국 사람이 우선 서울에 머무르고 있으면 내가 관백에게 여쭈어 보고 오겠다.' 하니, 이 말은 앞뒤가 맞지 않는다."

하니, 응남(應南)이 아뢰기를,

"이것은 행장이 관백에게 여쭈어 결정하지 않았을 리가 없는데도 이처럼 말한 것입니다."

하였다. 상이 이르기를,

“저 적이 어떤 적인데 종이 한 장에 쉽사리 물러가겠는가. 동황제(東皇帝)니 서황제(西皇帝)니 하는 말들이 떠도니, 비록 돌아간다고 말은 하더라도 절대로 가지 않고 반드시 우리나라의 강화를 받고 돌아갈 것이다. 어찌 단지 동쪽에 봉(封)하여 주는 것만으로 그들이 돌아가겠는가. 지난날 나도 이 점을 말하였지만 매우 처리하기가 어렵다.”

하니, 응남이 아뢰기를,

“중국 사신에게 반드시 사서(私書)가 있을 것입니다. 지난번에 왜영으로부터 어떤 문서가 도착하였는데 우리에게는 보이지 못하게 하였다고 합니다.”

하고, 호조 판서 김수(金睟)가 아뢰기를,

“과연 왔었는데 보지 못하게 하였습니다.”

하니, 상이 이르기를,

“지난번에 보았던 심유경의 편지는 그 편지가 아니었던가?”

하자, 김수가 아뢰기를,

“그 편지는 아닙니다.”

하니, 상이 이르기를,

“좌상(左相)이 말한 것은 틀림없이 그 편지일 것이다.”

하였다. 상이 이르기를,

“중국 사신이 왜적의 정세를 파악하지 못하였다면 어찌 이같이 왔겠는가?”

하니, 응남이 아뢰기를,

“곧바로 왜의 진영에 들어갔다가 왔는데 적들의 동정을 자세히 탐지하였다고 하였습니다.”

하였다. 상이 이르기를,

“심유경의 처지에서 헤아려 본다면 만일 왜적이 돌아가지 않으면 어떻게 대처하려고 이런 일을 하는지 모르겠다. 또 왜적이 만일 요구하는 일이 있어 돌아가지 않는다면 장차 어떻게 대처하겠는가?"

하니, 응남이 아뢰기를,

"유경은 그의 아들이 일본에 있기 때문에 이처럼 적을 설득하려고 하지만 적이 바다를 건너갈 것인가에 대해서는 심유경도 기필하기 어려울 것입니다."

하였다. 상이 이르기를,

"우리나라에서 통신사(通信使)를 보내는 일을 따르지 않으면 중국 사람들은 반드시 위압을 가하여 데리고 갈 것이니 어찌하면 좋겠는가?"

하니, 응남이 아뢰기를,

"소신도 이것을 걱정해 왔습니다. 또 적들의 간사한 속임수는 헤아리기 어렵습니다. 말은 비록 돌아간다고 하지만, 짐작컨대 행장은 반드시 대마도에 숨어 있고 돌아가지 않을 듯합니다."

하자, 상이 이르기를,

"대마도에 숨는다는 것은 무엇 때문에 그렇게 생각하는가?"

하니, 응남이 아뢰기를,

"저 적은 이랬다저랬다 속임수가 많습니다. 저번에 진운홍(陳雲鴻)이 많은 사람의 웃음거리가 된 것은 아마 그들의 속임수에 빠졌기 때문일 것입니다."

하였다. 상이 이르기를,

"이판(吏判)의 생각에는 행장의 가는 일이 잘 이루어지리라고 보는가?"

하니, 항복이 아뢰기를,

"행장과 여러 장수들은 기필코 돌아가려 하겠지만 풍신수길(豐臣秀吉)은 그만두지 않을 것입니다. 여러 해에 걸쳐 군사를 조련하여 이처럼 여러 해를 버티었으니 바로 그만둘 리가 없습니다."

하였다. 상이 이르기를,

"수길이 만일 그만두지 않으려 한다면 단지 행장의 말만으로 강화가 이루어질 수 있겠는가. 절대로 이루어지지 않을 것이다."

하니, 이항복이 아뢰기를,

"이 일이 어떤 일인데 행장의 말 한 마디만 듣고서 바로 철수할 리가 있겠습니까. 그러나 크게 군사를 일으키려 한다면 저들이 가지고 있는 군사로는 곧바로 쳐들어올 리는 없을 것입니다."

하자, 상이 이르기를,

"어떻게 다시 쳐들어올 리가 없다고 보장할 수 있겠는가. 또 심유경이 어떻게 처리할지 모르겠다."

하니, 항복이 아뢰기를,

"유경인들 어떻게 그 결말까지를 헤아릴 수 있겠습니까."

하자, 상이 이르기를,

"반드시 그 결말을 예상하고서 이 일을 벌였을 것이다."

하니, 응남이 아뢰기를,

"유경은 마음속에 계산이 많은 사람입니다. 어찌 석 상서(石尙書)가 혼자서 이 일을 행하겠습니까."

하였다. 항복이 아뢰기를,

"명사가 늘 '우리들이 하는 일을 국왕께서 모두 알고 계시는가?' 한답니다."

하니, 상이 이르기를,

"이는 미안스런 말이다."

하였다.

9. 강화조약을 맺으러 일본 갔다가 허탕치고 온 통신사 황신을 접견하다(일부 생략)

(선조 29년 1596년 12월 21일, 선조실록 83권)

강화 조약을 체결하기 위해 중국 사신과 함께 일본에 다녀온 정사 황신을 만난 선조의 질문은 끝이 없었다. 그러나 일본은 언제라도 다시 침략할 기세였고, 풍신수길은 왕자를 데리고 오지 않았다며 조선의 사신은 만나주지도 않았다. 일본은 결국 1597년 재차 침범한다. 정유재란이다. 이때 부사로 갔던 박홍장朴弘長·당시 38세이 쓴 '동사록東槎錄'이 1999년 일본 오사카 인근 고서점에서 발견돼 뉴스가 된 적이 있다.

신시(申時)에 상이 별전에 나아가 황신(黃愼)을 인견하였다. 상이 이르기를,

"그대는 나라의 일로 외국에 왕래하느라 노고가 많았다."

하니, 황신이 아뢰기를,

"사신의 직책을 제대로 수행하지 못하여 왕명을 바로 전달하지 못하였으니 만 번 죽어 마땅합니다."

하였다. 상이 이르기를,

"이는 사신의 죄가 아니니 미안해하지 말라. 그곳 적의 정세는 어떠하던가?"

하니, 황신이 아뢰기를,

"신이 처음 일본에 이르렀을 때에는 일이 대부분 순조로웠습니다. 행장과 정성 등이 와서 영접하며 말하기를 '관백이 조사(詔使·명나라 사신)와 귀국의 사신이 온다는 말을 듣고 기뻐하면서 우리들에게 교외(郊外)에 나가 영접하는 것이 좋겠다는 칙령을 내렸기 때문에 우리들이 왔다.' 하였습

니다. 왕명을 전달하는 날에 관백이 말하기를 '일본이 중국과 통신하려 하는데 조선은 길을 빌려 주지 않았고, 그 후 심유격(沈遊擊)이 화친을 의논하려 할 때에도 조선에서는 오히려 중국에 군대를 청하여 화친하는 일을 낭패시켰으며, 또 그 후에 중국 사신이 부산 진영에 들어올 때에도 조선에서는 사신 한 사람도 일본으로 함께 들여보내지 않다가 중국 사신이 일본에 들어오는 날에야 비로소 사신을 보내 왔다. 원래 왕자의 생살(生殺)과 고락(苦樂)은 모두 우리 손에 달려 있었으나 우리는 예로써 대우하여 돌려보내 주었는데, 저들은 오히려 나를 무례(無禮)하게 대하였기 때문에 내가 노한 것으로 다시는 조선 사신을 만나지 않겠다.' 하고, 명일에 오직 중국 사신만을 접대하라고 명령하였습니다. 다음날 두 중국 사신이 봉작례(封爵禮)를 행하였는데, 관백은 뜰에 서서 오배삼고두(五拜三扣頭)의 예를 행하고 경건한 태도로 내려주는 의복을 받았으며, 그의 신하 40여 인이 모두 차등 있게 황제의 하사품을 받았다고 합니다. 신은 관백이 출입을 금지하여 참석하지 못하였으므로 친히 보지 못하여 그간의 내용을 상세히 알 수는 없고 인편으로 전해 들었으나 또한 모두 믿기가 어렵습니다."

하였다. 상이 이르기를,

"관백은 예식을 거행하는 데 어떻게 하였다던가?"

하니, 황신이 아뢰기를,

"왜복(倭服)을 입고 칙서를 받았는데, 배례는 혹 했다고도 하고, 혹 하지 않았다고도 하였습니다."

하였다. (중략) 상이 이르기를,

"중국 사신과 우리나라 통신사를 관백이 모두 죽이려는 뜻이 있었다 하는데 과연 그랬는가?"

하니, 황신이 아뢰기를,

"신의 일행을 죽일 뜻이 있었는지는 상세히 알 수 없으나 역관 박대근이 신에게 와서 말하기를 '관백이 일행을 모조리 죽이고 책사(冊使)까지도 쫓아내려고 하였는데, 세 봉행(奉行)이 말하기를「예로부터 사신을 죽이는 나라는 없었고 또 지금 조선에게 왕자를 보내지 않는다고 책망하는 중인데, 먼저 사신을 죽이면 이는 왕자가 올 길을 막는 것이다.」하였고, 장성(長成)도 또한 말렸다.'고 하였습니다."

하였다. 상이 이르기를,

"청정이 장차 올 것이라고 하는데 사실인가?"

하니, 황신이 아뢰기를,

"청정 등이 나오는 것은 2~3월경이 될 것이고, 또 온다 하더라도 반드시 울산이나 기장(機張) 등의 읍에 진을 치고 있으면서 관백의 명령을 기다릴 것이라고 합니다."

하였다. 상이 이르기를,

"두 왕자가 와서 사례할 것을 요구한다는 말이 있던가?"

하니, 황신이 아뢰기를,

"신이 일본으로부터 부산에 올 때 행장이 그의 장관(將官) 사귀요문(沙貴要聞)을 보내어 말하기를 '사처가 매우 번잡하여 만나 이야기할 수 없으니 빈집에서 잠시 만나 서로 이야기하기를 요청한다.' 하여, 신이 승낙하였더니, 그날 초저녁에 행장이 약속대로 찾아와 말하기를 '사신께서 멀리 오느라 힘드셨는데도 화친을 이루지 못하여 매우 미안하게 생각한다. 관백의 처음 마음은 비록 왕자를 보내지 않았더라도 중국이 특별히 사신을 보냈으므로 더없이 기뻐하여 화친을 이룰 수 있었다. 그러나 마침 이천사(李天使)가 (종성(宗誠)) 도망하여 달아났기 때문에 사사건건 모두 틀어진 것이다. 더욱이 중국 사신을 접견할 객관(客館)이 지진으로 인하여 훼손된 모습은 보기에도 너무 참혹하였기에 관백이 이 때문에 조선에 대하여 분통해 하는 마음이 더욱 심했던 것이다. 앞으로 할 일은 속히 왕자를 보내어 사례하는 것뿐이다. 대신과 백관들이 비록 일시에 모두 온다 해도 전쟁하는 것의 여부에는 아무런 영향도 주지 못할 것이다. 하물며 우리 일본이 조선 왕자를 머물게 한다 해도 평민으로 대하겠는가, 아니면 국군(國君)으로 대하겠는가. 다만 와서 지난날 돌려보냈던 뜻을 사례하게 하는 것이 좋겠다.' 하고, 이어서 하늘을 두고 맹세한다고 하며 '돌아가거든 국왕께 보고하여 그 일을 좋게 마무리 지었으면 매우 다행하겠다.' 하였습니다.

신이 말하기를 '어찌 왕자가 와서 사례할 리가 있겠으며, 더구나 내가 귀국하여 어떻게 그런 말을 입 밖에 내어 왕에게 아뢸 수 있겠는가. 이는 있을 수 없는 일이니 바라지 말라.' 하니, 행장이 '그렇다면 어떻게 하겠는가? 관백이 싸우려는 것은 틀림없는 사실이니 조선이 한번 싸워 패전한 후에 다시 화친을 청하려 하면 그때는 비록 백 명이 화친을 중개하더라도 묘책이 없을 것이니 후회하지 말라. 또한 군대를 움직인 후에는 나도 중간에서 도와주지 못하니 돌아가거든 자세히 아뢰라.'고 하였습니다. 이에 신이 답하기를 '비록 전쟁을 좋아하지 않는다 하더라도 적이 이르면 응전해야 하니, 비록 싫어하고 괴롭게 여기더라도 또한 하는 수 없는 일이다. 사세가 이치에 타당하면 싸우지 않고 화친할 수 있으나 사세가 화친할 수 없다면 어찌 한번 싸우는 일을 두려워하겠느냐. 절대로 군대를 출동한다는 일로써 나에게 공갈하지 말라.' 했더니, 그는 신에게 읍하고 나갔습니다.

다음날 신이 일찍 일어나니 정성(正成)이 관문(館門)밖에 와 있었습니다. 그는 신을 보고 말하기를 '나는 조선의 대답을 듣고 돌아가서 관백에게 고하려고 하니 속히 대답해 달라.' 하자, 행장이 말하기를 '그렇지 않다. 조선은 반드시 성지(聖旨)를 받은 후에야 회답이 있을 것이다. 중국을 왕복하는 데 통상 3~4개월이 소요된다. 그 사이 내가 기병(起兵)을 막아 즉시 움직이지 않게 할 것이니, 군대가 출동하기 전에 속히 조치해야 한다.'고 하였습니다."

하였다. 상이 이르기를,

"행장은 화친을 주장하고 청정은 싸움을 청하여 두 사람의 하는 짓이 서로 엇갈려 화합되지 않는 점이 있으니 이것은 무슨 의도인가? 혹자는 일종의 앙숙이 되었다고도 하는데 이 말과 같은가?"

하니, 황신이 아뢰기를,

"말하는 품새로 그들의 취지를 살펴보면 그들의 의논은 확실히 다릅니다."

하였다. (중략) 상이 이르기를,

"적이 기어코 왕자를 데려가려고 하는 것은 무슨 의도인가?"

하니, 황신이 아뢰기를,

"그들이 처음에 왕자를 포로로 한 것은 일본에 공을 세우려 한 것이고 결국 왕자를 석방한 것은 우리나라에 은혜를 받으려 함인데, 왕자가 포로에서 벗어난 뒤 한번도 사신을 보내 사례하지 않으므로 그들은 왕자를 다시 오도록 굳이 청하여 엉뚱한 계획을 도모하려는 것뿐입니다. 요시라(要時羅)는 (행장 막하에 있는 작은 두목) 미천하지만 영리한 자입니다. 어느 날 사사로이 박대근을 보고 말하기를「관백은 극악무도하여 광증을 부리기도 하고 의혹을 품기도 하니, 3년이 지나기 전에 저절로 멸망할 것이다. 조선은 청정이 행동하기 전에 여러 두목에게 사람을 보내어 말하기를 '왕자를 이와 같이 굳이 찾고 있으니 즉시 보내는 것이 당연하나, 지난 임진년에 왕자가 잘못하여 토민(土民)의 원망을 사서 포박을 당한 채 청정의 군중으로 끌려갔었다. 그런 까닭으로 국군(國君)이 크게 노하여 변방으로 쫓아 보내니, 온 나라 사람들이 모두 비루하게 여기고 있다. 왕자가 오고 안 오는 것이 너희 나라와 무슨 관련이 있겠는가. 차라리 대신을 보내어 화친을 맺고 해마다 우호 관계를 닦는 것이 오히려 옳지 않겠는가.」하면 관백도 혹시 기뻐하여 들어줄지 모른다. 그렇게만 된다면 닥쳐오는 전쟁을 몇 해 지연시킬 수 있고 또한 관백이 스스로 멸망할 것을 기다릴 수 있을 것이다.'하였습니다."

하였다. (중략) 상이 이르기를,

"대마도(對馬島)는 원래 우리나라의 땅이었는데 일찍이 왜적에게 빼앗긴 것이다. 지금은 그곳의 형세가 어떠하던가? 혹시 가서 정벌한다면 쉽사리 빼앗을 수 있겠는가?"

하니, 황신이 아뢰기를,

"형세를 살펴보건대, 대마도는 비록 우리나라가 오늘과 같이 잔폐된 형편일지라도 또한 공격할 수가 있을 것입니다. 풍의군(風漪郡)은 배를 숨겨둘 만한 곳이 매우 많아 어느 곳이고 있으니, 또한 쉽사리 빼앗을 수 있을 것입니다. 또 대마도는 바다가운데 멀리 떨어진 섬이므로 순풍을 만나지 않으면 아무리 급변이 있어도 즉시 일본과 연락하지 못할 것입니다. 더욱이 그 땅에는 비축된 식량과 채소가 없으니, 그 형세가 결코 오래도록 성을 지키기 어려울 것입니다."

하였다. 상이 이르기를,

"적이 다시 임진년과 같이 많은 군대를 거느리고 침입할 수 있겠던가?"

하니, 아뢰기를,

"신이 자세한 것은 알 수 없으나 만약 다시 침범한다면 잠시 침략하는 것이 아니고 반드시 많은 군대로 출동할 것입니다. 조신(調信)은 항상 한탄하면서 말하기를 '내가 전일 조선에 들어갔을 때에는 후속 군사가 없이 너무 깊이 들어갔기 때문에 실석이 없고 소문도 좋지 않았으나, 지금은 농사를 지어 곡식이 쌓여 있으니 먼저 수군을 공격할 것이다.'하였습니다."

하였다. 상이 이르기를,

"저들이 어찌하여 수군을 공격한다고 하던가?"

하니, 아뢰기를,

"군을 공격하지 않으면 군량을 운반하는 길을 통할 수가 없다고 하였습니다."

하였다. 상이 이르기를,

"우리는 국력이 미약하여 지탱하지 어렵지만 중국이 어찌 그와 같은 흉적을 한 집안 식구 같은 우리나라에 용납하게 하겠는가."

하니, 아뢰기를,

"적이 중국군을 볼 때 비록 우리나라와 같이 허약하게 보지는 않으나 또한 두려워하지도 않습니다."

하였다. 상이 이르기를,

"저들이 비록 스스로 강한 체하나 어찌 황제의 위세(威勢)를 당해낼 수 있겠는가."

하니, 아뢰기를,

"행장은 평양에서 중국군에 패하여 두려움을 많이 가지고 있지만 청정은 향하는 곳마다 진 적이 없었으므로 꺼리는 것이 없습니다."

하였다. 상이 이르기를,

"임진년에 침략해 왔던 왜적의 수효는 얼마라고 하던가?"

하니, 아뢰기를,

"10만이라고도 하고 20만이라고도 하여 누구의 말이 옳은지는 알 수 없으나 다만 설치한 진영이 길가에 연결되어 그 진영이 경성에서 북도까지 뻗혀 있었고 또한 부산에서 한강까지 뻗혀 있었으니, 병졸이 20만이 아니고서는 필시 이같이 많지는 않았을 것입니다."

하였다. 상이 이르기를,

"수길(秀吉)이 중국 사신을 대접할 때 거친 채소로 찬을 만들었고 의

장대도 마련하지 않았다고 하는데, 사실인가?"

하니, 아뢰기를,

"왜국은 본래 예의가 없는 나라로 특별한 의장은 없이 금우(金牛)로써 운행할 뿐이었고 이따금 소홀하고 오만한 예로 대하였는데 대나무 지팡이를 짚고 도보로 와서 접견하였다고 합니다."

하였다. 상이 이르기를,

"그대 일행인 상하 원역(員役)들은 모두 사고가 없이 나왔는가?"

하니, 아뢰기를,

"격군(格軍) 한 사람이 우리나라의 사세가 순조롭지 못하여 장차 일본이 통신사 일행을 모두 죽일 것이라는 말을 듣고 이유 없이 도망하여 적중으로 들어갔고, 이 밖에 죽은 사람은 없습니다."

하였다. 황신이 나가려 하니, 상이 잠시 앉으라 이르고 황문(黃門)에게 명하여 촛불을 들고 사관(史官) 앞에 가서 기사(記事)를 확인하게 하였다. 조금 후에 소황문(小黃門)이 술상을 가지고 나오자 상이 황신에게 술을 마시게 한 뒤에 인견을 마치니, 밤 3경이었다.

10. 통신사 윤순지, 조경, 신유 등을 접견해 일본 사정을 듣다

(인조 21년 1643년 11월 21일, 인조실록 44권)

임진왜란과 정유재란이 끝난 지 45년. 임금과 조선통신사의 대화에는 여전히 일본에 대한 경계심이 남아있지만 동시에 여유도 엿보인다.

상이 통신사(通信使) 윤순지(尹順之), 부사 조경(趙絅), 종사관 신유(申濡) 등을 인견하고 이르기를,

"일본의 사정은 어떠하던가?"

하니, 순지가 아뢰기를,

"관백(關白)이 3대를 이어오면서 그럭저럭 무사하기를 바라고 있으므로 우려할 것이 없을 듯합니다."

하고, 상이 이르기를,

"그 나라는 일찍이 할아버지와 아들, 손자가 서로 계승한 때가 없었던가?"

하니, 순지가 아뢰기를,

"이번이 처음 있는 일이라고 하였습니다. 다만 그 나라는 강토가 비좁은 것이 아닌데도 땅이 수용할 수 있는 한도보다 인민들이 갑절이나 많습니다."

하고, 상이 이르기를,

"사람은 많고 땅이 좁으면 백성이 반드시 빌어 먹는 자가 많을 것이다."

하니, 순지가 아뢰기를,

"연로에서 보니 쌀로 밥을 짓는 자가 없고 가마를 매는 왜인까지도 하루 종일 먹는 것이란 삶은 토란 서너 개뿐이었습니다."

하고, 상이 이르기를,

"육지에 내린 뒤에 강호(江戶)까지는 며칠 길인가?"

하니, 순지가 아뢰기를,

"약 15일 길을 갔습니다."

하고, 상이 이르기를,

"지나는 곳에 마을은 많던가?"

하니, 순지가 아뢰기를,

"높은 산꼭대기라도 다 빽빽이 깔려 있었으며 소위 작은 마을이란 것도 우리나라의 큰 고을보다 번화하였습니다."

하고, 상이 이르기를,

"관백이 무비(武備)를 중단하고 문교(文敎)를 닦는 것으로 일삼는다고 하는데 사실인가?"

하니, 순지가 아뢰기를,

"나라에서 포를 쏘는 것을 금한 지가 이미 30여 년이 가깝다고 합니다. 그래서 신들이 갔다가 돌아오는 6개월 동안에 전혀 포성을 듣지 못했으니, 무비를 중단했다는 말은 거짓말이 아닌 듯합니다."

하고, 조경이 아뢰기를,

"3, 4세의 아이들도 다 칼을 찬 것을 보면 완전히 무비를 중단했다고 말할 수 없을 것입니다. 관백이 관례적으로 1년에 한 번 황제를 조알(朝謁)하는데 그 중간에 40여 리 가량 되는 하나의 높은 재가 있어 계곡이 뒤엉켜 감돌고 숲이 울창하기 때문에 조알할 때마다 반드시 호위병을 많이 데리고 갔으나, 이제는 의심하는 정도가 심해져서 조알하는 예까지 폐하였다고 합니다."

하였다. 상이 이르기를,

"강호(江戶)에 있는 군병은 그 수효가 얼마나 되던가?"

하니, 함께 대답하기를,

"관백의 군병은 50만 명이고 제장(諸將)의 군병은 80만 명이라고 하였으나, 그 급료(給料)의 액수를 들어보면 거의 5, 6백만 명에 이릅니다."

하고, 상이 이르기를,

"강호에도 성을 쌓고 호(濠)를 팠던가?"

하니, 순지와 경이 아뢰기를,

"세 겹의 성을 쌓고 두 겹의 호를 둘렀는데, 모두 큰 전함을 수용할 수 있을 정도였습니다."

하고, 경이 아뢰기를,

"그 지방에는 돌이 없어 성을 쌓은 돌은 다 축전주(筑前州)에서 운반해 왔는데 강호까지의 거리가 2천 리라고 하였으니, 왜인의 물력이 풍부한 것을 이에 의해 알 만합니다."

하였다. 상이 이르기를,

"관백은 어떤 사람이던가?"

하니, 순지가 아뢰기를,

"그 체구는 작으나 눈동자가 부리부리한 봉목(蜂目·벌 눈)으로 매우 정채가 있었습니다."

하고, 상이 이르기를,

"관백이 입은 복색은 어떤 모습이던가?"

하니, 순지가 아뢰기를,

"흑색의 복장이고 옷은 우리나라 단령(團領)의 제도와 같았는데 두 어깨에 모두 금물로 해와 달 같은 형상을 발랐으며 작은 모자를 머리에 쓰고 있었습니다."

하고, 상이 이르기를,

"관백도 칼을 찼던가?"

하니, 순지가 아뢰기를,

"그 풍속이 진(秦)나라 법을 모방하여 전상(殿上)에 모시는 자는 칼을 차지 못하고 관백 좌우의 두 사람만이 칼을 가지고 시립(侍立)하였습니다."

하고, 조경이 아뢰기를,

"대마도주(對馬島主)는 대대로 28대를 물려오면서 문벌이 가장 창성하여 우리나라의 일을 전담하고 있는데, 의성(義成)은 사람됨이 매우 교활하여 항상 우리나라를 공갈하고 관백에게 아부하는 것으로 능사를 삼고 있습니다."

하였다. 그전에 임광 등이 일본에 사신으로 갔을 때 왜인이 그에게 황금을 주자 임광이 받지 않으니, 왜인이 억지로 권하므로 임광이 받아서 바다에 던져버린 적이 있었다. 이번에 순지와 조경 등이 돌아올 때는 왜인이 사신을 호위하는 차인(差人)으로 하여금 남몰래 황금 60 냥을 싸가지고 부산에 당도하여 비로소 순지 등에게 건네주게 하였다. 이는 대개 사신이 또다시 금을 던져버리는 일이 있을까 염려했기 때문이었다. 예조가 말하기를,

"그것을 받으면 사신의 체모에 손상이 되고 받지 않으면 왜국인이 실망할 것이니, 부산에 유치하여 국가의 용도로 쓰고 내년에 공무목(公貿木)으로 그 값을 헤아려 지급하는 것이 좋겠습니다."

하니, 그대로 따랐다.

부록 2.
제목으로 읽는 조선왕조실록 속 통신사의 행적

국사편찬위원회가 제공하는 '조선왕조실록' 국역본 홈페이지에서 '통신사'라는 키워드를 넣으면 488건의 기사가 검색된다. 그러나 '통신사'라는 단어가 안 들어있어도 통신사와 관련이 있는 기사도 있다. 예를 들어 통신사로 일본을 다녀온 사람의 이름만 들어 있는 경우이다. 또 본문 어디엔가는 '통신사'에 관한 언급이 있는데도 제목에는 통신사를 언급하지 않는 경우가 많다. 원래 제목이 내용을 전부 보여줄 수 없으니 당연한 일이다.

아래의 표는 통신사를 언급하거나 관련이 있는 조선왕조실록의 609건(1000여 쪽)의 기사를 읽고 통신사 중심으로 제목을 바꾼 것이다. 이 표를 보면 통신사와 관련한 관심, 문제, 논쟁, 논의, 준비, 인물, 절차 등을 비롯해 일본 측의 요구와 행동, 분란 등을 전체적으로 조감할 수 있다.

번호	왕과 실록명	연월	내용
1	태종실록 12권(6년)	1406년 윤7월 3일	이예, 남녀 포로 70명을 송환해 돌아오다
2	태종실록 19권(10년)	1410년 5월 13일	대마도주에게 이예를 보내 쌀과 콩을 하사하다
3	태종실록 27권(14년)	1414년 2월 1일	일본 통신사 박분의 파견을 중지하다
4	태종실록 28권(14년)	1414년 10월 26일	일본어를 익히도록 사역원에 지시하다

5	태종실록 31권(16년)	1416년 1월 27일	유구국(오키나와)으로 잡혀간 백성의 송환을 위해 이예를 파견하다
6	태종실록 32권(16년)	1416년 7월 23일	이예, 유구국에서 백성 44명을 데리고 귀국하다
7	태종실록 35권(18년)	1418년 4월 24일	대마도주가 죽자 이예를 보내 조문하다
8	세종실록 1권(즉위년)	1418년 8월 14일	이예, 대마도에서 갖고 온 화통(火筒)을 본 따 제조를 건의하다
9	세종실록 1권(즉위년)	1418년 9월 2일	신임 대마도주, 전 대마도주에 대한 조선의 조의와 부의에 감사하다
10	세종실록 3권(1년)	1419년 1월 3일	대마도 만호, 토산품을 진상하다
11	세종실록 3권(1년)	1419년 1월 6일	대마도 도만호, 토산품을 진상하다
12	세종실록 3권(1년)	1419년 1월 6일	대마도 고관, 왜인 포로 30여명을 석방하라고 요청하다
13	세종실록 3권(1년)	1419년 1월 13일	일본에 잡혀 있던 중국인 포로 "왜적, 3월경 중국 침입할 것"이라고 보고하다
14	세종실록 4권(1년)	1419년 5월 7일	왜선 50척, 충청도 비인현을 침범하다
15	세종실록 4권(1년)	1419년 5월 10일	왜적을 막지 못한 충청좌도 도만호 김성길을 참형하다
16	세종실록 4권(1년)	1419년 5월 12일	황해도 감사, 해주에 왜선 7척이 출현했다고 보고하다
17	세종실록 4권(1년)	1419년 6월 1일	왜인 포로 4명을 처형하다
18	세종실록 4권(1년)	1419년 6월 1일	최윤덕, 내이포서 왜인 21명을 처치하다
19	세종실록 4권(1년)	1419년 6월 1일	구주(규슈) 영주가 인장을 요청한 데 대해 답신하다
20	세종실록 4권(1년)	1419년 6월 2일	왜적토벌 유공자 2명에게 무관직을 내리다
21	세종실록 4권(1년)	1419년 6월 2일	왜적을 방비 못한 만호 등 3명을 심문하다
22	세종실록 4권(1년)	1419년 6월 2일	대마도 정벌로 허술해진 각 포구의 방어책을 건의하다
23	세종실록 4권(1년)	1419년 6월 2일	구주 총관, 남만선이 해적에게 약탈당한 사실을 조선에 보고하다. 조성은 감사의 뜻으로 선물을 하사하다
24	세종실록 4권(1년)	1419년 6월 3일	귀순한 왜인 평도전이 왜적 처치에 비협조적이어서 징계하다
25	세종실록 4권(1년)	1419년 6월 3일	이종무 아들 이승평, 종군을 자청하다
26	세종실록 4권(1년)	1419년 6월 4일	경상 충청 강원에서 포로로 잡은 왜인 수를 보고하다(중국인 6명 포함 597명, 사망자 136명).
27	세종실록 4권(1년)	1419년 6월 6일	구주 사신이 대마도 정벌의 진의를 알아 오해하지 않도록 조처하다

28	세종실록 4권(1년)	1419년 6월 7일	이종무, 출정할 때 데려 가고 싶은 두 부하에 대한 승인을 요청하다
29	세종실록 4권(1년)	1419년 6월 9일	대마도 정벌 이유에 대해 교지를 내리다
30	세종실록 4권(1년)	1419년 6월 14일	귀순 왜인 평도전과 작당한 통사 박귀를 국문하다
31	세종실록 4권(1년)	1419년 6월 17일	삼군 도체찰사 이종무, 거제도에서 대마도로 출정했다가 바람때문에 회군하다
32	세종실록 4권(1년)	1419년 6월 19일	이종무, 다시 대마도로 출정하다
33	세종실록 4권(1년)	1419년 6월 20일	이종무 대마도에 도착하다. 세종, 행군이 늦어진 데 대해 장군들을 문책하다
34	세종실록 4권(1년)	1419년 6월 25일	대마도 왜적들이 본도로 돌아가기 전 조선에서 준비 물품을 노략질 할 가능성에 대비하라고 지시하다
35	세종실록 4권(1년)	1419년 6월 27일	귀순 왜인, 풍랑에 배 전복되지 않도록 배 뒤에 꼬리 두개 달 것을 제의하다
36	세종실록 4권(1년)	1419년 6월 29일	유정현의 종사관이 대마도에서의 승전을 보고하다. 상왕이 내린 2통의 선지 내용
37	세종실록 4권(1년)	1419년 6월 29일	대마도 접전에서 박실이 많은 군사를 잃었으나 마침내 왜군을 물리치고 왜군은 조선군에 휴전을 제의하다
38	세종실록 4권(1년)	1419년 6월 30일	태종, 오익생을 보내 경상도에서 여러 장수들을 위문하다
39	세종실록 7권(2년)	1420년 1월 6일	일본국 사신 양예 맞아 대장경을 하사하고 대마도 정벌 이유를 설명하다
40	세종실록 7권(2년)	1420년 윤1월 15일	일본 사절의 답례로 송희경을 파견하다
41	세종실록 10권(2년)	1420년 10월 8일	일본에 갔던 윤인보, 먼저 돌아와 보고하다
42	세종실록 10권(2년)	1420년 11월 1일	대마도의 무례를 다스릴 방법을 숙의하다
43	세종실록 10권(2년)	1420년 11월 15일	구주절도사의 서간에 답변하다
44	세종실록 10권(2년)	1420년 11월 17일	태종, 양화도에서 전함을 관람하다
45	세종실록 10권(2년)	1420년 11월 23일	경상도 관찰사, 대마도 상선이 내이포에 도착했다고 보고하다
46	세종실록 11권(3년)	1421년 1월 13일	통신사 송희경, 통신사 도와준 왜인을 포상하라고 건의하다
47	세종실록 11권(3년)	1421년 1월 23일	태종, 대마도 상인에게 일본이 국교단절 의사 있는지 알아오라고 지시하다
48	세종실록 11권(3년)	1421년 4월 7일	대마도 사절을 꾸짖다
49	세종실록 15권(4년)	1422년 1월 10일	사헌부 관리, 송희경을 처벌하라고 상소하다(그의 비리는 통신사 일과는 관계가 없다)

50	세종실록 18권(4년)	1422년 12월20일	일본 회례사 박희중 등에게 옷을 하사하고 국서를 의탁하다
51	세종실록 22권(5년)	1423년 10월13일	일본 회례사 서장관 오경지, 돌아와 보고하다
52	세종실록 22권(5년)	1423년 12월 4일	일본 회례사 박희중, 돌아와 보고하다
53	세종실록 23권(6년)	1424년 1월 5일	일본 사신들, 불경을 못 얻었다고 식사를 거부하다
54	세종실록 23권(6년)	1424년 1월 6일	일본 사신들, 설득하니 그제서야 식사를 하다
55	세종실록 23권(6년)	1424년 1월 8일	일본 사신들에게 금 글씨로 쓴 대장경을 하사하다
56	세종실록 23권(6년)	1424년 1월 14일	일본 회례사 등에게 겹옷을 하사하다
57	세종실록 23권(6년)	1424년 1월 20일	일본 통사 윤인보 등을 왜와 내통한 혐의로 의금부에 투옥하다
58	세종실록 23권(6년)	1424년 1월 22일	일본 사신이 함께 온 중을 구류하고 예조에 보고하다(유언비어 혐의)
59	세종실록 23권(6년)	1424년 2월 7일	일본으로 떠나는 박안신 등에게 선물을 주고 답신도 의탁하다
60	세종실록 23권(6년)	1424년 2월 7일	일본 구주 전(前) 도원수와 현직 고위관리 등에게 예조 참판이 서신을 보내다
61	세종실록 23권(6년)	1424년 3얼 25일	일본 회례사 박희중의 비리에 대해 징계를 요구했으나 불허하다
62	세종실록 23권(6년)	1424년 3월 26일	일본 회례사 박희중을 탄핵하라는 상소문의 내용
63	세종실록 23권(6년)	1424년 3월 27일	일본 회례사 박희중을 파면하다
64	세종실록 24권(6년)	1424년 5월 12일	영의정 유정현 등과 일본에 포로로 잡혀 있던 중국인 12명을 중국에 송환할지를 논의하다
65	세종실록 26권(6년)	1424년 10월 7일	좌도 도만호가 왜적에 패했다는 보고를 받다
66	세종실록 26권(6년)	1424년 12월 17일	일본 회례사 박안신과 이예 등을 접견하다
67	세종실록 28권(7년)	1425년 4월 12일	일본 사신, 대장경판을 요청하는 일본 국왕의 서신을 바치다
68	세종실록 29권(7년)	1425년 7월 3일	일본 3번 갔다 온 공달, 종부시 판관으로 임명하다
69	세종실록 31권(8년)	1426년 2월 12일	대마도로 떠나는 이예를 접견하다
70	세종실록 35권(9년)	1427년 3월 27일	대마도 사절이 갖고 온 단목(丹木) 등을 받고 정포(正布) 등을 하사하다
71	세종실록 40권(10년)	1428년 6월 26일	일본 회례사 이예에게 일본에서 금을 사올 수 있는지 알아보라고 지시하다
72	세종실록 41권(10년)	1428년 7월 1일	일본에서 '백편상서'를 사라고 지시하다

73	세종실록 41권(10년)	1428년 8월 4일	일본에서 제사와 상례를 마친 통신사는 길복(吉服·보통옷)을 입도록 건의하다
74	세종실록 41권(10년)	1428년 8월 6일	예조, 일본 통신사 파견을 중지하라고 건의하다(일본의 내전으로)
75	세종실록 42권(10년)	1428년 11월 26일	통신사를 접대하는 일본의 두 영주(대내전, 소이전)에 선물을 하사하다
76	세종실록 42권(10년)	1428년 11월 26일	통신사를 접대하는 영주의 사신에게 예물을 줄 것인지를 논의하다
77	세종실록 42권(10년)	1428년 12월 7일	일본 새 국왕 취임을 축하하고, 전 국왕의 사망을 조문하기 위해 통신사를 파견하다
78	세종실록 42권(10년)	1428년 12월 7일	통신사 박서생과 이예 등에게 옷을 하사하다
79	세종실록 43권(11년)	1429년 1월 24일	통신사들이 일본에 갈 때 금은, 동전, 화문석은 못 가져가도록 지시하다
80	세종실록 43권(11년)	1429년 2월 10일	왜의 포로였다가 조선에 온 중국인을 명으로 송환하다
81	세종실록 43권(11년)	1429년 3월 27일	대마도주 집안의 유력자 종언칠, 종정성에게 곡식을 하사하다
82	세종실록 44권(11년)	1429년 4월 2일	대마도주 집안 종언칠, 종성국이 감사하다며 토산품을 진상하다
83	세종실록 44권(11년)	1429년 4월 13일	통신사가 왜인에게 약속한 쌀을 주도록 예조에 건의하다
84	세종실록 46권(11년)	1429년 10월 29일	일본 무위(武衛)가 청했던 물건을 주도록 지시하다
85	세종실록 46권(11년)	1429년 11월 19일	구주의 토호인 종금(宗金), 병에 걸린 통신사 선원 2명을 조선에 돌려보내는데 배를 내어 도와주다
86	세종실록 46권(11년)	1429년 12월 3일	통신사 박서생, 일본에서 귀국해 일본 국왕 답서를 진상하다
87	세종실록 46권(11년)	1429년 12월 3일	박서생, 조선에서 시행했으면 좋을 일본의 문물과 제도를 보고하다
88	세종실록 46권(11년)	1429년 12월 4일	예조, 통신사가 일본에서 데려온 조선인 노비의 거주지 문제를 보고하다
89	세종실록 46권(11년)	1429년 12월 9일	일본의 무례와 통신사 파견 문제 등에 대해 논의하다
90	세종실록 47권(12년)	1430년 2월 19일	일본 국왕의 사신 종금과 도성 등이 하직 인사를 올리다
91	세종실록 48권(12년)	1430년 5월 19일	예조, 각 포구의 병선과 군기를 점검하도록 건의하다
92	세종실록 49권(12년)	1430년 7월 7일	형조, 사사롭게 왜인과 물건을 거래한 통사 윤인보의 처벌을 건의하다

93	세종실록 51권(13년)	1431년 3월 6일	무례한 일본 사절에 대해 논의하다
94	세종실록 56권(14년)	1432년 5월 16일	일본에 줄 답례품을 논의하다
95	세종실록 56권(14년)	1432년 6월 5일	일본에 사신을 보내 답례할지를 논의하다
96	세종실록 57권(14년)	1432년 7월 26일	이예와 김구경을 일본에 보내 답례키로 결정하다
97	세종실록 59권(15년)	1433년 3월 27일	대마도주 종정성에게 이예가 귀국할 때 배를 내어 도와주라고 요청하다
98	세종실록 60권(15년)	1433년 4월 8일	박서생이 건의한 수차(水車) 문제를 김종서에게 하문하다
99	세종실록 60권(15년)	1433년 6월 7일	일본통신사 부사 김구경, 귀국해서 해적한테 당한 내용을 보고하다
100	세종실록 61권(15년)	1433년 7월 27일	김구경에게 약을 내리고 쉬도록 지시하다
101	세종실록 61권(15년)	1433년 8월 17일	일본에서 돌아오다 죽을 뻔한 이예와 김구경 등을 위로할 방안을 논의하다
102	세종실록 62권(15년)	1433년 10월 6일	이예, 해적에게 뺏긴 물건 문제로 일본에 갔다가 돌아와 보고하다
103	세종실록 63권(16년)	1434년 1월 12일	일본에 갔던 김구경, 면주(綿紬) 등을 강탈당한 사실을 늑장 보고했다고 의금부에 수감하다
104	세종실록 64권(16년)	1434년 4월 22일	이예를 도와준 왜인들에게 면주, 쌀과 콩 등을 주어 사례하다
105	세종실록 64권(16년)	1434년 5월 11일	이예와 김구경의 처벌 문제를 논의하다
106	세종실록 64권(16년)	1434년 6월 8일	의금부, 이예와 김구경의 처벌 문제를 보고하다
107	세종실록 75권(18년)	1436년 12월 22일	윤인보, 가뭄 대책으로 일본인의 칡뿌리 캐 먹는 법을 전파하다
108	세종실록 80권(20년)	1438년 3월 21일	왜국 통사인 윤인보를 문책하다
109	세종실록 81권(20년)	1438년 4월 11일	이예를 첨지중추원사로 삼아 대마도에 파견하다
110	세종실록 81권(20년)	1438년 6월13일	왜인의 조선 체류를 제한하는 문제를 논의하고 그 결과를 널리 전파하라고 지시하다
111	세종실록 82권(20년)	1438면 9월13일	의정부와 이예, 대마도 왜인을 접대하는 원칙에 대해 논의하다
112	세종실록 82권(20년)	1438년 9월 18일	의정부, 대마도주의 서명이 없는 사자(使者)는 접대하지 말 것을 건의하다
113	세종실록 83권(20년)	1438년 10월 18일	예조, 대마도주에게 서신을 보내다
114	세종실록 84권(21년)	1439년 3월 23일	이예, 통신사를 접대하는 일본 영주들과 통교를 희망하다

115	세종실록 85권(21년)	1439년 4월 18일	이예, 왜인들의 위조 문서를 지적하다
116	세종실록 85권(21년)	1439년 4월 29일	고득종을 일본 통신사로 임명하다
117	세종실록 85권(21년)	1439년 5월 11일	왜인의 문서 위조와 무역 문제를 논의하다
118	세종실록 86권(21년)	1439년 7월 3일	일본 통신사 고득종이 세운 원칙
119	세종실록 86권(21년)	1439년 7월 11일	일본 통신사 고득종을 불러 일본 국왕에 보내는 글을 전달하다
120	세종실록 86권(21년)	1439년 7월 12일	일본 통신사 고득종에게 몸조심하라고 당부하다
121	세종실록 86권(21년)	1439년 9월 10일	왜인 진강차랑(津江次郎)의 요청을 수용할 지에 대해 논의하다
122	세종실록 86권(21년)	1439년 9월 29일	이예, 진강차랑의 말을 전하다
123	세종실록 87권(21년)	1439년 10월 5일	내이포 왜인 대책과 의창(義倉)의 폐해를 논의하다
124	세종실록 87권(21년)	1439년 10월 7일	중국이 조선과 일본의 교류를 어떻게 생각할지에 대해 논의하고 대책을 마련하다
125	세종실록 87권(21년)	1439년 10월 21일	예조, 대마도주에게 불필요한 사신과 장사꾼은 접대하지 않겠다는 서신을 보내다
126	세종실록 87권(21년)	1439년 10월 29일	내이포 왜인의 부당한 양식 청구를 금지시키다
127	세종실록 88권(22년)	1440년 2월 20일	이예를 보내 부산포 왜인을 일본으로 돌려보내다
128	세종실록 88권(22년)	1440년 3월 22일	이예, 왜인 정책을 건의하다
129	세종실록 89권(22년)	1440년 5월 19일	통신사 일행으로 일본에 갔다 온 김예몽에게 일본의 지형과 제도를 묻다
130	세종실록 89권(22년)	1440년 5월 25일	통신사 고득종, 귀국해서 일본 국왕의 편지 등을 전달하다
131	세종실록 89권(22년)	1440년 5월 29일	통신사 고득종, 고초도에서 고기잡도록 해달라는 대마도주의 요청을 전달하다
132	세종실록 89권(22년)	1440년 6월 22일	고초도에서 고기잡이를 청한 대마도주에게 서신으로 답변하다
133	세종실록 90권(22년)	1440년 8월 1일	통신사를 접대하는 일본 영주 대내전이 보낸 사신들이 대장경을 청하다
134	세종실록 90권(22년)	1440년 9월 11일	일본 사신을 통해 대장경을 보낸다고 일본 고관 대내전에 통보하다
135	세종실록 91권(22년)	1440년 10월15일	왜인들의 어업행위에 대한 대책을 논의하다
136	세종실록 92권(23년)	1441년 2월 9일	이예, 통신사를 접대하는 일본 영주 소이전에게 통신사를 파견하겠다고 통보하다

137	세종실록 93권(23년)	1441년 7월 19일	사헌부, 중국 사절로 가서 선물을 더 받은 고득종을 처벌하라고 요청하다(고득종의 이름이 나오지만 일본사행 때의 비리가 아니다)
138	세종실록 93권(23년)	1441년 8월 4일	장령 김맹헌, 고득종을 성절사로 삼는데 반대하는 상소문을 올리다(일본사행과는 관련이 없다)
139	세종실록 93권(23년)	1441년 8월 5일	고득종을 반대하는 상소를 끝내 윤허하지 않다
140	세종실록 98권(24년)	1442년 12월 16일	일본에 통신사 보내는 문제를 논의하다
141	세종실록 98권(24년)	1442년 12월 24일	변효문을 일본국 통신사로 결정하다
142	세종실록 98권(24년)	1442년 12월 26일	왜인 조전이 조선 벼슬을 희망하다
143	세종실록 99권(25년)	1443년 1월 13일	왜인 피살 문제와 통신사 파견 문제를 논의하다
144	세종실록 99권(25년)	1443년 1월 22일	예조참판, 통신사절에 악공(樂工)을 제외하라고 건의하다
145	세종실록 99권(25년)	1443년 2월 5일	의정부와 예조, 일본 국내에 변고가 의심되니 통신사 파견을 중지하라고 건의하다
146	세종실록 99권(25년)	1443년 2월 21일	변효문과 윤인보, 통신사로 일본에 파견하다
147	세종실록 99권(25년)	1443년 2월 28일	왜인을 죽인 최완의 잘잘못을 논하다
148	세종실록100권(25년)	1443년 5월 28일	경상도에서 기생 접대를 받은 일본 통신사 변효문과 서장관 신숙주를 논죄하다
149	세종실록100권(25년)	1443년 6월 11일	사헌부 등이 고득종의 죄를 따지다
150	세종실록100권(25년)	1443년 6월 22일	이예, 대마도 사신을 자청하다
151	세종실록101권(25년)	1443년 7월 7일	황희, 신개 등이 일본에 잡혀간 백성을 찾아올 방도를 논의하다
152	세종실록101권(25년)	1443년 7월 12일	의정부와 예조, 일본통신사와 부사의 품계를 높여달라고 건의하다
153	세종실록101권(25년)	1443년 7월 17일	이예, 일본 가기 전 하직인사를 올리다
154	세종실록101권(25년)	1443년 7월 20일	왜인 도구라(都仇羅), 포로로 잡혀간 조선인 백성을 찾아올 방도를 건의하다
155	세종실록101권(25년)	1443년 7월 22일	강권선과 왜인 등구랑(藤九郎)을 일기주(一岐州)에 보내 조선인 백성을 찾아올 방도를 논의하다
156	세종실록101권(25년)	1443년 7월 24일	대마도에 체찰사 이예를 먼저 파견하다
157	세종실록102권(25년)	1443년 10월 13일	통신사 변효문 귀국해 보고하다
158	세종실록102권(25년)	1443년 10월 13일	일본 국왕이 사망하자 다시 사신을 보낼지를 논의하라고 지시하다

159	세종실록102권(25년)	1443년 10월 19일	일본 국왕, 통신사 변효문을 통해 서신과 예물을 바치다
160	세종실록102권(25년)	1443년 10월 19일	일본 국왕 사망과 새 국왕 취임에 다시 사신을 보낼지 김종서와 논의하다
161	세종실록102권(25년)	1443년 10월 24일	경상도 관찰사, 대마도 체찰사 이예가 왜적을 잡아왔다고 보고하다
162	세종실록102권(25년)	1443년 11월 1일	대마도 체찰사 이예, 왜적을 잡아 돌아오다
163	세종실록102권(25년)	1443년 11월 1일	대마도주, 포로로 잡아갔던 중국인을 이예에게 딸려 보내다
164	세종실록102권(25년)	1443년 11월 5일	이예를 중추원 부사로 임명해 포상하다
165	세종실록102권(25년)	1443년 11월 7일	일본에서 풀려난 중국인 서성을 명나라로 돌려보낼지를 논의하다
166	세종실록102권(25년)	1443년 11월 15일	대마도 체찰사 이예, 복명하다
167	세종실록102권(25년)	1443년 11월 17일	사간원, 통신사 변효문이 죄인의 손자를 일본에 데려 간 것을 논죄했으나 받아들여지지 않다
168	세종실록102권(25년)	1443년 12월 12일	사망한 일본왕 때문에 보내는 통신사는 주악(酒樂)을 중지토록 지시하다
169	세종실록102권(25년)	1443년 12월 22일	일본국 사신 광엄, 잡혀온 일본 도둑 한 두 명이라도 돌려보내줄 것을 청하다
170	세종실록102권(25년)	1443년 12월 27일	일본에 보내는 통신사를 중지하다. 새 일본 국왕에 대한 치하는 돌아가는 일본 사신을 통해서 하기로 결정하다
171	세종실록103권(26년)	1444년 2월 2일	왜구를 중국으로 보낸다고 통보하다
172	세종실록104권(26년)	1444년 2월 5일	왜구를 중국으로 보내는데 대마도주가 불만을 가지면 중국의 요구라서 어쩔 수 없다고 설명하기로 결정하다
173	세종실록104권(26년)	1444년 5월 18일	통신사 이예 등을 구조한 왜인에게 쌀과 의복 등을 하사하다
174	세종실록104권(26년)	1444년 6월 13일	대마도주가 (화가 나서) "대마도 사람이 통신사 일행 수십명을 죽였다"는 소문의 진위를 밝혀주길 요청하다
175	세종실록105권(26년)	1444년 8월 19일	대마도에 윤인보를 파견할 지를 논의하다
176	세종실록107권(27년)	1445년 2월 23일	이예, 향년 70세로 사망하다
177	세종실록108권(27년)	1445년 4월 9일	거짓말로 대신 갇힌 왜인을 석방하고 진짜 범인을 잡아 국문하다
178	세종실록108권(27년)	1445년 5월 9일	사표국을 만들어 염초 제작을 전담토록하다
179	세종실록113권(28년)	1446년 9월 9일	윤인보, 대마도에 은전을 베풀고 일본 국왕에게 통신사를 보내자고 건의하다

180	세종실록116권(29년)	1447년 5월 26일	구주 호족 종금이 데리고 온 중국인 관음보를 중국에 보낼지를 논의하다
181	세종실록116권(29년)	1447년 6월 26일	세자, 왜인이 가져온 암수 원숭이 값을 모두 지불하다
182	세종실록119권(30년)	1448년 3월 12일	왜인, 조정에서 주는 물건값이 너무 박하다며 사무역(私貿易) 허가를 청하다
183	세종실록120권(30년)	1448년 5월 14일	일본국 정사 정우(正祐)가 많은 부하들을 데리고 한양으로 가겠다는 걸 제지하다
184	세종실록120권(30년)	1448년 6월 19일	일본국 사신과 조선 감호관 충돌, 그 책임을 추궁하다
185	세종실록120권(30년)	1448년 6월 21일	일본국 사신의 조문을 받을지를 놓고 논란을 벌이다
186	문종실록 1권(즉위년)	1450년 3월 23일	예조, 국경을 침범하는 왜 상인들에 대한 대비책을 건의하다
187	문종실록 2권(즉위년)	1450년 7월 5일	대마도주, 토산품을 진상하다
188	단종실록 6권(1년)	1453년 6월 15일	유구 국왕의 사신 도안이 돌아갈 때 토산품을 하사하다
189	단종실록 14권(3년)	1455년 4월 7일	대마도 경차관 원효연, 대마도 사정을 보고하다
190	세조실록 1권(1년)	1455년 7월 18일	좌참찬 강맹경, 통신사 파견과 왜선 척수 제한 등에 대해 보고하다
191	세조실록 1권(1년)	1455년 7월 24일	강맹경, 등구랑을 접견하고 구주의 토지와 부락에 대해 묻다
192	세조실록 17권(5년)	1459년 8월 23일	송처검을 일본 통신사로 임명하고 일본 국왕에 보내는 서신을 의탁하다
193	세조실록 19권(6년)	1460년 1월 3일	선군 한을, 대마도주의 편지를 받아 와서 보고하다
194	세조실록 19권(6년)	1460년 1월 4일	일본국 통신사 송처검이 표류하는데도 제대로 조치하지 않은 경상도 관찰사 등을 심문하라고 지시하다
195	세조실록 19권(6년)	1460년 1월 5일	경상도 등 7개 도의 관찰사에게 풍랑을 만나 어디로 갔는지 알 수 없는 통신사 송처검 일행의 수색 및 구휼을 지시하다
196	세조실록 19권(6년)	1460년 1월 7일	송처검과 이근의 집에 쌀을 내려 위로하다
197	세조실록 19권(6년)	1460년 2월 30일	예조, 대마도주에게 주는 물건의 내역과 받는 사람을 공표하다
198	세조실록 20권(6년)	1460년 4월 13일	행방불명된 송처검의 봉급은 일단 없애지 않도록 청하자 이를 윤허하다
199	세조실록 20권(6년)	1460년 4월 14일	호조에 송처검, 이근 등의 4월 봉급을 지급하라고 지시하다

200	세조실록 21권(6년)	1460년 7월 6일	경상도 관찰사에게 송처검 등의 제사 물품을 지급하라고 지시하다
201	세조실록 21권(6년)	1460년 9월 27일	일본국 좌무위(左武衛)의 사신이 요청한 대장경을 하사하다
202	세조실록 31권(9년)	1463년 8월 1일	일본국 사신이 청한 물건과 통신사를 보낼지에 대해 일본 사신에게 통보하다
203	세조실록 33권(10년)	1464년 7월 23일	새 대마도주는 접대하되, 매년 한양에는 오지 못하도록 건의해 윤허하다
204	세조실록 45권(14년)	1468년 3월 24일	김양경, 권각 등을 일본국 통신사로 정하다
205	세조실록 45권(14년)	1468년 3월 25일	일본 사신에게 통신사 보낸다고 통보하다
206	성종실록 11권(2년)	1471년 8월 26일	예조의 건의에 따라 일본 손님에게 주는 양식을 체류기간에 따라 조정하다
207	성종실록 48권(5년)	1474년 10월 4일	조한주 등이 민정을 대마도 통신사로 삼은 것을 취소하라 요청하다(국내에서 교육에 복무하는 것이 더 중요하다고 주장)
208	성종실록 48권(5년)	1474년 10월 5일	왜적의 처치 문제를 논의하라고 지시하다
209	성종실록 48권(5년)	1474년 10월 5일	신숙주, 한명회의 요청에 따라 민정을 대마도 통신사로 보내지 않기로 결정하다
210	성종실록 49권(5년)	1474년 11월 25일	일본국 사신 22인에게 연회를 베풀다
211	성종실록 54권(6년)	1475년 4월 2일	신숙주와 일본 통신사 파견 문제를 논의하다
212	성종실록 56권(6년)	1475년 6월 4일	일본에 통신사 보내는 문제를 신하들과 논의하다
213	성종실록 56권(6년)	1475년 6월 28일	동지사 이승소, 표류한 조선백성 3명 돌려보낸 왜인 신중을 후대하라고 요청하다
214	성종실록 57권(6년)	1475년 7월 16일	배맹후 이명승 등을 일본국 통신사로 정하다
215	성종실록 58권(6년)	1475년 8월 14일	윤자운과 이승소, 일본 국왕 사신과 주고받은 이야기를 보고하다
216	성종실록 58권(6년)	1475년 8월 15일	윤자운, 일본에 통신사 보내겠다고 한데 대해 일본 국왕 사신의 반응을 보고하다
217	성종실록 58권(6년)	1475년 8월 15일	일본 국왕의 사신과 통신사에 대해 대화를 나누다
218	성종실록 58권(6년)	1475년 8월 21일	일본국 통신사를 아직 출발시키지 말라고 전달하다
219	성종실록 58권(6년)	1475년 8월 23일	윤자운 등, 일본에 사신 보내는 문제에 대하여 보고하다
220	성종실록 59권(6년)	1475년 9월 14일	예조, 중국과 다리를 놓아달라는 일본국의 사신을 타이르다
221	성종실록 69권(7년)	1476년 7월 26일	대마도 선위사 김자정, 5~7월의 견문을 보고하다

222	성종실록 74권(7년)	1476년 12월 22일	일본에 답방하는 문제를 논의하다
223	성종실록 75권(8년)	1477년 1월 8일	예조, 일본국 통신사 규칙을 보고하다
224	성종실록 80권(8년)	1477년 5월 8일	대마도주, 국내 전란을 이유로 통신사 파견을 중지해 달라고 요청하다
225	성종실록 80권(8년)	1477년 5월 24일	대신들과 통신사 정지 문제를 논의하다
226	성종실록 85권(8년)	1477년 10월 12일	손비장, 이맹현 등과 일본에 통신사를 파견할지를 논의하다
227	성종실록 85권(8년)	1477년 10월 18일	의정부와 육조 당상관들, 일본에 통신사 파견할지를 논의하다
228	성종실록 97권(9년)	1478년 10월 15일	동지사 이승소, 오례 중 군례(軍禮)를 빠뜨려서는 안 된다고 주청하다(성종, 화약 쓰는 법이 일본에 알려지면 안 되기에 일부만 삭제하라는 것이라고 설명).
229	성종실록100권(10년)	1479년 1월 19일	일본에 보낼 통신사 군관을 뽑기 위해 문관들에게 활쏘기를 지시하다(문무겸비의 인재를 선발하기 위해)
230	성종실록100권(10년)	1479년 1월 20일	예조, 통신사 가는데 필요한 일들을 조목조목 보고하다
231	성종실록101권(10년)	1479년 2월 4일	시 잘 쓰는 조신을 통신사 군관으로 정하다
232	성종실록101권(10년)	1479년 2월 9일	이인규를 만나 일본의 풍속 학문 제도 등을 묻다
233	성종실록101권(10년)	1479년 2월 26일	강희맹, 일본통신사 일행에 화약전문가는 넣지 말도록 주청하다
234	성종실록102권(10년)	1479년 3월 25일	예조, 일본국과 통신할 때의 규칙을 보고하다
235	성종실록103권(10년)	1479년 4월 1일	일본통신사 이형원 등과 규칙을 논의하다
236	성종실록103권(10년)	1479년 4월 1일	예조, 대마도주에게 보내는 하사품과 편지에 대해 보고하다
237	성종실록103권(10년)	1479년 4월 4일	통신사 이형원 등이 하직인사를 하자 음식을 내리다
238	성종실록103권(10년)	1479년 4월 7일	일본 국내 전쟁으로 통신사 파견을 중지하다
239	성종실록103권(10년)	1479년 4월 17일	일본국 상황 듣고 정승들과 의논해서 통신사는 계획대로 보내기로 하다
240	성종실록104권(10년)	1479년 5월 7일	일본국 대내전과 대마도주의 사신을 접견하고 일본 소식을 청취하다
241	성종실록104권(10년)	1479년 5월 22일	일본국 대내전과 대마도주의 사신들이 돌아간다고 하자 답례하다
242	성종실록106권(10년)	1479년 7월 14일	일본국내에서 내란을 만난 통신사가 계속 가야 할지를 놓고 신하들과 백가쟁명식 토론을 벌이다

243	성종실록106권(10년)	1479년 7월 15일	통신사 이형원에게 돌아오라고 지시하다
244	성종실록106권(10년)	1479년 7월 25일	대마도주, 토산품을 바치며 북쪽 해로로 통신사 사행을 계속 하자고 요청하다
245	성종실록106권(10년)	1479년 7월 28일	예조, 통신사가 남해로 가는 것을 반대한 연유를 대마도 사신에게 물어 보고하다
246	성종실록108권(10년)	1479년 9월 12일	통신사 이형원 거제에 도착해 사망하다
247	성종실록108권(10년)	1479년 9월 12일	이형원을 송처검의 전례에 따라 후하게 장례를 치러주라고 지시하다
248	성종실록108권(10년)	1479년 9월 13일	전라도 관찰사에게 숨진 이형원의 관을 준비하라고 지시하다
249	성종실록108권(10년)	1479년 9월 25일	호조, 통신사의 규칙에 따라 통신사 물건을 처리하겠다고 주청해 허가를 받다
250	성종실록109권(10년)	1479년 10월 27일	통신 부사 이계동, 대마도 좌마대부(左馬大夫)의 말을 보고하다
251	성종실록110권(10년)	1479년 윤10월22일	시독관 김흔 "본인은 통신사 서장관으로 가 있었기에 폐비 윤씨 사건을 몰랐다"고 보고하다
252	성종실록112권(10년)	1479년 12월 9일	동지사 이승소, 대마도 사신과의 대화 내용을 보고하다
253	성종실록140권(13년)	1482년 4월 19일	일본국 사신에게 연회 베풀 때 무슨 말을 할지를 논의하라고 대신들에게 지시하다
254	성종실록158권(14년)	1483년 9월 13일	일본 대내전 다다량정홍(多多良政弘) 이 중(僧) 청감을 통해 토산품과 서신을 보내다
255	성종실록158권(14년)	1483년 9월 25일	일본에 통신사 보내는 문제를 논의하다
256	성종실록158권(14년)	1483년 9월 26일	대신들, 일본에 통신사 보내지 말자고 건의하다
257	성종실록184권(16년)	1485년 10월 7일	일본 대내전의 사인(使人)인 원숙의 서신을 보고 후추 종자를 구할 방법을 논의하라고 지시하다
258	성종실록184권(16년)	1485년 10월 11일	시강관 김흔, 왜인에게 후추 종자 구하는 것은 부당하다고 간언하다
259	성종실록204권(18년)	1487년 6월 10일	대마도 선위사 정성근 접견하고 대마도 사정을 자세하게 청취하다
260	성종실록204권(18년)	1487년 6월 16일	일본 대내전 다다량정홍, 철우화상을 통해 토산품과 편지를 보내다
261	성종실록244권(21년)	1490년 9월 18일	일본 대내전 다다량정홍, 사람을 보내 토산품과 편지를 바치다
262	성종실록290권(25년)	1494년 5월 11일	허가증, 신분증 없는 왜선의 처리책을 경상관찰사 등에게 지시하다

263	연산군일기22권(3년)	1497년 3월 11일	순변사의 규칙 중 미진한 것을 논의하다
264	중종실록 8권(4년)	1509년 3월 18일	대마도 통신사는 말 잘 하고 숙련된 인물을 뽑으라고 지시하다
265	중종실록 8권(4년)	1509년 3월 18일	예조, 일본 특송상관인의 무례를 지적한다는 뜻을 대마도주에게 전하자고 청하다
266	중종실록 8권(4년)	1509년 3월 29일	박원종, 왜적이 제주 공마선을 습격한 일로 경차관 파견 중지를 건의하다
267	중종실록 13권(6년)	1511년 5월 5일	한성 밖에 머무는 왜인 문제를 논의하다
268	중종실록 44권(17년)	1522년 2월 3일	일본에 사신 보내는 일을 논의하다
269	중종실록 51권(19년)	1524년 8월 12일	일본 통신사 차출 등에 대해 논의하다
270	중종실록 62권(23년)	1528년 7월 7일	신숙주, 조지서가 왜국에 갔다 와서 올린 보고를 조사해서 보고하라 지시하다
271	중종실록 79권(30년)	1535년 2월 18일	일본에 통신사 보내는 일을 논의하라고 지시하다
272	중종실록 79권(30년)	1535년 2월 20일	옛날 통신사 사례를 보고하자 대신들에게 도 알리라고 지시하다
273	중종실록 79권(30년)	1535년 2월 22일	좌우정 김근사, 통신사 파견에 대해 예조와 논의하고 부정적으로 보고하다
274	중종실록 83권(32년)	1537년 1월 13일	일본국왕이 보낸 편지에 대해 논의하다
275	명종실록 4권(1년)	1546년 9월 26일	신광한, 지난번에 죽인 왜인들이 통신사일지도 모른다고 보고하다
276	명종실록 4권(1년)	1546년 9월 26일	의정부·병조·비변사, 조사해보니 죽은 왜인이 통신사는 아니라고 보고하다
277	명종실록 9권(4년)	1549년 3월 9일	일본 유력 가문의 후손에게 대를 이어 신분증명서격인 도서(圖署)를 발급해 주는 문제를 논의하다
278	명종실록 20권(11년)	1556년 3월 22일	영경연사 상진, 일본과의 외교를 건의하다
279	명종실록 22권(12년)	1557년 1월 19일	대마도에 통신사 파견 문제를 논의하다
280	명종실록 22권(12년)	1557년 1월 20일	3월안에 통신사를 파견하라고 지시하다
281	명종실록 22권(12년)	1557년 1월 27일	대사헌 홍담 등이 통신사 파견의 부당함을 지적하는 상소문을 올리다
282	명종실록 22권(12년)	1557년 1월 28일	사헌부에서 올린 상소문을 다시 논의하도록 지시하다
283	명종실록 22권(12년)	1557년 1월 29일	대마도에 통신사 보내는 문제를 논의하다
284	명종실록 22권(12년)	1557년 1월 30일	윤원형, 통신사 파견에 대해 다시 아뢰다
285	명종실록 22권(12년)	1557년 2월 9일	대사간 박민헌이 대마도 사신 파견 논의를 중단하라고 올린 상소문

286	명종실록 22권(12년)	1557년 2월 18일	대신들이 사신 파견의 어려움을 호소하다
287	선조실록 22권(21년)	1588년 3월 4일	2품 이상이 일본국 통신사를 반대해서 수용하다
288	선조실록 23권(22년)	1589년 8월 1일	왜적 침입에 대한 대비책을 논의하다
289	선조실록 23권(22년)	1589년 9월 9일	유성룡과 통신사 파견 문제를 논의하다
290	선조실록 23권(22년)	1589년 9월 21일	이산해 등과 통신사 파견 문제를 논의하다
291	선조실록 23권(22년)	1589년 11월 18일	황윤길과 김성일을 일본 통신사로 임명하다
292	선조실록 23권(22년)	1589년 12월 3일	황윤길, 일본 사신과 풍토병에 대해 대화한 일 등을 보고하다
293	선조실록 24권(23년)	1590년 3월 6일	황윤길 등 일본으로 출발하다
294	선조실록 25권(24년)	1591년 1월 6일	경상감사, 통신사 일행이 정월에 귀국할 것이라고 보고하다
295	선조실록 25권(24년)	1591년 1월 9일	통신사 일행으로 일본에 간 전 판관 성천지 등이 귀국하면 바로 체포하라고 지시하다
296	선조실록 25권(24년)	1591년 1월 13일	통신사, 일본에서의 행적을 보고하다
297	선조실록 25권(24년)	1591년 2월 6일	경상감사, 통신사가 도착해 성천지 등을 동래부에 수감했다고 보고하다
298	선조실록 25권(24년)	1591년 10월 24일	일본이 명을 치기 위해 길을 내달라고 요구하자 한응인을 주청사로 임명해 명에 파견하다
299	선조실록 27권(25년)	1592년 6월 26일	왜란이 일어나기 전 조선과 유구국이 합쳐 일본을 치려던 기록
300	선조실록 27권(25년)	1592년 6월 28일	조대곤, 고령에서 왜적을 무찔렀다고 보고하다
301	선조실록 36권(26년)	1593년 3월 3일	중국이 일본과 사신을 주고받은 것을 추궁하면 어찌 대답할지를 논의하다
302	선조실록 36권(26년)	1593년 3월 3일	비변사, 중국 문책에 대한 답변을 보고하다
303	선조실록 39권(26년)	1593년 6월 1일	일본과의 통교는 표류민송환을 위한 것일 뿐이라고 답해야 한다고 보고하다
304	선조실록 41권(26년)	1593년 8월 2일	의정부, 사헌부, 의금부가 황정욱을 추국하다
305	선조실록 54권(27년)	1594년 8월 27일	경상관찰사, 일본 측의 화친 요청 편지를 보고하다
306	선조실록 57권(27년)	1594년 11월 18일	경상도 순변사 이빈, 김해서 왜로부터 받은 편지 내용을 보고하다
307	선조실록 62권(28년)	1595년 4월 25일	도원수 권율, 왜군 진영의 상황을 보고하다
308	선조실록 63권(28년)	1595년 5월 15일	별전에서 비변사 당상들과 명나라 심유경 및 왜의 상황에 대해 논의하다

309	선조실록 64권(28년)	1595년 6월 1일	후임 정승과 판서 등을 누구로 할지를 유성룡과 논의하다
310	선조실록 64권(28년)	1595년 6월 6일	도원수 종사관 최상중, 왜국의 정세에 대해 서면 보고하다
311	선조실록 64권(28년)	1595년 6월 10일	일본에 통신사 보내는 문제 등을 논의하다
312	선조실록 67권(28년)	1595년 9월 12일	경상도 관찰사, 왜적의 정세와 심유경의 동향을 보고하다
313	선조실록 70권(28년)	1595년 12월 21일	사섬시 황신, 일본 사신 현소와의 문답 내용을 보고하다
314	선조실록 70권(28년)	1595년 12월 29일	황신, 왜군 철수에 대해 심유경과 문답한 내용을 보고하다
315	선조실록 71권(29년)	1596년 1월 3일	심유경의 요청을 어떻게 할지 2품 이상 고위관리들의 의견을 청취하다
316	선조실록 71권(29년)	1596년 1월 3일	비변사, 심유경의 요청에 대한 대신들의 의견을 종합해 보고하다
317	선조실록 71권(29년)	1596년 1월 7일	심유경과 왜적의 동향 등에 대해 논의하다
318	선조실록 71권(29년)	1596년 1월 8일	도요토미 히데요시의 요구에 대해 논의하다
319	선조실록 71권(29년)	1596년 1월 20일	명나라 심무시가 예조판서에 보낸 글
320	선조실록 71권(29년)	1596년 1월 21일	접반사 김수, 왜장들의 무례한 행동을 보고하다
321	선조실록 71권(29년)	1596년 1월 22일	전쟁 상황을 중국에 알리는 방법 등을 논의하다
322	선조실록 71권(29년)	1596년 1월 22일	비변사, 해이해진 군인들을 단속하라고 건의하다
323	선조실록 71권(29년)	1596년 1월 23일	경상우도 관찰사, 왜의 통사가 한 말을 보고하다
324	선조실록 71권(29년)	1596년 1월 25일	경상우도 관찰사, 왜병 철수가 늦은 이유에 대해 왜병 졸개들의 말을 보고하다
325	선조실록 73권(29년)	1596년 3월 11일	경상우도 관찰사, 심유경 등이 3월 15일 경 부산으로 돌아온다고 보고하다
326	선조실록 73권(29년)	1596년 3월 22일	사간원, 임금이 해야 할 급선무에 대해 보고하다
327	선조실록 73권(29년)	1596년 3월 25일	왜에 사신을 보내는 문제 등을 논의하다
328	선조실록 74권(29년)	1596년 4월 3일	중국이 병사 10만을 보냈다는 서신에 대한 진위를 논의하다
329	선조실록 74권(29년)	1596년 4월 13일	경상좌도 병사, 명의 사신(정사)이 도망간데 대한 가등청정(加藤清正)의 태도를 보고하다
330	선조실록 74권(29년)	1596년 4월 17일	도체찰사 이원익, 우병사 김응서와 일본 역관 요시라가 나눈 얘기를 보고하다

331	선조실록 75권(29년)	1596년 5월 2일	접반사 황신, 일본 측이 통신사 파견을 재촉한다는 내용을 보고하다
332	선조실록 75권(29년)	1596년 5월 3일	명나라가 군사를 파병할 경우의 대비책과 왜와의 의견 교환 문제를 논의하다
333	선조실록 75권(29년)	1596년 5월 28일	접반사 황신, 왜의 통신사 요구와 철군 등에 관해 보고하다
334	선조실록 76권(29년)	1596년 6월 1일	통신사 차출을 지시하다
335	선조실록 76권(29년)	1596년 6월 1일	명의 사신 중 부사인 양방형의 통역인 박의겸을 접견하고 왜군의 철수 등에 대해 묻다
336	선조실록 76권(29년)	1596년 6월 3일	상산군 박충간, 통신사라는 이름을 쓰기 싫다면 '근수(跟隨·수행)'로 바꾸자고 건의하다
337	선조실록 76권(29년)	1596년 6월 3일	동지중추부사 심희수, 통신사 문제는 시간을 갖고 논의해야 한다고 건의하다
338	선조실록 76권(29년)	1596년 6월 3일	윤인함, '근수'라는 이름을 쓰자고 건의하다
339	선조실록 76권(29년)	1596년 6월 3일	형조참판 박응복 등 '근수'라는 이름을 쓰자고 건의하다
340	선조실록 76권(29년)	1596년 6월 3일	호조참판 윤승훈, '근수'라는 이름에 이의를 제기하다
341	선조실록 76권(29년)	1596년 6월 3일	청천군 한준, 통신사를 보내는 것은 부득이하다고 건의하다
342	선조실록 76권(29년)	1596년 6월 4일	통신사 차출 등을 의논하다
343	선조실록 76권(29년)	1596년 6월 12일	통신사 파견과 관련해 왜인과 나눈 대화 내용을 보고하다
344	선조실록 76권(29년)	1596년 6월 14일	군량과 통신사 문제 등을 논의하다
345	선조실록 76권(29년)	1596년 6월 17일	중국과 조선 사신의 도일에 대한 접반사 황신의 의견
346	선조실록 76권(29년)	1596년 6월 18일	통신사와 군량 등에 대한 논의하다
347	선조실록 76권(29년)	1596년 6월 18일	경상우병사 김응서, 왜군의 사신이 통신사 파견에 대답이 없는 조선에게 매우 섭섭해 한다고 보고하다
348	선조실록 76권(29년)	1596년 6월 20일	황신, 명 사신의 도일과 왜의 철군 등에 대해 명과 일본 측이 나눈 대화를 보고하다
349	선조실록 76권(29년)	1596년 6월 21일	황신, 명 사신의 도일과 통신사 차출에 대해 의견을 올리다
350	선조실록 76권(29년)	1596년 6월 22일	비변사, 이봉춘과 조덕수 등 무관을 근수배신(跟隨陪臣)으로 삼아 일본으로 가는 명 사신에 딸려 일본으로 보내겠다고 건의해 재가를 얻다

351	선조실록 76권(29년)	1596년 6월 23일	황신, 중국 사신 중 정사의 도일과 통신사 관련 대화 내용을 보고하다
352	선조실록 76권(29년)	1596년 6월 23일	비변사, 근수배신 결정을 건의하다
353	선조실록 76권(29년)	1596년 6월 24일	비변사, 김명원 등이 중국의 군량 책임자 등과 나눈 대화 내용을 보고하다
354	선조실록 76권(29년)	1596년 6월 24일	황신, 통신사를 빨리 보내라고 요구하는 심유경과 일본 측 분위기를 보고하다
355	선조실록 76권(29년)	1596년 6월 25일	사헌부, 근수배신(통신사) 차출 취소를 건의하다
356	선조실록 76권(29년)	1596년 6월 29일	예문관, 근수배신 차출 취소를 건의하다
357	선조실록 77권(29년)	1596년 7월 15일	사헌부 사간원 공동으로 근수배신 차출 중지를 건의하다
358	선조실록 78권(29년)	1596년 8월 2일	우승지 이광정에게 왜와의 접촉에 따른 분위기를 군문과 예부에 알리도록 지시하다
359	선조실록 78권(29년)	1596년 8월 17일	일본에 통신사 보내는 일을 투명하게 알리라고 지시하다
360	선조실록 80권(29년)	1596년 9월 3일	접반관 성이민, 중국의 책사(진운홍)와 만나서 나눈 얘기를 서면 보고하다
361	선조실록 81권(29년)	1596년 10월 19일	접반관 성이민의 보고에 대해 유성룡, 이원익 등과 논의하다
362	선조실록 81권(29년)	1596년 10월 29일	일본에서 도망 온 정철명을 불러 왜적의 동향을 들어보라고 지시하다
363	선조실록 82권(29년)	1596년 11월 1일	왜적의 침입에 대한 대책을 논의하다
364	선조실록 82권(29년)	1596년 11월 3일	경상 우병사 김응서, 통신사(황신)에 대해 보고하다
365	선조실록 82권(29년)	1596년 11월 6일	통신사 황신의 군관들에게 일본의 정세에 대해 묻다
366	선조실록 82권(29년)	1596년 11월 15일	접반사 이항복, 일본은 국왕 책봉에 뜻이 없음을 중국에 알리자고 건의하다
367	선조실록 82권(29년)	1596년 11월 28일	비변사, 왜인 통역 등에게 벼슬을 주는 문제에 대해 건의하다
368	선조실록 82권(29년)	1596년 12월 21일	통신사 황신이 일본에서 돌아와 올린 서면 보고의 내용
369	선조실록 83권(29년)	1596년 12월 21일	통신사 황신을 접견하다
370	신조실록 84권(30년)	1597년 1월 1일	김난서, 안위 등을 포상해 달라고 청한 통제사 이순신의 서장(書狀)
371	선조실록 85권(30년)	1597년 2월 4일	비어있는 주요 지방의 책임자 인선 등에 대해 논의하다

372	선조실록 92권(30년)	1597년 9월 2일	이덕형이 중국 관리에게 당한 무례와 폭언을 보고하다
373	선조실록114권(32년)	1599년 6월 9일	사간 송응순, 직무를 제대로 수행하지 못했다며 사직을 청하다
374	선조실록139권(34년)	1601년 7월 4일	왜적이 강화를 청한데 대해 대신들과 논의하다
375	선조실록146권(35년)	1602년 2월 2일	사도도체찰사 이덕형, 변방의 어려움을 호소하다
376	선조실록157권(35년)	1602년 12월 5일	경상감사 이시발, 일본을 오가는 전계신의 보고를 은밀히 보고하다
377	선조실록172권(37년)	1604년 3월 5일	통제사 이경준, 왜의 움직임에 각별히 조심하라고 보고하다
378	선조실록187권(38년)	1605년 5월 15일	대신들과 변방의 대비책에 대해 논의하다
379	선조실록198권(39년)	1606년 4월 5일	일본에 사신 보내는 문제를 2품 이상 대신들과 논의하다
380	선조실록198권(39년)	1606년 4월 16일	비변사, 일본에 보내는 사신이 지참할 편지를 누구 앞으로 쓸지를 논의하다
381	선조실록199권(39년)	1606년 5월 17일	허성, 통신사의 명칭에 주의하고 한번만 보내라고 건의하다
382	선조실록199권(39년)	1606년 5월 28일	광국공신 황정욱, 일본에 갈 사신으로 자신의 아들 황혁을 추천하다
383	선조실록201권(39년)	1606년 7월 5일	통신사를 보내는 전제로 왕릉을 파헤친 도굴범을 잡아 보내라는 요구를 일측에 하자고 건의한 비변사의 상소문
384	선조실록202권(39년)	1606년 8월 23일	왕릉 도굴범과 통신사 명칭 등에 대해 신하들과 논의하다
385	선조실록203권(39년)	1606년 9월 3일	비변사, 일본에 보낼 회유사 차출을 요청하다
386	선조실록203권(39년)	1606년 9월 7일	회유사보다는 회답사가 어떤지를 논의하다
387	선조실록204권(39년)	1606년 10월 25일	통신사의 군관 이하가 노비를 데려가는 문제에 대해 조사하다
388	선조실록206권(39년)	1606년 12월 18일	왕릉을 파헤친 범인으로 보내온 두 왜인에 대한 처리문제를 논의하다
389	선조실록205년(40년)	1607년 1월 4일	통신사를 쇄환사로 하라고 지시하다
390	선조실록208권(40년)	1607년 2월 19일	일본의 서신에 대한 회답을 논의하다
391	선조수정실록24권(23년)	1590년 3월 1일	황윤길을 통신사로, 김성일을 부사로, 허성을 종사관으로 해서 일본에 보내다
392	선조수정실록25권(24년)	1591년 3월 1일	통신사 황윤길, 김성일이 일본에 대해 서로 다른 보고를 하다

393	선조수정실록25권 (24년)	1591년 3월 1일	옥천의 조헌이 일본의 서신에 분개하여 침략에 대비하라고 아뢴 소장과 첩보
394	선조수정실록25권 (24년)	1591년 5월 1일	대신들과 왜국 정세에 대해 논의하다
395	선조수정실록25권 (24년)	1591년 10월 1일	한응인 등을 명에 보내 일본이 조선을 위협해서 명을 치려 한다는 사정을 전달하다
396	선조수정실록26권 (25년)	1592년 6월 1일	왜의 침략에 대해 중국이 조선을 지원하게 된 경위 등
397	선조수정실록26권 (25년)	1592년 7월 1일	서인(庶人) 홍계남, 군사를 일으켜 왜적을 토벌하다
398	선조수정실록27권 (26년)	1593년 6월 1일	명장의 풍모가 있던 황진, 사망하다
399	선조수정실록29권 (28년)	1595년 11월 1일	심유경의 접반관 황신에게 부산의 왜군 진영에 들어가 적을 염탐하게 하다
400	선조수정실록30권 (29년)	1596년 6월 1일	황신을 통신사 정사로, 박홍장을 부사로 삼다
401	선조수정실록40권 (39년)	1606년 11월 1일	왕릉을 파헤쳤다고 대마도가 보낸 범인 2명은 혐의를 부인했으나 저자거리에서 효수하다
402	광해군일기(중초본) 26권(2년)	1610년 3월 6일	영의정 이덕형, 왜국과의 교역 허가를 건의하다
403	광해군일기(중초본) 100권(8년)	1616년 2월 2일	경상감사가 왜인과 통신사를 교환해야 하는지에 대해 의견을 묻다
404	광해군일기(중초본) 116권(9년)	1617년 6월 26일	비변사, 회답사를 회답사겸쇄환사로 바꿀 것을 건의하다
405	광해군일기(중초본) 142권(11년)	1619년 7월 23일	비변사, 적과 강화하는 일에 대한 어려움을 호소하다
406	광해군일기(중초본) 143권(11년)	1619년 8월 3일	일본에 보내는 서신에 중국 황실을 뜻하는 '천조(天朝)라는 말을 쓰는 것에 대해 논의하다
407	광해군일기(중초본) 173권(14년)	1622년 1월 22일	일본의 관백(쇼군) 덕천가충(德川家忠)이 보낸 중(僧) 현방(玄方)이 오다
408	광해군일기(정초본) 26권(2년)	1610년 3월 6일	영의정 이덕형, 왜국과의 교역 허가를 건의하다
409	광해군일기(정초본) 100권(8년)	1616년 2월 2일	경상감사가 왜인과 통신사를 교환해야 하는지에 대해 의견을 묻다
410	광해군일기(정초본) 142권(11년)	1619년 7월 23일	비변사, 적과 강화하는 일에 대한 어려움을 호소하다
411	광해군일기(정초본) 143권(11년)	1619년 8월 3일	일본에 보내는 서신에 중국 황실을 뜻하는 '천조(天朝)라는 말을 쓰는 것에 대해 논의하다

412	광해군일기(정초본) 173권(14년)	1622년 1월 22일	일본의 관백(쇼군) 덕천가충(德川家忠)이 보낸 중 현방(玄方)이 오다
413	인조실록 28권(11년)	1633년 11월 30일	용골대가 평양에 도착해서 보내온 금나라 왕의 글과 조정의 답서
414	인조실록 34권(15년)	1637년 3월 9일	통신사 임광, 부사 김세렴 등이 일본에서 돌아와 일본의 사정을 보고하다
415	인조실록 34권(15년)	1637년 윤4월 28일	통신사 일행에게 상을 주라고 지시하다
416	인조실록 34권(15년)	1637년 5월 16일	통신사 일행에게 상을 주는 것은 옳지 않다는 주장을 윤허하지 않다
417	인조실록 36권(16년)	1638년 3월 21일	왜의 움직임을 청국에 보고한 내용
418	인조실록 44권(21년)	1643년 10월 29일	통신사 윤순지, 부사 조경이 대마도에서 돌아오다
419	인조실록 44권(21년)	1643년 11월 3일	통신사가 데리고 온 백성들에게 옷과 식량을 주라고 지시하다
420	인조실록 44권(21년)	1643년 11월 3일	통신사가 일본 관백의 아들을 만나지 않고 돌아온 문제에 대해 논의하다
421	인조실록 44권(21년)	1643년 11월 21일	통신사 윤순지, 조경, 신유 등을 만나 일본 사정에 대해 청취하다
422	인조실록 44권(21년)	1643년 11월 24일	사헌부, 통신사 윤순지 등 3사가 국가의 체모를 손상한 내용이 들어있는 서신을 그대로 받아왔으니 처벌해야 한다고 요청했으나 불허하다
423	인조실록 44권(21년)	1643년 12월 27일	역관 윤제현, 사대부의 재물로 일본의 진기한 물건을 사들여와 거래하다 들통나다
424	인조실록 48권(25년)	1647년 4월 5일	대신들과 왜의 정치상황에 대해 논의하다
425	효종실록 14권(6년)	1655년 3월 1일	우의정 심지원, 일본에 통신사를 파견하는 이유를 청국에 어떻게 설명할지를 묻다
426	효종실록 14권(6년)	1655년 4월 20일	일본통신사 조형 등 3사의 출발 인사를받고 가족들을 위로하라 지시하다
427	효종실록 14권(6년)	1655년 6월 22일	통신사가 일본에서 주고받는 문서에 청의 연호 순치(順治)를 안 쓸 수 있는 방안을 논의하라고 지시하다
428	효종실록 16권(7년)	1656년 2월 28일	통신사 조형 등이 돌아와 일본 사정을 보고하다
429	효종실록 16권(7년)	1656년 3월 13일	통신사 조형, 부사 유창의 품계를 올려주다
430	효종실록 18권(8년)	1657년 4월 15일	왜인이 가져온 서류가 격식에 어긋난다고 엄중문책하다
431	현종개수실록 10권(5년)	1664년 4월 23일	이정기를 일본통신사로 보내지 않은 이유

432	숙종실록 3권(1년)	1675년 5월 13일	이정기를 일본통신사로 보내지 않은 이유 등 설왕설래에 대한 해명
433	숙종실록 3권(1년)	1675년 5월 13일	간첩을 보내 청국을 정탐해야 한다고 말한 진현의 상소
434	숙종실록 11권(7년)	1681년 6월 24일	동래부사, 일본에서 통신사를 청하러 온다고 보고하다
435	숙종실록 12권(7년)	1681년 7월 3일	새 일본 관백의 즉위에 따라 통신사 차출을 요청하다
436	숙종실록 13권(8년)	1682년 1월 7일	신엽을 이조좌랑겸 통신사종사관으로 정하다
437	숙종실록 13권(8년)	1682년 1월 15일	일본 통신사가 갖고 갈 물건과 예법 등을 논의하다
438	숙종실록 13권(8년)	1682년 1월 22일	통신사 출발시기를 청국에 알리다
439	숙종실록 13권(8년)	1682년 1월 23일	일본 통신사가 갖고 갈 물건과 예법 등을 논의하다
440	숙종실록 13권(8년)	1682년 5월 6일	일본통신사의 임무와 일행의 단속 방법에 대해 논의하다
441	숙종실록 13권(8년)	1682년 5월 8일	통신사 윤지완 등 일본으로 출발하다
442	숙종실록 13권(8년)	1682년 6월 19일	대사성 이선, 통신사 임명받고 핑계대고 안가는 사례에 대해 상소하다
443	숙종실록 13권(8년)	1682년 7월 11일	통신사 윤지완, 대마도에서 서신을 보내다
444	숙종실록 13권(8년)	1682년 11월 7일	통신사 윤지완, 동래로 귀국해 보고하다
445	숙종실록 13권(8년)	1682년 11월 16일	통신사에게 왜국을 사정을 묻다
446	숙종실록 13권(8년)	1682년 11월 16일	통신사 윤지완이 일본으로 떠날 때 그를 호위했던 일본인 호위책임자가 특별대우를 요구하다
447	숙종실록 13권(8년)	1682년 11월 19일	통신사 윤지완 등의 품계를 올려주다
448	숙종실록 38권(29년)	1703년 5월 9일	대마도주가 바다를 건너던 역관이 죽자 넉넉한 부의금을 보내왔지만 거절하자, 임금이 받으라고 지시하다
449	숙종실록 48권(36년)	1710년 7월 25일	영의정 이여, 왜관에게 공작미 지급을 계속해야 한다고 요청하다
450	숙종실록 50권(37년)	1711년 1월 25일	대마도주의 아들에게 동인(銅印)을 만들어주라고 지시하다
451	숙종실록 50권(37년)	1711년 5월 15일	통신사 조태억 등 출발전에 하직 인사를 올리다
452	숙종실록 50권(37년)	1711년 5월 29일	유배중인 일본어 최고 역관 최상집을 복직시켜 통신사를 수행케 하다

453	숙종실록 50권(37년)	1711년 7월 12일	부사 임수간, 배가 고장 나 부산으로 돌아오고 나머지는 대마도에 도착해 보고하다
454	숙종실록 50권(37년)	1711년 8월 21일	통신사 일행 대마도에서 보고하다
455	숙종실록 50권(37년)	1711년 8월 29일	통신사 일행을 폭풍우에서 구한 민제장을 별군으로 임명하다
456	숙종실록 50권(37년)	1711년 12월 30일	통신사, 일본 측이 준 국서에 중종의 이름에 들어간 한자(諱)를 쓴 것을 문제 삼아 다시 써 달라고 요구했으나 일본 측 같은 잘못이 있는 조선의 국서를 먼저 고치라며 거부하자 그 대책을 본국에 문의하다
457	숙종실록 51권(38년)	1712년 1월 1일	일본 측의 국서 문제를 논의하다
458	숙종실록 51권(38년)	1712년 1월 3일	조선 국서를 고쳐 다시 보내기로 하다
459	숙종실록 51권(38년)	1712년 1월 9일	통신사 조태억 등, 오사카성에서 보고하다
460	숙종실록 51권(38년)	1712년 2월 7일	판중추부사 김창집, 현장에서 뜻을 관철하지 못한 통신사를 처벌하라고 상소하다
461	숙종실록 51권(38년)	1712년 2월 7일	지평 김유경, 통신사 귀국하면 붙잡아 죄를 물으라고 요구하다
462	숙종실록 51권(38년)	1712년 2월 8일	장령 한영조, 김창집의 상소와 관련해 공동책임을 언급하다
463	숙종실록 51권(38년)	1712년 2월 9일	통신사 조태억 등이 국서 변경 사정 등에 대해 보고하다
464	숙종실록 51권(38년)	1712년 2월 10일	전(前) 좌랑 이만엽이 통신사 죄를 논하는 상소문
465	숙종실록 51권(38년)	1712년 2월 10일	이만엽의 상소가 도를 지나쳤다며 벼슬아치 명단에서 삭제하라고 지시하다
466	숙종실록 51권(38년)	1712년 2월 15일	교리 신심, 통신사 처벌 문제에 대해 상소하다
467	숙종실록 51권(38년)	1712년 2월 24일	통신사 조태억 등이 대마도에서 그간의 일을 장황하게 보고하다
468	숙종실록 51권(38년)	1712년 3월 9일	조태억, 임수간, 이방언 등 3사를 감금하다
469	숙종실록 51권(38년)	1712년 3월 9일	통신사 파견에 대한 일본국의 답서내용
470	숙종실록 51권(38년)	1712년 3월 27일	통신사 조태억 등의 죄를 논해 삭탈관직하고 도성 밖으로 추방하라고 결정하다
471	숙종실록 51권(38년)	1712년 4월 22일	교리 오명함, 왜관을 엄중히 단속해야 한다는 의견을 제시하다
472	숙종실록 51권(38년)	1712년 5월 20일	일본의 봉행(奉行·벼슬이름)이 글을 써서 조선에 보내는 것은 건방지다며 답서를 써주지 않기로 하다

473	숙종실록 51권(38년)	1712년 5월 25일	사간 권수, 일본통신사 일행이 선물로 진귀한 물건을 많이 받아왔다고 비판하다
474	숙종실록 51권(38년)	1712년 5월 28일	정언 권두경, 통신사의 죄를 지적하다
475	숙종실록 52권(38년)	1712년 11월 16일	장령 정필동, 통신사가 오가며 연변에 끼치는 폐단에 대해 상소하다. 그러나 임금은 "사리에 가깝지 않다(틀린다)"고 판단하다
476	숙종실록 52권(38년)	1712년 12월 13일	부응교 오명항, "정필동의 상소는 날조한 것이 많다"고 상소하다
477	숙종실록 53권(39년)	1713년 5월 5일	제조 조태구, 대마도주에게 통신사 일행이 파직 당했음을 알리자고 건의하다
478	숙종실록 53권(39년)	1713년 5월 16일	장령 김두남, 통신사 일행을 두둔하는 내용의 상소
479	숙종실록 53권(39년)	1713년 12월 1일	조태억 등 3인의 직위를 회복시키라고 지시하다
480	숙종실록 60권(43년)	1717년 7월 12일	동래부사 한중희, 일본에 보내는 서신 중 전 관백의 이름에 들어간 '중(重)'자는 빼고 다시 써 달라고 건의하다
481	숙종실록 61권(44년)	1718년 2월 30일	세자, 통신사를 시기에 맞춰 차출해 달라는 동래부사의 의견을 수용하다
482	숙종실록 61권(44년)	1718년 4월 3일	통신사 접대하는 연변의 경비를 줄이도록 해달라고 건의하다
483	숙종실록 61권(44년)	1718년 5월 21일	통신사 역관에 대한 규칙을 처음으로 제정하다
484	숙종실록 62권(44년)	1718년 7월 1일	일본사신이 대접이 소홀하다며 칼을 빼들고 행패를 부렸다고 보고하다
485	숙종실록 63권(45년)	1719년 1월 22일	왜인들이 예조의 서계(書契)를 원하는 경우가 많은데, 원하면 주라고 지시하다
486	숙종실록 63권(45년)	1719년 1월 25일	세자, 각궁(角弓)을 만드는데 필요한 재료가 모자라는데 통신사가 일본에서 사올 수 있도록 해달라는 훈련대장 이홍술의 건의를 수용하다
487	숙종실록 63권(45년)	1719년 1월 29일	세자, 동래를 제외하고 통신사를 위한 잔치 부담을 줄여달라는 요청을 수용하다
488	숙종실록 63권(45년)	1719년 2월 8일	세자, 왜인이 역관에게 답서를 요구한 것은 전례가 없는 일로 동래부사를 꾸짖으라고 했으나 수용하지 않다
489	숙종실록 63권(45년)	1719년 4월 11일	세자, 통신사 정사 홍치중 등으로부터 출발 전 하직 인사를 받고 격려하다
490	숙종실록 63권(45년)	1719년 4월 16일	비변사, 세자가 통신사를 만났을 때 빠뜨린 것을 보고하다

491	숙종실록 63권(45년)	1719년 5월 14일	왜국이 예조의 서계(書契)를 원하는 데 대해 논의하다
492	숙종실록 63권(45년)	1719년 6월 5일	통신사가 예조와 동급인 것처럼 글을 쓰는 것은 잘못됐다며 위에 올리는 첩보(牒報)형식으로 써야 한다고 지적하자 세자가 수용하다
493	숙종실록 65권(46년)	1720년 1월 25일	홍치중 등 일본통신사 3사의 품계 승급과 승진을 지시하다
494	숙종실록 65권(46년)	1720년 6월 8일	왕비가 "여러 도에 흉년이 들자 임금은 통신사가 받아온 은자의 일부를 호조에 내리고 일부는 갖고 있다가 미래의 재난에 대비했다"고 회고하다
495	숙종실록보궐정오 13권(8년)	1682년 11월 16일	통신사 윤지완, 일본에서 돌아오다
496	숙종실록보궐정오 51권(38년)	1712년 6월 11일	시독관 오명함, 통신사를 두둔하는 발언을 하다
497	숙종실록보궐정오 57권(42년)	1716년 2월 22일	통신사 조태억이 논박 받았던 일을 변명하는 상소를 올렸고, 임금도 그 주장을 인정하다
498	영조실록 22권(5년)	1729년 5월 11일	표류한 조선 백성을 데리고 온 일본 사신은 홀대하지 않도록 규정을 바꿔달라며 3년간 귀국하지 않는 일본 사신 문제에 대해 동래부사를 불러 함께 논의하다
499	영조실록 24권(5년)	1729년 9월 10일	위의 문제를 다시 논의하다
500	영조실록 46권(13년)	1737년 10월 4일	일본 관백(쇼군)이 손자를 봤다고 사신을 보내 알려오다. 전례가 없어 논란을 벌인 끝에 접대키로 하다
501	영조실록 64권(22년)	1746년 12월 15일	중국 사신(재자관)으로 갔다가 무늬있는 비단을 몰래 밀수한 이명직을 체포하다(통신사와 관계가 없다)
502	영조실록 65권(23년)	1747년 4월 9일	일본 통신사가 갖고 가는 비단의 종류에 대해 논의하다
503	영조실록 65권(23년)	1747년 5월 8일	왜인, 전임 관백에게 예단을 주지 않는데 대해 불만을 토로하다
504	영조실록 65권(23년)	1747년 5월 12일	충주, 안동, 경주에서 통신사에게 베푸는 전별연을 중지하고. 동래는 예전대로 두기로 하다
505	영조실록 65권(23년)	1747년 6월 14일	통신사가 가지고 갈 예단은 숙종 45년(1719년)의 전례에 따르라고 지시하다
506	영조실록 66권(23년)	1747년 11월 10일	영의정 김재로, 통신사가 국서 운반하는 방식을 바꾸자고 건의하다
507	영조실록 66권(23년)	1747년 11월 17일	통신사 군관들을 불러 임무를 설명하다

508	영조실록 67권(24년)	1748년 1월 3일	일본 막부가 집정(執政)의 인원을 5명으로 인정해달라는 대해 부정적 분위기
509	영조실록 67권(24년)	1748년 1월 10일	통신사 일행의 출발일을 하문하다
510	영조실록 67권(24년)	1748년 3월 1일	일본에게 보내는 인삼을 실은 배가 불에 타 인삼을 다시 구할 방법을 논의하다
511	영조실록 67권(24년)	1748년 3월 2일	인삼 70근을 다시 구해 보내도록 지시하다
512	영조실록 68권(24년)	1748년 윤7월 23일	고을의 대접 부담을 줄이기 위해 통신사 일행을 두 방향으로 나눠 가도록 지시하다
513	영조실록 68권(24년)	1748년 윤7월 30일	통신사 일행 귀국. 일행이 지나가는 고을에 끼친 민폐가 극심하다는 지적
514	영조실록 68권(24년)	1748년 윤7월 30일	통신사 일행의 강호(江戶)에서의 견문록의 국역 원본
515	영조실록 68권(24년)	1748년 8월 5일	통신사 홍계희 등을 접견하고 왜국의 사정에 대해 상세히 묻다
516	영조실록 68권(24년)	1748년 8월 11일	통신사 종사관은 당하관이라도 가마를 타도록 허용하다
517	영조실록 68권(24년)	1748년 8월 17일	통신사가 일본에서 답례로 받아온 채릉단 200필을 불태우라고 했다고 번복하다
518	영조실록 68권(24년)	1748년 9월 27일	정언 박성원, 통신사의 부선(副船)이 불타는 바람에 다시 인삼 80근을 준비해야 하는 사태에 대해 처벌이 없음을 상소하다
519	영조실록 69권(25년)	1749년 3월 21일	예조, 왜관에 대한 동래부사 정권의 첩보를 보고하다
520	영조실록 72권(26년)	1750년 8월 20일	통신사가 목격한 성주 관왕묘(관우사당)의 피폐함을 듣고 수리를 지시하다
521	영조실록 82권(30년)	1754년 7월 23일	호남 어사 홍자, 금어도에서 배 만드는 나무를 벌목할 수 있도록 요청하다(통신사의 배도 이 섬의 나무로 만든다)
522	영조실록 83권(31년)	1755년 2월 2일	통신사 지나가는 고을의 접대를 줄이도록 지시하다
523	영조실록 83권(31년)	1755년 2월 6일	지평 조엄, 이조 참판 조명채 등을 파직하라 상소하다
524	영조실록 91권(34년)	1758년 3월 27일	박지원, 통신사 지낸 홍계희를 성밖으로 내쫓으라고 상소하다
525	영조실록 97권(37년)	1761년 5월 7일	우의정 홍봉한, 통신사가 갖고 가는 인삼값에 대해 보고하다
526	영조실록100권(38년)	1762년 10월 28일	통신사 이득배, 호조의 은을 빌려갈 수 있도록 주청하다
527	영조실록101권(39년)	1763년 1월 6일	호조에서 통신사에게 은을 빌려주는 문제에 대해 논의하다

528	영조실록101권(39년)	1763년 5월 27일	통신사가 군관으로 차출한 부산진 첨사 이응혁이 수행을 거부하자 파직시켰다가 번복하다
529	영조실록102권(39년)	1763년 7월 6일	통신사가 갖고 가는 예단에 대해 논의하다
530	영조실록102권(39년)	1763년 7월 8일	정상순을 통신사 정사로 임명하다
531	영조실록102권(39년)	1763년 7월 13일	통신사 거부한 정상순을 김해로 유배시키고 후임 정사를 조엄으로 결정하다
532	영조실록102권(39년)	1763년 7월 14일	통신사 조엄, 왜인에게 줄 예단 문제에 대해 상소하다
533	영조실록102권(39년)	1763년 7월 24일	통신사 일행을 출발 전 접견해 격려하다
534	영조실록102권(39년)	1763년 11월 6일	통신사 배가 파손돼 위험. 배 만들 때 감독 제대로 안한 전 통제사 등을 처벌하다
535	영조실록102권(39년)	1763년 12월 11일	통신사가 됐으나 가지 못한 서명응을 예조참판으로 발탁하다
536	영조실록103권(40년)	1764년 6월 26일	통신사 수행 훈도가 왜인과 다투다 피살된 문제로 세 사신의 관직을 삭탈하다
537	영조실록104권(40년)	1764년 7월 8일	조엄 등 귀국한 통신사를 접견하고 왜국사정을 물은 뒤 품계를 올려주다
538	영조실록104권(40년)	1764년 7월 22일	통신사가 받아온 은자를 호조에 하달하다
539	영조실록104권(40년)	1764년 9월 1일	동래에 표류한 왜인을 잘 대우해서 돌려보내라고 지시하다
540	영조실록113권(45년)	1769년 10월 14일	예전에 통신사 일행의 목숨을 구했던 군관 민제장의 이름을 언급하다
541	영조실록124권(51년)	1775년 2월 7일	통신사용 인삼을 조달하는 강계 부사 인선에 관해 논의하다
542	영조실록125권(51년)	1775년 10월 20일	호조판서, 통신사용 인삼의 구매 계획을 보고하다
543	정조실록 22권(10년)	1786년 10월 10일	통신사용 예단과 인삼 준비를 지시하다
544	정조실록 27권(13년)	1789년 2월 14일	통신사 파견 늦춰달라고 보낸, 규정 밖의 일본 사신을 그래도 수용하고 접대하다
545	정조실록 28권(13년)	1789년 12월 8일	흉년으로 고생하는 강계에 통신사용 인삼 공물의 납품시한을 연기해주다
546	정조실록 29권(14년)	1790년 3월 10일	통신사에게 필요한 인삼 260근을 사는 과정에서 가격이 급등한다고 보고하다
547	정조실록 31권(14년)	1790년 10월 14일	관찰사 윤사국, 해변 민가를 살리는 방안으로 통신사가 요구하는 어물을 현물이 아니라 돈으로 대납토록 건의하다
548	정조실록 32권(15년)	1791년 2월 20일	평안도 관찰사, 왜인에게 주는 인삼을 포함해 강계의 인삼정책 폐단을 보고하다

549	정조실록 33권(15년)	1791년 11월 9일	좌의정, 강계의 인삼정책에 대해 건의하다
550	정조실록 33권(15년)	1791년 11월 11일	강계부사, 인삼정책의 폐단을 시정하라고 건의하다
551	정조실록 33권(15년)	1791년 11월 24일	동래부사, 왜인들이 규정 이외의 사신을 보내왔다고 보고하다
552	정조실록 40권(18년)	1794년 8월 27일	대마도주, 예조 참의에 서신 보내 앞으로 통신사 접대는 대마도에서 마치겠다고 통보하다(에도까지 갈 필요 없다는 뜻)
553	정조실록 40권(18년)	1794년 8월 27일	대마도주, 동래와 부산에 서신을 보내 앞으로 통신사 접대는 대마도에서 마치겠다고 통보하다
554	정조실록 46권(21년)	1797년 1월 22일	일본에 갔다 온 역관 "통신사 교환 요청이 몇 년 이내에 있을 것"이라 보고하다
555	순조실록 4권(2년)	1802년 9월 24일	통신사의 무관으로 일본 다녀온 훈련대장 서유대 사망하다
556	순조실록 7권(5년)	1805년 11월 12일	통제사, 표류 왜선과 그 왜선이 갖고 온 대마도주의 서신에 대해 보고하다
557	순조실록 8권(6년)	1806년 1월 6일	대마도에서 통신사행을 마치겠다는 대마도주의 사신을 꾸짖어 돌려보내자고 건의하다
558	순조실록 8권(6년)	1806년 3월 10일	일본 막부가 보낸 사신을 일단 만나보라고 건의하다
559	순조실록 8권(6년)	1806년 3월 11일	일본의 사신을 접대할 접위관을 임명하다
560	순조실록 8권(6년)	1806년 3월 27일	동래부사, 대마도주의 서신을 보고하다
561	순조실록 9권(6년)	1806년 5월 20일	동래부사, 일본 사신 접대 경과에 대해 보고하다
562	순조실록 10권(7년)	1807년 7월 29일	좌의정, 동래부사의 보고에 대해 논하다
563	순조실록 11권(8년)	1808년 윤5월 12일	좌의정과 통신사 인선 문제를 논의하다
564	순조실록 12권(9년)	1809년 5월 12일	좌의정, 왜관에 사는 왜인들의 폐단을 제거하라고 건의하다
565	순조실록 13권(10년)	1810년 1월 14일	일본 사신에게 줄 회답 서신을 준비하다
566	순조실록 13권(10년)	1810년 7월 16일	동래부사, 통신사를 호위해서 함께 갈 일본 사신이 왔다고 보고하다
567	순조실록 13권(10년)	1810년 9월 5일	심상규와 박종경을 통신사로 차출하다
568	순조실록 13권(10년)	1810년 9월 16일	동래부사, 통신사가 할 일과 절차 등을 정하도록 건의하다
569	순조실록 13권(10년)	1810년 10월 9일	동래부사, 왜의 배가 왔음을 보고하다
570	순조실록 13권(10년)	1810년 10월 10일	통신사를 보내는 날을 북경에 보고하기로 결정하다

571	순조실록 13권(10년)	1810년 10월 10일	통신사에 김이교, 부사에 이면구를 임명하다
572	순조실록 13권(10년)	1810년 11월 11일	예조에서 통신사의 의례와 선물, 절차 등을 보고하다
573	순조실록 13권(10년)	1810년 11월 29일	통신사 내정 김이교, 갖고 갈 물품이 부족하다고 호소하다
574	순조실록 13권(10년)	1810년 12월 2일	호조판서 심상규, 김이교의 상소와 관련해 본인의 직을 바꿔달라고 청하다
575	순조실록 13권(10년)	1810년 12월 11일	김이교 재차 상소해 면직을 청하다
576	순조실록 13권(10년)	1810년 12월 13일	통신사 박종경과 호조판서 심상규, 재차 상소하여 직의 사퇴를 청하다
577	순조실록 13권(10년)	1810년 12월 13일	김상휴를 통신사로 삼다
578	순조실록 13권(10년)	1810년 12월 15일	통신사가 갖고 갈 국서에 대해 건의하다
579	순조실록 13권(10년)	1810년 12월 15일	통신사 김상휴, 면직을 청해 허락받다
580	순조실록 13권(10년)	1810년 12월 16일	심상규와 김이교의 직책은 그대로 유지하도록 지시하다
581	순조실록 14권(11년)	1811년 1월 6일	비변사, 통신사의 여비에 대해 보고하다
582	순조실록 14권(11년)	1811년 1월 10일	군관 임명 문제로 종사관을 벌주려다 중지하다
583	순조실록 14권(11년)	1811년 2월 1일	통신사가 갖고 갈 국서의 초본 내용
584	순조실록 14권(11년)	1811년 2월 12일	출발 인사하러온 통신 정사 김이교, 부사 이면구를 접견하다
585	순조실록 14권(11년)	1811년 3월 30일	비변사, 표류하는 왜의 선박에 대한 보고 절차와 왜관에 주재하는 왜인에게 주는 식량에 대해 보고하다
586	순조실록 14권(11년)	1811년 윤3월 20일	통신사 일행, 대마도에 안착했다고 보고하다
587	순조실록 14권(11년)	1811년 4월 14일	통신사 일행, 대마도의 중심지에 도착했다고 보고하다
588	순조실록 14권(11년)	1811년 6월 13일	통신사 일행, 국서를 에도로 보냈다고 보고하다
589	순조실록 14권(11년)	1811년 7월 8일	통신사 일행, 에도에서 회답 받은 일과 부산포로 돌아온 사실을 보고하다
590	순조실록 14권(11년)	1811년 7월 26일	돌아온 통신사 등을 접견하고 품계를 올려주라고 지시하다
591	헌종실록 8권(7년)	1841년 4월 11일	비변사, 통신사행을 청한 전(前) 정언 김필을 파직하라고 청하다
592	고종실록 1권(1년)	1864년 3월 17일	비변사, 일본에 통신사 파견을 미룬다고 통보하는 절차에 대해 보고하다

593	고종실록 1권(1년)	1864년 6월 22일	비변사, 통신사 연기 협상에 드는 비용을 보고하다
594	고종실록 4권(4년)	1867년 7월 20일	영돈녕부사 김좌근, 사직을 자청하다(통신사 비용에 대한 언급이 들어있음)
595	고종실록 4권(4년)	1867년 7월 23일	동래부사, 통신사 파견 문제로 입국한 일본 사신이 돌아가지 않고 있다고 보고하다
596	고종실록 11권(11년)	1874년 6월 29일	영의정, 왜관을 잘못 관리한 전 훈도(訓導) 안동준에게 벌을 주라고 청하다
597	고종실록 18권(18년)	1881년 2월 27일	통신사의 이름을 신사(信使)로 바꾸다
598	고종실록 18권(18년)	1881년 3월 29일	일본이 보내온 국서에 대한 회답을 논의하다
599	고종실록 18권(18년)	1881년 윤7월 6일	통신사 김홍집을 파직하다
600	고종실록 18권(18년)	1881년 윤7월 7일	조병호를 통신사로 임명하다
601	고종실록 18권(18년)	1881년 8월 7일	통신사 조병호와 종사관 이조연을 접견하다
602	고종실록 39권(36년)	1899년 6월 24일	통신사(通信司)의 장(長)에 관한 규정(조선통신사와는 관계가 없다)
603	고종실록 47권(43년)	1906년 1월 18일	통신사무관 등에 훈장(조선통신사와는 관계가 없다)
604	고종실록 48권 부록		'고종태황제실록'편찬위원 명단에 전 大陸通信社 社長(조선통신사와는 관계가 없다)
605	순종실록 2권(1년)	1908년 8월 28일	통감부 통신사무관에 훈장(조선통신사와는 관계가 없다)
606	순종실록 4권(3년)	1910년 7월 26일	통신사 이예(李藝)에게 '충숙(忠肅)'이라는 시호를 내리다
607	순종실록 4권		'순종황제실록'편찬위원 명단에 전 大陸通信社 社長(조선통신사와는 관계가 없다)
608	순종실록부록 5권(7년)	1914년 5월 7일	조선통신사(朝鮮通信社)가 발행한 '동아의 신형세'40부를 구하도록 명하다(조선통신사와는 관계가 없다)
609	순종실록부록 8권(10년)	1917년 9월 14일	경성통신사(京城通信社)와 부산일보에 하사금(조선통신사와는 관계가 없다)

부록 3.
조선통신사 참가자 1243명 명단*

이 명단은 다음과 같은 특징이 있다.

1) 조선 초기부터 조선말기의 수신사까지를 모두 포함했다.

2) 대마도에만 다녀온 대마도 문위행들도 모두 포함했다.

3) 통신사와 관련이 있어도 다음과 같은 인물은 제외했다. 부산 등에서 일본 사신을 접대한 관리, 통신사에게 국서 등을 전달만 한 관리, 통신사로 임명되고도 일본에 가지 못한 인물, 임진왜란 때 포로로 잡혀간 백성 등이다.

4) 같은 사행연도에 참가한 인물 중에서 이름이 비슷해 같은 인물로 추정은 되지만 확인 되지 않았기 때문에 두 이름을 모두 실은 사례도 있다.

먼저 자주 나오는 직책을 가나다순으로 소개하고 표에서는 생략한다. 단, 한두 번만 나오는 경우에는 표에서 직접 소개한다.

* 한국학중앙연구원이 온라인으로 서비스를 하고 있는 '조선시대 대일외교 용어사전'(연구책임자 구사회 선문대교수, 공동연구원 구지현·한태문·허경진, 전임연구원 진영미)에서 통신사로 참가한 인물을 기본으로 해서 이름, 본관, 사행연도, 직책만을 가나다순으로 정리하고, 여기에 다른 자료에서 찾은 인물을 추가한 것이다.

직책	하는 일
건량관(乾粮官, 乾糧官)	사신이 갖고 가는 식량을 담당하는 관리
격군(格軍)	사공의 일을 돕는 수부(水夫) 혹은 노를 젓는 사람
경포수(京砲手)	한양의 각 군영(훈련도감, 금위영, 어영청, 총융청, 수어청, 강화도 진무영)에 속하면서 지방에 파견된 포수
고수(鼓手)	북을 치는 사람
군관(軍官)	사절단의 호위와 군사를 지휘하는 사람. 지금으로 말하면 초급장교라 할 만하다
기선도사공(騎船都沙工)	기선(騎船)은 정사, 부사, 종사관 등 사람이 탄 배를 말하며 이곳 사공들 가운데 우두머리가 기선도사공이다.
기선장(騎船將)	기선의 책임자. 물건을 싣는 배는 복선(卜船)이라 하고 이 배의 책임자는 복선장으로 부른다
기패관(旗牌官)	임진왜란 이후 각 군영에 두었던 하급무관
나각수(螺角手)	행렬을 따르면서 나각을 부는 사람. 나각은 소라껍데기로 만든 군악기
나장(羅將)	주로 심부름을 하거나 길을 인도하는 사람
노자(奴子)	잔심부름을 하는 사람
당상역관(堂上譯官)	당상관의 지위에 있는 최고의 통역관
도선장(都船匠)	배를 만드는 장인(匠人)의 우두머리
도척(刀尺)	음식을 만드는 노복. 도척노(刀尺奴)라고도 한다
도훈도(都訓導)	훈도(訓導)의 우두머리. 사행 때는 주로 나졸들과 하위 구성원들을 통솔하는 임무를 맡았다
독수(纛手)	꿩의 꼬리 등으로 만들어 큰 가마나 군대의 대장 앞에서 세우던 의장기. '독'은 '둑'이라고도 한다
동고수(銅鼓手)	동고(銅鼓), 즉 꽹과리를 치는 사람
마상고수(馬上鼓手)	말 위에서 북을 치는 사람
마상재(馬上才)	말 위에서 재주를 부리는 사람. 마상재인(馬上才人)이라고도 한다
명무군관(名武軍官)	대대로 무장을 배출해온 명성 있는 무반 가문 출신의 군관
무상(舞上)	배의 돛대와 닻을 조작하여 운항을 맡은 선원. 이 중에서 돛을다루는 사람을 요수(繚手), 닻을 다루는 사람을 정수(碇手)라 한다.
문위행(問慰行)	대마도에 보내던 사신으로 주로 역관들이 담당했다. 문위행은 묻거나 위로하러 간다는 뜻. 일본 국왕이 죽거나 축하할 일이 있을 때 막부까지 가지 않고, 막부에 다녀온 대마도주를 만남으로써 간접적으로 예의를 표하는 시스템이었다
바라수	오늘날의 심벌즈와 같은 바라를 연주하는 사람
반인(伴人)	사신이 자비로 데리고 간 수행원. 반당(伴倘)이라도고 한다
반전직(盤纏直)	삼사의 반전(여행경비)을 관리하거나 물품 등을 지키는 사람

방자(房子)	잔심부름을 하는 사내종. 원래는 지방 관청에서 잔심부름을 하던 종을 일컫는 말이다
별파진(別破陣)	주로 화포를 다루는 무관
병선색(兵船色)	배의 출입을 관장하는 선원
복선장(卜船將)	복선(卜船)은 짐을 싣는 배를 말하며 그 배의 책임자가 복선장이다. 사람이 타는 배는 기선(騎船)이라 불렀고 그 배의 책임자는 기선장
부사(副使)	정사에 이어 사행단의 2인자. 문관 중에서 당하관 정3품에서 임명한다. 정사, 종사관과 함께 삼사(三使)로 부른다
사공(沙工)	선원
사령(使令)	형사 업무를 맡은 사람. 죄를 지은 격군이나 사공 등 하부 수군직을 문초하는 일과 출입을 통제하는 일을 담당했다
사자관(寫字官)	외교관련 문서를 깨끗이 적는(正寫) 일을 담당하는 관원. 글씨를 아주 잘 쓰는 사람이다. 서사(書寫)라고도 불렀다
삼지창수(三枝槍手)	끝이 세 갈래인 '삼지창'을 들고 가는 사람으로 삼지수(三枝手)라고도 한다
삼혈총수(三穴銃手)	삼혈총은 총신이 3개가 묶여 있어 한번에 세발을 쏠 수 있는 총을 말하고, 이를 다루는 사람이 삼혈총수이다
상통사(上通事)	역관인 통사 중에서 상급자. 정3품 역관이다. 그 다음을 차상통사, 소통사로 불렀다
서기(書記)	삼사에 속해 있으면서 주로 문서의 기록을 담당했다. 지식이 있으므로 일본인과의 필담창화에도 적극 참여했으며 그 기록도 많이 남아있다
선래군관(先來軍官)	보고를 위하여 다른 사신보다 먼저 돌아오는 군관. 한양에 먼저 도착해야 하기 때문에 선래(先來)라고 했고, 정한 기한 내에 도착하지 못하면 추궁을 당하기 때문에 주야로 쉬지 않고 달려야 했다. 선래군관은 처음부터 정하는 것이 아니라 돌아올 때 정한다. 같은 역할을 하던 역관은 '선래역관'이라고 한다
세악수(細樂手)	군악대에서 세악을 연주하는 사람. 세악은 장구, 북, 피리, 해금 등을 말한다
소동(小童)	나이가 어린 10대 아동. '배소동(陪小童)'이라고도 불렀다. 이들은 정사, 부사, 종사관, 제술관, 역관 등의 시중을 들며, 때로는 춤을 추거나 노래를 불러 사신들의 무료함을 달래주기도 했다
소통사(小通事)	통역을 담당하는 역관의 일종으로 중앙에서 파견한 왜학역관인 훈도(訓導)와 별차(別差)를 보좌하는 하급 통사
숙수(熟手)	제사나 큰일 때 음식을 만드는 요리사. 통신사행의 숙수는 주로 일광산치제(日光山致祭)를 위해 제수를 만들었다. 도척(刀尺)보다는 전문요리사이다
순시기수(巡視旗手)	'巡視'라고 쓴 깃발을 들고 가는 사람으로 순시수(巡視手)라고도 한다. 순시기는 법을 어기는 자를 잡아올 때 사용하는 깃발. '巡視'는 붉은 글씨로 쓴다
압물통사(押物通事)	예물과 무역물품을 담당했던 통역관. 이들은 국가의 공식예물 외에 소량의 사물(私物)을 취급할 수 있어 조선시대 대외무역에 중요한 역할을 했고, 사무역을 통해 큰 부를 축적하기도 했다

양의(良醫)	의원 중 우두머리. 일본에서는 현지 의원들과의 필담도 매우 중요했는데, 그것을 기록한 의담(醫談)도 많이 남아있다
언월도수(偃月刀手)	언월도(偃月刀)를 들고 가는 사람. 명장 관우가 사용했다고 해서 유명해진 무기다. 월도수(月刀手)라고도 한다
역관(譯官)	통역하는 사람
영기수(令旗手)	'令'이라고 쓴 깃발을 들고 가는 사람, '令'은 붉은 글씨로 쓴다
예단직(禮單直)	예단을 관리하는 사람. 예단은 선물목록이다. 보통 정사 소속으로 1명이 맡았다
요수(繚手)	돛과 닻을 다루는 무상(舞上)중에서도 돛을 다루는 사람을 이른다. 닻을 다루는 사람은 정수(碇手)
월수(鉞手)	부월(斧鉞)을 들고 가는 사람. 부월은 작은 도끼와 큰 도끼라는 뜻으로 생사여탈권을 상징한다. 부절(符節)을 갖고 가는 사람과 합쳐 절월수(節鉞手), 또는 절월봉지(節鉞奉持)라 한다
의원(醫員)	의사
이마(理馬)	말을 다루거나 돌보는 사람
자제군관(子弟軍官)	정사, 부사, 종사관의 자제나 친척 중에서 임명한 군관
장창수(長槍手)	자루가 긴 창을 들고 가는 사람
쟁수(錚手)	징을 치는 사람
전악(典樂)	사절단의 행렬, 의식, 연회 등에서 음악을 담당한 관원. 각 악기의 지휘자는 전악의 지휘에 따라야 했다
절수(節水)	부절(符節)을 들고 가는 사람. '부절'은 임금이 내라는 일종의 신분증명서다. 부월(斧鉞)은 임금이 생사여탈권을 준다는 뜻으로 부월과 부절을 합쳐 절월(節鉞)이라고 하고, 이를 들고 가는 사람을 묶어서 절월수(節鉞手), 또는 절월봉지(節鉞奉持)라 한다
점자수(點子手)	옛 군악용 악기의 하나인 '점자'를 연주하는 사람. 田자 모양의 틀에 두께가 다른 소라 4개를 달아 왼손에 쥐고 북채로 치는 악기
정사(正使)	사행단의 총책임자. 문관 당상관 중에서 임명한다. 부사, 종사관과 함께 삼사(三使)로 부른다
정수(碇手)	돛과 닻을 다루는 무상(舞上)중에서도 닻을 다루는 사람을 이른다. 돛을 다루는 사람은 요수(繚手)
제술관(製述官)	보통 글재주가 있는 사람을 임명해 전례문(典禮文) 짓는 일을 전담하게 했다. 일본에 가서는 주로 일본인과의 필담창화를 담당했다
종사관(從事官)	정사와 부사 다음의 위치에 있는 사람. 임진왜란 이전에는 서장관(書狀官)이라고 했다. 문관 5품과 6품 중에서 글을 잘하는 사람을 임명한다. 정사, 부사와 함께 삼사(三使)로 부른다
지인(知印)	심부름꾼
청도기수(淸道旗手)	'淸道'라고 쓴 깃발을 들고 가는 사람으로 청도수(淸道手) 라고도 한다. '청도'는 '길을 비키라'는 뜻을 나타내는 군기의 일종. '淸道'는 푸른 글씨로 쓴다

청직(廳直)	청지기. 잡무를 맡아보거사 통신사의 시중을 들던 사람. 원래는 양반집에서 잡무를 보거나 시중을 드는 사람을 이른다
취수(吹手)	나팔 등 관악기를 부는 사람. 넓은 의미로는 군악을 연주하는 사람. 행군할 때 군관, 나장 등과 함께 앞에서 나아갔다
타공(舵工)	키잡이
탁수(鐸手)	'탁(鐸)'이라는 악기를 다루는 사람. '탁'은 자루가 달린 종처럼 생긴 악기로, 오른손에 든 망치로 치면서 행군한다
태평수(太平手)	통신사 행렬을 따르면서 태평소를 연주하는 사람
통인(通引)	잔심부름을 하는 사람. 원래 지방 관아에 속해 있으면서 수령의 잔심부름을 하던 사람을 일컫는다. 대체로 소동(小童)이 맡기 때문에 통인을 통인소동이라고도 했다
포수(砲手)	화포를 쏘는 사람
풍악수(風樂手)	악기를 연주하는 사람. 악공이라고도 한다
향서기(鄕書記)	동래(東萊)와 그 주변 고을의 아전 중에서 뽑은 서기
형명장(形名將)	깃발과 북을 사용하여 군대의 여러 가지 움직임을 신호하는 형명기(形名旗)를 들고 가는 사람
호적수(號笛手)	피리를 불어 신호를 하는 사람
화원(畵員)	화가
회례사(回禮使)	조선 전기에 일본에서 사절을 보내온데 대한 답례로 조선에서 일본으로 보내던 사절. 보빙사(報聘使) 통신사(通信使) 회례관(回禮官) 통신관(通信官) 경차관(敬差官) 등 다양한 명칭을 썼다. 임진왜란 이후에는 이들 이름 대신 12차례 중 첫 3회는 회답겸쇄환사, 나머지 9차례는 통신사라는 이름을 썼다.
흡창(吸唱) 흡창노(吸唱奴)	잔 심부름을 하는 사내종

다음은 명단이다.

이름	본관	통신사 참가 연도	통신사 직책
각추(覺鎚)		1392(태조원년)	승려, 1394년 피로인 659명 송환
갈성적(葛成績)		1719(숙종45)	정사의 군관
강 걸(姜 乞)		1617(광해9)	두상(斗上)
강납선(姜納善)		1763(영조39)	바라수
강덕취(姜德聚)		1624(인조2)	부사의 군관, 선래군관
강득남(姜得南)		1607(선조40)	경포수
강득서(姜得瑞)		1607(선조40)	군관

강명조(姜命祚)		1711(숙종37)	부사의 소동
강 백(姜 栢)	진주	1719(숙종45)	정사의 서기
강상주(姜相周)		1719(숙종45)	마상재
강선립(姜善立)		1682(숙종8)	부사의 반당
강성금(姜聖金)		1811(순조11)	순시기수
강성제(姜聖濟)		1811(순조11)	청도기수
강성태(姜成泰)		1763(영조39)	삼지수
강 수(姜 綬)		1624(인조2)	부사의 군관
강승선(姜承善)		1643(인조21)	마상재
강시오작(姜時吾作)		1763(영조39)	점자수
강영일(姜英一)		1596(선조29)	군관
강우성(康遇聖)	진주	1617(광해9) 1624(인조2) 1636(인조14)	상통사
강운태(姜云太)		1763(영조39)	정수
강 원(康 遠)		1607(선조40)	정사의 자제군관
강위빈(姜渭賓)	진주	1636(인조14)	역관
강위홍(姜魏興)		1763(영조39)	절수
강 의(姜 毅)		1624(인조2)	종사관의 군관
강익성(姜翼聖)		1711(숙종37)	소동, 강명조(姜命祚)와 동일인물 추정
강진무(姜晉武)		1682(숙종8)	정사의 군관
강진복(姜進福)		1811(순조11)	풍악수
강필복(岡必福)		1748(영조24)	복선장
강필주(姜泌周)		1711(숙종37)	정사의 소동
강홍중(姜弘重)	진주	1624(인조2)	부사
강홍진(姜弘晉)		1748(영조24)	도사공
강홍헌(姜弘憲)		1624(인조2)	부사의 군관
강후동(姜厚同)		1607(선조40)	취수
경대유(景大裕)	태인	1636(인조14)	상사군관(上使軍官) *정사의 군관
경민(敬民)		1655(효종6)	관노(官奴) *관에 속한 종
경 섬(慶 暹)	청주	1607(선조40)	부사
경시량(慶時亮)		1607(선조40)	부사의 군관

고득종(高得宗)	제주	1439(세종21)	정사
고만세(高萬世)		1711(숙종37)	사공
고운배(高雲培)		1811(순조11)	무상
고잉동(高芿同)		1763(영조39)	대기수(大旗手) *큰 깃발을 들고 가는 사람
고천의(高千儀)		1763(영조39)	점자수
고춘복(高春福)		1617(광해9)	주동(朱同)
공 달(孔 達)	창원	1420(세종2) 1424(세종6) 1425(세종7)	세 차례 모두 종사관
곽 금(郭 嶔)	현풍	1624(인조2)	의원
곽 침(郭 琛)		1655(효종6)	사자관
구남(九男)		1617(광해9)	정사 반당의 종
구애길(仇愛吉)		1655(효종6)	소동
구의화(具毅和)	능성	1811(순조11)	상사군관
구 칙(具 侙)		1719(숙종45)	정사의 군관
권 경(權 璚)	안동	1636(인조14)	부사의 자제군관
권 기(權 琦)	안동	1763(영조39)	자제군관
권 도(權 道)		1719(숙종45)	양의
권맹집(權孟集)		1748(영조24)	소동
권성건(權成建)		1682(숙종8)	사령
권 칙(權 侙)	안동	1636(인조14)	제술관
권흥식(權興式)		1719(숙종45)	압물통사
기두문(奇斗文)		1711(숙종37)	양의
길 운(吉 雲)		1607(선조40)	경포수
김거원(金巨原)		1394(태조3)	일본회례사
김건서(金健瑞)	우봉(牛峰)	1779(정조2)	역관, 대마도 문위행
김견희(金見希)		1655(효종6)	별파진 겸 군관(부사의 자제군관이라는 기록도)
김경석(金景錫)		1719(숙종45)	사자관
김계립(金戒立)		1711(숙종37)	부사가 탄 제2기선의 도사공
김계승(金啓升)		1748(영조24)	부사의 별서사(別書寫)
김계운(金繼運)	선산	1855(철종6) 1864(고종원년)	대마도 문위행 대마도에 가서 통신사 파견 연기
김계일(金繼逸)		1636(인조14)	무인(武人)

김계헌(金繼獻)		1636(인조14)	군관
김계현(金繼賢)		1811(순조11)	정사의 반인
김　관(金　琯)	개성	1682(숙종8)	부사의 상통사
김광립(金光立)	연안	1636(인조14)	부사의 군관
김광사(金光泗)		1719(숙종45)	의원
김광일(金光日)		1711(숙종37)	수석역관의 소동
김광필(金匡必)		1682(숙종8)	종사관의 청직
김광호(金光虎)		1763(영조39)	향서기→도훈도
김구경(金久冏)	광산	1432(세종14)	부회례사(副回禮使)
김구안(金九安)		1682(숙종8)	반인, 혹은 소동
김구영(金九永)		1763(영조39)	삼지창수
김구주(金九疇)		1607(선조40)	부사의 자제군관
김군만(金君萬)		1607(선조40) 1617(광해9)	동래소통사(東萊小通事) *동래에서 일하던 통역
김귀태(金貴泰)		1763(영조39)	점자수
김극수(金克壽)		1607(선조40)	부사의 도훈도
김극유(金克柔)	해평	1428(세종10)	서장관
김근행(金謹行)	김해	1643(인조21) 1655(효종6)	상통사 당상역관 *1640~1678년까지 8차례 대마도 문위행 기록도
김금복(金今福)		1607(선조40)	나장
김금이(金錦伊)		1682(숙종8)	소통사
김기남(金起南)		1682(숙종8)	정사의 도훈도
김기석(金己石)		1763(영조39)	나장
김기수(金綺秀)	연안	1876(고종13)	수신사
김길손(金吉孫)		1596(선조29)	한학통사(漢學通事) *중국어통역
김난기(金蘭己)		1607(선조40)	취수 겸 군졸
김남이(金男伊)		1719(숙종45)	이마(金男, 金萬이라는 기록도)
김대선(金大先)		1811(순조11)	포수
김대진(金大振)		1763(영조39)	소동
김덕대(金德大)		1811(순조11)	대고수(大鼓手) *큰북 치는 사람
김덕련(金德連)	해남	1624(인조2)	포수

김덕륜(金德崙)	개성	1748(영조24)	의원
김덕린(金德隣)		1607(선조40)	부사의 자제군관
김덕발(金德發)		1763(영조39)	장창수
김덕봉(金德奉)		1763(영조39)	포수
김덕손(金德孫)		1607(선조40)	소통사
김덕원(金德元)		1596(선조29)	왜학통사
김덕재(金德才)		1763(영조39)	순시수
김덕정(金德正)		1763(영조39)	나장
김덕중(金德重)		1763(영조39)	종사관의 소통사
김도남(金圖南)	우봉(牛峰)	1682(숙종8) 1693(숙종19) 1719(숙종45)	역관 대마도 문위행 역관
김돌공(金乭公)		1762(영조39)	악공
김돌금(金乭金)		1711(숙종37)	소통사(김돌쇠와 동일인?)
김돌금(金突金)		1811(순조11)	세악수
김돌립(金乭立)		1763(영조39)	영기수
김돌쇠(金乭金)		1711(숙종37)	소통사(金乭金과 동일인?)
김두명(金斗明)		1711(숙종37)	별파진 겸 군관
김　득(金　得)	광산	1596(선조29)	도훈도
김득립(金得立)		1617(광해9)	봉지인(捧持人) *임금이 준 절(節)과 부월(斧鉞)을 갖고 가는 사람
김득수(金得秀)		1617(광해9)	소동
김득신(金得信)		1643(인조21)	이마
김마당(金磨瑭)		1643(인조21)	전악, 악공
김마당(金痲當)		1763(영조39)	포수
김막대(金莫大)		1763(영조39)	정수
김만유(金萬裕)		1763(영조39)	반전직
김만형(金萬亨)		1811(순조11)	정사의 반인
김맹삼(金孟三)		1763(영조39)	나장
김면삼(金免三)		1636(인조14)	부사의 소동
김명국(金明國)	안산	1636(인조14) 1643(인조21)	화원

김명길(金命吉)		1711(숙종37)	정사가 탄 배의 도사공
김명색(金命色)		1763(영조39)	기선도사공
김명우(金明右)		1763(영조39)	영기수
김모진(金毛進)		1763(영조39)	삼지창수
김몽례(金夢禮)		1439(세종21)	서장관
김몽술(金夢述)		1655(효종6)	전악
김무응금(金無膺金)		1763(영조39)	영기수
김민학(金敏學)		1643(인조21)	부사의 군관
김백련(金百練)		1811(순조11)	정사의 지인
김벽춘(金碧春)		1607(선조40)	취수
김복용(金福用)		1811(순조11)	영기수
김복재(金福才)		1748(영조24) 1763(영조39)	화포장(火炮匠) *화포를 다루는 장인
김봉운(金奉云)		1763(영조39)	악공
김봉장(金鳳章)		1711(숙종37)	소동
김분웅(金分雄)		1763(영조39)	소통사
김사길(金士吉)		1617(광해9)	포수
김사위(金士偉)	청주	1607(선조40) 1624(인조2)	부사의 군관
김삭불(金朔不)		1763(영조39)	장창수
김삼이(金三伊)		1763(영조39)	정수
김상구(金尙龜)		1719(숙종45) 1748(영조24)	별파진 겸 군관
김상만(金尙萬)		1748(영조24)	도사공
김상복(金尙福)		1811(순조11)	나각수
김상영(金常英)		1811(순조11)	정사의 지인
김상옥(金相玉)	해풍(海豊)	1763(영조39)	병방 군관(兵房軍官)
김상원(金尙元)		1811(순조11)	태평수
김상익(金相翊)	광산	1763(영조39)	종사관
김석겸(金碩謙)		1711(숙종37)	전악
김석년(金碩年)		1607(선조40)	경포수(金碩連이라는 기록도)
김석주(金石柱)		1509(중종4)	역관

김석중(金錫中		1763(영조39)	반전직(金錫沖이라는 기록도)
김선강(金善康)		1763(영조39)	악공
김선경(金善慶)		1596(선조29)	왜통사
김선신(金善臣)	숭양(崇陽)	1811(순조11)	정사의 서기
김선악(金善岳)		1811(순조11)	나팔수
김설남(金雪男)		1811(순조11)	장창수
김설의(金雪儀)		1763(영조39)	나장
김성건(金成建)		1682(숙종8)	당상역관의 수역소동 *가장 지위가 높은 역관에 소속한 소동
김성기(金成己)		1617(광해9)	두상
김성득(金聖得)		1763(영조39)	소통사
김성립(金成立)		1643(인조21)	격군
김성삼(金聖三)		1763(영조39)	점자수
김성일(金誠一)	의성	1590(선조23)	부사
김성진(金聖陳)		1763(영조39)	무상
김세경(金世璟)		1711(숙종37)	전악
김세렴(金世濂)	선산	1636(인조14)	부사
김세만(金世萬)		1719(숙종45)	악공
김세만(金世萬)		1719(숙종45)	별파진
김세발(金世發)		1748(영조24)	장인(匠人)겸 무관(표류하는 선박을 구해 壯士라는 호칭을 받기도)
김세영(金世榮)		1711(숙종37)	반당
김세일(金世鎰)	예안(禮安)	1719(숙종45)	차상판사(次上判事) *차상통사와 같은 말
김세진(金世珍)		1711(숙종37)	정사의 군관
김세흥(金世興)		1811(순조11)	부사의 지인
김수동(金守東)		1763(영조39)	태평수
김수명(金守明)		1636(인조14)	형명장
김수정(金壽鼎)		1748(영조24)	선래군관
김순개(金順介)		1607(선조40)	소통사
김순명(金順命)		1682(숙종6)	당상역관의 흡창(원래는 격군)
김순택(金舜澤)		1719(숙종45) 1748(영조24)	별파진 겸 군관

김시경(金時璟)		1711(숙종37)	압물통사
김시남(金始南)	우봉(牛峰)	1711(숙종37)	역관
김시돌(金時乭)		1763(영조39)	고수
김시동(金時同)		1811(순조11)	나장
김시량(金是樑)		1711(숙종37) 1713(숙종39)	차상통사 대마도 문위행으로 쇼군 사망 위문
김시박(金時璞)	춘천	1711(숙종37)	압물통사
김시성(金時聖)		1643(인조21) 1655(효종6)	상통사
김신남(金信男)		1624(인조2)	사자관
김신종(金信宗)		1624(인조2)	별파진
김　억(金　億)		1607(선조40)	나장
김언복(金彦福)	경주	1596(선조29)	소통사
김언상(金彦祥)		1617(광해9)	타공
김여경(金汝慶)		1682(숙종6)	복선장
김여징(金汝澄)		1711(숙종37)	기선장
김여택(金汝澤)		1655(효종6)	상통사
김여흥(金汝興)		1763(영조39)	나장
김연발(金連發)		1811(순조11)	나각수
김연세(金連世)		1617(광해9)	타공
김영대(金榮大)		1763(영조39)	소동
김영복(金永福)		1607(선조40)	나장
김영빈(金永彬)		1811(순조11)	정사의 지인
김예몽(金禮蒙)	광산	1439(세종21)	서장관
김용금(金龍金)		1643(인조21)	전악
김용택(金龍宅)		1763(영조39)	제술관의 소동
김용한(金龍漢)		1811(순조11)	정사의 향서기
김용화(金龍和)		1763(영조39)	제일기선장
김우성(金遇聖)		1624(인조2)	상통사
김운란(金雲蘭)		1607(선조40)	소동
김　원(金　元)		1420(세종2)	압물통사
김원재(金元才)		1763(영조39)	정사가 탄 배의 무상

김원태(金元太)		1763(영조39)	삼지수(삼지창수)
김유성(金有聲)		1711(숙종37)	부역(副譯)의 소동
김유성(金有聲)		1763(영조39)	호적수
김유성(金有聲)	김해	1763(영조39)	화원
김윤선(金允善)		1881(고종18)	수신사의 당상역관
김윤성(金允成)		1811(순조11)	풍악수
김윤하(金潤河)		1763(영조39)	기선장→복선장
김윤흥(金潤興)		1748(영조24)	복선장
김응국(金應國)		1811(순조11)	영기수
김응급(金應及)		1636(인조14)	종사관의 반당
김응석(金應錫)		1763(영조39)	부사의 반인
김의선(金儀先)		1711(숙종37)	격군
김의신(金義信)	김해	1643(인조21) 1655(효종6)	사자관
김이경(金二鏡)		1682(숙종8)	제술관의 소동
김이교(金履喬)	안동	1811(순조11)	정사
김이일(金履一)		1811(순조11)	정사의 복선장
김이진(金以鎮)		1643(인조21)	별차(別差) *왜관의 훈도를 보좌하는 일어 통역관
김익명(金益明)		1711(숙종37)	예단직
김인겸(金仁謙)	안동	1763(영조39)	종사관의 서기
김인식(金仁軾)		1596(선조29)	왜학통사
김일억(金鎰億)		1711(숙종37)	도훈도
김일영(金鎰英)		1711(숙종37)	정사의 군관
김자명(金自鳴)		1711(숙종37)	상선장(上船將) *정사가 탄 배의 책임자
김자문(金子文)		1636(인조14)	종사관의 군관
김자정(金自貞)	김해	1476(성종7)	대마도 선위사(宣慰使)
김자중(金子重)		1682(숙종8)	종사관의 소동
김자휘(金自輝)	경주	1655(효종6)	부사의 서기
김재봉(金再奉)		1763(영조39)	바라수
김재운(金再云)		1763(영조39)	청도기수

김 적(金 迪)		1617(광해9)	종사관의 기패관
김 정(金 貞)		1636(인조14)	마상재
김정일(金鼎一)		1719(숙종45)	기선장
김정중(金鼎重)		1811(순조11)	형명기수)
김정택(金正宅)		1811(순조11)	풍악수
김조경(金祖慶)		1811(순조11)	차상통사(압물통사). 건량관 겸임
김좌승(金佐升)		1748(영조24)	별배(別陪) *하인
김종한(金宗漢)		1811(순조11)	부사의 지인
김주악(金柱岳)		1748(영조24)	정사의 군관
김중기(金重器)		1682(숙종8)	종사관의 군관(부사의 군관이라는 기록도)
김중립(金重立)		1719(숙종45)	전악
김중일(金重鎰)		1682(숙종8)	종사관 배의 기선장
김중천(金重千)		1682(숙종8)	정사의 소동
김지남(金指南)	우봉(牛峰)	1682(숙종8)	한학통사
김진재(金進才)		1763(영조39)	도선장
김진주(金鎭周)		1811(순조11)	정사의 양의
김진혁(金震爀)	삼척	1719(숙종45)	압물통사
김질동이(金叱同伊)		1607(선조40)	취수
김차돌(金次乭)		1763(영조39)	무상
김 천(金 千)		1643(인조21)	전악
김천수(金天秀)		1748(영조24)	사자관 (金天壽라는 기록도)
김철남(金哲男)		1617(광해9)	종사관의 자제군관
김철준(金喆俊)		1811(순조11)	정사의 지인
김청풍(金淸風)		1748(영조24)	소동
김최행(金最行)		1811(순조11)	부사의 군관
김춘남(金春男)		1655(효종6)	소통사
김취언(金就彦)		1682(숙종8)	정사의 소동
김취적(金就積)		1682(숙종8)	당상역관의 소동
김치령(金致靈)		1763(영조39)	기선도사공
김칠봉(金七奉)		1811(순조11)	나팔수
김태백(金太白)		1763(영조39)	나장

김태복(金太福)		1763(영조39)	쟁수
김태성(金泰成)		1763(영조39)	전악
김택정(金宅正)		1811(순조11)	월도수
김풍금(金風金)		1596(선조29)	사공
김필세(金弼世)		1763(영조39)	도척
김하정(金夏鼎)		1748(영조24)	별배
김한걸(金汗傑)		1763(영조39)	무상
김한리(金漢里)		1763(영조39)	소동 (오사카성에서 사망)
김한명(金漢明)		1811(순조11)	복선장
김한백(金漢伯)		1711(숙종37)	도훈도
김한백(金漢白)		1719(숙종45)	기선장
김한주(金漢主)		1719(숙종45)	부사의 군관
김한중(金漢重)		1763(영조39)	소동, 통인(오사카에서 사망)
김험봉(金驗奉)		1763(영조39)	나장
김현달(金顯達)		1624(인조2)	상사의 군관
김현문(金顯文)	우봉	1711(숙종37) 1733(영조9년)	압물통사 대마도 문위행
김　호(金　浩)		1643(인조21)	의원
김호건(金虎建)		1711(숙종37)	사령
김호념(金好恬)	경주	1596(선조29)	부사의 군관
김홍립(金弘立)	춘천	1643(인조21)	압물통사
김홍배(金弘培)		1881(고종18)	수신사의 서기
김홍철(金弘喆)	우봉	1748(영조24)	상통사
김효무		1607(선조40)	역관
김효상(金孝尙)		1682(숙종8)	군관
김효순(金孝舜)	보령	1604(선조37) 1607(선조40)	승장 유정과 일본 방문 포로 송환 당상역관
김　흔(金　訢)	연안	1479(성종10)	서장관
김흔세(金欣世)		1617(광해9)	두상
김　흡(金　潝)		1719(숙종45)	종사관의 군관(부사의 군관이라는 기록도)
김흥득(金興得)		1811(순조11)	부사의 지인
김흥삼(金興三)		1763(영조39)	순시기수

김흥석(金興碩)		1711(숙종37)	소동
나득성(羅得聖)	안정(安定)	1655(효종6)	정사의 군관
나사종(羅嗣從)	안정	1479(성종10)	사압물관(使押物官)
남궁도(南宮櫂)		1624(인조2)	부사의 군관
남두민(南斗旻)	영양(英陽)	1763(영조39)	의원
남득정(南得正)		1655(효종6)	종사관의 자제군관
남석로(南碩老)		1682(숙종8)	도훈도
남성중(南聖重)	의령	1711(숙종37)	종사관의 서기
남연명(南衍明)		1748(영조24)	자제군관
남 옥(南 玉)	의령	1763(영조39)	제술관
남용익(南龍翼)	의령	1655(효종6)	종사관
남태기(南泰耆)	의령	1748(영조24)	부사
남행명(南行明)		1748(영조24)	자제군관
노근내(奴斤乃)		1763(영조39)	도척('奴'는 성이 아니라 노비라는 뜻인 듯)
노볼음금(老乶音金)		1763(영조39)	노자
노선만(魯善滿)		1763(영조39)	순시기수
노성득(盧性得)		1811(순조11)	나각수
노세준(盧世俊)		1624(인조2)	정사의 군관
노응성(盧應性)		1711(숙종37)	부사가 탄 배의 격군
노태중(盧太重)		1763(영조39)	월수
도계인(都繼仁)		1636(인조14)	정사의 소동
도신덕(都愼德)		1655(효종6)	종사관의 반당
매응춘(梅應春)		1607(선조40)	종사관의 자제군관
맹상현(孟尙賢)		1643(인조21)	부사의 군관
명생(命生)		1617(광해9)	도척
목양선(睦良善)		1655(효종6)	별파진
문기원(文奇遠)		1643(인조21)	부사의 반인
문담상(文淡祥)		1643(인조21)	격군
문두흥(文斗興)		1763(영조39)	도훈도
문성훈(文聖訓)		1748(영조24)	소동
문영철(文永哲)		1811(순조11)	정사의 장사군관(壯士軍官), 검선

문응추(文應樞)		1596(선조29)	한학통사
문자은동(文自隱同)		1643(인조21)	노복
문　필(文　泌)	남양(南陽)	1636(인조14)	부사의 서기
문현남(文賢男)		1617(광해9)	의원
문홍적(文弘績)	곤명(昆明)	1636(인조14)	정사의 서기(사자관이었다는 기록도)
민응성(閔應性)		1655(효종6)	부사의 자제군관
민제장(閔濟章)	여흥(驪興)	1711(숙종37)	부사의 군관
민창욱(閔昌郁)		1811(순조11)	동고수
민혜수(閔惠洙)	여흥	1763(영조39)	명무군관, 부사의 군관
박경욱(朴景郁)	밀양	1811(순조11)	부사의 양의
박경행(朴敬行)	무안	1748(영조24)	제술관
박경후(朴慶後)	함양	1682(숙종8)	종사관
박계한(朴戒漢)		1682(숙종8)	이마
박광화(朴光華)		1636(인조14)	부사의 소동
박귀찬(朴貴贊)		1711(숙종37)	소통사
박금남(朴金南)		1763(영조39)	정수
박대근(朴大根)		1596(선조29) 1607(선조40) 1617(광해9) 1624(인조2)	역관
박도갑(朴道甲)		1763(영조39)	종사관이 탄 배의 병선색
박돈지(朴惇之)		1394(태조3년)	회례사(回禮使)
박동보(朴東普)	개성	1711(숙종37)	화원
박두응(朴斗應)		1763(영조39)	소통사
박득신(朴得信)		1636(인조14)	부사의 반당
박득정(朴得貞)		1811(순조11)	포수
박득중(朴得中)		1763(영조39)	탁수
박만득(朴萬得)		1711(숙종37)	사령
박만백(朴萬白)		1811(순조11)	청도기수
박명선(朴明善)		1711(숙종37)	사령
박모로쇠(朴毛老金)		1711(숙종37)	소통사
박문원(朴文源)		1655(효종6)	종사관의 서기
박배장(朴倍章)		1763(영조39)	월도수

박복지(朴福只)		1811(순조11)	쟁수
박봉업(朴奉業)		1763(영조39)	독수
박사만(朴士萬)		1682(숙종8)	당상역관의 사령
박삼룡(朴三龍)		1711(숙종39)	사령
박상순(朴尙淳)	밀양	1748(영조24) 1754(영조30)	역관 대마도 문위행
박상점(朴尙點)		1763(영조39)	소통사
박서생(朴瑞生)	비안(比安)	1429(세종11)	정사
박설룡(朴雪龍)		1811(순조11)	독수
박성기(朴成起)		1763(영조39)	영기수
박성봉(朴聖奉)		1811(순조11)	영기수
박성삼(朴成三)		1763(영조39)	바라수
박성신(朴聖信)		1763(영조39)	소동
박성우(朴聖遇)		1763(영조39)	마상재
박성익(朴成益)		1682(숙종8)	종사관의 청직(종사관의 소동이라는 기록도)
박성적(朴聖迪)		1763(영조39)	마상재
박성채(朴聖采)		1811(순조11)	순시기수
박성현(朴成賢)		1617(광해9)	부사의 군관
박세량(朴世亮)		1703(숙종25)	부사
박세정(朴世貞)		1763(영조39)	나팔수
박세환(朴世還)		1763(영조39)	독수
박수근(朴守根)		1811(순조11)	청도기수
박수량(朴秀亮)		1811(순조11)	정사의 집사
박수부(朴壽夫)	경성	1748(영조24)	제술관의 노자
박숭현(朴崇賢)		1643(인조21)	사자관
박신립(朴信立)		1636(인조14)	부사의 반당
박심행(朴心行)		1811(순조11)	무상
박안기(朴安期)	밀양	1643(인조21)	제술관
박안신(朴安臣)	상주	1424(세종6)	회례사의 정사
박언기(朴彦起)		1607(선조40)	나장
박언복(朴彦福)		1617(광해9)	타공

박언황(朴彦璜)	영해(寧海)	1604(선조37) 1624(인조)	승장 유정과 일본 방문 포로 송환 상통사
박엄회(朴嚴回)		1763(영조39)	동고수
박연해(朴連海)		1607(선조40)	나장
박영효(朴泳孝)	반남(潘南)	1882(고종19)	특명전권대신 겸 수신사
박용택(朴用宅)		1763(영조39)	나장
박우초(朴瑀楚)		1748(영조24)	소동
박원재(朴元才)		1763(영조39)	장창수
박원흥(朴元興)		1763(영조39)	소통사
박월룡(朴月龍)		1811(순조11)	장창수
박유생(朴酉生)		1617(광해9)	소동
박윤남(朴允男)		1607(선조40)	취수
박응몽(朴應夢)		1607(선조40)	한학통사
박응운(朴應雲)		1617(광해9)	부사의 군관
박의검(朴義儉)		1596(선조29)	한학통사
박의룡(朴義龍)	밀양	1643(인조21)	별파진 겸 군관
박이청(朴以淸)		1617(광해9)	소동
박인귀(朴仁貴)		1397(태조6)	통사(역관)
박인기(朴仁基)		1607(선조40)	의원
박일점(朴日點)		1811(순조11)	정수
박 재(朴 榟)	고령	1617(광해9)	부사
박재창(朴再昌)		1713(숙종39) 1719(숙종45)	쓰시마로 가서 쇼군 사망 조문 역관
박재회(朴再會)		1763(영조39)	소통사
박재흥(朴再興)	무안	1682(숙종8)	정사의 수석 역관
박 제(朴 霽)		1617(광해9)	부사의 자제군관
박준응(朴俊應)		1711(숙종37)	격군
박준한(朴俊漢)		1796(정조20)	대마도 문위행
박중렬(朴重烈)	함양	1682(숙종8)	부사의 상통사
박중삼(朴重三)		1763(영조39)	복선장
박지영(朴之英)		1636(인조14)	사자관(朴之永이라는 기록도)
박지용(朴之墉)		1655(효종6)	부사의 군관, 선래군관

박지평(朴支平)		1811(순조11)	포수
박진기(朴進起)		1763(영조39)	나팔수
박창징(朴昌徵)	무안	1719(숙종45)	부사의 군관
박　춘(朴　春)		1617(광해9)	소통사
박춘건(朴春健)		1811(순조11)	나팔수
박춘서(朴春瑞)	무안	1719(숙종45)	압물통사
박치상(朴致祥)		1763(영조39) 1766(영조42)	소통사 대마도 문위행
박치현(朴致賢)		1711(숙종37)	종사관의 소동
박태만(朴泰萬)		1763(영조39)	소통사
박태명(朴泰明)		1763(영조39)	형명수
박태범(朴泰範)		1763(영조39)	향서기
박태신(朴泰信)	밀양	1711(숙종37)	압물통사
박허롱(朴許弄)		1636(인조14)	전악
박형원(朴亨元)	밀양	1655(효종6)	정사의 역관
박홍원(朴弘遠)		1655(효종6)	이마
박홍장(朴弘長)	무안	1596(선조29)	부사
박홍주(朴弘疇)		1636(인조14)	정사의 군관, 선래군관
박　화(朴　和)		1408(태종8년)	통신관
박화춘(朴花春)		1811(순조11)	동고수
박후윤(朴厚潤)		1811(순조11)	절수
박흥선(朴興善)		1655(효종6)	청직
박희중(朴熙中)	진원(珍原· 장성)	1422(세종4)	회례사
반정수(潘正守)		1811(순조11)	마상고수
방계남(方繼男)		1643(인조21)	마상재
방두종(房斗宗)		1811(순조11)	부사의 기선장
방상곤(方尙昆)		1763(영조39)	악공
방응문(房應文)		1748(영조24)	기선장
방잠룡(方潛龍)		1811(순조11)	쟁수
방　진(方　璡)		1624(인조2)	종사관의 군관
방춘복(房春福)		1607(선조40)	나장

방홍조지(方弘助之)		1763(영조39)	장창수
배매곡(裵梅谷)		1682(숙종8)	종사관의 반인, 혹은 소동
배맹후(裵孟厚)	분성(盆城)	1475(성종6)	정사
배봉장(裵鳳章)		1763(영조39)	부사의 소동
배상태(裵尙泰)		1763(영조39)	통인 겸 소동
배시돌(裵時乭)		1763(영조39)	요수
배　욱(裵　稶)		1655(효종6)	정사의 서기
배응대(裵應大)	분성	1748(영조24)	종사관의 소동, 통인
배준익(裵俊益)		1655(효종6)	도훈도
배중검(裵重儉)		1711(숙종37)	정사의 소동
배추백(裵秋白)		1634(인조12)	격군
배한성(裵漢星)		1763(영조39)	소동
백기복(白起福)		1811(순조11)	이마
백대봉(白大鵬)	임천	1590(선조23)	서장관의 군관
백막생(白莫生)		1711(숙종37)	사공
백사길(白士吉)		1624(인조2)	포수
백사립(白士立)	직산(稷山)	1636(인조14)	의원
백사철(白士哲)	면천(沔川·당진)	1636(인조14)	부사의 군관
백상휘(白尙輝)		1748(영조24)	정사의 자제군관
백　안(白　安)		1643(인조21)	노복(奴僕)
백우일(白瑀一)		1748(영조24)	기선장
백일신(白日新)		1636(인조14)	부사의 기선장
백천룡(白天龍)		1636(인조14)	마상재
백철동(白哲同)		1711(숙종37)	소통사
백태륭(白兌隆)		1763(영조39)	통인
백흥령(白興齡)		1682(숙종8)	정사의 자제군관
백흥전(白興銓)		1719(숙종45)	의원
변경화(卞景和)		1711(숙종37)	종사관의 자제군관
변계하(邊啓河)		1763(영조39)	종사관의 향서기
변득린(邊得麟)		1811(순조11)	부사의 반인

변문규(卞文圭)	초계(草溪)	1809(순조9) 1811(순조11)	대마도 문위행 상통사
변 박(卞 璞)	밀양	1763(영조39)	선장 (원래는 동래부 소속 화원)
변승업(卞承業)	초계	1680(숙종6) 1682(숙종8)	대마도 문위행 부사의 당상역관
변 의(邊 儀)	원주	1719(숙종45)	정사의 군관
변이표(卞爾標)	초계	1655(효종6) 1664(현종5) 1681(숙종7)	종사관의 역관 대마도 문위행 대마도 문위행
변정옥(卞廷郁)	초계	1696(숙종22)	대마도 문위행
변주수		1607(선조40)	사자관
변주신(邊冑臣)		1811(순조11)	부사의 향서기
변철수(卞撤壽)		1607(선조40)	서사원(書寫員)
변 탁(卞 琢)		1763(영조39)	격군→부사가 탄 배의 선장
변효문(卞孝文)	초계	1443(세종25)	정사
복용(福用)		1763(영조39)	노자
복이(福伊)		1617(광해9)	부사 반당의 종
복지(福只)		1617(광해9)	종사관 반당의 종
복철수(卜撤壽)		1607(선조40)	사자관
봉세(奉世)		1763(영조39)	도척
생이(生伊)		1617(광해9)	종사관 반당의 종
서구지(徐九智)		1711(숙종37)	정사의 소동
서극제(徐克濟)		1748(영조24)	기선장
서금이(徐金伊)		1607(선조40)	취수
서담봉(徐淡奉)		1763(영조39)	삼지수(삼지창수)
서도원(徐度元)		1748(영조24)	소동
서 봉(徐 鳳)		1607(선조40)	취적(吹笛) *피리를 부는 사람
서봉선(徐奉先)		1763(영조39)	탁수
서석귀(徐碩貴)		1719(숙종45)	기선장
서수명(徐壽命)		1682(숙종8)	한학 도훈도
서유대(徐有大)	달성	1763(영조39)	명무군관
서유정(徐有廷)		1711(숙종37)	도사공
서태춘(徐太春)		1763(영조39)	순시기수

서후치(徐後穉)		1748(영조24)	복선장
설의립(薛義立)		1636(인조14) 1643(인조21) 1655(효종6)	전악
성대중(成大中)	창녕	1763(영조39)	정사의 서기
성몽량(成夢良)	창녕	1719(숙종45)	부사의 서기
성 완(成 琬)	창녕	1682(숙종8)	제술관
성 철(成 哲)		1596(선조29)	격군
성춘대(成春大)		1811(순조11)	태평수
성 호(成 灝)	창녕	1763(영조39)	의원
손계득(孫啓得)		1811(순조11)	부사의 지인
손귀대(孫貴大)		1763(영조39)	영기수
손금도(孫金道)		1763(영조39)	소동
손덕집(孫德緝)		1748(영조24)	소동
손봉원(孫奉元)		1811(순조11)	태평수
손성갑(孫聖甲)		1811(순조11)	부사의 반인
손성원(孫聖源)		1748(영조24)	소동
손칠동(孫七同)		1763(영조39)	포수
손후대(孫后大)		1763(영조39)	영기수
송경일(宋擎日)		1643(인조21)	의원
송귀돌이(宋貴乭伊)		1763(영조39)	격군
송덕영(宋德英)	죽산(竹山)	1617(광해9)	정사의 군관
송모동(宋毛同)		1711(숙종37)	소통사
송설동(宋雪同)		1763(영조39)	탁수
송세기(宋世基)		1748(영조24)	복선장
송 영(宋 嶸)		1624(인조2)	상사 군관
송예수(宋禮修)		1624(인조2)	한학통사
송재만(宋載萬)		1763(영조39)	호적수
송처검(宋處儉)	청주	1459(세조5)	정사
송효남(宋孝男)	여산(礪山)	1617(광해9)	사자관
송희경(宋希璟)		1420(세종2)	회례사
신경기(申景沂)	고령	1617(광해9)	부사의 군관, 선래군관

신계영(辛啓榮)	영산(靈山)	1624(인조2)	종사관
신득방(辛得芳)		1655(효종6)	정사의 소동
신막재(申莫才)		1763(영조39)	순시기수
신명우(申命禹)		1719(숙종45)	반당
신선원(申善源)		1655(효종6)	청직
신숙주(辛叔舟)	고령	1443(세종25)	서장관
신영래(愼榮來)	거창	1752(영조28)	대마도 문위행
신 유(申 濡)	고령	1643(인조21)	종사관
신유한(申維翰)	영해(寧海)	1719(숙종45)	제술관
신이장(申履壯)		1682(숙종8)	정사의 군관
신중래(辛重來)		1748(영조24)	향서기
신지관(申之寬)	평산	1711(숙종37)	부사가 탄배의 기선장
신진소(申震熽)		1711(숙종37)	부사의 군관
신춘남(辛春男)		1607(선조40)	의원
신충선(愼忠善)		1607(선조40)	정사의 군관
신태해(申泰海)	고령	1643(인조21)	종사관의 자제군관
신행우(申幸右)		1763(영조39)	악공
심계신(沈繼信)		1655(효종6)	도훈도
심극룡(沈克龍)		1636(인조14)	부사의 소동
심중운(沈重雲)		1719(숙종45)	마상재
심 한(沈 漢)		1748(영조24)	전악
안경복(安景福)	순흥	1617(광해9)	부사의 군관
안계일(安戒一)		1607(선조40)	정사의 소동
안덕웅(安德雄)		1655(효종6)	소동
안 립(安 立)		1643(인조21)	격군
안맛손(安乻孫)		1636(인조14)	전악(안끗손이라는 기록도)
안백령(安白寧)		1763(영조39)	병선색
안시적(安時迪)		1711(숙종37)	기선장
안신휘(安愼徽)	순흥	1678(숙종4) 1682(숙종8)	당하역관(堂下譯官) 상통사(선래역관)
안영민(安英敏)		1711(숙종37)	이마
안흥복(安興福)		1763(영조39)	서기의 노자(奴子)

암회(岩回)		1643(인조21)	노복
양대복(梁大福)		1607(선조40)	압물통사
양만세(楊萬世)		1607(선조40)	이문학관(吏文學官) *외교문서관리
양봉명(楊鳳鳴)		1719(숙종45)	정사의 군관
양 수(梁 需)		1410(태종10)	회례사
양 용(梁 瑢)	남원	1763(영조39)	명무군관, 부사의 군관
양익명(梁益命)		1682(숙종8)	부사의 군관
양천보(梁千甫)		1811(순조11)	월도수
언금(彦金)		1617(광해9)	격군
언생(彦生)		1617(광해9)	정사반당의 종
엄대인(嚴大仁)		1617(광해9)	사자관
엄득래(嚴得來)		1763(영조39)	바라수
엄정휘(嚴廷輝)		1711(숙종37)	정사의 반당
엄한우(嚴漢佑)		1711(숙종37)	별파진 겸 군관
엄한중(嚴漢重)	영월	1711(숙종37)	부사의 서기
여경축(呂卿軸)		1607(선조40)	정사의 자제군관
여우길(呂祐吉)	함양	1607(선조40)	정사
여의손(呂義孫)		1404(태종4)	보빙사
여태순(呂太順)		1763(영조39)	고수
연익성(延益成)		1719(숙종45) 1748(영조24)	전악
염담립(廉淡立)		1763(영조39)	방자
오경지(吳敬之)	함양	1420(세종2)	회례사의 서장관
오계빙(吳季聘)		1763(영조39)	병선색
오금봉(吳今奉)		1763(영조39)	정수
오대령(吳大齡)	해주	1763(영조39)	종사관의 한학상통사(漢學上通事)
오만창(吳萬昌)	해주	1719(숙종45)	압물통사
오맹직(吳孟直)		1763(영조39)	소동
오몽련(吳夢連)		1617(광해9)	타공
오세빈(吳世彬)		1763(영조39)	나장
오순백(吳順白)		1682(숙종8)	마상재

오신보(吳信甫)		1636(인조14)	의원
오악삼(吳岳三)		1763(영조39)	월도수
오윤겸(吳允謙)	해주	1617(광해9)	정사
오윤문(吳允文)	해주	1682(숙종8)	상통사
오인량(吳仁亮)		1655(효종6)	상통사
오재희(吳載熙)	해주	1763(영조39)	종사관의 군관, 명무군관
오취몽(吳翠夢)		1763(영조39)	흡창(翠夢과 동일인?)
옥유신(玉有臣)		1811(순조11)	순시기수
옥진해(玉振海)		1763(영조39)	소동
우상중(禹尙中)	단양	1617(광해9)	정사의 군관
우성적(禹成績)		1719(숙종45)	정사의 군관
우치정(禹致貞)		1763(영조39)	나각수
웅태(雄太)		1763(영조39)	노자
원덕휘(元德徽)	원주	1682(숙종8)	정사의 군관
원 득(元 得)		1763(영조39)	흡창
원만주(元萬柱)		1711(숙종37)	청직
원봉태(元奉太)		1763(영조39)	악공
원상악(元相岳)		1763(영조39)	악공
원영권(元永權)		1811(순조11)	풍악수
원중거(元重擧)	원주	1763(영조39)	서기
원필규(元弼揆)		1719(숙종45)	부사의 군관
유금룡(兪金龍)		1811(순조11)	독수
유노변(劉老邊)		1763(영조39)	호적수
유달신(柳達信)		1655(효종6)	종사관이 탄 배의 선장
유달원(柳達源)	진산(晋山)	1763(영조39)	명무군관
유대손(劉大孫)		1811(순조11)	세악수
유덕성(柳德成)		1811(순조11)	청도기수
유도홍(劉道弘)	청주	1763(영조39)	종사관의 압물통사
유돌바위(劉乭巖回)		1763(영조39)	격군
유동기(柳東起)		1617(광해9)	부사의 군관
유동식(柳東植)		1811(순조11)	풍악수

유두억(劉斗億)		1763(영조39)	별파진 겸 군관
유득신(劉得信)		1636(인조14)	정사가 탄 배의 선장
유 명(劉 命)		1607(선조40)	취수
유상필(柳相弼)	진주	1811(순조11)	군관
유선기(柳善基)	진주	1719(숙종45)	부사의 군관
유성업(柳成業)	경주	1617(광해9)	화원
유성재(劉聖再)		1763(영조39)	병선색
유성필(劉聖弼)		1763(영조39)	청직
유시건(柳時健)	진주	1617(광해9)	정사의 군관
유우대(兪宇大)		1748(영조24)	소동
유원봉(劉元奉)		1763(영조39)	동고수
유 윤(柳 潤)		1617(광해9)	부사의 자제군관
유윤겸(兪允謙)	기계(杞溪)	1596(선조29)	부사의 군관
유윤번(柳贇蕃)		1643(인조21)	부사의 군관
유응덕(劉應德)		1811(순조11)	마상고수
유응발(兪應發)		1655(효종6)	정사의 사자관
유의립(劉義立)		1643(인조21)	사자관
유이관(劉以寬)	평산	1682(숙종8)	종사관의 상통사
유자근노미 (劉者斤老味)		1763(영조39)	포수
유정좌(劉廷佐)	강릉	1711(숙종37)	부사의 군관
유 준(柳 濬)	문화	1711(숙종37)	정사의 군관
유진원(兪進源)		1763(영조39)	부사의 복선장
유진항(柳鎭恒)	진산	1763(영조39)	명무군관, 부사의 군관
유 창(兪 瑒)	창원	1655(효종6)	부사
유태길(劉太吉)		1624(인조2)	별파진
유 후(柳 逅)	전주	1748(영조24)	부사의 서기
윤개동(尹介同)		1655(효종6)	별파진
윤개중(尹介重)		1655(효종6)	별파진(윤개동과 동일인?)
윤금동(尹今同)		1596(선조29)	무상
윤대선(尹大銑)		1636(인조14)	차통사(次通事)
윤대성(尹大成)		1811(순조11)	형명기수

윤덕용(尹德容)		1655(효종6)	부사의 사자관
윤도장(尹道長)		1748(영조24)	도훈도
윤돌석(尹乭石)		1763(영조39)	포수
윤만석(尹萬碩)		1655(효종6)	전악
윤복(允福)		1607(선조40)	환노(宦奴) *거세를 한 노비
윤사립(尹士立)		1636(인조14)	부사의 소동
윤성발(尹聖發)		1763(영조39)	포수
윤세좌(尹世佐)		1748(영조24)	부사의 군관
윤순지(尹順之)	해평	1643(인조21)	정사
윤　애(尹　涯)	파평	1636(인조14)	종사관의 자제군관
윤애신(尹愛信)		1636(인조14)	부사의 자제군관→선래군관
윤　옥(尹 玉)		1607(선조40)	취수
윤용상(尹龍祥)		1643(인조21)	선래군관
윤익동(尹益同)		1655(효종6)	별파진겸 군관(尹益桐이라는 기록도)
윤인보(尹仁甫)		1420(세종2) 1422(세종4) 1436(세종18) 1439(세종21) 1443(세종25)	회례사의 통사 회례사의 통사 왜통사 부사상호군(副使上護軍) *경호책임 부사
윤인시(尹仁始)		1443(세종25)	통사
윤전지(尹全之)	해평	1643(인조21)	초관(哨官) *초급장교
윤정우(尹廷羽)		1636(인조14)	한학통사
윤제현(尹悌顯)		1643(인조21)	상통사
윤지완(尹趾完)	파평	1682(숙종8)	정사
윤창세(尹昌世)		1719(숙종45)	반당
윤천지(尹賤之)	해평	1643(인조21)	정사의 자제군관
윤취상(尹就商)		1682(숙종8)	군관
윤취오(尹就五)	파평	1682(숙종8)	부사의 군관
윤　학(尹　鶴)		1643(인조21)	격군
윤희철(尹希哲)		1719(숙종45)	별파진
응세(應世)		1617(광해9)	종
이강수(李岡守)		1811(순조11)	사공
이경란(李景蘭)		1617(광해9)	정사의 자제군관

이경생(李慶生)		1617(광해9)	소동
이경직(李景稷)	전주	1617(광해9)	종사관
이계동(李季仝)	평창	1479(성종10)	부사
이계표(李戒標)		1763(영조39)	쟁수
이계훈(李繼勳)		1655(효종6)	의원
이관돌(李官乭)		1763(영조39)	고수
이광삼(李光三)		1811(순조11)	동고수
이광진(李光震)		1811(순조11)	세악수
이광하(李光夏)		1763(영조39)	격군
이귀진(李貴眞)		1763(영조39)	요수
이규학(李圭鶴)		1881(고종18)	군관
이 근(李 覲)		1459(세조5)	서장관
이기룡(李起龍)	경주	1643(인조21)	화원
이기성(李技成)		1748(영조24)	반인
이기호(李基昊)		1811(순조11)	군관
이기흥(李技興)		1748(영조24)	소동
이길유(李吉儒)		1748(영조24)	정사의 군관
이능백(李能柏)		1711(숙종37)	반전직
이담령(李聃齡)	경주	1682(숙종8)	종사관의 서기
이대인(李大仁)	충주	1643(인조21)	부사의 군관
이덕견(李德見)		1763(영조39)	악공
이덕리(李德履)		1763(영조39)	부사의 자제군관
이덕순(李德淳)		1763(영조39)	나팔수
이덕재(李德載)		1711(숙종37)	부사의 소동
이동로(李東老)	전주	1655(효종6)	종사관의 군관
이동룡(李東龍)		1624(인조2)	상사군관
이두명(李斗鳴)		1655(효정6)	종사관의 소동
이두흥(李斗興)		1711(숙종37)	마상재
이득길(李得吉)	하음(河陰)	1643(인조21)	의원
이득명(李得命)		1711(숙종37)	사령
이득수(李得壽)		1748(영조24)	반인

이막솔(李莫率)		1763(영조39)	복선의 도사공
이만봉(李萬奉)		1763(영조39)	태평수
이만상(李萬相)	전의	1682(숙종8)	정사의 군관
이만수(李萬守)		1763(영조39)	반전직
이 매(李 梅)	완산	1763(영조39)	정사의 군관
이면구(李勉求)	전주	1811(순조11)	부사
이면현(李勉玄)	완산	1811(순조11)	부사의 군관
이명계(李命啓)	연안	1748(영조24)	종사관의 서기
이명빈(李明彬)	전주	1655(효종6)	독축관(讀祝官) *전문적으로 축문을 읽는 사람
이명언(李明彦)	한산	1719(숙종45)	종사관
이명오(李明五)	전주	1811(순조11)	서기
이명윤(李命尹)	금산	1762(영조38) 1763(영조39)	대마도 문위행 차상통사
이명준(李明俊)		1711(숙종37)	청직
이명화(李命和)		1763(영조39) 1779(정조2)	차상통사 대마도 문위행
이몽량(李夢良)	덕수	1655(효종6)	도훈도
이무응토리 (李無應土里)		1763(영조39)	무상
이문철(李文喆)	전주	1811(순조11)	정사의 반인
이민수(李民秀)		1763(영조39)	의원
이방언(李邦彦)	전주	1711(숙종37)	종사관
이방일(李邦一)	전의	1748(영조24)	부사의 군관
이백령(李栢齡)		1748(영조24)	정사의 군관, 선래군관
이복만(李福萬)		1763(영조39)	방자, 노복
이복재(李卜才)		1763(영조39)	월도수
이봉춘(李逢春)	청안(淸安)	1596(선조29)	정사의 군관
이봉환(李鳳煥)	전주	1748(영조24)	정사의 서기
이부재(李夫才)		1763(영조39)	나장
이분삼(李分三)		1763(영조39)	악공
이사성(李思晟)	전주	1719(숙종45)	정사의 군관
이사적(李士迪)		1748(영조24)	군관

이삼석(李三錫)	전주	1682(숙종8)	정사의 사자관
이 상(李 祥)	합천	1596(선조29)	정사의 군관
이상삼(李尙三)		1711(숙종37)	종사관의 소동
이상영(李尙永)		1763(영조39)	악공
이상우(李象羽)	광주(廣州)	1643(인조21)	군관
이상춘(李尙春)		1811(순조11)	풍악수
이상한(李尙漢)	정선	1655(효종6)	상통사
이서운(李瑞雲)		1811(순조11)	요수
이석린(李碩麟)	해주	1706(숙종32) 1711(숙종37) 1726(영조2)	대마도 문위행 역관 대마도 문위행
이선과(李善戈)		1748(영조24)	격군
이성국(李誠國)	아산	1624(인조2)	사자관
이성린(李聖麟)		1748(영조24)	화원
이성회(李星會)		1607(선조40)	부사의 소동
이성흠(李聖欽)		1763(영조39)	역관
이세경(李世敬)		1811(순조11)	월수
이세번(李世蕃)		1748(영조24)	마상재
이세익(李世益)		1748(영조24)	반전직
이세적(李世勣)		1711(숙종37)	부사의 소동
이송년(李松年)	광주	1711(숙종37) 1716(숙종42)	역관 대마도 문위행
이수만(李守萬)		1763(영조39)	반전직
이수문(李守文)		1763(영조39)	복선의 도사공
이수민(李壽民)	전주	1811(순조11)	화원
이수번(李秀蕃)		1682(숙종8)	의원
이수복(李壽福)		1763(영조39)	도척
이수의(李守義)		1763(영조39)	예단직
이수장(李壽長)	천안	1711(숙종37)	사자관
이승담(李承曇)		1711(숙종37)	소통사
이승현(李承賢)		1655(효종6)	한학압물통사
이승현(李承鉉)		1655(효종6)	소동
이시형(李時馨)	태안	1682(숙종8)	별파진 겸 군관(마상재라는 기록도)

이신남(李信男)		1656(효종7)	대마도 문위행
이안농(李安農)		1617(광해9)	정사의 자제군관, 선래군관
이애정금(李愛正金)		1711(숙종37)	부사의 소동
이　액(李　詻)		1711(숙종37)	정사의 자제군관
이　억(李　檍)		1754(영조30)	대마도 문위행
이억봉(李億奉)		1763(영조39)	도척
이언강(李彦綱)	전주	1682(숙종8)	부사
이언서(李彦瑞)	전주	1596(선조29) 1624(인조2)	왜학통사 역관
이언우(李彦佑)	전주	1763(영조39)	사자관
이언진(李彦瑱)	강양(江陽)	1763(영조39)	압물통사
이언홍(李彦弘)		1624(인조2)	화원
이　엽(李　曄)		1682(숙종8)	정사의 자제군관
이영생(李瀛生)		1617(광해9)	정사의 군관
이영서(李榮瑞)		1624(인조2)	상사군관
이영택(李英澤)		1655(효종6)	종사관의 소동
이　예(李　藝)	학성	1400(정종2)~ 1443(세종25)까지 43년간 총 40여 차례	부사, 대마주체찰사(對馬州體察使) 등으로 거의 매년 일본 본토와 대마도를 오가며 포로 등을 송환해 온 조선 초기 최고의 대일본 외교관
이예남(李禮男)	용인	1643(인조21)	별파진 겸 군관
이오룡(李五龍)		1811(순조11)	마상고수
이　완(李　浣)	경주	1636(인조14)	정사의 자제군관
이완일(李完日)		1711(숙종37)	소통사
이　용(李　鎔)		1643(인조21)	정사의 군관
이용대(李用大)		1811(순조11)	순시기수
이　운(李　云)		1643(인조21)	숙수
이운보(李云寶)		1763(영조39)	병선색
이운식(李運植)	전의	1811(순조11)	부사의 군관
이원악(李元岳)		1763(영조39)	장창수
이　위(李　渭)		1711(숙종37)	의원
이　유(李　유)	금산	1596(선조29)	한학통사
이유린(李有麟)		1682(숙종)	부사의 자제군관

이유순(李愉順)		1596(선조29)	역관
이유형(李惟泂)		1636(인조14)	부사의 군관
이응남(李應男)		1607(선조40)	나장
이응둔(李應鈍)		1811(순조11)	제술관의 책보인(冊寶人)
이응망(李應望)		1748(영조24)	소동
이의룡(李儀龍)	전주	1811(선조11)	한학상통사
이의신(李義信)		1643(인조21)	종사관의 반인
이의양(李義養)	안산	1811(선조11)	화원
이의준(李宜俊)		1811(선조11)	부사의 집사
이이방(李爾芳)	전주	1711(숙종37)	사자관
이이재(李以才)		1763(영조39)	점자수
이익형(李益亨)		1655(효종6)	초관
이인규	연안	1443(세종25)	군관
이인배(李仁培)	전의	1763(영조39)	부사
이인복(李仁馥)		1811(순조11)	정사의 지인
이인성(李寅成)		1711(숙종37)	복선장
이인업(李仁業)		1711(숙종37)	사령
이인이(李仁伊)		1811(순조11)	월도수
이일방(李日芳)		1719(숙종45)	사자관
이일우(李一愚)	완산	1811(순조11)	정사의 군관
이일제(李逸濟)		1748(영조24)	부사의 군관, 선래군관
이자근노미 (李者斤老味)		1763(영조39)	방자
이 장(李 樟)	전주	1719(숙종45) 1721(경종원년)	상통사 대마도 문위행
이장생(李長生)	전주	1636(인조14) 1643(인조21)	역관 상통사
이장수(李長壽)		1811(순조11)	풍악수
이 적(李 樀)		1748(영조24)	부사의 군관
이 정(李 檉)		1643(인조21)	군관
이조연(李祖淵)	연안	1881(고종18)	수신사의 종사관
이종보(李宗甫)		1811(순조11)	월수
이종실(李從實)	학성	1460(세조6)	부사(이예의 아들)

이좌국(李佐國)	완산	1763(영조39)	양의
이주국(李柱國)	전주	1748(영조24)	종사관의 군관
이준동(李俊童)		1682(숙종8)	소동
이준망(李俊望)	경주	1636(인조14)	부사의 군관
이줄이(李乼伊)		1607(선조40)	나장
이지하(李之華)		1682(숙종8)	정사의 소동
이지흥(李枝興)		1748(영조24)	부사의 소동
이 진(李 進)	연안	1643(인조21)	독축관
이진경(李眞卿)		1617(광해9)	정사의 군관, 선래군관
이진경(李振卿)		1682(숙종8)	정사의 군관
이진송(李進松)		1763(영조39)	절수
이징보(李徵輔)	전의	1763(영조39)	종사관의 자제군관
이창걸(李昌傑)		1711(숙종37)	종사관의 소동
이창기(李昌基)	광주(廣州)	1748(영조24) 1768(영조44)	역관 대마도 문위행
이천득(李千得)		1811(순조11)	대고수
이천우(李天祐)		1607(선조40)	경포수
이천운(李天雲)		1617(광해9)	나장
이춘세(李春世)		1607(선조40)	취수
이취삼(李就三)		1763(영조39)	요수
이쾌손(李快孫)		1811(순조11)	절수
이태명(李太明)		1763(영조39)	나장
이팔근(李八根)		1811(순조11)	장창수
이팔용(李八用)		1763(영조39)	나팔수
이학술(李學述)	안산	1843(헌종9)	대마도 문위행
이항원(李項元)		1763(영조39)	기선도사공
이해룡(李海龍)	경주	1590(선조23)	사자관
이해문(李海文)	덕수	1763(영조39)	검선
이해승(李海升)		1811(순조11)	한학상통사의 동행인
이행검(李行儉)		1711(숙종37)	정사의 군관
이행점(李行點)		1655(효종6)	부사의 반당
이 현(李 礥)	안악(安岳)	1711(숙종37)	제술관

이현남(李賢男)		1617(광해9)	한학통사
이현상(李顯相)		1811(순조11)	제술관
이형남(李亨男)	진성(眞城)	1624(인조2)	상통사
이형원(李亨元)	광산	1479(성종10)	정사
이형익(李亨益)	벽진(碧珍)	1655(효종6)	정사의 군관
이홍규(李弘虬)		1607(선조40)	화원
이홍유(李鴻儒)		1748(영조24)	정사의 군관
이화립(李華立)		1682(숙종8)	부사의 사자관
이후시(李厚時)		1811(순조11)	삼혈총수
이흥손(李興孫)		1763(영조39)	동고수
이희춘(李喜春)		1748(영조24)	종사관의 자제군관
익대(益大)		1763(영조39)	도척노
인문조(印文調)		1748(영조24)	마상재
인길(仁吉)		1655(효종6)	도척노
임 광(任 絖)	풍천	1636(인조14)	정사
임도승(任道升)		1711(숙종37)	부사의 자제군관
임명암(林命巖)		1811(순조11)	나팔수
임세재(任世載)		1748(영조24)	부사의 군관
임수간(任守幹)	풍천	1711(숙종37)	부사
임 업(林 業)		1607(선조40)	종사관의 군관
임 재(林 梓)		1682(숙종8)	부사의 서기
임춘흥(林春興)	나주	1763(영조39)	부사의 군관
임취빈(林就彬)		1763(영조39)	소동
임허롱(林許弄)		1636(인조14) 1643(인조21)	전악
임 환(任 紈)		1636(인조14)	정사의 자제군관
임 흘(任 屹)	풍천	1763(영조39)	종사관의 군관
장계량(張繼良)		1682(숙종8)	종사관의 소동
장금복(張今福)		1711(숙종37)	사공
장남금(張南金)		1682(숙종8)	종사관 배의 사공
장돌시(張乭屎)		1643(인조21)	숙수
장동관(張東寬)		1811(순조11)	나각수

장득복(張得福)		1811(순조11)	동고수
장문준(張文俊)		1636(인조14)	상사군관
장문한(張文翰)		1711(숙종37)	부사의 자제군관
장복남(張卜男)		1763(영조39)	호적수
장복삼(張福三)		1763(영조39)	악공(張卜三이라는 기록도)
장복이(張福伊)		1617(광해9)	부사 반당(부사반당의 종이라는 기록도)
장선민(張善敏)		1624(인조2)	상통사
장세관(張世寬)	배천(白川)	1596(선조29)	의원
장세명(張世命)		1748(영조24)	격군
장세문(張世文)		1763(영조39)	이마
장세징(張世徵)		1711(숙종37)	종사관의 소동
장암회(張巖回)		1763(영조39)	요수
장언명(張彦明)		1811(순조11)	기선장
장외봉(張巍峯)		1655(효종6)	부사의 소동
장응두(張應斗)		1719(숙종45)	종사관의 서기
장 익(張 益)		1682(숙종8)	부사의 소동
장 익(張 翊)	순천	1643(인조21)	정사의 군관
장익지(張翼只)		1682(숙종8)	반인(또는 소동)
장일춘(張一春)		1655(효종6)	악공
장재만(張在萬)		1710(숙종36)	의원
장지원(張之愿)		1682(숙종8)	종사관의 복선장
장차성(張次成)		1748(영조24)	이마
장한상(張漢相)	순천	1682(숙종8)	군관
장효인(張孝仁)		1636(인조14)	마상재
장후량(張後良)		1682(숙종8)	반전직
장희춘(蔣希春)	아산	1607(선조40)	정사의 군관
전계신(全繼信)		1602(선조35) 1609(광해원년)	승려 유정과 일본행 대마도에서 일본 사정 탐지
전광국(田光國)		1748(영조24)	부사의 군관
전군상(全君尙)		1636(인조14)	전악
전금실(田金實)		1748(영조24)	군관
전 영(全 榮)	전주	1636(인조14)	사자관

전운서(全雲瑞)		1643(인조21) 1655(효종6)	선장
전재필(全再弼)		1763(영조39)	부사 복선의 격군
전치백(田致白)		1763(영조39)	소통사
정건리동(鄭件里同)		1763(영조39)	요수
정　겸(鄭　謙)		1607(선조40)	부사의 군관
정광신(鄭光臣)		1811(순조11)	포수
정국빈(鄭國彬)	초계(草溪)	1624(인조2)	상사군관
정귀현(鄭貴顯)		1655(효종6)	부사의 군관
정　금(鄭　嶔)		1624(인조2)	의원
정기인(鄭起仁)		1748(영조24)	소동
정대남(鄭大男)	영일	1607(선조40)	정사의 군관
정덕구(鄭德龜)	봉화	1763(영조39)	전악
정도행(鄭道行)		1763(영조39)	마상재
정도행(鄭道行)	하동	1748(영조24) 1752(영조28)	상통사 대마도 문위행
정두준(鄭斗俊)	하동	1682(숙종8)	양의
정득선(鄭得善)		1624(인조2)	부사의 군관
정득열(丁得說)		1655(효종6)	정사의 반당
정득추(鄭得秋)		1711(숙종37)	소통사
정　립(鄭　岦)	연일(延日)	1624(인조2)	정사
정몽득(丁夢得)		1624(인조)	종사관의 군관
정몽주(鄭夢周)		1377(고려우왕3)	일본사신
정무실(鄭武實)		1763(영조39)	월도수
정문수(鄭文秀)		1682(숙종8)	상통사
정사한(鄭斯翰)	영일	1655(효종6)	부사의 군관 겸 선장
정석우(鄭錫祐)		1811(순조11)	외응(碨鷹) *매를 다루는 사람
정세영(鄭世榮)		1719(숙종45)	사자관(부사의 자제군관 기록도)
정세장(鄭世長)		1763(영조39)	흡창노
정세태(鄭世泰)		1763(영조39)	복선장
정수송(鄭壽松)	영일	1711(숙종37)	부사의 군관
정수영(鄭守榮)		1763(영조39)	청직

정순방(鄭純邦)	하동	1617(광해9)	역관
정시심(鄭時諶)	온양	1655(효종6)	차상통사
정신경(鄭信卿)		1643(인조21)	정사의 군관
정억수(鄭億壽)		1607(선조40)	도훈도
정언방(鄭彦邦)		1617(광해9)	한학통사
정언열(鄭彦說)	동래	1643(인조21)	이문학관
정용운(鄭用雲)		1811(순조11)	세악수
정 운(鄭 澐)		1607(선조40)	정사의 군관
정윤박(丁潤璞)		1636(인조14)	전악
정윤복(鄭潤復)		1763(영조39)	도훈도
정의일(鄭義逸)		1617(광해9)	별파진
정인기(鄭寅起)		1711(숙종37)	청직
정재중(鄭載重)		1711(숙종37)	도훈도
정전현(鄭傳賢)		1643(인조21)	선래군관
정정욱(鄭正郁)		1811(순조11)	마상고수
정종례(鄭宗禮)	영일	1617(광해9)	의원
정준교(鄭俊僑)		1719(숙종45)	부사의 군관
정중교(鄭重僑)		1763(영조39)	통인, 또는 소동
정지석(丁之碩)	예산	1655(효종6)	도훈도
정진봉(鄭進奉)		1811(순조11)	동고수
정진분(鄭辰分)		1763(영조39)	나장
정찬구(鄭纘逑)		1711(숙종37)	부사의 군관, 선래군관
정찬술(鄭纘述)	영일	1711(숙종37)	부사의 군관
정창주(鄭昌周)	온양	1711(숙종37) 1719(숙종45)	한학상통사
정철귀(鄭鐵龜)		1655(효종6)	정사의 소동
정철선(鄭哲先)		1655(효종6)	별파진
정충신(鄭忠信)	하동	1617(광해9)	정사의 군관
정충헌(鄭忠獻)	동래	1624(인조2) 1643(인조21)	한학통사
정치인(鄭致仁)		1763(영조39)	소동
정 침(鄭 琛)		1655(효종6)	부사의 사자관

정태석(鄭泰碩)	창녕	1682(숙종8)	종사관의 자제군과
정태휘(鄭太輝)		1763(영조39)	흡창
정태흥(鄭泰興)		1748(영조24)	도훈도
정택승(鄭宅升)	동래	1811(순조11)	부사의 군관
정한기(鄭漢驥)	동래	1636(인조14)	상사군관
정한익(鄭翰益)	하동	1716(숙종42)	대마도 문위행
정호관(丁好寬)	압해(押海)	1607(선조40)	종사관
정후교(鄭後僑)	하동	1719(숙종45)	부사의 자제군관
정흥방(鄭興邦)		1748(영조24)	도훈도
조감석(趙甘石)		1763(영조39)	요수
조 건(趙 健)	평양	1711(숙종37)	정사의 군관
조 경(趙 絅)	한양	1643(인조21)	부사
조계업(趙繼業)		1607(선조40)	부사의 소동
조계원(趙戒元)		1811(순조11)	풍악수
조 담(趙 倓)	평양	1719(숙종45)	정사의 군관
조덕조(趙德祚)		1748(영조24)	의원
조동관(趙東觀)	풍성(豊城)	1763(영조39)	정사의 반인
조동진(趙東晋)		1748(영조24)	명무군관, 정사의 군관
조득현(趙得賢)	금산(錦山)	1711(숙종37)	압물통사
조만석(趙晩錫)		1811(순조11)	정사의 군관
조명걸(趙命傑)		1748(영조24)	종사관의 군관
조명삼(趙命三)		1763(영조39)	소동
조명채(曺命采)	창녕	1748(영조24)	종사관
조병호(趙秉鎬)	임천(林川)	1881(고종18)	수신사의 정사
조 빈(趙 儐)	평양	1711(숙종37)	부사의 군관
조삼맹(趙三孟)		1763(영조39)	악공
조상빈(趙相彬)		1655(효종6)	정사의 군관
조성빈(趙聖賓)		1763(영조39)	반인
조세빈(曺世彬)		1748(영조24)	반전직
조순백(趙順白)		1763(영조39)	청도기수
조숭수(趙崇壽)	양주	1748(영조24)	양의

조　신(曺　伸)	창녕	1443(세종25) 1479(성종10)	신숙주(서장관) 수행 압물관
조　신(曺　信)	창녕	1763(영조39)	정사의 군관
조　엄(趙　曮)	풍양	1763(영조39)	정사
조영권(趙永權)		1811(순조11)	요수
조용석(趙龍錫)		1711(숙종37)	반전차지(磐纏次知)
조응립(趙應立)		1643(인조21)	정사의 군관
조정명(趙廷命)		1636(인조14)	상사군관
조정원(趙廷元)	배천(白川)	1682(숙종8)	부사의 군관
조정현(趙廷玹)		1636(인조14)	정사의 사자관
조지서(趙之瑞)	임천	1479(성종10)	부사의 군관
조천벽(趙天碧)		1763(영조39)	나장
조　철(趙　瞰)		1763(영조39)	정사의 자제군관
조춘화(曺春化)		1607(선조40)	취수
조　침(趙　琛)		1655(효종6)	정사의 자제군관
조태억(趙泰億)	양주	1711(숙종37)	정사
조학신(曺學臣)		1763(영조39)	명무군관, 부사의 군관
조한용(趙漢容)		1881(고종18)	수신사 종사관의 수행원
조행륜(趙行倫)	한산(韓山)	1811(순조11)	압물통사, 건량관(乾糧官)
조　헌(趙　憲)	경주	1643(인조21)	부사의 자제군관
조　현(趙　鉉)	한양	1655(효종6)	정사의 군관
조　형(趙　珩)	풍양	1655(효종6)	정사
조효검(曺孝儉)		1643(인조21)	정사의 반인
조희화(趙希華)		1763(영조39)	필담을 나눈 사람으로 기록됨
주　백(周　伯)	영광	1682(숙종8)	의원
지기택(池起澤)		1711(숙종37)	마상재
지학해(池學海)	충주	1624(인조2)	부사의 군관
진동익(秦東益)	풍기	1811(순조11)	차상통사(次上通詞)
진유재(陳有才)		1763(영조39)	나팔수
차의린(車義轔)	연안	1682(숙종8)	정사의 군관
차천로(車天輅)	연안	1590(선조23)	수행
채　문(蔡　文)		1596(선조29)	진무(鎭撫)

채종이(蔡宗伊)		1763(영조39)	대기수
최경석(崔慶錫)		1881(고종18)	반인
최고음(崔古音)		1424(세종6)	왜통사
최　곤(崔　梱)		1655(효종6)	의원
최구갑(崔龜甲)		1748(영조24)	소동
최귀현(崔貴賢)		1636(인조14)	마상재
최기남(崔奇男)	천녕(川寧)	1643(인조21)	정사의 군관
최남원(崔南遠)		1811(순조11)	정사의 지인
최덕량(崔德良)		1811(순조11)	풍악수
최동태(崔東泰)		1711(숙종37)	별파진 겸 군관
최두봉(崔斗鳳)		1617(광해9)	격군
최만기(崔萬己)		1763(영조39)	고수
최만재(崔萬才)		1811(순조11)	삼혈총수
최명남(崔鳴男)		1711(숙종37)	소통사
최명연(崔鳴淵)		1719(숙종45)	반당
최복만(崔福萬)		1607(선조49)	소통사
최봉령(崔鳳齡)	무주	1763(영조39)	역관, 부사의 상통사
최　북(崔　北)	경주	1748(영조24)	화원
최산준(崔散峻)		1655(효종6)	부사의 군관 겸 서기
최상집(崔尙[illegible])	무주	1708(숙종34) 1711(숙종37)	대마도 문위행 역관
최　석(崔　昔)	경주	1811(순조11)	역관
최석재(崔石才)		1763(영조39)	형명기수
최성급(崔成岌)		1636(인조14)	부사의 군관
최성길(崔聖吉)		1655(효종6)	부사의 군관
최성차(崔聲次)		1748(영조24)	도사공
최세주(崔世周)		1763(영조39)	청도기수
최수갑(崔守甲)		1811(순조11)	월도수
최수경(崔守京)		1763(영조39)	나장
최수인(崔壽仁)		1763(영조39)	압물통사
최수해(崔壽海)		1711(숙종37)	부사의 반당
최숭제(崔嵩齊)	청주	1748(영조24)	압물통사

최승선(崔承先)		1636(인조14)	종사관의 반당
최시연(崔時演)		1655(효종6)	도훈도
최애립(崔愛立)		1607(선조40)	정사의 군관
최여흥(崔汝興)		1763(영조39)	무상
최 억(崔 檍)		1706(숙종32)	대마도 문위행
최영숙(崔泳淑)		1682(숙종8)	종사관의 소동
최용세(崔用世)		1763(영조39)	나각수
최운사(崔云嗣)		1399(정종원년)	보빙사
최 웅(崔 雄)		1443년(세종25)	왜통사
최유남(崔裕男)		1636(인조14)	종사관의 군관
최윤갑(崔允甲)		1811(순조11)	영기수
최응호(崔應虎)		1711(숙종37)	종사관의 소동
최의길(崔義吉)		1607(선조40) 1617(광해9) 1635(인조13) 1636(인조14)	압물통사 역관 대마도 문위행 역관
최의신(崔義信)		1636(인조14)	정사의 반당
최의홍(崔義弘)		1617(광해9)	별파진
최이지(崔耳之)		1711(숙종37)	사령
최익창(崔益昌)		1763(영조39)	악공
최 인(崔 인)		1655(효종6)	의원
최인민(崔仁民)		1811(순조11)	부사의 상통사
최인주(崔仁周)		1811(순조11)	부사의 지인
최정환(崔貞環)		1763(영조39)	순시기수
최진창(崔進昌)		1711(숙종37)	소통사
최천약(崔天若)		1711(숙종37)	반전차지
최천종(崔天宗)		1763(영조39)	도훈도
최취성(崔就成)		1748(영조24)	격군
최치대(崔致大)		1763(영조39)	수석통역(首譯)의 소동
최태종(崔泰宗)		1811(순조11)	정사의 지인
최필번(崔必藩)	경주	1719(숙종45)	정사의 군관
최학령(崔鶴齡)	무주	1748(영조24) 1763(영조39)	압물통사 정사의 수석통역(首譯)

최한구(崔汗九)		1763(영조39)	나팔수
최한진(崔漢鎭)	경주	1711(숙종37)	차상통사
최　호(崔　昊)		1617(광해9)	부사의 군관
최홍경(崔弘景)	직산(稷山)	1763(영조39)	정사의 상통사
최효갑(崔孝甲)		1655(효종6)	청직
최후삼(崔厚三)		1763(영조39)	나장
최흥삼(崔興三)		1811(순조11)	장창수
추시강(秋時江)		1711(숙종37)	종사관의 복선장
취몽(翠夢)		1763(영조39)	흡창, 또는 통인(吳翠夢과 동일인?)
취백(就白)		1763(영조39)	노자
팽성조(彭聖祚)		1763(영조39)	도선장
피득침(皮得忱)	홍천	1636(인조14)	한학통사
피종정(皮宗鼎)		1811(순조11)	사자관
하　담(河　潭)		1636(인조14)	화원
하명봉(河命奉)		1711(숙종37)	사령
하민선(河敏善)		1655(효종6)	종사관의 소동
하성수(河成守)		1763(영조39)	월수
하응운(河應運)		1748(영조24)	소동
하인광(河仁光)		1811(순조11)	부사의 지인
하일청(河一淸)		1811(순조11)	정사의 지인
하재청(河再淸)		1763(영조39)	고수
하칠선(河七善)		1763(영조39)	동고수
하태위(河太緯)		1636(인조14)	정사의 소동
한국안(韓國安)		1682(숙종8)	수석역관의 소동
한덕남(韓德男)	면천 (沔川·당진)	1607(선조40) 1617(광해9)	상통사 역관
한두성(韓斗成)		1763(영조39)	청직
한만래(韓萬來)		1763(영조39)	나장
한범석(韓範錫)	청주	1711(숙종37)	정사의 군관
한봉삼(韓奉三)		1763(영조39)	장창수
한사일(韓士逸)		1607(선조40)	부사의 군관
한　상(韓　相)	청주	1655(효종6)	정사의 군관, 선래군관

한 상(韓 祥)		1632(인조10)	역관, 대마도 문위행
한상국(韓相國)	청주	1636(인조14) 1646(인조24) 1652(효종3) 1660(현종원년)	차통사 대마도 문위행 대마도 문위행 대마도 문위행
한상량(韓相良)		1643(인조21)	부사의 자제군관
한세영(韓世英)		1748(영조24)	소동
한세원(韓世元)		1719(숙종45)	부사의 군관
한 영(韓 英)		1655(효종6)	숙수
한시각(韓時覺)	청주	1655(효종6)	화원
한시열(韓時說)	청주	1655(효종6) 1675(숙종원년)	역관 대마도 문위행
한언협(韓彦協)		1636(인조14)	의원
한윤기(韓潤基)	청주	1711(숙종37)	정사의 자제군관
한 을(韓 乙)		1459(세조5)	선군(船軍) *수군(水軍)
한응룡(韓應龍)		1607(선조40)	정사의 군관
한준일(韓俊一)		1682(숙종8)	별파진
한중억(韓重億)	신평(新平)	1708(숙종34) 1719(숙종45)	대마도 문위행 상통사
한찬흥(韓纘興)	청주	1719(숙종45)	차상통사
한천상(韓天祥)		1636(인조14)	이마
한천석(韓天錫)		1703(숙종25)	정사
한 택(韓 擇)		1607(선조40)	취수
한한기(韓汗己)		1617(광해9)	타공
한형국(韓亨國)	청주	1655(효종6) 1656(효종7)	의원 대마도주 치료
한후원(韓後瑗)	청주	1681(숙종7) 1704(숙종30) 1718(숙종44) 1719(숙종45)	대마도 문위행 대마도주 사망 위문 통신사 파견 준비 대마도 방문 역관
함덕형(咸德亨)		1719(숙종45)	전악
함득세(咸得世)		1607(선조40)	군관
함세휘(咸世輝)	강릉	1719(숙종45)	화원
함 식(咸 植)		1643(인조21)	압물통사
함제건(咸悌健)	강릉	1682(숙종8)	화원

허　규(許　圭)		1763(영조39)	별파진 겸 군관
허두백(許斗白)		1711(숙종37)	사령
허　성(許　筬)	양천	1590(선조23)	종사관
허손복(許孫福)		1624(인조2)	소통사
허　승(許　乘)	양천	1811(순조11)	검선
허시방(許時方)		1711(숙종37)	사령
허징이(許徵伊)		1763(영조39)	점자수
허후복(許厚福)		1643(인조21)	격군
현계근(玄啓根)	천녕(川寧)	1763(영조39)	압물통사
현덕연(玄德淵)	천녕	1748(영조24) 1762(영조38)	역관 대마도 문위행
현덕윤(玄德潤)	천녕	1711(숙종37) 1718(숙종44)	상통사 대마도 문위행(현덕연의 형)
현만규(玄萬奎)		1711(숙종37)	의원
현문구(玄文龜)		1748(영조24)	사자관
현방규(玄方奎)		1711(숙종37)	의원
현석운(玄昔運)	천녕	1876(고종13) 1881(고종18)	수신사 수행 역관 당상역관
현선남(玄先男)		1811(순조11)	나장
현　식(玄　烒)		1811(순조11)	부사의 역관
현의순(玄義洵)		1809(순조9) 1811(순조11) 1823(순조23)	대마도 문위행 당상역관 대마도서 인삼 지급 문제 논의
현천필(玄天弼)		1682(숙종8)	부사의 소동
현태심(玄泰心)		1763(영조39)	압물통사
현태익(玄泰翼)	천녕	1763(영조39)	수석 역관
현태형(玄泰衡)	천녕	1748(영조24)	차상통사
형시정(邢時挺)	장흥	1682(숙종8)	마상재
홍경해(洪景海)	남양(南陽)	1748(영조24)	정사의 자제군관
홍계남(洪季男)	남양	1590(선조23)	군관
홍계희(洪啓禧)	남양	1748(영조24)	정사
홍덕망(洪德望)		1719(숙종45)	부사의 군관
홍득윤(洪得潤)		1719(숙종45)	정사의 군관

홍득준(洪得俊)	남양	1811(순조11)	압물통사
홍무연		1711(숙종37)	서기
홍봉룡(洪鳳龍)		1617(광해9)	소동
홍봉원(洪鳳元)		1636(인조14)	전악
홍선보(洪善輔)		1763(영조39)	종사관의 반인
홍성구(洪聖龜)	남양	1747(영조23) 1748(영조24)	대마도 문위행 역관
홍성원(洪聖源)	남양	1763(영조39)	사자관
홍세태(洪世泰)	남양	1682(숙종8)	자제군관
홍순명(洪舜明)	남양	1711(숙종37)	왜학상통사
홍순연(洪舜衍)	남양	1711(숙종37)	서기
홍여량(洪汝亮)		1682(숙종8)	종사관의 반당
홍여우(洪汝雨)	남양	1655(효종6)	압물통사, 선래역관
홍우량(洪宇亮)		1643(인조21)	부사의 군관
홍우재(洪禹載)	남양	1682(숙종8)	종사관의 당상역관
홍준흘(洪俊屹)		1711(숙종37)	제술관의 소동
홍차길(洪次吉)		1748(영조24)	도척
홍치중(洪致中)	남양	1719(숙종45)	정사
홍희남(洪喜男)	남양	1624(인조2) 1636(인조14) 1643(인조21) 1655(효종6)	당상통사(堂上通事) 등 *대마도 문위행도 수차례
황경헌(黃景憲)		1636(인조14)	종사관의 반당
황계헌(黃繼獻)		1636(인조14)	종사관의 군관
황 기(黃 奇)		1404(태종4)	역관
황대중(黃大中)		1748(영조24)	차상통사
황대희(黃大希)		1617(광해9)	소동
황덕업(黃德業)	창원	1624(인조2)	의원
황득길(黃得吉)		1636(인조14)	무인(武人)
황 생(黃 生)		1655(효종6)	선장
황 생(黃 笙)		1682(숙종8)	정사의 기선장
황 석(黃 錫)		1719(숙종45)	종사관의 군관
황 선(黃 璿)	장수	1719(숙종45)	부사

황세장(黃世張)		1763(영조39)	쟁수
황 신(黃 愼)	창원	1596(선조29)	정사
황윤길(黃允吉)	장수	1590(선조23)	정사
황익중(黃翼中)		1811(순조11)	정사의 지인
황일해(黃日海)		1763(영조39)	정수
황 진(黃 進)	장수	1590(선조23)	군관
황 호(黃 戾)	창원	1636(인조14)	종사관
황효공(黃孝恭)		1643(인조21)	천문학관
황후걸(潢后傑)		1763(영조39)	삼지수
황후성(黃垕成)		1748(영24)	압물통사
황흑매(黃黑梅)		1607(선조40) 1617(광해9)	취수

부록 4. 임진왜란 이후 12차례 조선통신사 일람*

차수	연대			일본측 초대자	三使 (정사, 부사, 종사관)	방문 사유		참가인원, ( )은 오사카 잔류인원	수행원기록	비고
	서기	조선	일본			조선	일본			
1	1607 丁未	선조 40년	慶長 12년	德川秀忠 (도쿠가와 히데타다)	呂祐吉 慶暹 丁好寬	남해안 치안유지를 위한 대일우호, 국정탐색, 끌려간 백성송환	우호증진	504명	慶七松〈海槎錄〉	回答兼刷還使, 국교재개
2	1617 丁巳	광해 9년	元和 3년	〃	吳允謙 朴梓 李景稷	국정탐색, 끌려간 백성 송환, 쓰시마번 견제	오사카평정 및 일본통일 축하	426명	吳允謙〈東槎上日錄〉 朴梓〈東槎日記〉 李石門〈扶桑錄〉	회담겸쇄환사, 후시미(伏見)예방

* 미야케 히데토시(三宅英利)의 『近世日朝關係史の研究』, 文獻出版, 1986'에서 인용한 것으로 일부 표현을 수정했다.

3	1624 甲子	인조 2년	寬永 원년	德川家光 (도쿠가와 이에미쓰)	鄭岦 姜弘重 辛啓榮	이에미쓰 쇼군 세습축하, 국정탐색, 끌려간 백성송환	이에미쓰 쇼군 세습 축하	460명	姜弘重〈東槎錄〉	회담겸쇄환사
4	1636 丙子	인조 14년	寬永 13년	〃	任絖 金世濂 黃호	조선정책확인, 국정탐색, 쓰시마도주 옹호, 중국대책	태평축하	478명	任參判〈丙子日 本日記〉 金東溟〈海槎錄〉 黃漫浪〈東槎錄〉	통신사명칭 복귀, 쇼군을 '日本國大 君'으로, 닛코산 (日光山)참배
5	1643 癸未	인조 21년	寬永 20년	〃	尹順之 趙絅 申濡	우호유지, 국정탐색, 청나라견제	도쿠가와 이에쓰나 (德川家綱) 탄생축하, 닛코 산묘(廟)증축	477명	趙龍洲〈東槎錄〉 申竹堂〈海槎錄〉 작자미상 〈癸未東槎錄〉	쇄국체제정립 닛코산 참배
6	1655 乙未	효종 6년	明曆 원년	德川家綱 (도쿠가와 이에쓰나)	趙珩 兪瑒 南龍翼	이에쓰나 쇼군 세습 축하	이에쓰나 쇼군 세습 축하	485명 (100)**	趙珩〈扶桑日記〉 南壺谷,扶桑錄〉	닛코산참배
7	1682 壬戌	숙종 8년	天和 2년	德川綱吉 (도쿠가와 쓰나요시)	尹趾完 李彦綱 朴慶後	쓰나요시 쇼군 세습 축하	쓰나요시 쇼군 세습 축하	473명	金指南 〈東槎日錄〉 洪禹載〈東槎錄〉	
8	1711 辛卯	숙종 37년	正德 원년	德川家宣 (도쿠가와 이에노부)	趙泰億 任守幹 李邦彦	이에노부 쇼군 세습 축하	이에노부 쇼군 세습 축하	500명 (129)	趙泰億〈東槎錄〉 任守幹〈東槎錄〉 金顯門〈東槎錄〉	통신사접대 간소화 〈新井白石(아라이 하쿠세키)개혁〉

** ( ) 인원은 에도까지 가지 않고 오사카에 남아있던 사람 수.

9	1719 己亥	숙종 45년	享保 4년	德川吉宗 (도쿠가와 요시무네)	洪致中 黃璿 李明彦	요시무네 쇼군 세습 축하	요시무네 쇼군 세습 축하	475명 (109)	洪北谷 〈海槎日錄〉 申維翰〈海游錄〉 鄭幕裨 〈扶桑紀行〉 金瀉〈扶桑錄〉	도쿠가와 요시무네, 통신사접대를 원래대로 회복 지시
10	1748 戊辰	영조 24년	延享 5년	德川家重 (도쿠가와 이에시게)	洪啓禧 南泰耆 曺命采	이에시게 쇼군 세습 축하	이에시게 쇼군 세습 축하	477명 (110)	曹蘭谷〈奉使日 本時聞見錄〉 洪景海 〈隨槎日錄〉 작자미상 〈日本日記〉	
11	1764 甲申	영조 40년	寶曆 14년	德川家治 (도쿠가와 이에하루)	趙曮 李仁培 金相翊	이에하루 쇼군 세습 축하	이에하루 쇼군 세습 축하	477명 (106)	趙濟谷 〈海槎日記〉 吳大齡 〈癸未使行日記〉 成大中〈日本錄〉	최천종 피살 사건 발생
12	1811 辛未	순조 11년	文化 8년	德川家濟 (도쿠가와 이에나리)	金履喬 李勉求	이에나리 쇼군 세습 축하	이에나리 쇼군 세습 축하	328명	柳相弼〈東槎錄〉	에도까지 안가고 쓰시마에서 국서교환

부록 5.
유네스코 세계기록유산 등재대상 목록*
(111건 333점)

〈한국 측 기록물 등재대상: 63건 124점〉

1. 외교기록(2건 32점)

번호	건명	사행연도	제작자	제작연도	수량	소장처
1	通信使謄錄 (통신사등록)		禮曹 (예조)	1641~1811	14	서울대학교 규장각
2	邊例集要 (변례집요)		禮曹 典客司 (예조 전객사)	1841년 이후	18	서울대학교 규장각

2. 여정의 기록(38건 67점)

번호	건명	사행 연도	제작자	제작 년도	수량	소장처
1	慶七松海槎錄 (경칠송해사록)	1607	慶 暹 (경 섬)	1607	1	국립중앙도서관
2	吳秋灘東槎上日記 (오추탄동사상일기)	1617	吳允謙 (오윤겸)	1617	1	국립중앙도서관
3	李石門扶桑錄 (이석문부상록)	1617	李景稷 (이경직)	1617	1	국립중앙도서관
4	東槎日記 (동사일기)	1617	朴 梓 (박 재)	1617	1	서울대학교 규장각

* 부산문화재단이 정리한 자료이다

5	姜弘重桐槎錄 (강홍중동사록)	1624	姜弘重 (강홍중)	1624	1	국립중앙도서관
6	任參判丙子日本日記 (임참판병자일본일기)	1636	任 絖 (임 광)	1636	1	국립중앙도서관
7	金東溟海槎錄上·下 (김동명해사록상·하)	1636	金世濂 (김세렴)	1636	2	국립중앙도서관
8	金東溟槎上錄 (김동명사상록)	1636	金世濂 (김세렴)	1636	1	국립중앙도서관
9	黃漫浪東槎錄 (황만랑동사록)	1636	黃 戾 (황 호)	1636	1	국립중앙도서관
10	趙龍洲東槎錄 (조용주동사록) 申竹堂海槎錄上 (신죽당해사록상)	1643	趙 絅 (조 경) 申 濡 (신 유)	1643	1	국립중앙도서관
11	申竹堂海槎錄 (신죽당해사록) 癸未東槎日記 (계미동사일기)	1643	申 濡 (신 유) 작자 미상	1643	1	국립중앙도서관
12	南壺谷扶桑錄上·下 (남호곡부상록상·하)	1655	南龍翼 (남용익)	1655	2	국립중앙도서관
13	南壺谷聞見別錄 (남호곡문견별록)	1655	南龍翼 (남용익)	1655	1	국립중앙도서관
14	洪譯士東槎錄 (홍역사동사록)	1682	洪禹載 (홍우재)	1682	1	국립중앙도서관
15	金譯士東槎日記 (김역사동사일기)	1682	金指南 (김지남)	1682	1	국립중앙도서관
16	申青川海遊錄上·中·下 (신청천해유록상·중·하)	1719~20	申維翰 (신유한)	1719	3	국립중앙도서관
17	扶桑錄 (부상록)	1719~20	金 潝 (김 흡)	1719	2	국립중앙도서관
18	隨槎日錄 (수사일록)	1747~48	洪景海 (홍경해)	1747	2	서울대학교 규장각
19	奉使日本時見聞錄 (봉사일본시견문록)	1747~48	曺命采 (조명채)	1748	2	서울대학교 규장각
20	趙濟谷海槎日記一~五 (조제곡해사일기일~오)	1763~64	趙 曮 (조 엄)	1763	5	국립중앙도서관
21	日觀記 (일관기)	1763~64	南 玉 (남 옥)	1763	4	국사편찬위원회
22	日觀唱酬 (일관창수)	1763~64	南 玉 (남 옥)	1763	2	국립중앙도서관
23	日觀詩草 (일관시초)	1763~64	南 玉 (남 옥)	1763	2	국립중앙도서관

24	日本錄 (일본록)	1763~64	成大中 (성대중)	1763	2	고려대학교 도서관
25	乘槎錄 (승사록)	1763~64	元重擧 (원중거)	1763	5	고려대학교 도서관
26	槎錄 (사록)	1763~64	閔惠洙 (민혜수)	1763	1	고려대학교 도서관
27	溟槎錄 (명사록)	1763~64	吳大齡 (오대령)	1763	1	국립중앙도서관
28	癸未隨槎錄 (계미수사록)	1763~64	卞 琢 (변 탁)	1763	1	국립중앙도서관
29	日東壯遊歌 (일동장유가)	1763~64	金仁謙 (김인겸)	1763	4	서울대학교 규장각
30	辛未通信日錄 (신미통신일록)	1811	金履喬 (김이교)	1811	1	충청남도역사박물관
31	淸山島遊錄 (청산도유록)	1811	金善臣 (김선신)	1811	1	국립중앙도서관
32	東槎錄 (동사록)	1811	柳相弼 (유상필)	1811	1	고려대학교 도서관
33	仁祖2年通信使行列圖 (인조2년통신사행렬도)	1624	작자 미상	1624	1	국립중앙도서관
34	仁祖2年通信使入江戶城圖 (인조2년통신사입강호성도)	1636	작자 미상	1636	1	국립중앙박물관
35	肅宗37年通信使行列圖 (숙종37년통신사행렬도)	1711	俵喜左 衛門 (표희좌 위문)	1711	4	국사편찬위원회
36	槎路勝區圖 (사로승구도)	1748	李聖麟 (이성린)	1748	1	국립중앙박물관
37	倭館圖 (왜관도)	1783	卞 璞 (변 박)	1783	1	국립중앙박물관
38	國書樓船圖 (국서루선도)	미상	작자 미상	미상	1	국립중앙박물관

3. 문화 교류의 기록(23건 25점)

번호	건명	사행연도	제작자	제작 연도	수량	소장처
1	金世濂等筆跡(詩) (김세렴등필적(시))	1636	金世濂 等 (김세렴등)	1636	1	국사편찬위원회
2	兪瑒筆跡(詩) (유창필적(시))	1655	兪 瑒 (유 창)	1655	1	국사편찬위원회
3	李明彦筆跡(詩) (이명언필적(시))	1719~20	李明彦 (이명언)	1719	1	국사편찬위원회
4	朝鮮通信使詩稿 (조선통신사시고)	1811	皮宗鼎 (피종정)	1811	1	국립해양박물관
5	金義信書帖 (김의신서첩)	1655	金義信 (김의신)	17세기	1	부산박물관
6	秦東益筆行書 (진동익필행서)	1811	秦東益 (진동익)	19세기	1	부산박물관
7	達磨折蘆渡江圖 (달마절로도강도)	1636	金明國 (김명국)	1640 년대	1	국립중앙박물관
8	墨梅圖 (묵매도)	1763~64	卞 璞 (변 박)	1764	1	부산박물관
9	石蘭圖 (석란도)	1763~64	金有聲 (김유성)	1764	1	부산박물관
10	鷹圖 (응도)	1811	李義養 (이의양)	1811	1	부산박물관
11	山水圖 (산수도)	1811	李義養 (이의양)	1811	1	부산박물관
12	山水圖 (산수도)	1811	李義養 (이의양)	1811	1	부산박물관
13	山水圖 (산수도)	1811	松菴 (송암)	1811	1	부산박물관
14	花鳥圖 (화조도)	1811	李義養 (이의양)	1811	1	국립해양박물관
15	花鳥圖 (화조도)	1811	槐園 (괴원)	1811	1	부산박물관
16	朝鮮通信使奉別詩稿 (조선통신사봉별시고)	1811	松岐兼堂 등 (송기겸당 등)	1811	1	국립해양박물관
17	趙泰億像 (조택억상)	1711	狩野常信 (수야상신)	1711	1	국립중앙박물관
18	芙蓉雁圖屛風1雙 (부용안도병풍1쌍)	1747~48	狩野宴信 (수야연신)	1748	2	국립고궁박물관

19	原氏物語團扇屏風 (원씨물어단선병풍)	18세기	長谷川光信 (장곡천광신)	18세기	1	국립고궁박물관
20	牧丹圖屏風 (목단도병풍)	1811	狩野師信 (수야사신)	1762	1	국립고궁박물관
21	義軒·成夢良筆行書 (의헌·성몽량필행서)	1719~20	義軒 成夢良 (의헌 성몽량)	18세기	1	부산박물관
22	朝鮮通信使酬唱詩 (조선통신사수창시)	1682	山田復軒 등 (산전복헌 등)	1683	1	국립해양박물관
23	東槎唱酬集 (동사창수집)	1763~64	成大中 등 (성대중등)	1764	2	국립중앙박물관

〈일본 측 기록물 등재대상: 48건 209점〉

1. 외교 기록(3건 19점)

번호	건명	사행 연도	제작자	제작 연도	수량	소장처	비고
1	朝鮮國書 (조선국서)	1607 1617	쓰시마번	1607 1617	3	교토대 종합박물관	중요 문화재
2	正德元年朝鮮通信使進物目錄 毛利吉元 앞 (정덕원년조선통신사진물목록 모리 요시모토 앞)	1711	통신사	1711	1	야마구치현립 야마구치 박물관	중요 문화재
3	朝鮮國書 (조선국서)	1617~ 1811	쓰시마번 조선왕조	1617~ 1811	15	도쿄 국립박물관	중요 문화재

2. 여정의 기록(27건 69점)

번호	건명	사행 연도	제작자	제작 연도	수량	소장처	비고
1	朝鮮通信使御記錄 (조선통신사어기록)	1711	長州藩 (조슈번)	1711 ~12	13	야마구치현 문서관	
2	福岡藩朝鮮通信使記錄 (후쿠오카번 조선통신사 기록·조선인 내빙기 등)	1763 ~64	福岡藩 (후쿠오카번)	1763 ~64	15	후쿠오카현립 도서관	
3	甲申韓人來聘記事 (갑신한인래빙기사)	1763 ~64	尾張藩 (오와리번 ·松平君散)	1764	1	나고야시 호사 (蓬左)문고	

4	小倉藩 朝鮮通信使對馬易地聘禮記事 對州御下向海陸日記 等 (소창번조선통신사대마역지빙례기사·대주어하향해륙일기 등)	1811	小倉藩 (고쿠라번)	1811	6	후쿠오카현립 育德館고교 錦陵동창회· 미야코마치 역사박물관에 기탁	후쿠오카현 지정문화재
5	朝鮮通信使迎接所繪圖 土肥家文庫 (조선통신사영접소회도·토비가문고)			18세기	1	土肥純子 (토비순자) 개인	잇키시 지정문화재
6	江洲浦生郡八幡町惣繪圖 (강주포생군팔번정총회도)			1700년경	1	오미하치만시 도서관	오미하치만시 지정문화재
7	正德度朝鮮通信使行列圖卷 (정덕도조선통신사행렬도권)	1711	쓰시마번 (俵喜左衛門 등)	1711	3	오사카 역사박물관	
8	朝鮮通信使参着歸路行列圖 (조선통신사참착귀로행렬도)	1711	쓰시마번 (俵喜左衛門 등)	1711	4	고려미술관	
9	宗對馬守護行歸路行列圖 (종대마수호행귀로행렬도)	1711	쓰시마번 (俵喜座衛門 등)	1711	4	고려미술관	
10	延享五年 朝鮮通信使登城行列圖 (연향5년조선통신사등성행렬도)	1747 ~48	君司某 (군사모)	1748	1	시모노세키 시립 조후박물관	
11	朝鮮國信使繪圈上下卷 (조선국신사회권상하권)		쓰시마번	寛永~ 寶曆度 (관영~보력간)	2	나카사키현립 쓰시마역사 민속자료관	나카사키현 지정문화재
12	朝鮮國信使繪卷 文化度 (조선국신사회권문화도)		쓰시마번	19세기	1	나카사기현립 쓰시마역사 민속자료관	나카사키현 지정문화재
13	天和度朝鮮通信使登城行列圖屛風 (천화도조선통신사등성행렬도병풍)	1682		17세기	1	오사카 역사박물관	
14	朝鮮人来朝覺備前御馳走船行列圖 (조선인래조각비전어치주선행렬도)	1748		1748	1	구레시 송도원 (松濤園)관리	구레시 지정문화재

15	朝鮮通信使船團 上關來航圖 (조선통신사선단 상관래항도)	1763 ~64		18세기	1	초센지 (超專寺)	가미노세키정 지정문화재
16	正德度朝鮮通信使 國書先導船屛風 (정덕도조선통신사 국서선도선병풍)	1711		1711년경	1	오사카 역사박물관	
17	正德度朝鮮通信使 上上官第三船圖 ·同供船圖 (정덕도조선통신사상상 관제삼선도·동공선도)	1711		1712	2	오사카 역사박물관	
18	朝鮮通信使 御樓船圖屛風 (조선통신사 어루선도병풍)			18세기	1	오사카 역사박물관	
19	朝鮮人物旗杖 轎輿之圖 (조선인물기장교여지도)	1811	猪飼正轂 (저사정구)	19세기	1	나고야시 호사 (蓬左) 문고	
20	七五三盛付繰 出順之繪圖 (칠오삼성부조 출순지회도)		쓰시마번	18세기	1	나가사키현립 쓰시마역사 민속자료관	
21	朝鮮人御饗應 七五三膳部圖 (조선인어향응 칠오삼선부도)	1811	猪飼正轂 (저사정구)	19세기	1	나고야시 봉좌 (호사) 문고	
22	馬上才圖卷 (마상재도권)		廣渡雪之進 (광도설지진)	18세기	1	松原一征 (마쓰바라 가즈유키), 쓰시마민속 자료관에 기탁	쓰시마시 지정문화재
23	馬上才圖 (마상재도)		2대 鳥居淸 信(조거청신)	18세기	1	고려미술관	
24	琵琶湖圖 (비파호도)		円山応震 (원산응진)	1824	1	시가현립 비와코문화관	
25	朝鮮通信使小童圖 (조선통신사소동도)	1711	英一蝶 (영일접)	18세기	1	오사카 역사박물관	
26	釜山浦富士圖 (부산포부사도)		狩野典信 (수야전신)	18세기	1	오사카 역사박물관	
27	朝鮮通信使 歡待圖屛風 (조선통신사환대도병풍)	1655	狩野益信 (수야익신)	17세기	2	센뉴지 (泉湧寺)	

3. 문화교류의 기록(18건 121점)

번호	건명	사행 연도	제작자	제작 연도	수량	소장처	비고
1	雨森芳洲關係資料 (아메노모리 호슈 관계자료)	1711 1719	雨森芳洲 등 (아메노모리 호슈 등)	18세기	36	芳洲會, 高月町 觀音の里 역사민속 자료관에 기탁	중요문화재
2	通信副使任守幹 象浦懷古詩 (통신부사임수간 단포회고시)	1711	任守幹 (임수간)	1711	1	아카마(赤間) 신궁	시모노세키시 지정문화재
3	福禪寺對潮樓 朝鮮通信使關係資料 (복선사대조루 조선통신사 관계자료)	1711 1747 ~48	趙泰億 (조태억) 李邦彦 (이방언) 洪啓禧 (홍계희) 등	1711 1747 ~48	6	후쿠젠지(福禪寺), 후쿠야마시 도모노우라 민속 자료관에 기탁	
4	本蓮寺 朝鮮通信使詩書 (본련사조선통신사시서)	1643 1655 1711	申濡(신유) 朴安期 (박안기) 趙珩(조형) 등	1643 1655 1711	9	혼렌지(本蓮寺), 오카야마현립 박물관에 기탁	세토우치시 지정 문화재
5	朝鮮通信使從事官 李邦彦詩書 (조선통신사종사관 이방언시서)	1711	李邦彦 (이방언)	1711	1	혼간지 하치만별원 (本願寺 八幡別院)	오미하치만시 지정문화재
6	淸見寺 朝鮮通信使詩書 (청견사조선통신사시서)	1643 년 등	朴安期 (박안기) 등	1643년 등	48	세이켄지 (淸見寺)	
7	金明國筆拾得圖 (김명국필습득도)	1636, 또는 1643	金明國 (김명국)	1636, 또는 1643	1	시모노세키시립 조후박물관	
8	波田嵩山 朝鮮通信使 唱酬詩並筆語 (파전숭산조선통신사 창수시병필어)	1763 ~64	南玉(남옥) 成大中 (성대중) 元重擧 (원중거)	1763 ·64	6	波田兼昭 (파전겸소), 시모노세키 조후박물관에 기탁	
9	韓客詞章 (한객사장)	1711	趙泰億 (조태억) 등	1711	4	쇼고쿠지 지쇼인 (相國寺 慈照院)	
10	瀟相八景圖卷 (수상팔경도권)	1682	狩野淸眞 (수야청진) 그리고, 李鵬溟 (이붕명) 씀	1682	1	오사카 역사박물관	

11	壽老人圖 (수노인도)	1636	河潭(하담) 그리고, 古賀精里 (고하정리) 씀	1636	1	오사카 역사 박물관	
12	松下虎圖 (송하호도)	1763 ~64	卞璞(변박)	1764	1	오사카 역사박물관	
13	朝鮮國王孝宗 親筆額子 (조선국왕효종친필액자)	1655	孝宗(효종)	1655	1	닛코산린노지 (日光山輪王寺)	도치키현 지정문화재
14	東照寺緣起 仮名本 5권 중 4권 (동조사연기 가나본 5권중 4권)	1636	狩野探幽 (수야탐유) 등	1640	1	닛코 도쇼궁 (日光東照宮)	중요문화재
15	東照寺緣起 眞名本 3권중 중권 (동조사연기 진명본 3권중 중권)	1636	親王 ·公家 (친왕·공가)	1640	1	닛코 도쇼궁 (日光東照宮)	중요문화재
16	寶曆十四年通信正使 趙曮書帖 (보력십사년통신정사 조엄서첩)	1763 ·64	趙曮(조엄)	1764	1	시모노세키시립 조후박물관	
17	任絖詩書 (임광시서)	1636	任絖(임광)	1636	1	오사카 역사박물관	
18	朝鮮國三使 口占聯句 (조선국삼사구점연구)	1682	尹趾完 (윤지완) 李彦綱 (이언강) 朴慶後 (박경후)	1682	1	나고야시 호사 (蓬左) 문고	

심규선 기자가 전하는

조선통신사, 한국 속 오늘

초판 1쇄 인쇄 2017년 11월 15일
초판 1쇄 발행 2017년 11월 22일

지은이 심규선
펴낸이 박성복
펴낸곳 도서출판 월인
주 소 01047 서울특별시 강북구 노해로25길 61
등 록 1998년 5월 4일 제6-0364호
전 화 (02)912-5000
팩 스 (02)900-5036
홈페이지 www.worin.net
전자우편 worinnet@hanmail.net

ISBN 978-89-8477-644-9 03910

값은 뒤표지에 있습니다.